Franz Höllinger, Thomas Tripold

Ganzheitliches Leben

Kulturen der Gesellschaft | Band 5

Franz Höllinger (Dr.) ist Soziologe an der Karl-Franzens-Universität Graz mit den Forschungsschwerpunkten Religion und Kulturvergleich.
Thomas Tripold (Dr. phil.) ist Lektor an der Karl-Franzens-Universität Graz. Seine Forschungsschwerpunkte liegen im Bereich der Kultursoziologie, Religionssoziologie und Sozialphilosophie.

Franz Höllinger, Thomas Tripold

Ganzheitliches Leben

Das holistische Milieu zwischen neuer Spiritualität und postmoderner Wellness-Kultur

[transcript]

Das dem Buch zugrunde liegende Forschungsprojekt wurde vom Austrian Science Fund (FWF) gefördert (Projekt Nr. P20403-G14).

Gedruckt mit Unterstützung des Forschungsservice der Universität Graz und der Abteilung für Wissenschaft und Forschung der Steiermärkischen Landesregierung.

Bibliografische Information der Deutschen Nationalbibliothek
Die Deutsche Nationalbibliothek verzeichnet diese Publikation in der Deutschen Nationalbibliografie; detaillierte bibliografische Daten sind im Internet über http://dnb.d-nb.de abrufbar.

Umschlaggestaltung: Kordula Röckenhaus, Bielefeld
Lektorat & Satz: Franz Höllinger, Thomas Tripold
Druck: Majuskel Medienproduktion GmbH, Wetzlar
ISBN 978-3-8376-1895-2

Gedruckt auf alterungsbeständigem Papier mit chlorfrei gebleichtem Zellstoff.
Besuchen Sie uns im Internet: *http://www.transcript-verlag.de*
Bitte fordern Sie unser Gesamtverzeichnis und andere Broschüren an unter: *info@transcript-verlag.de*

Inhalt

Einleitung | 9

ERSTER TEIL: SOZIOLOGISCHE SICHTWEISEN DES HOLISTISCHEN MILIEUS

1 Soziologische Verortung der holistischen Spiritualität | 25
1.1 Grundüberzeugungen und Merkmale | 25
1.2 Das holistische Milieu im Verhältnis zu den neuen religiösen Gemeinschaften | 30
1.3 Die Frage nach dem religiösen Charakter der holistischen Bewegung | 35

2 Soziale und kulturelle Wurzeln der holistischen Bewegung | 37
2.1 Die Individualisierung der Religiosität und das Ideal der Authentizität | 37
2.2 Kulturkritik und neue Spiritualität von der Romantik bis zur Lebensreform | 43
2.3 Die Gegenkultur der 1960er Jahre und die New-Age-Bewegung | 50

3 Psychologisierung der Religion – Spiritualisierung der Psychologie | 61
3.1 Von den Jung'schen Archetypen bis zur Transpersonalen Psychologie | 61
3.2 Sozialwissenschaftliche Interpretationen der Wirkung von Religion und Magie | 72

4 Sozialwissenschaftliche Kritik an der postmodernen Spiritualität | 83
4.1 Holistische Sinnsuche als postmoderne Lebensform | 83
4.2 Der spirituelle Supermarkt und die Instrumentalisierung der Religiosität | 86
4.3 Selbstverwirklichung als Ego-Trip | 93
4.4 Relativierung der Kritik | 97

ZWEITER TEIL: DAS HOLISTISCHE MILIEU IN ÖSTERREICH

5 Verbreitung ganzheitlicher Praktiken und Struktur des holistischen Milieus | 105
5.1 Gesamterhebung holistischer Anbieter in zwei österreichischen Bezirken | 106
5.2 Verbreitung holistischer Aktivitäten in der Gesamtbevölkerung | 114
5.3 Das religiöse Feld in Österreich | 121
5.4 Die soziale Herkunft der Akteure | 126
5.5 Motive für die Ausübung von holistischen Aktivitäten | 131

6 Holistische Karrieren | 147
6.1 Die Situation der Krise | 148
6.1.1 Der Sinn-Sucher | 150
6.1.2 Der »Immer-schon«-Berufene | 153
6.1.3 Der Leidende | 158
6.2 Die Funktion der Krise | 160
6.3 Experimentieren mit holistischen Sinnmustern – die Bricolage | 163
6.4 Die Legitimation und Konsolidierung holistischer Überzeugungen | 173

7 Spirituelle Erfahrungen und Werthaltungen | 179
7.1 Wertkonstituierung | 179
7.1.1 Außeralltägliche Erfahrungen | 180
7.1.2 Erfahrungen der Öffnung in Gesprächen | 184
7.2 Frontstellungen zu kirchlichen Überzeugungen | 189
7.2.1 Dogma und die religiöse Selbstbestimmung | 189

7.2.2 Moral und der Glaube von Herzen | 191
7.2.3 Institutionalisierung und lebendige Erfahrung | 193
7.2.4 Schuld, Sünde und das Prinzip der absoluten Liebe | 196
7.2.5 Jenseitsvorstellungen | 197

8 Religiosität, soziale Werthaltungen und Lebensführung | 205
8.1 Aktivismus und basisdemokratisches Engagement | 208
8.2 Grundlegende Wertorientierungen | 213
8.3 Individuelle Selbstverwirklichung und gesellschaftliche Transformation | 217

9 Die Anbieter holistischer Praktiken und ihre Arbeitsweise | 223
9.1 Wer sind die Anbieter? | 223
9.2 Die Ausbildung zum Praktiker | 232
9.3 Die Grundlagen holistischer Methoden | 240
9.4 Die Arbeitsweise und die Beziehung zu den Klienten | 250
9.5 Der Scharlatan – oder »Wo viel Licht ist, ist auch viel Schatten« | 256
9.6 Holistische Netzwerke | 261

10 Résumé: Der Diskurs über neue Spiritualität und Esoterik | 267
10.1 Die Größe des holistischen Milieus | 267
10.2 Die Frage nach dem spirituellen Charakter des holistischen Milieus | 269
10.3 Die Qualität und Wirkung von ganzheitlichen Lebenshilfen | 273
10.4 Soziale Werthaltungen und Lebensstil von holistischen Akteuren | 280

Literatur | 285

Einleitung

In den vergangenen Jahrzehnten haben Praktiken zur Verbesserung des körperlichen und seelischen Wohlbefindens, die auf dem ganzheitlichen Welt- und Menschenbild anderer Kulturen oder früherer Zeitepochen aufbauen, wie etwa Traditionelle Chinesische Medizin, Ayurveda, Reiki, Shiatsu, Zen-Meditation, Yoga, Familienaufstellung, Astrologie und schamanische Heilungsrituale, in den Ländern der westlichen Welt eine erhebliche Verbreitung gefunden. Manche von diesen Methoden – zum Beispiel die Astrologie und das Wünschelrutengehen – gehören zum traditionellen Repertoire der westlichen Esoterik und waren bei uns schon in früheren Zeiten populär. Zum größten Teil handelt es sich aber um Praktiken, die im Verlauf des Modernisierungsprozesses der letzten 100 bis 200 Jahre wiederentdeckt, aus anderen Kulturen übernommen oder neu entwickelt wurden.

Den Ausgangspunkt für die Hinwendung zu spirituellen, okkulten und esoterischen Phänomenen bildeten soziale Kreise und Bewegungen, die die Ideale des rationalistischen Zweckdenkens und des technisch-wissenschaftlichen Fortschrittsglaubens kritisch hinterfragten. Ihren ersten Höhepunkt erreichte die Gegenaufklärung in der Epoche der Romantik mit ihrer Faszination für Märchen, Mythen, okkulte Phänomene und mystische Erfahrungen. In dieser Zeit wurden auch neue therapeutische Methoden entwickelt, deren Wirkung auf ähnlichen Prinzipien beruht wie traditionelle Formen der Magie und des Schamanismus, auf Suggestion, Hypnose, Trance und spiritistischen Praktiken. Mit der romantischen Vorliebe für mythologische Bilderwelten, welche der Religion ihre sinnliche Basis verleihen sollten, begann man sich erstmals mit den großen religiös-philosophischen Werken und spirituellen Techniken der indischen, chinesischen und arabischen Kultur zu beschäftigen. Aus der synkretistischen Verbindung von Elementen verschiedener religiöser und esoterischer Doktrinen und Praktiken entstanden an der Wende vom 19. zum 20. Jahrhundert die Theosophie und die Anthroposophie.

Zu einer Intensivierung des Interesses an alternativen Therapiemethoden und neuen Formen von Spiritualität kam es erst in den 1960er und 1970er Jahren, als die Unzufriedenheit mit der gesellschaftlichen Entwicklung vorübergehend sehr weite Kreise erfasste und ein Konglomerat von Protest- und Erneuerungsbewegungen hervorbrachte. Die antiautoritäre Jugend- und Studentenbewegung, die Popmusikkultur, die Liberalisierung der Sexualität, die Hippie- und Kommunenbewegung wie auch die neuen spirituellen und esoterischen Gemeinschaften waren Versuche, aus den Zwängen einer immer rationaler gestalteten und verwalteten Welt auszubrechen und neue Lebensformen zu erproben, die dem Einzelnen mehr Raum für emotionale Erfahrungen, für das spontane Ausleben der eigenen Bedürfnisse, für Kreativität und für die Entfaltung der eigenen Persönlichkeit boten (Bellah 1976; Berger/Berger/Kellner 1987). Nach dem Selbstverständnis ihrer damaligen Protagonisten[1] dienten die neuen esoterischen und spirituellen Techniken nicht nur dazu, dem Einzelnen ein neues, höheres Bewusstsein zu vermitteln; man erhoffte vielmehr, dass der individuelle, im Privaten vollzogene Bewusstseinswandel eine immer größere Zahl an Menschen erfassen würde, wodurch letztendlich ein grundlegender gesellschaftlicher Wandel herbeigeführt werden könnte. Am Ende dieser Entwicklung stünde demnach der Anbruch eines »neuen Zeitalters«, das von einem »neuen Menschen« (Küenzlen 1994) als Träger dieser Revolution bewohnt wird.

Mit dem Abflauen der gegenkulturellen Bewegungen verloren die Visionen eines neuen Zeitalters auf der Grundlage eines höheren spirituellen Bewusstseins ihre Plausibilität und Überzeugungskraft. Die Beschäftigung mit Esoterik und Spiritualität ging jedoch keineswegs zurück, im Gegenteil, vieles deutet darauf hin, dass die Verwendung esoterischer und spiritueller Praktiken als Mittel zur Persönlichkeitsentwicklung und zur Verbesserung der körperlich-seelischen Befindlichkeit im Zuge der Ausbreitung der postmodernen Selbsterfahrungs-, Therapie- und Wellnesskultur in den letzten Jahrzehnten zugenommen

1 Im Sinne der Kürze und besseren Lesbarkeit des Textes verwenden wir bei der Bezeichnung von Personengruppen in der Regel die männliche Form, meinen damit aber selbstverständlich beide Geschlechter.

hat. Zugleich wurden die anfänglich bestehenden Feindbilder und Fronten zwischen konventionellen Formen der Medizin und Psychotherapie und den alternativen Therapieformen abgebaut und es kam zu einer Annäherung und Überlappung zwischen diesen Bereichen. Ebenso verhält es sich mit der Opposition der Vertreter kirchlicher Institutionen zum Bereich der Esoterik. Diese klassifizierten die alternativen religiösen und spirituellen Angebote häufig als »Irrwege« und die in dem Feld gängige Praxis der Übernahme von Sinnmustern aus verschiedenen Traditionsbeständen als wildes Durcheinandermischen und als fehlgeschlagene Religiosität. In den letzten Jahren ist eine solche Kritik der kirchlichen Weltanschauungsbeauftragten, die eine Bedrohung des Deutungsmonopols der Kirchen wittern, zunehmend leiser geworden – wenn auch nicht gänzlich verschwunden. Zurückzuführen ist das wohl auf den Umstand, dass die Häresie mittlerweile auch innerhalb der Kirche gepflegt wird. So werden heute fernöstliche Körpertechniken und ganzheitliche Lebenshilfen auch in kirchlichen Institutionen angeboten. Friedrich Wilhelm Graf schildert das Phänomen treffend, wenngleich er noch zu jenen Vertretern zu zählen ist, die eine solche Entwicklung eher bedauern als begrüßen: »Die früher an den unscharfen Rändern der evangelischen Kirche angesiedelte vagabundierende Religiosität findet sich nun auch in den kirchlichen Binnenmilieus, und synkretistisch bunte ›Cafetaria‹ mit ganzheitlicher Körpererfahrung, importierter Reinkarnationshoffnung und narzisstischer Gefühligkeit wird inzwischen auch auf Kirchentagen gefeiert« (Graf 2004: 259).

Die Existenz dieser neuen esoterischen und spirituellen Suchbewegung wurde in den Sozial- und Humanwissenschaften – abgesehen von einigen wenigen Ausnahmen wie Thomas Luckmanns »The Invisible Religion« (1967), Peter Bergers, Brigitte Bergers und Hansfried Kellers »The Homeless Mind« (1973) oder Charles Glocks und Robert Bellahs »The New Religious Consciousness« (1976) – bis zur Mitte der 1980er Jahre kaum wahrgenommen und thematisiert. Mit einiger Verspätung begannen Religionswissenschaftler, Soziologen und Psychologen sich intensiver mit diesem Phänomen auseinanderzusetzen. Als Bezeichnung für die alternative therapeutische und spirituelle Szene hat sich seit damals im sozialwissenschaftlichen Diskurs der Begriff »New Age« durchgesetzt. Mit diesem Terminus, der in den 1970er Jahren von Protagonisten der alternativen spirituellen Szene eingeführt worden war, sollte das Ziel einer grundlegenden Veränderung der Gesellschaft zum Ausdruck gebracht werden. Der New-Age-Begriff wurde in der Folge nicht nur von Sympathisanten der Bewegung, sondern auch von Buchverlagen aufgegriffen, wo er nunmehr als Sammelbezeichnung für die Gesamtheit der Literatur über esoterische, alternativmedizinische und spirituelle Themen und die damit in Verbindung stehende Selbsterfahrungs- und Therapieszene diente (Bochinger 1994). In den Sozialwissenschaften wird der New-Age-Begriff heute in der Regel in diesem letzteren Sinne verwendet. Es ist jedoch wichtig festzuhalten, dass der Begriff zwei Bedeutungen hat: Zum einen meint er die Vision einer radikalen Gesellschaftstransformation auf der Grundlage eines höheren spirituellen Bewusstseins; zum anderen versteht man darunter die Gesamtheit des esoterisch-spirituellen und alternativmedizinischen Milieus (Hanegraaff 1996).

Da die gegenwärtigen Mitglieder dieses Milieus die Ideologie der New-Age-Bewegung der 1960er und 1970er Jahre vielfach kaum mehr kennen und, selbst wenn sie sie kennen, sich nur zum Teil mit ihr identifizieren, stellt sich die Frage, ob die Verwendung des Begriffs New Age heute noch angemessen ist. In der sozialwissenschaftlichen Literatur werden zum Teil auch andere Begriffe verwendet, wie etwa Esoterik-Kultur, alternative oder expressive Spiritualität. Im Englischen findet man des Öfteren auch »holistic spirituality« bzw. »holistic milieu« (z.B. Heelas 2007; Woodhead 2007). Die Begriffe Esoterik und Spiritualität haben unseres Erachtens ähnlich wie der Begriff »New Age« den Nachteil, dass viele Menschen, die alternative Praktiken wie etwa Shiatsu oder Tai Chi ausüben, die Etikettierung dieser Praktiken als esoterisch oder spirituell ablehnen. Der Begriff holistisch bzw. ganzheitlich wird hingegen in nahezu allen Teilbereichen dieses Milieus in wörtlicher oder umschriebener Form zur Charakterisierung der jeweiligen Praktik bzw. Therapie verwendet. Wir haben uns daher entschieden, die Gesamtheit der alternativen therapeutischen und spirituellen Aktivitäten und die sozialen Kreise, in denen diese ausgeübt werden, im Sine von Paul Heelas als »holistisches Milieu« zu bezeichnen.

In den letzten zwei Jahrzehnten wurde eine große Zahl an wissenschaftlichen Analysen des New Age oder, wie wir es hier bezeichnen, des holistischen Milieus, veröffentlicht. Auch in kultursoziologischen und gegenwartsdiagnostischen Studien wird mittlerweile unter verschiedenen Schlagworten wie »Therapie- und Selbsthilfegesellschaft«, »Esoterikwelle« oder »Wiederverzauberung der Welt« häufig auf Phänomene eingegangen, die sich wenn nicht ausschließlich, so doch maßgeblich auch auf das holistische Milieu beziehen. Beim Vergleich dieser Darstellungen fällt auf, dass die alternative Spiritualität, die neue Esoterikszene oder wie immer die entsprechenden Phänomene bezeichnet werden, höchst unterschiedliche Bewertungen erfährt. Am einen Pol gibt es Arbeiten, die die utopische Sichtweise der Protagonisten oder Vertreter des holistischen Milieus unreflektiert übernehmen und so darstellen, als ob es sich hier um objektive wissenschaftliche Befunde handle. Auf der anderen Seite findet man Analysen und Stellungnahmen, in denen der »Karneval der spirituellen Suche« und des »Pop-Mystizismus« (Gruber 1987), die »wild wabernde(n) Psycho-Kulte« (Graf 2004) oder die »Supermarktspiritualität« (Gross 1996) als Unfug verunglimpft und lächerlich gemacht werden.

Neben diesen positiv oder negativ voreingenommenen Darstellungen gibt es eine Reihe hervorragender wissenschaftlicher Arbeiten, in denen das holistische Milieu in differenzierter Weise beschrieben und im Kontext mit der gesamtgesellschaftlichen Entwicklung analysiert wird. Zu diesen zählen u.a. die wissenssoziologische Studie »Die soziale Konstruktion okkulter Wirklichkeit« von Horst Stenger (1993), die religionswissenschaftlichen und ideengeschichtlichen Untersuchungen »›New Age‹ und moderne Religion« von Christoph Bochinger (1994) und »New Age Religion and Western Culture« von Wouter Hanegraaff (1996), sowie die soziologischen Analysen von Paul Heelas (»The New Age-Movement« 1996, »Spiritualities of Life« 2008).

Wissenschaftler, die das holistische Milieu mit spezifischen empirischen Erhebungs- und Analysemethoden untersuchen, bevorzugen meist qualitative Zugänge: hermeneutische oder phänomenologisch-wissenssoziologische Analysen der Texte von New-Age-Kultautoren, Esoterik-Zeitschriften, Workshop-Foldern u. dgl. (exemplarisch: Stenger 1993; Hanegraaff 1996); ethnografische, auf teilnehmender Beobachtung beruhende Fallstudien über bestimmte spirituelle oder esoterische Gemeinschaften (z.B. Luhrmann 1989; Sutcliffe 2002) oder über öffentliche Szene-Events, wie etwa die heute in vielen größeren Städten regelmäßig stattfindenden Esoterikmessen (z.B. Hamilton 2000); sowie narrativ-biografische oder leitfadengestützte fokussierte Interviews mit einem Sample von Personen, die dem engeren Kreis des holistischen Milieus angehören (z.B. Stenger 1993; Possamai 2005). Es gibt mittlerweile auch eine Reihe von quantitativen Untersuchungen zur Thematik. Hervorzuheben ist hier das Kendal-Projekt von

Paul Heelas und Linda Woodhead (2005), in dem die Gesamtheit der Anbieter und des Angebots an alternativ-spirituellen Aktivitäten in einer englischen Kleinstadt erhoben wurde. Auch in einigen nationalen und internationalen Bevölkerungssurveys, wie etwa dem deutschen Allbus 2002, dem *European Value Survey* oder dem *RAMP-Projekt,* wurde das Thema alternative Spiritualität aufgegriffen; das diesbezügliche Frageprogramm ist jedoch nicht sehr differenziert und ermöglicht nur eine grobe Abschätzung des Bekanntheits- und Verbreitungsgrads holistischer Praktiken in der Bevölkerung.

Diesem Buch liegt ein vom österreichischen Wissenschaftsfond FwF gefördertes Forschungsprojekt zugrunde, in dem versucht wurde, durch die Triangulation mehrerer Methoden ein möglichst vielschichtiges Bild des holistischen Milieus in Österreich zu ermitteln. Ein zentrales Anliegen der Studie war es, mittels einer Repräsentativbefragung den Anteil der Personen, die persönliche Erfahrungen mit bestimmten holistischen Praktiken haben, detailliert zu erheben und damit den Grad der Affinität der Befragten zum holistischen Milieu genauer bestimmen zu können als dies bei bisherigen Studien möglich war. Die empirischen Erhebungen, die in den Jahren 2008 und 2009 durchgeführt wurden, umfassen folgende Bereiche und Untersuchungsschritte:

(1) *Die professionellen Anbieter holistischer Aktivitäten* (Kursleiter, Therapeuten u. dgl.): In einem ersten Arbeitsschritt wurde in zwei ausgewählten österreichischen Bezirken eine Gesamterhebung (*mapping*) der Anbieter von holistischen Aktivitäten durchgeführt. Etwa ein Drittel (122) der insgesamt 358 ermittelten Personen wurde sodann mittels eines telefonischen Kurzinterviews über ihre Berufsausbildung, ihre Angebote, die Zahl ihrer Klienten sowie über ihre Zusammenarbeit mit anderen psychosozialen und medizinischen Berufsgruppen befragt. Schließlich wurden 23 Anbieter von holistischen Praktiken in ausführlichen Leitfadeninterviews über ihren beruflichen Werdegang, ihre Arbeitsmethoden und Arbeitsprinzipien, ihre beruflichen Erfahrungen im holistischen Bereich, ihre Weltanschauung sowie ihr Verhältnis zu Religion und Kirche befragt.

(2) *Die nicht-professionellen Aktivisten im holistischen Milieu* (Kursteilnehmer, Klienten von Therapeuten und Personen mit Eigenpraxis): Als Haupterhebungsinstrument diente hier eine repräsentative Bevölkerungsumfrage, die in Verbindung mit dem *International Social Survey Programme 2008* zum Thema Religion durchgeführt wurde. Da auf Grund vorhandener Studien davon auszugehen war, dass nur

ca. fünf Prozent der erwachsenen Bevölkerung zum engeren Kernbereich des holistischen Milieus zählen (bei einer Stichprobe von 1.000 Personen wären dies etwa 50 Personen), wurden zusätzlich 207 Teilnehmer von holistischen Aktivitäten (Yoga-, Shiatsukurse u.dgl.) mittels eines Fragebogens befragt, der identische Fragen wie der repräsentative Survey enthielt. Zuletzt wurden auch hier 13 Personen in einem Leitfadeninterview über ihre Motive, sich mit alternativen Praktiken zu beschäftigen, ihre Erfahrungen mit diesen Praktiken, ihr Weltbild und ihr Verhältnis zu Religion und Spiritualität befragt.

Das Buch hat folgenden Aufbau: Im ersten Teil werden eine Reihe von soziologischen Perspektiven und Ergebnissen bisheriger Studien erörtert, die einen adäquaten Interpretationsrahmen für unsere eigenen Analysen bilden. Für das soziologische Verständnis des holistischen Milieus sind unseres Erachtens vier einander ergänzende Aspekte besonders wichtig. Diese werden hier zunächst in Form von kurzen, thesenartigen Statements skizziert:

a) *Das holistische Milieu als eine neue Form von Religiosität*: Im holistischen Milieu ist eine neue Form der Religiosität entstanden, die sich sowohl hinsichtlich des religiösen Weltbilds als auch bezüglich der Art und Weise, wie Religiosität gelebt wird, in fundamentaler Weise von der bislang im Bereich der westlichen Welt dominierenden christlich-kirchlichen Religion unterscheidet. Die ganzheitliche Religiosität ist gekennzeichnet durch die Ablösung des dualistischen theistischen Weltbildes durch ein monistisches oder kosmozentrisches Weltbild. Im Mittelpunkt dieser Religiosität steht nicht die Orientierung an vorgegebenen Routinen und Doktrinen, sondern die selbstbestimmte Suche nach religiösen Ausdrucksformen, die es einem ermöglichen, das eigene, »höhere Selbst« zu entfalten. Nach Charles Taylors epochaler Studie »Quellen des Selbst« (1996) entspricht diese Sozialform der Religiosität der neuzeitlichen Entwicklung der menschlichen Identität in Richtung Reflexivität, Authentizität und Expressivität.

Angesichts der Tatsache, dass es sich bei einem erheblichen Teil der holistischen Aktivitäten um Therapien, alternative Gesundheitspraktiken und Entspannungsübungen handelt, die keinen direkten religiösen Bezug haben, wurde allerdings von einigen Autoren (z.B. Bauman 1998; Voas/Bruce 2007) die Frage aufgeworfen, ob es angemessen ist, das holistische Milieu insgesamt als ein religiöses Phänomen zu betrachten, wie dies in der Diskussion zum Thema häufig geschieht.

b) *Das holistische Milieu als Gegenkultur*: Wie bereits am Beginn der Einleitung dargestellt wurde, liegen die Wurzeln des heutigen holistischen Milieus in der Protest- und Gegenkultur der 1960er und 1970er Jahre. Die neuen spirituellen und esoterischen Techniken wurden zunächst vor allem von Personen praktiziert, die versuchten, aus normalen beruflichen und familiären Strukturen auszubrechen und in Kommunen, alternativen Produktionsgemeinschaften u. dgl. neue Lebensformen zu erproben. Der Großteil dieser antibürgerlichen, antikapitalistischen und antimodernistischen Modelle und Experimente wurde nach einigen Jahren oder allenfalls nach ein bis zwei Jahrzehnten wieder aufgegeben. Zugleich wurden die neuen Formen der Spiritualität und die alternativen Gesundheits- und Selbsthilfepraktiken nach und nach vom konventionellen Buch- und Medienmarkt entdeckt und in »normalen« therapeutischen Institutionen und Erwachsenenbildungseinrichtungen auf kommerzieller Basis angeboten. Holistische Methoden werden heute auch bei Managementtrainings eingesetzt, um die Leistungsfähigkeit von Managern und höheren Angestellten zu verbessern. Trotz dieser Entwicklung – so die These dieses Buches – besteht im holistischen Milieu weiterhin eine gewisse Affinität zu gesellschaftskritischen Orientierungen und alternativen Lebensformen.

c) *Die Psychologisierung der Spiritualität*: Die Geistes-, Human- und Sozialwissenschaften im 19. und frühen 20. Jahrhundert waren stark von der religionskritischen Sichtweise der Aufklärung bestimmt, welche die Religion als Hemmschuh für die Entfaltung einer selbstverantwortlichen und reifen Persönlichkeit betrachtete. Im Verlauf des 20. Jahrhunderts kamen jedoch wichtige Vertreter der Psychologie und benachbarter Disziplinen zur Ansicht, dass das Streben nach religiöser Selbsttranszendenz für die Entfaltung des vollständigen Potentials der menschlichen Persönlichkeit förderlich oder sogar notwendig sei. Carl Gustav Jung und William James hatten die Bedeutung der Spiritualität für die Identitätsbildung bereits am Beginn des 20. Jahrhunderts hervorgehoben. Ab der Mitte des 20. Jahrhunderts wurde eine ähnliche Sichtweise von den Vertretern der *Human Potential Ethic* (Abraham Maslow, Erich Fromm, Carl Rogers) propagiert. Diese Denkrichtung hatte seit den 1960er Jahren zunächst in Amerika, in der Folge aber auch in Europa einen großen Einfluss auf die Entwicklung neuer psychotherapeutischer Ansätze. Um 1980 entstand mit der Transpersonalen Psychologie (Stanislav Grof, Ken Wilber) eine neue Strömung, die Psychologie und Spiritualität eng miteinander verwebt.

Die Psychologisierung der Religion, das heißt die Erklärung der Funktionen und Effekte spiritueller und magischer Rituale in der Sprache der modernen Psychologie, ermöglicht Menschen, die mit psychologisch-psychotherapeutischen Denkweisen vertraut sind, einen neuen Zugang zur Spiritualität. Im holistischen Milieu kommt es daher heute immer mehr zu einer Verknüpfung von Psychologie und Spiritualität.

d) *Das holistische Milieu als Ausdruck des postmodernen Lebensstils*: Die gegenkulturellen Bewegungen der 1960er und 1970er Jahre markierten zugleich auch den Übergang von der Moderne zur Postmoderne. Paul Heelas (1996), Adam Possamai (2005) und andere Autoren haben darauf hingewiesen, dass die für das postmoderne Welt- und Menschenbild und für den postmodernen Lebensstil charakteristischen Merkmale – das Streben nach Autonomie, Authentizität, Expressivität, Reflexivität, Toleranz, Flexibilität und Spontanität – auch auf das holistische Milieu zutreffen. Es scheint sogar der Fall zu sein, dass die postmoderne Weltsicht und das postmoderne Lebensgefühl in diesem Milieu in besonders deutlicher Weise präsent sind.

Während soziologische Gegenwartsdiagnostiker die oben genannten Merkmale in der Regel positiv bewerten, rechnet man zum postmodernen Lebensstil auch eine Reihe von Phänomenen, die meist kritisch gesehen werden: eine Tendenz zur Unverbindlichkeit, zum *laissez-faire* und zur moralischen Beliebigkeit, zur ständigen Suche nach Erlebnissen und Highlights, zum Konsumismus und Narzissmus. Auch diese Tendenzen sind nach der Ansicht von Kritikern (z.B. Lasch 1980, 1984; Bauman 1998; Carrette/King 2005) in besonders ausgeprägter Weise im Therapie- und Selbsterfahrungsmilieu zu finden.

Diese vier Aspekte, die in den vier Kapiteln des ersten Teils erörtert werden, bilden das konzeptuelle Grundgerüst für die Interpretation der empirischen Ergebnisse im zweiten Teil des Buches.

Obwohl es heute eine Vielzahl an Studien über das holistische Milieu gibt, besteht nach wie vor wenig Klarheit, welcher Anteil der Bevölkerung diesem Milieu zuzurechnen ist. Vertreter der religiösen Individualisierungsthese gehen davon aus, dass neue Formen der Spiritualität bereits einen erheblichen Verbreitungsgrad haben; kirchennahe Soziologen meinen hingegen, dass die Bedeutung der alternativen Spiritualität stark überschätzt werde (vgl. Pollack 2009: 54). Diese Divergenzen sind zum Teil dadurch erklärbar, dass wir es hier mit einem fluiden Phänomen zu tun haben, das in unterschiedlicher Weise definiert und abgegrenzt werden kann. Ein Grund für den Mangel an Klarheit über die Größe des holistischen Milieus liegt auch darin, dass die Beteiligung an holistischen Aktivitäten in bisherigen Studien nur sehr summarisch erhoben wurde. Im fünften Kapitel wollen wir daher versuchen, anhand der Erhebung der Anbieter und der Ergebnisse der Repräsentativbefragung ein differenziertes Bild über die Verbreitung ganzheitlicher Praktiken in Österreich zu geben. Mithilfe dieser Daten kann annäherungsweise ermittelt werden, wie groß die Zahl der Personen ist, die persönliche Erfahrungen mit holistischen Praktiken haben, und wie hoch der Anteil jener ist, die zum engeren Kreis des holistischen Milieus gehören. Von Interesse ist auch die Frage, inwieweit sich das holistische Milieu und das Feld der traditionellen kirchlichen Religiosität überschneiden (vgl. Pollack/Pickel 2007).

Im zweiten Teil dieses Kapitels erfolgt eine erste Charakterisierung der holistischen Akteure, das heißt der Personen, die holistische Praktiken ausüben, mithilfe der Daten der repräsentativen Bevölkerungsumfrage und der Oversample-Befragung von Kursteilnehmern; ergänzend werden auch die Interviews in die Analyse miteinbezogen. Mit Bezugnahme auf die Ergebnisse bisheriger Studien und eigener Vorarbeiten (Höllinger 1999, 2004, 2005; Tripold 2005) sollen folgende Fragestellungen untersucht werden:

– Aus welchen demografischen Gruppen und sozialen Milieus stammen die Akteure? Die oben skizzierten Merkmale des holistischen Milieus – die Psychologisierung der Spiritualität, die Affinität des holistischen Milieus einerseits zur Gegenkultur, andererseits zum postmodernen Lebensstil – lassen erwarten, dass sie überproportional aus der höher gebildeten, urbanen Bevölkerung stammen und eine höhere Neigung zu alternativen, postmodernen Lebensformen (etwa in Hinblick auf Ehe und Familie) haben als Menschen in anderen sozioreligiösen Milieus.

– Was sind die Motive, sich mit ganzheitlichen Praktiken zu befassen? Welche Erfahrungen werden dabei gemacht und inwieweit werden die eigenen Erwartungen erfüllt? Holistische Praktiken zeichnen sich dadurch aus, dass sie von einer untrennbaren Einheit der körperlichen, geistigen und seelisch-spirituellen Ebene des Menschen ausgehen. Ziel ist es, das Wohlbefinden auf allen drei Ebenen zu gewährleisten. Dennoch steht in vielen Fällen, je nachdem, ob es sich um eine komplementärmedizinische, um eine psychotherapeutische oder um eine explizit spirituelle Praktik handelt, einer dieser drei Aspekte im Vordergrund; dementsprechend richten sich auch die Erwartungen der

Personen, die diese Praktiken ausüben, eher auf einen dieser drei Aspekte. Mit Bezugnahme auf Horst Stengers Studie »Die soziale Konstruktion okkulter Wirklichkeit« (1993) gehen wir davon aus, dass für die meisten Menschen, die mit dem holistischen Milieu in Berührung kommen, zunächst der psychologische und der körperzentrierte bzw. Gesundheits-Kontext im Vordergrund stehen. Erst wenn man sich längere Zeit in diesem Milieu aufhält, verschiedene Praktiken ausprobiert und vielleicht die eine oder andere Methode über einen längeren Zeitraum hinweg intensiver betreibt, kommt es zu einer Verlagerung der Aufmerksamkeit hin zum spirituellen Kontext.

Kapitel sechs befasst sich mit typischen Verlaufsmustern der »Karriere« von Akteuren, die intensiver in das holistische Milieu involviert sind. Als Material dienen uns hier in erster Linie die Interviews. Um ein vertieftes Verständnis für die Eigenart der biografischen Prozesse im holistischen Milieu zu gewinnen, sollen diese vor dem theoretischen Hintergrund des Pragmatismus als »Philosophie der Handlung« (Joas 1992: 28) betrachtet werden.

Das pragmatistische Handlungsmodell eignet sich besonders dazu, den Umgang mit unbestimmten Situationen in Form von Problemen, Krisen oder Konflikten zu erklären. Die zentralen Begrifflichkeiten, die dem Pragmatismus zufolge Aufschluss über das Handeln in solchen Umbruchphasen geben, sind Kreativität und Experimentalität. Diese sind Teil jeder Handlung, weil eine Situation, die durch ihre Unbestimmtheit charakterisiert ist, kreatives Experimentieren notwendig macht. Wie wir zeigen werden, treten in den Biographien der spirituellen Akteure häufig Brüche auf, welche dazu veranlassen, gewohnte und eingefahrene Handlungs- und Deutungsmuster einer Revision zu unterziehen. Wenn Geltungen in Form von Normen, Werten oder individuellen Zielsetzungen ihre Plausibilität verlieren und brüchig werden, stehen die Akteure vor der Notwendigkeit, nach Alternativen Ausschau zu halten, um der unsicheren Situation zu begegnen. Diese im spirituellen Kontext als »Schlüsselsituationen« gedeutete Phase, bedeutet meist den Beginn des spirituellen Weges. Daran schließt sich das erwähnte kreative Experimentieren an, wie es in den biografischen Sequenzen der Akteure durch das Ausprobieren vieler holistischer Praktiken zum Ausdruck kommt. Sinnbastlerische Kompetenzen sind hier gefragt, weshalb es nicht angebracht ist, abwertend von »Bastelreligion« oder einem unreflektierten Konsumverhalten zu sprechen. Sinnbasteln somit als »die mehr oder weniger, meist weniger originelle

Verarbeitung von vorgefertigten Sinn-Elementen zu einem Sinn-Ganzen« (Hitzler 1994: 84) zu verstehen, ist insofern irreführend, als hier die Rolle der Kreativität nicht angemessen beachtet wird. Dies entspricht der von Soziologen häufig unterschätzten Fähigkeit zur aktiven interpretativen Arbeit, die Menschen leisten müssen, um ihre Identität und ihre Position in der Gesellschaft neu zu bestimmen, wenn diese in Frage gestellt werden. Gerade der religiöse Transformationsprozess der Moderne, den man mit dem Begriff der »Säkularisierung« zu begreifen versucht, verlangt das umfangreiche Bemühen seitens der Individuen, die erodierten traditionellen Werthorizonte neu zu definieren. Hier ist kreatives Handeln besonders gefordert, da sich das Handeln nicht mehr an traditionellen Ordnungsvorstellungen orientieren kann. Aus diesem Grund werden die spirituellen Akteure hier auch als Virtuosen ihrer religiös-spirituellen Lebenspraxis betrachtet, die in kreativ-experimenteller Manier aus dem zur Verfügung stehenden Angebot auswählen und adaptieren, was gerade zur Lösung der aktuellen Problemlage dienlich ist. Integriert wird, was sich letztendlich auch bewährt. Dadurch lässt sich der Handlungsfluss wiederherstellen und das Erprobte fließt in die neuen Gewohnheiten ein, bis es erneut durch Probleme oder Konflikte in Frage gestellt wird.

In Kapitel 7 werden wir sehen, welche spirituellen Werthaltungen für das holistische Milieu charakteristisch sind und in welcher Weise es für die holistischen Akteure zu Wertbindungen kommt. Eine besondere Rolle nimmt hier die Erfahrung von Selbsttranszendenz in außeralltäglichen Situationen ein, denn, wie Hans Joas (1999) festhält, bewegen uns keine theoretischen Begründungen zur Übernahme von Werten, sondern nur solche, die auf Erfahrungen beruhen. Die Frage nach der Entstehung der Werte im holistischen Milieu verweist zum einen auf die Bedeutung von Schlüsselerfahrungen als fundamentale Umorientierungen des bisherigen Lebensvollzugs – vergleichbar mit Konversionserfahrungen – und zum anderen auf den Umstand, dass Werte über das direkte emotionale Erleben, abseits dogmatischer Formulierungen, zustande kommen (James 1997). Eine Schilderung der Werthaltungen der Akteure gibt somit Aufschluss über das spirituelle Weltbild im holistischen Milieu, dessen typische Merkmale hier skizziert werden sollen.

Kapitel 8 vergleicht die sozialen und politisch-weltanschaulichen Orientierungen von Personen, die dem holistischen Milieu nahe stehen, mit den Wertorientierungen von kirchlich-religiösen und nichtreligiösen Menschen? Aus einer Reihe von Studien über die New-Age-Bewegung geht hervor, dass das Streben nach einer authentischen, selbstbestimmten Lebensweise, die dementsprechende Ablehnung aller Formen von Autoritarismus, eine hohe Toleranz gegenüber anderen Weltanschauungen und Lebensweisen, sowie moralische Permissivität zu den Merkmalen dieses Milieus zählen (vgl. z.B. Heelas 1996; Rose 2005; Höllinger 1999, 2004). In der Literatur stößt man aber auch auf Charakterisierungen, die die holistischen Akteure in einem negativen Licht erscheinen lassen. Kritiker der postmodernen Selbsterfahrungs- und Esoterikkultur behaupten, dass in diesem Milieu ein hoher Grad an Konsumismus, Hedonismus und Narzissmus herrsche. Das ständige Kreisen um sich selbst, so die Annahme, stehe in Verbindung mit einer Realitätsflucht und einem Desinteresse an sozialen und politischen Fragen und Problemen (z.B. Lasch 1984; Bauman 1998). Bei Soziologen, die am religions- und magiefeindlichen Vernunftideal der Aufklärung festhalten (z.B. Adorno 1979), kommt zum Vorwurf des Hedonismus und Narzissmus die Unterstellung hinzu, dass Menschen, die an den Einfluss »höherer« Mächte glauben, die Verantwortung für das eigene Leben letztlich doch nicht selbst übernehmen wollen. Wir vertreten demgegenüber die Ansicht, dass der emanzipatorische, gegenkulturelle Charakter der New-Age-Bewegung auch im heutigen holistischen Milieu noch ein Stück weit aufrechterhalten wird und erwarten, dass sozialer Aktivismus und politische Protestbeteiligung in diesem Milieu keineswegs seltener, sondern häufiger zu finden sind als in anderen gesellschaftlichen Gruppen.

Die Anbieter von holistischen Praktiken waren für unsere Untersuchung in zweifacher Hinsicht von Interesse: Zum einen wurden sie in den Tiefeninterviews als Privatpersonen angesprochen, die selbst über vielfältige Erfahrungen mit ganzheitlichen Methoden verfügen und auf eine lange Karriere im holistischen Milieu zurückblicken können; zum anderen wurden sie in ihrer beruflichen Rolle als Heiler, Therapeut oder »Energetiker« befragt. Das letzte Kapitel befasst sich mit dem beruflichen Expertenstatus der Anbieter und behandelt folgende Fragen: Welche Ausbildungswege und Bestrebungen zur Professionalisierung gibt es im holistischen Milieu? Welche Ziele verfolgen die Praktiker mit ihrer Arbeit, was sind ihre Arbeitsprinzipien und welche Beziehung haben sie zu ihren Klienten? Wie ist ihr Verhältnis zur Schulmedizin und zu konventionellen Therapieformen? Inwieweit sind sie in ihrer beruflichen Tätigkeit mit Kollegen aus dem holistischen Milieu und mit anderen Berufsgruppen vernetzt? Wie beurteilen sie die Kommerzialisierung des holistischen Milieus und die damit verbundene Gefahr von Wildwuchs und Scharlatanerie?

* * *

An dieser Stelle möchten wir uns bei allen, die zum Gelingen unseres Forschungsprojekts beigetragen haben, herzlich bedanken. Insbesondere danken wir den drei studentischen Projektmitarbeitern Gabriele Diesel, Michael Longhino und Andrea Ploder sowie den Akteuren aus dem holistischen Milieu, die sich für ein Interview zur Verfügung stellten. Unser Dank gilt auch Stefan Rademacher, Stephan Moebius und Peter Plessing, von denen wir kritische Kommentare zu den Inhalten des Manuskripts erhielten.

Erster Teil

Soziologische Sichtweisen des holistischen Milieus

1 Soziologische Verortung der holistischen Spiritualität

1.1 Grundüberzeugungen und Merkmale

Wenn man einem Außenstehenden einen ersten anschaulichen Eindruck vermitteln möchte, was das holistische Milieu ist, wäre wohl der einfachste Weg, mit ihm eine Esoterikmesse oder, wie diese Art von Veranstaltungen im englischen Sprachraum genannt wird, ein *Body-Mind-Spirit-Festival* zu besuchen. Dem aufmerksamen Besucher würde wohl bald auffallen, dass auf den Werbeplakaten und Prospekten neben einem Sammelsurium an fremdartigen, exotisch klingenden Begriffen wie *Lomi Lomi Nui, Klangschalenmassage, Rolfing, Body Talk, Tuina, Reiki, Channeling, Auralesen, Chakrenöffnung* oder *Lichtarbeit* auch eine Reihe von Begriffen vorkommen, die zum Teil ähnliche Bedeutungen haben und einander überschneidende Begriffsfamilien bilden: Heilen, Heilkraft, Therapie, Gesundheit, Natur, ganzheitlich, Körper-Geist-Seele, Energie, Energiefluss, Atem, Entspannung, Spiritualität, universelles Bewusstsein, Potential, Authentizität, Selbstfindung, Transformation. Trotz der Unterschiede, die zwischen den oben genannten Therapien, Praktiken und Techniken im Einzelnen bestehen, verweist das gemeinsame Vokabular darauf, dass alle diese Methoden letztlich von einigen wenigen Grundüberzeugungen ausgehen und ähnliche Ziele verfolgen. Wenn man die Beschreibungen holistischer Praktiken in Büchern, Prospekten, Esoterikzeitschriften u.dgl. auf ihren gemeinsamen Kern hin untersucht und zudem die gängigen sozialwissenschaftlichen Darstellungen der New-Age-Bewegung (z.B. Schorsch 1988; Knoblauch 1989; Mörth 1989; Lewis 1992; Stenger 1993; York 1995; Hanegraaff 1996; Heelas 1996; Hedges/Beckford

2000; Possamai 2005) miteinbezieht, lässt sich das holistische Milieu durch folgende Grundüberzeugungen und Merkmale charakterisieren:

Das Prinzip des Holismus: die Überzeugung, dass alle materiellen und immateriellen »Dinge« im Universum miteinander in Verbindung stehen und dass sich Veränderungen an einem Element auf jedes andere Element im Kosmos auswirken können. Die »universelle Verbundenheit« (Hanegraaff 1996: 128ff.) beruht nach einer in diesem Milieu weit verbreiteten Vorstellung auf dem Fließen einer universellen Lebensenergie oder auf der Existenz eines universellen Bewusstseins (Runggaldier 1996: 35ff.). Bei manchen Autoren wird das Prinzip des Holismus im Sinne eines philosophischen Monismus verstanden: Alles was existiert ist aus dem universellen Bewusstsein hervorgegangen; daher befinden sich alle Lebewesen auf einem spirituellen Entwicklungsweg, der sie wieder zur Quelle des universellen Bewusstseins zurückführt (Hanegraaff 1996: 123). Diese Sichtweise steht trotz gewisser Anklänge an gnostische oder östliche religiös-philosophische Weltdeutungen nicht in Verbindung mit Lebensformen der Weltablehnung, wie sie dort vielfach praktiziert und propagiert werden. Abgelehnt wird allenfalls ein kruder Materialismus, keinesfalls jedoch der Körper des Menschen und seine natürlichen Bedürfnisse.

In Verbindung mit dem Prinzip des Holismus steht der Glaube an die Reinkarnation, durch welche die universelle Verbundenheit alles Lebendigen auf die zeitliche Dimension ausgedehnt wird. Auch das Prinzip der Reinkarnation wird nicht in der Bedeutung verwendet, die es im religiösen Ursprungskontext hatte, das heißt Wiedergeburt auf einer höheren oder niedrigeren Existenzstufe in Abhängigkeit von der Lebensführung, sondern nur im Sinne der Möglichkeit einer spirituellen Höherentwicklung im Verlauf mehrerer aufeinanderfolgender Leben. Der Reinkarnationsglaube bildet die weltanschauliche Grundlage für ein weiteres Grundmerkmal bzw. Ziel des holistischen Milieus:

Die Entwicklung einer authentischen Persönlichkeit und eines höheren Bewusstseins (Human Potential Ethic): Das Ziel des menschlichen Lebens besteht darin, auf eigenverantwortliche und selbstbestimmte Weise die Potentiale der eigenen Persönlichkeit zu entfalten und in einem stufenförmigen Prozess ein höheres Bewusstsein zu erlangen. Nicht alle, aber doch die meisten New-Age-Autoren und Anbieter holistischer Praktiken beschreiben die höheren Stufen des Bewusstseins mit Worten, die auf die spirituelle Sphäre verweisen (Zugang zur größeren Realität, zum universellen Bewusstsein u.dgl.). Dabei betonen sie, dass im Verlauf dieses offen gehaltenen Prozesses eine individuelle Transformation stattfindet, bei der man sein altes Ich sukzessive abstreift und immer mehr am Göttlichen partizipiert.

Der Prozess der Persönlichkeitsentwicklung wird dadurch unterstützt und gefördert, dass man sich entsprechend der Lebenssituation, in der man sich befindet, und der Ziele, die man erreichen will, mit einer (oder auch mit mehreren) der zahlreichen heute angebotenen psychotherapeutischen, medizinischen, esoterischen oder spirituellen Richtungen bzw. Praktiken beschäftigt, zum Teil durch Lektüre, vor allem aber durch praktische Erfahrungen, durch den Besuch von Workshops, Kursen oder selbstorganisierten Gruppen, durch Therapien und Behandlungen, sowie Übungen und Rituale, die man in den eigenen vier Wänden ausführt. Da sich im Verlauf des Lebens die Bedürfnisse, die Problemlagen und die Ziele ändern, experimentieren die meisten Aktivisten im holistischen Milieu immer wieder mit neuen Praktiken; manche werden vertieft und mitunter über Jahre oder sogar Jahrzehnte hinweg ausgeübt (vgl. dazu den Idealtyp des »spirituellen Wanderers« bei Bochinger, Engelbrecht/Gebhardt 2009). Bei vielen holistischen Praktiken steht der therapeutische oder psychohygienische Aspekt im Vordergrund: Zum Teil geht es ähnlich wie bei konventionellen Richtungen der Medizin oder der Psychotherapie um die Behandlung von Krankheiten oder um die Lösung konkreter Lebensprobleme, zum Teil dienen die Praktiken der Verbesserung des körperlich-seelischen Wohlbefindens. Je nach Selbstverständnis der Akteure können diese Praktiken aber auch als Vorbereitung auf und Hinführung zu einer höheren Stufen des spirituellen Bewusstseins interpretiert und verwendet werden.

Körper- und Erfahrungszentriertheit: New-Age-Aktivisten beschäftigen sich in der Regel auch theoretisch, durch die Lektüre von Büchern und Zeitschriften, den Besuch von Vorträgen u.dgl. mit therapeutischen, esoterischen und spirituellen Themen. Als entscheidend für den spirituellen Reifungsprozess gelten jedoch nicht das kognitive Wissen und intellektuelle Erkenntnisse, sondern die eigenen Erfahrungen (Partridge 1999: 87f.; Scherer 2010: 147ff.). Es kommt nicht darauf an, ob man den Begriff des Holismus richtig versteht und erklären kann, sondern dass man das Gefühl der Verbundenheit mit dem »universellen Energiefluss« selbst erfährt und verinnerlicht. Selbst der Reinkarnationsglaube kann zu einem Gegenstand der persönlichen Erfahrung werden. Dies ist beispielsweise dann der Fall, wenn ein Therapeut seinem Klienten im Rahmen einer Channeling-Sitzung mitteilt, welche Persönlichkeit dieser in einem früheren Leben hatte, und dieses »Wissen« dem Betreffenden hilft, ein aktuelles Problem besser zu verstehen und zu bewältigen. Die Betonung der Erfahrungsdimension steht in Verbindung mit einer Fokussierung auf den Körper und auf die Signale, die dieser aussendet. Ein wesentlicher Punkt in diesem Zusammenhang ist die »Wiederentdeckung« körperorientierter Praktiken (meditative Körperhaltungen, Atemübungen, Trancetechniken, Fasten u.dgl.) als Mittel zur Generierung intensiver Sensationen und außeralltäglicher Bewusstseinszustände (vgl. Fuller 2008: 99ff.; Flory/Miller 2007; Hedges/Beckford 2005).

Trotz der Vorrangstellung der Erfahrung gegenüber der kognitiv-intellektuellen Ebene ist es vielen Protagonisten des holistischen Milieus wichtig zu betonen, dass ihre esoterischen Konstrukte in Übereinstimmung mit den neueren Entwicklungen im Bereich der modernen (Natur-)Wissenschaften stehen. Auf Grund der Art und Weise, wie New-Age-Autoren die Grenzen zwischen Mythos und Wissenschaft auflösen und wissenschaftliche Erkenntnisse als »Beweis« für ihre esoterischen »Theorien« heranziehen, wird ihnen seitens der etablierten Wissenschaft allerdings oft wissenschaftlicher Dilettantismus vorgeworfen (z.B. Schorsch 1988: 208ff.; Knoblauch 1993).

Synkretismus – Perennialismus: Im holistischen Milieu werden Glaubensvorstellungen, spirituelle Techniken und Heilmethoden aus allen Kulturkreisen der Erde aufgegriffen. Hierbei werden die Praktiken und ihr weltanschaulich-religiöser Hintergrund so modifiziert und uminterpretiert, dass sie mit dem kognitiven Verständnishorizont und den Bedürfnissen moderner westlicher Menschen kompatibel sind. Vielfach werden die traditionellen Praktiken auch mit modernen, westlichen Psychotechniken kombiniert (z.B. Alan Watts: »Psychotherapie und östliche Befreiungswege«, 1980). Die Art und Weise, wie man sich im holistischen Milieu Elemente unterschiedlichster religiöser und esoterischer Traditionen aneignet, wird von Vertretern der Kirche, aber auch von anderen Kritikern als oberflächlicher Synkretismus abqualifiziert. Für die Akteure selbst spielt die Frage der Vereinbarkeit dieser Traditionen keine oder nur eine geringe Rolle, da es ihnen viel mehr um die praktischen Effekte der verwendeten Techniken geht als um deren theoretische (das heißt theologische oder esoterische) Prämissen. Zudem ist man im holistischen Milieu davon überzeugt, dass alle religiösen und esoterischen, insbesondere aber alle mystischen Traditionen der Welt letztlich auf denselben grundlegenden Erfahrungen und Erkenntnissen beruhen. In Anlehnung an das Konzept der *philosophia perennis* wird die Annahme einer konvergierenden religiösen Weisheit aller Kulturen von manchen New-Age-Autoren (z.B. Ken Wilber) und auch in sozialwissenschaftlichen Darstellungen des New Age als »Perennialismus« bezeichnet (Possamai 2005).

Die Netzwerkstruktur des holistischen Milieus: Holistische Aktivitäten werden vor allem in kommerziell angebotenen Kursen, Workshops und Seminaren und in Form von individuellen Behandlungen oder Therapien praktiziert. Mitunter schließen sich auch einige Aktivisten zu selbstorganisierten Gruppen zusammen. Zum Teil handelt es sich um dauerhafte Gemeinschaften mit einem festen Stamm an Mitgliedern. Die meisten Akteure verbringen aber nur eine begrenze Zeit in einer Gruppe und mit einer Aktivität, sondern »wandern« von einem Kurs, Seminar, Workshop u.dgl. zum nächsten. Bei diesen Aktivitäten trifft man auf Personen mit ähnlichen Interessen, die ebenfalls bereits verschiedene Erfahrungen im holistischen Milieu gesammelt haben. Man tauscht sich aus und gibt einander Empfehlungen über neue Methoden oder über Seminare, die man als gut empfunden hat. Auf diese Weise entsteht zwischen den holistischen Akteuren ein Netzwerk von Bekanntschaften, aus denen sich in einzelnen Fällen Freundschaften oder, im Falle von Anbietern, professionelle Kooperationsbeziehungen entwickeln können (vgl. Knoblauch 1989; York 1995).

In der Expansionsphase der neuen religiösen und esoterischen Bewegung (in den 1970er und 1980er Jahren) wurden im anglo-amerikanischen Sprachraum alle diese Aktivitäten unter den Begriff des »*cult*« subsumiert, wobei zwischen verschiedenen Arten von Kulten, wie *cult movements* (neue religiöse Gemeinschaften), *client cults* (holistische Therapien, Seminare u.dgl.) und *audience cults* (Vorträge über esoterische/spirituelle Themen) unterschieden wurde (Campbell 1972; Stark/Bainbridge 1985). Seither wird die Gesamtheit der holistischen Aktivitäten auch im deutschsprachigen Raum vielfach als »kultisches Milieu« bezeichnet. Da der Kult-Begriff im Deutschen mit der Vorstellung von enthusiastischen, sektiererischen religiösen Gemeinschaften konnotiert ist, halten wir die Charakterisierung des holistischen Milieus als »kultisch« für problematisch. Wir werden daher zur Charakterisierung der Struktur und der Aktivitätsformen des holistischen Milieus anstelle des Kult-Begriffs den wertneutralen Begriff der »Netzwerk-Struktur« verwenden.

1.2 DAS HOLISTISCHE MILIEU IM VERHÄLTNIS ZU DEN NEUEN RELIGIÖSEN GEMEINSCHAFTEN

Neben der Spiritualität des holistischen Milieus gibt es in der Gegenwartsgesellschaft eine Reihe anderer neuer religiöser Strömungen und Gemeinschaften. Im öffentlichen, insbesondere im kirchlichen, zum Teil aber auch im wissenschaftlichen Diskurs werden verschiedene neue religiöse oder religionsähnliche Phänomene wie Sekten, Okkultismus, Satanismus, Jugendreligionen, Psychokulte, Esoterik und New Age gerne in einen Topf geworfen (z.B. Haack 1991; Gugenberger/Schweidlenka 1992; Gross 1996; Klosinski 1996; Awadallah 1997). Zwischen der holistischen Spiritualität und anderen neuen Formen der Religiosität oder Quasi-Religiosität bestehen tatsächlich manche Gemeinsamkeiten und Parallelen; bei weitem größer scheinen uns jedoch die Unterschiede zu sein. Wir möchten daher im Folgenden auf das Verhältnis zwischen diesen Gruppen bzw. Bewegungen eingehen.

Eine erste Schwierigkeit bei diesem Unterfangen besteht darin, die verschiedenen neuen religiösen Phänomene begrifflich voneinander abzugrenzen. Eine wichtige Kategorie in der englischsprachigen, zum Teil auch in der deutschsprachigen Religionssoziologie sind die *New religious movements* (»neue religiöse Bewegungen«). Dieser Begriff hat jedoch bei verschiedenen Autoren einen unterschiedlichen Bedeutungsumfang. In einem Teil der Literatur werden darunter in erster Linie die neueren, etwa seit der Mitte des 20. Jahrhunderts gegründeten religiösen Gemeinschaften verstanden, die von kirchlichen und staatlichen Sekten- und Weltanschauungskommissionen wie auch in den Medien als »Jugendsekten«, »Gurugruppen« oder »Psychokulte« bezeichnet werden. Manchen dieser Gruppen wird vorgeworfen, ihre Mitglieder einer Gehirnwäsche zu unterziehen, sie finanziell auszubeuten und von der normalen Gesellschaft abzusondern (Barker 1982, Dawson 2003, Hunt 2003). Nach Ansicht der Sektenkommissionen gilt dies u.a. für die auf christliche Wurzeln zurückgreifenden Gruppen der Vereinigungskirche (»Moon-Sekte«) und »Universelles Leben«, für eine Reihe von neo-hinduistischen Guru-Gemeinschaften wie etwa *Hare Krishna*, *Brahma Kumaris, OSHO* (Baghwan-Bewegung), *Sai Baba, Sri Chinmoy* und die *Holosophische Gesellschaft* sowie für *Scientology* (Hunt 2003). Mitunter werden auch einige bereits ältere Religionsgemeinschaften, wie z.B. die *Baha'i* und die *Zeugen Jehovas*, zu dieser Art von neuen religiösen Bewegungen gezählt. Ein Teil der Literatur führt neben diesen Gruppierungen als zweite Hauptkategorie neuer religiöser Bewegungen die Pfingstkirchen an. Wegen der Familienähnlichkeit – der zentralen Bedeutung der ekstatischen Pfingsterfahrung und der spirituellen Heilungsrituale – wird auch die charismatische katholische Erneuerungsbewegung unter diese Kategorie subsumiert. Manche Autoren rechnen als dritte Hauptkategorie die New-Age-Bewegung zum übergeordneten Feld der neuen religiösen Bewegungen. Das Verbindende zwischen diesen drei Arten von neuen religiösen Bewegungen ist, dass die Teilnahme – im Unterschied zur kirchlichen Mitgliedschaft von Geburt an – auf Grund einer persönlichen Entscheidung erfolgt. Es handelt sich also bei allen drei Richtungen um Personen, die den Wunsch nach einer Intensivierung ihres religiösen Lebens verspüren. Lucas (1992) sieht zwischen der New-Age-Bewegung der 1980er Jahre und der Pfingstbewegung eine Reihe weiterer Parallelen: eine Fokussierung auf mystische bzw. gemeinschaftlich- ekstatische spirituelle Erfahrungen; die zentrale Bedeutung von Heilungsritualen; das Ziel der spirituellen Transformation der Persönlichkeit; die Vision eines neuen Zeitalters; die Bildung kleiner Gemeinschaft unter der Leitung einer charismatischen Führungspersönlichkeit (was zugleich eine Ablehnung bürokratisch-hierarchischer religiöser Institutionen bedeutet). In ähnlicher Weise betont auch Knoblauch (2009) die Ähnlichkeiten zwischen der New-Age-Bewegung und den erfahrungsorientierten neuen christlichen Strömungen (Pfingstkirchen, charismatische Bewegung) bzw. dem christlichen Fundamentalismus in Amerika.

Trotz dieser unbestreitbaren Gemeinsamkeiten bestehen zwischen dem holistischen Milieu und den anderen neuen religiösen Bewegungen, die wir hier auf Grund der höheren Bedeutung der Gemeinschaftskomponente als »neue religiöse Gemeinschaften« bezeichnen, eine Reihe von grundsätzlichen Unterschieden. Tabelle 1 fasst diese Unterschiede in einer idealtypischen Gegenüberstellung zusammen.

Die neuen religiösen Gemeinschaften einschließlich der Pfingstkirchen und der charismatischen Erneuerung nähern sich dem Idealtypus der Sekte im Sinne von Weber und Troeltsch an (vgl. Hamilton 2001: 230f.). Es handelt sich um Gemeinschaften, deren Mitglieder an sich selbst hohe religiöse und moralische Ansprüche stellen, wodurch sie sich in ihrer gesamten Lebensführung stark von der Durchschnittsbevölkerung unterscheiden. Die Verwirklichung dieser Ziele wird durch freiwillige Anerkennung der Autorität einer charismatischen Führungspersönlichkeit (zum Teil eines »Guru«), durch einen engen solidarischen Zusammenhalt in der Gruppe, durch strikte religiöse und moralische Verhaltensregeln und durch wechselseitige Unterstützung und Kontrolle durch die anderen Gruppenmitglieder erleichtert.

Tabelle 1: Neue religiöse Gemeinschaften und das holistische Milieu im Vergleich

	Neue religiöse Gemeinschaften	Holistisches Milieu
Beispiele	Pfingstkirchen, »Moonies«, *Hare Krishna*	Yoga-Gruppen, Zen-Meditation, Neo-Schamanismus
Idealtypus	Sekte	Mystik
Primäres Bedürfnis	Wunsch nach Sicherheit, Stabilität, Ordnung	Wunsch nach Freiheit und Selbstverwirklichung
Gottesbild	meist theistisch (Gott als Vater und Autorität)	pantheistisch (Gott als universelle Energie)
Religiöse Vergemeinschaftung	feste Gemeinschaften mit dauerhafter Mitgliedschaft	Teilnahme an Kursen/ Workshops, Einbindung in das holistische Milieu
Autoritätsverhältnis	formelle Hierarchien, »Guru-Prinzip«	funktionale, antiautoritäre Lehrer-Schüler-Beziehung
Religiöser Wahrheitsanspruch	exklusivistisch, nur die eigene Religion hat die volle Wahrheit	Perennialismus, alle Religionen beruhen auf den gleichen Grundwahrheiten
Moral und Lebensführung	strikte Vorschriften bezüglich Kleidung, Ernährung, Sexualität u.dgl. Tendenz zu Weltablehnung	autonome, permissive Moral, jeder entscheidet, was für ihn richtig ist Tendenz zu Weltbejahung

Die Art der Religiosität, die im holistischen Milieu praktiziert wird, entspricht hingegen eher dem Idealtypus der »Mystik«. Hier ist das primäre Ziel die individuelle »Verinnerlichung und Unmittelbarmachung« der spirituellen Erfahrung, »wobei nur fließende und ganz persönlich bedingte Gruppenbildungen sich sammeln können« (Troeltsch 1965: 967). Nicht nur die Einbindung in eine religiöse Gemeinschaft, auch religiöse Dogmen und moralische Verhaltensvorschriften sind für Mystiker von geringerer Bedeutung. Die Vermittler von holistischen Praktiken werden von ihren Schülern oder Klienten auf Grund ihrer Kompetenzen und ihres Charismas als Autoritätspersonen anerkannt; ein autoritärer Führungskult (»Guru-Prinzip«) wird aber strikt abgelehnt (vgl. Rademacher 2010a).

Das Verhältnis zwischen den neuen religiösen Gemeinschaften und dem holistischen Milieu entspricht zu einem gewissen Grad dem Unterschied zwischen autoritärer und humanitärer Religion in Erich Fromms psychoanalytischer Typologie der Religion. Im Zentrum der autoritären Religion steht ein allmächtiger Gott, der von seinen Anhängern Verehrung und Gehorsam fordert. Für die humanitäre Religion ist Gott hingegen ein Symbol für die Fähigkeit des Menschen, zu einer höheren Stufe der Selbsterkenntnis, des spirituellen Bewusstseins und der Liebesfähigkeit zu gelangen; die wichtigste Tugend dieser Religion ist die Entfaltung des eigenen Potentials. Bei der autoritären Religion ist Schuld das Grundgefühl, bei der humanitären Religion hingegen die Freude (Fromm 1966). Mit Bezugnahme auf Fromm unterscheidet auch Ekkehard Bahr (1975) zwei komplementäre Typen von Religion, die sich auf unterschiedliche menschliche Bedürfnisse zurückführen lassen: Der erste Typ, die kirchliche und sektenartige Religion, erfüllt das Bedürfnis nach Sicherheit, Stabilität, sozialer Ordnung und sozialer Integration; der zweite Typ, zu dem wohl auch die Spiritualität des holistischen Milieus zu rechnen ist, entspringt hingegen dem Bedürfnis nach Freiheit und Emanzipation von sozialen Zwängen.

Roy Wallis greift in seiner Typologie neuer religiöser Bewegungen auf Webers Dichotomie von Weltablehnung versus Weltbejahung zurück. Demzufolge zeichnen sich sektenartige Gemeinschaften durch eine Tendenz zur Weltablehnung aus. Diese äußert sich in millenaristischen Vorstellungen vom Untergang der sündhaften Welt und vom Anbruch eines neuen Zeitalters, im Verzicht auf weltliche Vergnügungen (Tanz, Kinobesuch u.dgl.) sowie in asketischen Lebensformen, die mitunter bis hin zur völligen sexuellen Enthaltsamkeit gehen. Manche dieser Gruppen leben in klosterähnlichen Gemeinschaften und es wird erwartet, dass der Einzelne seinen Besitz und sein Einkommen der Gemeinschaft zur Verfügung stellt (Wallis 2003: 36ff.). Bei Gruppierungen, die dem New Age nahe stehen, sieht Wallis hingegen eine viel stärkere Tendenz zur Weltbejahung. Auch diese Gruppen üben Kritik an Fehlentwicklungen der gegenwärtigen Gesellschaft; die Wurzeln für das Unglück der Menschen werden aber viel mehr im Individuum selbst als in den gesellschaftlichen Strukturen gesehen. Aufgabe des Menschen sei es daher, durch spirituelle Praktiken und positives Denken seine persönlichen Konflikte zu lösen und seine Fähigkeiten zu entwickeln. Es wird keineswegs als anrüchig gesehen und zum Teil sogar bewusst angestrebt, die ganzheitliche Persönlichkeitsentwicklung mit beruflicher Erfolgs- und Aufstiegsorientierung zu verbinden und holistische Praktiken als Mittel zur Verbesserung der Leistungsfähigkeit und der Führungskompetenz einzusetzen. Zur Erhöhung des körperlich-seelischen Wohlbefindens werden auch hier bestimmte Formen der Selbstdisziplinierung und Askese, wie z.B. Alkoholverzicht oder Vegetarismus, praktiziert. Einen gewissen materiellen Wohlstand sowie ein erfülltes Sexualleben zu haben und das Leben zu genießen wird jedoch durchgängig als positiv gesehen (ebd. 44ff.).

Es sei nochmals betont, dass es sich bei den vorangehenden Ausführungen um eine idealtypische Gegenüberstellung handelt, deren Ziel darin besteht, die innere Logik bestimmter sozialer Phänomene so deutlich wie möglich herauszuarbeiten. In der Praxis bestehen zwischen den neuen religiösen Gemeinschaften und dem holistischen Milieu fließende Übergänge; sowohl spezifische Gruppen als auch Einzelpersonen können Elemente beider Idealtypen in sich vereinen. Manche holistische Akteure sind jahrelang in eine esoterische Gemeinschaft eingebunden und übernehmen dort verbindliche Mitgliedschaftsrollen. Umgekehrt kommt es häufig vor, dass junge Menschen eine sogenannte Jugendsekte nach relativ kurzer Zeit wieder verlassen, um in eine andere Gruppe oder auch in das holistische Milieu überzuwechseln (Richardson 2003). Laut Dawson (2003: 121ff.) liegt das Durchschnittsalter der Mitglieder verschiedener neuer Religionsgemeinschaften wie *Hare Krishna*, Vereinigungskirche, *Scientology* oder *OSHO* zwischen 25 und 35 Jahren. Da viele dieser Gruppen schon seit einigen Jahrzehnten existieren, deutet das relativ junge Durchschnittsalter darauf hin, dass nur wenige in der Gruppe »alt werden«.

Unsere typologische Gegenüberstellung von neuen religiösen Gemeinschaften und holistischem Milieu bezieht sich auf die Gegenwartsgesellschaft. Wenn manche Autoren die Ähnlichkeit zwischen diesen beiden Milieus stärker betonen als wir dies tun, kann dies auch daran liegen, dass sie sich mehr auf die Anfangszeit der New-Age-Bewegung in den 1960er Jahren beziehen. Damals, als New Age eng mit der (amerikanischen) Gegenkultur, der Hippie- und der Landkommunenbewegung verbunden war, standen viele spirituelle und esoterische Gemeinschaften dem Idealtypus der radikalen sektenhaften, weltablehnenden Religiosität viel näher als dies im heutigen holistischen Milieu der Fall ist (Näheres dazu in Kap. 2.3).

1.3 DIE FRAGE NACH DEM RELIGIÖSEN CHARAKTER DES HOLISTISCHEN MILIEUS

Ein weiterer Punkt, der hier thematisiert werden soll, ist die Frage, inwieweit es sich beim holistischen Milieu um ein religiöses Phänomen handelt. Die Frage stellt sich insofern, als hier die Trennung zwischen Religion, Heilkunde und Psychotherapie bewusst aufgehoben bzw. auf traditionelle Praktiken zurückgegriffen wird, bei denen eine derartige Trennung noch gar nicht erfolgt ist. Bei der Ausübung von Praktiken wie etwa Tai Chi oder Ayurveda werden oftmals nur die technischen Aspekte, das heißt die ritualisierten Bewegungsabläufe bzw. die medizinischen Heilverfahren, übernommen, der ursprüngliche religiöse bzw. esoterische Kontext wird auf dem Verständnishorizont der modernen Psychologie reinterpretiert und hat für einen Teil der Praktizierenden keine Bedeutung. Wouter Hanegraaff spricht in diesem Zusammenhang von New Age als »säkularisierter Esoterik« – andererseits trägt sein Buch aber doch den Titel »New Age-Religion«.

Ob man die Beschäftigung mit holistischen Praktiken, die Erfahrungen, die man dabei macht, und die kognitiven Vorstellungen, die man damit verbindet, als religiöse Phänomene betrachtet, hängt maßgeblich davon ab, welchen Religionsbegriff man verwendet. Sicher ist jedenfalls, dass sich die holistische Religiosität stark von der traditionellen Form der kirchlichen Religiosität unterscheidet. Die Akteure im holistischen Milieu bringen dies dadurch zum Ausdruck, dass sie sich selbst und ihre Aktivitäten meist nicht als »religiös«, sondern als »spirituell« bezeichnen. Zur Kennzeichnung des Unterschieds zwischen der institutionalisierten, theistischen Religion und der individuellen Suche nach Transzendenzerfahrungen und nach dem »Höheren Selbst« verwenden heute auch viele Religionssoziologen das Gegensatzpaar »religiös« versus »spirituell« und sprechen meist von der »Spiritualität« des holistischen Milieus (z.B. Aupers/Houtman 2006; Glendinning/Bruce 2006; Heelas/Woodhead 2005; Holmes 2007; Knoblauch 2005 und 2009; Knoblauch/Graff 2009).

Im Anschluss an die Definitionen dieser Autoren bestimmen wir die für das holistische Milieu charakteristische Form der Spiritualität durch folgende Merkmale. Zur Spiritualität gehören: 1. eine innengeleitete, die Autonomie des Subjekts betonende Suche nach Sinn bzw. nach Antworten auf die zentralen Lebensfragen; 2. die Überzeugung, dass neben oder hinter der Alltagsrealität eine höhere Realität existiert;

diese wird meist mit Begriffen aus östlichen oder mystisch-religiösen Traditionen bzw. deren moderner Entsprechung (z.B. Lebenskraft, universelle Lebensenergie) beschrieben; 3. Praktiken, die darauf abzielen, die Alltagswelt zu transzendieren und eine Verbindung zur höheren Realität herzustellen; und 4. das Bemühen, die Potentiale der eigenen Persönlichkeit zu entfalten; dieses Merkmal wird auch als »*self-spirituality*« (Heelas/Woodhead 2005) oder als »*sacralization of the self*« (Houtman/Aupers 2008) bezeichnet.

Ein Problem vieler Definitionen, die Religiosität bzw. Spiritualität mit Bezugnahme auf die Erfahrung der Transzendenz oder die Sphäre des Sakralen bestimmen, besteht darin, dass diese Begriffe sehr unterschiedlich weit oder eng aufgefasst werden können. Für Thomas Luckmann und andere Soziologen, die einen breiten Transzendenzbegriff verwenden, sind nicht nur sämtliche Körper-Bewusstseinstechniken (wie Yoga und Zen-Meditation), sondern auch alle alternativen Heilmethoden und »esoterischen« Lebenshilfen Erscheinungsformen moderner Religiosität bzw. Spiritualität (s.h. z.B. Knoblauch 2009: 266). In ähnlicher Weise rechnet auch Paul Heelas das gesamte Spektrum der New-Age-Aktivitäten zur postmodernen »Selbst-Spiritualität«. Steve Bruce und David Voas argumentieren hingegen, dass viele New-Age-Aktivitäten nur wenig mit Spiritualität zu tun haben. »Eastern medicine may indeed be holistic, but it need not be spiritual.« (Voas/Bruce 2007: 51) Sie fühlen sich in dieser Annahme durch empirische Studien bestätigt, die zeigen, dass viele Menschen ihre holistische Praxis nicht als spirituell bezeichnen bzw. Spiritualität nicht als Motiv für ihre Aktivitäten angeben (ebd. 49).

Da die Vorstellungen darüber, was Transzendenzerfahrungen sind, historisch, sozial und individuell variieren (vgl. Pollack 2003: 47), ist es nicht möglich, Religiosität und Spiritualität in allgemeingültiger Weise zu bestimmen. Gerade deswegen, weil die Erfahrung der Transzendenz und die Benennung dieser Erfahrung als spirituell in der heutigen Gesellschaft letztlich eine individuelle Angelegenheit ist, ist es aber wünschenswert, dass sich der wissenschaftliche Begriff nicht allzu weit vom Alltagsverständnis von Spiritualität entfernt. Wir glauben, dass dieses Kriterium durch die Summe der vier oben formulierten Merkmale der Spiritualität erfüllt wird. Mithilfe unserer Definition kann zudem auch annäherungsweise empirisch beurteilt werden, wie weit sich jemand dem Idealtypus eines spirituellen Menschen annähert oder von ihm entfernt ist.

2 Soziale und kulturelle Wurzeln der holistischen Bewegung

2.1 Die Individualisierung der Religiosität und das Ideal der Authentizität

Aus soziologischer Perspektive ist das holistische Milieu vor dem Hintergrund des generellen Wandels der Stellung der Religion in der Gesellschaft und der Entstehung der individuellen Religiosität im Verlauf des Modernisierungsprozesses der europäischen Neuzeit zu betrachten. Dieser meist als »Säkularisierung« bezeichnete Prozess ist nicht nur für die Religionssoziologie, sondern für die Soziologie insgesamt ein zentrales Thema. Wir wollen uns in unserer Darstellung auf zwei Autoren konzentrieren, die die Verbindungslinien zwischen dem Prozess der Säkularisierung und der Entstehung der privatisierten »unsichtbaren« Religion bzw. der Ausbreitung der »expressiven Spiritualität« besonders deutlich herausgearbeitet haben: Thomas Luckmann und Charles Taylor.

Grundlegend für das Religionsverständnis von Luckmann ist sein breiter Religionsbegriff: Religion wurzelt in der anthropologischen Tatsache, dass der Mensch die Fähigkeit besitzt, seine biologische Existenz zu transzendieren, das heißt über sich selbst und seine Stellung in der Welt, über die Frage nach dem Ursprung, Sinn und Ziel seines Lebens nachzudenken. Indem die Menschen diese Fragen in einem kommunikativen Austausch reflektieren und zu beantworten versuchen, entsteht eine objektive Weltansicht (Luckmann 1991: 108). Die individuelle und die objektive gesellschaftliche Weltansicht können je nach Art der Gesellschaft in unterschiedlichem Maße übereinstimmen oder differieren. Der entscheidende Faktor für diesen Zusammenhang ist nach Luckmann der Grad der Ausdifferenzierung der Gesellschaft in verschiedene Teilsphären und soziale Gruppierungen: In verhältnismäßig einfachen, archaischen Gesellschaften besteht eine weitgehende Deckung zwischen dem individuellen und dem gemeinschaftlichen System letzter Bedeutungen. Wenn Gesellschaften komplexer werden, kommt es zu einer Teilung der sozialen Aufgaben in verschiedene Sphären wie Politik, Wirtschaft, Recht und Religion. Für die Religion bedeutet dies, dass nunmehr Experten die Aufgabe der Ausformulierung religiöser Lehrgebäude und der Standardisierung der rituellen Praktiken zu einer offiziellen Religion übernehmen. Diese Art von religiösem System, in dem eine universalistische Kirche den Anspruch erhebt, die gesamte Sozialordnung zu legitimieren, wurde in besonders ausgeprägter Form im mittelalterlichen Katholizismus verwirklicht. Durch die funktionelle Ausdifferenzierung der Religion zu einer eigenständigen gesellschaftlichen Teilsphäre kann aber in mehrfacher Hinsicht ein Spannungsverhältnis zwischen der offiziellen (kirchlichen) Religion und der Weltansicht der Laien entstehen. Erstens kann es dazu kommen, dass verschiedene soziale Schichten und Gruppen auf Grund ihrer jeweiligen Lebensbedingungen Weltansichten entwickeln, die zur offiziellen Religion in Widerspruch stehen. Ein weiteres Spannungsfeld ist dann gegeben, wenn Experten anderer gesellschaftlicher Teilsphären (Politiker, Wissenschaftler u.dgl.) den Anspruch der offiziellen Religion, für alle gesellschaftlichen Fragen letztgültige Antworten zu haben, nicht mehr anerkennen. Zu Diskrepanzen zwischen der offiziellen Religion und der individuellen Religiosität kann es schließlich auch dadurch kommen, dass sich die religiösen Experten immer mehr von der Lebenswelt der Laien entfernen. Je weiter die offizielle Weltansicht und die individuelle Religiosität bestimmter sozialer Gruppen auseinanderklaffen, umso wahrscheinlicher wird es, dass sich neue religiöse Gruppierungen bilden, die in Konkurrenz zur etablierten Religion treten (ebd. 117ff.; vgl. dazu auch Stark/Bainbridge 1985: 19ff.).

Die Religionsgeschichte der europäischen Neuzeit ist zu einem wesentlichen Teil durch die Austragung derartiger Spannungen und Konflikte zwischen der offiziellen Religion und den sonstigen gesellschaftlichen Kräften und Gruppierungen geprägt. Dieser Prozess hat nach Luckmann dazu geführt, dass die offizielle Religion heute stark an Plausibilität verloren hat, wodurch sich das religiöse Leben immer mehr von den etablierten Kirchen weg ins Privatleben verlagert. Die

Kirche hat ihren Monopolcharakter auf die Erfüllung spezieller sozialer Funktionen sowie auf die Interpretation der Wirklichkeit eingebüßt und wird zu einer Institution unter vielen. An ihre Stelle sind Sinndeutungssysteme politischer, ökonomischer oder wissenschaftlicher Provenienz getreten, die individuell angeeignet werden.

Wir teilen Luckmanns Ansicht, dass das Spannungsverhältnis zwischen offizieller Religion und Gesellschaft einen zentralen Faktor für den Bedeutungsverlust der Kirchen in Europa darstellt, da dieses Spannungsverhältnis hier im Vergleich zu anderen Weltregionen besonders groß war (vgl. Sharot 2001: 166ff.; Höllinger 1996, 2007). Auch das hohe Niveau an kirchlicher Religiosität in Amerika im Vergleich zu Europa und der unterschiedliche Grad der Entkirchlichung in den einzelnen europäischen Ländern dürften mit diesem Faktor in Zusammenhang stehen (Höllinger 2009). Aus den bisher dargestellten Schritten von Luckmanns Analyse des Säkularisierungsprozesses geht jedoch noch nicht hervor, wie es zur Ausbildung jener Form von Spiritualität kommt, die im holistischen Milieu praktiziert wird. Luckmann erklärt die Entstehung und Ausbreitung der unsichtbaren Religion (die wesentlich mehr umfasst als das holistische Milieu) zum einen mit der Vorherrschaft der Konsumorientierung in den modernen Industriegesellschaften. Durch die Vermarktlichung aller Lebensbereiche werden auch religiöse Güter, das heißt »Dinge«, die zur Sinnstiftung und zur Bewältigung von Lebensproblemen beitragen wie etwa die Ratgeberliteratur oder die Popmusik, zu einer käuflichen Ware. Die zweite Triebkraft für die Entstehung neuer Formen der Religiosität ist nach Luckmann das steigende Autonomiebedürfnis der Menschen. In der unsichtbaren Religion wird daher die sakrale Überhöhung des Individuums zu einem zentralen Thema (ebd. 151ff.).

Während Luckmann nur kurz andeutet, dass das Thema des autonomen Individuums bereits einige historische Vorläufer hat, wird die Frage nach dem historischen Ursprung des modernen Bedürfnisses nach Autonomie und Authentizität zu einem zentralen Thema im Werk von Charles Taylor. In seinem Hauptwerk »Quellen des Selbst. Die Entstehung der neuzeitlichen Identität« untersucht Taylor, wie im Verlauf der abendländischen Geistesgeschichte von der griechisch-römischen Antike bis zur Gegenwart schrittweise eine Vorstellung von Innerlichkeit entwickelt wurde, die es in dieser Form in anderen Kulturkreisen nicht gibt (Taylor 1996: 207ff.). Taylor zergliedert diesen

Prozess in zwei Entwicklungsstränge, die er anhand der Analyse charakteristischer philosophischer Denker herausarbeitet.

Die erste Richtung führt von Platon über Descartes zu den Philosophen der Aufklärung. Im Zentrum steht hier das Ideal der rationalen, selbstbestimmten Lebensführung. Die Vernunft ermöglicht es dem Menschen, alles anzuzweifeln, was andere über die Welt gesagt haben, und sich durch logisches Denken und mithilfe wissenschaftlicher Gesetze Gewissheiten über sich selbst und die Ordnung der Welt zu verschaffen. Nicht äußere, göttliche oder gesellschaftliche Vorgaben, sondern die Forderungen der inneren Stimme der Vernunft sind entscheidend dafür, was gut und was böse ist (ebd. 262ff.).

Als Ausgangspunkt für den zweiten Entwicklungsstrang wählt Taylor die »Bekenntnisse« des hl. Augustinus. In seiner philosophisch-theologischen Lebensbeichte versucht Augustinus, den Weg zu Gott durch eine radikale Auseinandersetzung mit seinem eigenen Innenleben zu finden. Die reflexive Wendung nach innen steht in Verbindung mit einer mystischen Gottesvorstellung (ebd. 235ff.). Der von Augustinus vorgezeichnete Weg wurde im Mittelalter durch verschiedene Formen christlicher Spiritualität fortgeführt. Durch die Institution der Beichte wurde die Überprüfung des Innenlebens zu einer allgemeinen Anforderung. Die regelmäßige Selbsterkundung war auch im Protestantismus eine wichtige moralisch-religiöse Forderung.

Etwa seit dem Beginn der Neuzeit findet man neben der religiösen eine weltliche Variante der Erkundung des Innenlebens. Als exemplarischen Vertreter dieser neuen Entwicklung greift Taylor Montaigne heraus. Bei diesem ist das zentrale Motiv für die Selbstreflexion weder die Suche nach Gott, wie dies bei Augustinus der Fall war, noch wie bei Platon und Descartes der Wunsch, mittels der Vernunft seine Begierden und Gefühle zu beherrschen; Montaigne geht es darum, durch Selbstbeobachtung die Besonderheiten der eigenen Persönlichkeit zu entdecken, um hierdurch ein besseres »Verständnis (s)einer eigenen Forderungen, Bestrebungen und Wünsche in ihrer Originalität« zu erlangen, »gleichgültig, wie quer sie zu den Erwartungen der Gesellschaft [...] liegen mögen« (Montaigne: Essais, ebd. 325).

In der Epoche der Romantik wird die bei Montaigne im Kern bereits angelegte Forderung, sich seiner Einzigartigkeit und Originalität durch Selbstreflexion gewahr zu werden und dies in seiner Lebensführung zum Ausdruck zu bringen, noch deutlicher erhoben. Die zentrale Persönlichkeit, auf die Taylor im Anschluss an Isaiah Berlin hier Bezug nimmt, ist Herder. Mit der Besinnung auf die äußere wie auch die innere Natur distanzieren sich die Romantiker dezidiert vom Rationalitätskult der Aufklärung. Verinnerlichung und Selbstfindung bedeutet demzufolge nicht in erster Linie, über sich selbst nachzudenken, sondern seine körperlichen Empfindungen und Gefühle, seine individuellen Wünsche und Neigungen zu spüren und zum Ausdruck zu bringen. Taylor bezeichnet diese neue Haltung als »Expressivismus«.

»Der Expressionismus ist die Grundlage eines neuen und umfassenden Individuationsbegriffs, also der im achtzehnten Jahrhundert aufkommenden Vorstellung, wonach jedes Individuum anders und etwas Ureigenes ist und durch seine Originalität darauf festgelegt wird, wie es leben sollte.« (ebd. 653)

Diese neue Haltung geht mit einer neuen Kunstauffassung einher. Der Künstler bearbeitet nicht mehr, wie dies im Mittelalter der Fall war, immer wieder die gleichen (religiösen) Themen und will nicht mehr nur die Natur nachahmen, sondern er versucht, dem Kunstwerk seinen ganz persönlichen Ausdruck zu geben.

»Die Ehrfurcht, die wir vor künstlerscher Originalität und Schöpferkraft empfinden, rückt die Kunst an den Rand des Numinosen und spiegelt die entscheidende Stellung, die der Komplex Schöpfung / Ausdruck in unserer Auffassung des menschlichen Lebens einnimmt.« (ebd. 655)

In der Aufklärung und in der darauf folgenden Epoche der romantischen »Gegenaufklärung« werden die beiden Entwicklungspfade des europäischen Wegs der Innerlichkeit, der Weg der rationalen Welt- und Selbstkontrolle und der Weg der Selbstbeobachtung und Selbstverwirklichung, somit zu antagonistischen Gegensätzen. Taylors Analyse zeigt jedoch, dass diese beiden Strömungen in einer dialektischen Wechselbeziehung zueinander stehen und durch ein gemeinsames Prinzip, dem Streben nach einem selbstverantwortlichen, autonomen Leben, miteinander verknüpft sind. Aus der Verbindung des Bedürfnisses nach Autonomie mit dem Wunsch nach Expressivität entsteht das Ideal der authentischen Persönlichkeit. Von der Romantik bis zur Mitte des 20. Jahrhunderts wurde das Authentizitätsideal nur von der kleinen Minderheit der künstlerisch-intellektuellen Bohème angestrebt. Durch den bürgerlichen Kunst- und Bildungsbetrieb fand dieses Ideal aber allmählich Eingang in breitere Bevölkerungsschichten, bis es schließlich in den 1960er und 1970er Jahren zum Leitbild einer breitenwirksamen Jugend- und Protestkultur wurde, aus der auch das holistische Milieu hervorging.

Taylors Untersuchungen zur Entstehung der modernen Identität stehen in enger Verbindung mit seiner Analyse des Säkularisierungsprozesses. Im Unterschied zu Luckmann, der die Säkularisierung unter dem Aspekt der Ausdifferenzierung gesellschaftlicher Teilsphären und der daraus resultierenden Privatisierung der Religion betrachtet, richtet sich Taylors Interesse auf die geistigen Wandlungsprozesse, das heißt in diesem Fall auf die Entzauberung der religiösen Weltbilder: Die Denker der Aufklärung ersetzten das bisher unhinterfragte Bild eines persönlichen Gottes, der in den Lauf der Welt und in das Leben der Menschen eingreift, durch die Vorstellung, alle Geschehnisse im Kosmos seien gemäß den naturwissenschaftlichen Gesetzen von einer unpersönlichen göttlichen Weltordnung bestimmt (Taylor 2002: 57ff., 2007: 221ff.). Die Wende vom Theismus zum Deismus ist für Taylor das religiös-weltanschauliche Korrelat zum aufklärerischen Prinzip der Autonomie und Selbstverantwortung des Menschen: Wenn man nicht mehr glaubt, dass das eigene Schicksal vom Wohlwollen Gottes abhängt, muss man die Verantwortung für sein Wohlergehen selbst übernehmen. Vom Deismus zum Atheismus, bei dem Gott ganz aus dem Spiel gelassen wird, war es nur mehr ein kleiner Schritt. Das entscheidende Ergebnis des Säkularisierungsprozesses bestand nach Taylor jedoch nicht darin, dass vernünftig denkende Menschen nicht mehr an Gott glauben können, sondern dass der Glaube zu einer Sache der freien Entscheidung geworden ist (ebd. 302).

Nach Ansicht Taylors ist es also seit der Aufklärung möglich geworden, ein nicht-religiöses Leben zu führen. Er glaubt aber, dass bei vielen Menschen eine rein immanente Weltanschauung ein Unbehagen und ein Gefühl der Leere auslöst, und hält es für unwahrscheinlich, dass sich ein großer Teil der Menschen künftig für diese Option entscheiden wird (ebd. 309). Taylor ist sich mit Luckmann und anderen Diagnostikern der religiösen Entwicklung der Gegenwartsgesellschaft (z.B. Berger 1999; Martin 1978, 2005) einig, dass kirchliche und theistische Formen der Religiosität nicht nur auf weltweiter Ebene, sondern auch in Europa in Zukunft weiter bestehen werden. In Abhängigkeit von der Stellung, die die Kirche bzw. die institutionalisierten religiösen Gemeinschaften in früherer Zeit hatten, und von der Art und Weise, wie der Prozess der Säkularisierung in den einzelnen Ländern verlaufen ist, bestehen jedoch zwischen den verschiedenen Ländern Europas erhebliche Unterschiede bezüglich des Ausmaßes der Entkirchlichung (vgl. Martin 1978, 2005; Höllinger 1996). Jene Bevölkerungsschichten, die das seit der Aufklärung etablierte Ideal der autonomen Lebensführung internalisiert haben, fühlen sich nunmehr eher von einer freien, nicht-theistischen und nicht-kirchlichen Form der Spiritualität angezogen. Ernst Troeltsch und Georg Simmel sahen diese Entwicklung bereits am Beginn des 20. Jahrhunderts voraus und erwarteten vor allem in den höheren Bildungsschichten eine vermehrte Hinwendung zur Mystik (Simmel 1918) bzw. zu einem undogmatischen, pantheistischen Spiritualismus (Troeltsch 1995: 931, 1922: 105).

2.2 Kulturkritik und neue Spiritualität von der Romantik bis zur Lebensreform[1]

Die mit der Aufklärung in enger Verbindung stehende wissenschaftlich-technologische Revolution hat eine außerordentliche Beschleunigung des gesellschaftlichen Wandels und eine bis dato unvorstellbare Verbesserung der materiellen Lebensbedingungen gebracht. Der Großteil der ökonomischen, politischen und wissenschaftlichen Elite der westlichen Länder begrüßte diese Entwicklung lange Zeit nahezu vorbehaltslos; erst in den letzten Jahrzehnten, seitdem die Schattenseiten des Fortschritts, vor allem die ökologischen Bedrohungen, immer deutlicher zu Tage treten, ist der Fortschrittsoptimismus einer Ernüchterung gewichen. Neben der fortschrittsgläubigen Mehrheit gab es jedoch seit der Epoche der Aufklärung und dem Beginn des technisch-industriellen Zeitalters eine – vorwiegend aus Künstlern und Intellektuellen bestehende – Minderheit, die vehement auf die Schattenseiten der gesellschaftlichen Entwicklung hinwies, alternative Weltbilder entwarf und sich Lebensbereichen und Themen zuwandte, die im auf-

1 In Kap. 2.2 und 2.3 werden Gedanken der Dissertation von Thomas Tripold zum Thema »Romantische Kontinuitäten. Ideengeschichtliche Studien zu gegenkulturellen Bewegungen« aufgegriffen; diese Arbeit wird 2012 unter dem Titel »Die Kontinuität romantischer Ideen. Zu den Überzeugungen gegenkultureller Bewegungen. Eine Ideengeschichte« im Transcript-Verlag veröffentlicht.

geklärten Denken keinen Platz fanden. Eines dieser Themen war die Suche nach neuen Formen der Religiosität. Die Kritik an der modernen Industriegesellschaft und die Suche nach neuen Ausdrucksformen der Religiosität stehen seit dem Zeitalter der Romantik miteinander in Verbindung. Besonders deutlich tritt dieser Zusammenhang in jenen Phasen zu Tage, in denen die Gesellschaftskritik eine besondere Intensität erreicht und sich zu gegenkulturellen Bewegungen verdichtet.

Das »Unbehagen in der Modernität« (Berger/Berger/Kellner 1987) – entzündet sich von der Epoche der romantischen Gegenaufklärung bis zur Gegenkultur der 1960er und 1970er Jahre im Wesentlichen an denselben Aspekten. Obwohl die Industrialisierung und die Rationalisierung des gesamten gesellschaftlichen Lebens zur Zeit der Romantik, das heißt vom Ende des 18. bis zur Mitte des 19. Jahrhunderts, noch bei weitem nicht so fortgeschritten waren wie heute, nahmen bereits die Romantiker sehr deutlich wahr, dass der Mensch durch die nüchterne Zweckrationalität, die im Wirtschaftsleben und in den öffentlichen Institutionen der modernen Gesellschaft vorherrscht, immer mehr zu einem Rädchen im großen mechanischen Getriebe der Gesellschaft wird. Eichendorff beschreibt die moderne Welt als »mechanisches, von selbst fortlaufendes Uhrwerk« und Novalis meint, die moderne Denkart »mache die unendlich schöpferische Musik des Weltalls zum einförmigen Klappern einer ungeheuren Mühle« (zit. nach Safranski 2009: 194). Die Romantiker beklagen, dass die Menschen durch die Ordnung und Gleichförmigkeit des sozialen Lebens nach und nach ihre Lebendigkeit und Lebenslust verlieren. Hundert Jahre später bringt Max Weber dieses Lebensgefühl mit dem Bild des »stahlharten Gehäuses« zum Ausdruck (Weber 1988a).

Auch der zweite Aspekt der Rationalisierung, die Fähigkeit des modernen Menschen, durch empirische Beobachtungen und Berechnungen die Vorgänge in der Wirklichkeit immer besser erklären und kontrollieren zu können, und der damit verbundene Anspruch, dass prinzipiell alles rational erklärbar sei, wird von den Romantikern kritisch beurteilt. Ihrer Ansicht und Empfindung nach führt diese Entwicklung dazu, dass die Welt immer mehr ihren Zauber verliert. Die Welt wird zum einen deshalb entzaubert, weil durch den Fortschritt der Wissenschaft magisch-religiöse Vorstellungen und Rituale in vielen Bereichen tatsächlich ihren Sinn verlieren. Max Weber hat diesen Zusammenhang in der These der Entzauberung der Welt erklärt: In dem Maße, in dem die Menschen in der Lage sind, die lebenserhaltenden und lebensbedrohenden Vorgänge in der Natur selbst zu beeinflussen und zu kontrollieren, verliert der Glaube, dass diese Ereignisse durch höhere Mächte verursacht würden und dass es deshalb notwendig sei, sich durch Gebete und Opfer des Wohlwollens dieser Mächte zu versichern, immer mehr an Plausibilität (Weber 1988c: 594). Der Prozess der Entzauberung der Welt wurde zusätzlich noch dadurch verstärkt, dass positivistisch-szientistische Wissenschaftler alle Phänomene, die sie nicht empirisch nachweisen konnten, als nicht existent erklärten. Die romantische Kritik an der Aufklärung richtete sich gegen derartige materialistische und reduktionistische Weltbilder (vgl. Taylor 1996: 539ff.; Berlin 2004; Campbell 2005; Safranski 2009).

Als Gegengift zur eintönigen Ordnung und nüchternen Ernsthaftigkeit des modernen Lebens propagierten die Romantiker eine Philosophie der Kreativität, der Lebenslust und des schöpferischen Müßiggangs (Safranski 2009). Ganz in diesem Sinne formuliert Schiller in seinen Briefen »Über die ästhetische Erziehung des Menschen« die berühmte These: »der Mensch […] ist nur da ganz Mensch, wo er spielt« (ebd. 43). Das bevorzugte Feld, in dem die Romantiker ihr Bedürfnis nach intensiven Erfahrungen und Kreativität zu befriedigen versuchten, war die Kunst. Neue Gattungen der Unterhaltungsliteratur (Reise-, Abenteuer-, Schauerroman u.dgl.) ermöglichen es, sich mithilfe der Phantasie in außeralltägliche Welten zu begeben. Durch die genaue Beschreibung von inneren Gefühlszuständen kann die Literatur auch Alltagserfahrungen eine besondere Lebendigkeit verleihen. Künstler und Intellektuelle gingen in weiterer Folge dazu über, ihre Revolte gegen die utilitaristische, nüchterne und von ihnen als spießbürgerlich empfundene Gesellschaft nicht nur in der Phantasie, sondern auch in der neuen Lebensform der Bohème zum Ausdruck zu bringen. Der Bohème-Künstler verzichtet auf die Sicherheit eines bürgerlichen Brotberufs. Sein Ziel ist es, sich in seinem künstlerischen Schaffen, aber auch durch die intensiven Erfahrungen und Abenteuer, die das unkonventionelle Leben der Bohème eröffnet, selbst zu verwirklichen. Die Ablehnung des bürgerlichen Lebensstils nimmt vielfältige symbolische Formen an, die vom äußeren Erscheinungsbild über den Wohnstil bis hin zur Infragestellung der bürgerlichen Vorstellungen von Ehe, Liebe und Treue reichen (Campbell 2005: 195f.).

Die romantischen Künstler sind von den dunklen und geheimnisvollen Seiten des Lebens fasziniert. Die Natur mit ihrem Zauber und ihrer Unberechenbarkeit, die Nacht, die Welt der Träume, die Geisterwelt und andere außergewöhnliche, mit dem Alltagsverstand nicht erklärbare Phänomene werden zu wichtigen Themen der Literatur. Die Hinwendung zu den außeralltäglichen Seiten des Lebens äußert sich auch in einem neuen Interesse an religiösen Fragen und Erfahrungen. Die romantische Religiosität nimmt dabei schon viele Züge jener Spiritualität vorweg, die für das heutige holistische Milieu charakteristisch ist. Nach Friedrich Schleiermacher liegen diese in der Bedeutung mystischer Erfahrungen und im Sinn für das Schöne und Harmonische; religiöse Institutionen, Hierarchien und Ämter wie auch kirchlich vorgeformte Dogmen, Rituale und Morallehren werden abgelehnt (Safranski 2009: 142f.). Der religiöse Mensch soll eine kreative Eigenleistung erbringen, anstatt zum »dürftigen Nachbeter« eines »toten Buchstabens« zu werden (Schleiermacher 2001: 110). Mit diesem Verständnis von Religion nehmen die Romantiker nicht nur eine Gegenposition zu den religionsfeindlichen Strömungen der Aufklärung ein. Sie distanzieren sich gleichermaßen von der christlichen Religion, die ihrer Ansicht nach durch die kirchliche Institutionalisierung und Dogmatisierung erstarrt ist und zudem mit ihrer Moral und Sündenlehre ein Gefühl der Schuld und Abhängigkeit von Gott und nicht ein Gefühl der Befreiung hervorruft. Die romantische Faszination für das Mythische und Mystische lenkte die Aufmerksamkeit auch auf die Mythologie und die Religionen der Hochkulturen des Ostens. Man erhoffte, in den religiös-philosophischen Schriften dieser Kulturen neue Weisheiten zu entdecken, die ursprünglicher und tiefer sind als die Weisheiten des Okzidents. Einige der »Entdecker« und Übersetzer der großen religiösen Dichtungen Indiens und Chinas scheinen die Affinität zwischen den orientalischen Religionen und der romantischen Spiritualität intuitiv geahnt zu haben (Safranski 2009: 156ff.).

Im Zeitalter der Romantik entstanden auch zwei esoterische Lehren, die mit ihrem Anspruch, okkulte und spirituelle Phänomene wissenschaftlich zu begründen und für die Behandlung von Krankheiten und psychischen Problemen nutzbar zu machen, einige charakteristische Merkmale der heutigen holistischen Spiritualität vorwegnehmen. Die erste dieser Lehren und Behandlungsmethoden ist der vom Wiener Arzt Franz Anton Mesmer Ende des 18. Jahrhunderts entwickelte und nach ihm benannte *Mesmerismus*. Bei dieser Methode werden mithilfe des sogenannten magnetischen Fluidums – einer universellen Energie, von deren Existenz auch viele andere holistische Lehren ausgehen – bei Patienten »Krisen«, das heißt Trancezustände, provoziert, wodurch körperliche und psychische Krankheitssymptome vorübergehend und mitunter auch dauerhaft nachlassen oder verschwinden (Fuller 1986: 29ff.; Barkhoff 1995; Darnton 1997; Hanegraaff 1996: 430ff.). Zweitens wurde um die Mitte des 19. Jahrhunderts in den USA eine neue Form des *Spiritismus* kreiert, welche sich binnen Kürze auch in Europa ausbreitete. Bei den spiritistischen Séancen, die heute im Volksmund als Tischerlrücken bezeichnet werden, empfangen medial veranlagte Personen Botschaften aus dem Jenseits. Diese Methode wurde dazu eingesetzt, Hilfestellungen zur Lösung schwerwiegender Lebensprobleme und zur Heilung körperlicher und psychischer Leiden zu erhalten; sie diente aber natürlich auch der Befriedigung der Sensationslust. Der französische Gelehrte Hippolyte Leon D. Rivail, besser bekannt unter seinem Pseudonym Alain Kardec, versuchte den Spiritismus wissenschaftlich zu untermauern und zu einer umfassenden Lehre auszubauen. Diese verbindet die spiritualistische Vorstellung vom Weiterleben der Seelen nach dem Tod in der Gestalt von Geistern mit dem Konzept der Reinkarnation. Das Ziel des Menschen besteht darin, sich im Lauf einer Reihe von Reinkarnationen, zwischen denen jeweils eine Phase der rein spirituellen Existenz liegt, sukzessive zu einer höheren geistigen Bewusstseinsform hin zu entwickeln. Auch die christlichen Gebote wurden in diese Lehre integriert; insbesondere die Nächstenliebe galt als wichtige Voraussetzung für die Erreichung einer höheren geistigen Entwicklungsstufe (Fuller 2001: 52ff.; Hanegraaff 1996: 435ff.). Beide Bewegungen, sowohl der Mesmerismus als auch der Spiritismus, übten einige Jahrzehnte lang auf das städtische Bürgertum eine starke Faszination aus und wurden in intellektuellen Kreisen sehr ernsthaft und kontroversiell diskutiert. In Europa gerieten beide Methoden (als spirituelle Behandlungsmethoden) im Lauf der Zeit nahezu in Vergessenheit. In den USA hingegen blieben sie stärker präsent und wurden zum Ausgangspunkt für nachfolgende spirituelle und therapeutische Bewegungen (vgl. dazu auch den folgenden Abschnitt 2.3).

Eine dieser Bewegungen war die 1875 von Helena Blavatsky und Henry S. Olcott in New York gegründete *Theosophische Gesellschaft*. Die Art von Spiritualität, die in diesem Kreis praktiziert wurde, entspricht weitgehend der heutigen holistischen Spiritualität: Die Theosophie ist keine fest umrissene religiöse Lehre. Blavatsky und ihre Anhänger durchliefen vielmehr verschiedene Phasen, in denen sie sich mit unterschiedlichen esoterischen, okkulten und spirituellen Lehren und Praktiken beschäftigten und diese zu einer losen Synthese zusammenfügten. Blavatsky kam in russischen Bohème-Kreisen mit dem Mesmerismus und dem Spiritismus in Berührung und arbeitete selbst eine Zeit lang als spiritistisches Medium. Nach autobiografischen Berichten, deren Wahrheitsgehalt umstritten ist, machte sie ausgedehnte Reisen durch Ägypten, Asien, Europa und Südamerika, wo sie Kontakt mit Mystikern, Schamanen und anderen esoterischen und spirituellen Meistern aufnahm. 1877 veröffentlichte sie ihr Buch »Isis Unveiled«, in dem sie sich mit verschiedenen esoterischen und okkulten Lehren auseinandersetzt. In der Folge übersiedelten Blavatsky und Olcott nach Indien, wo sie Beziehungen zu hinduistischen Gurus aufnahmen und eine hinduistische Reform- und Befreiungsbewegung unterstützten. 1880 konvertierten beide zum Buddhismus (Hanegraaff 1996: 448ff.; Fuller 2001: 53ff.; Pike 2004: 56ff.). Die Theosophie fand schon zu Lebzeiten Blavatskys in vielen Ländern Europas und in Indien zahlreiche Anhänger. Nach ihrem Tod (1891) spaltete sich die Bewegung in eine Reihe von Logen und Sektionen auf. Aus einer dieser Vereinigungen ging 1912/13 die von Rudolf Steiner gegründete *Anthroposophie* hervor, die ebenfalls zu den Vorläufern des heutigen holistischen Milieus zählt und in diesem Milieu nach wie vor eine gewisse Rolle spielt (Heelas 1996: 44f.; Tingay 2005).

Neben den Theosophen und Anthroposophen gab es am Beginn des 20. Jahrhunderts eine Reihe weiterer Gruppen und Einzelpersönlichkeiten, die sich mit esoterisch-spirituellen Traditionen des Westens, vor allem aber des Ostens auseinandersetzten und diese zu neuen Synthesen zusammenfügten. Der armenische Esoteriker Gurdijeff gründete 1922 in der Nähe von Paris das *Institut für die Harmonische Entwicklung des Menschen*, wo der von ihm kreierte spirituelle Weg, der Elemente des Sufismus, der östlichen Mystik und der westlichen Gnostik miteinander verbindet, gelehrt und praktiziert wurde. Gurdijeffs Lehren und Praktiken, vor allem seine spirituellen Tanz- und Bewegungstechniken und die von ihm entwickelte Methode der Persönlichkeitsdiagnose mittels *Enneagramm* haben heute noch zahlreiche Anhänger (Needleman 1970: 225). Etwa zur selben Zeit, um 1920, schuf Hermann Graf Kayserling mit der Schule der Weisheit ein Forum für die Auseinandersetzung mit dem asiatischen Denken im deutschsprachigen Raum. Zahlreiche Intellektuelle, die an spirituellen Fragen interessiert waren wie C.G. Jung, Rudolf Otto, Richard Wilhelm, Ernst Troeltsch, Martin Buber und der indische Dichter und Philosoph Rabindranath Tagore beteiligten sich an den Tagungen dieser Schule (Heelas 1996).

Die schon bei den Romantikern im Ansatz vorhandene Verbindung von Modernitätskritik, der Umsetzung dieser Kritik durch gegenkulturelle Lebensstile und der Suche nach neuen Formen von Spiritualität verdichtete sich Ende des 19. Jahrhunderts im deutschsprachigen Raum in der *Lebensreformbewegung*. Unter dem Motto »Zurück zur Natur« bemühten sich die Lebensreformer um die Verbreitung der Naturheilkunde (Homöopathie, Kneipp-Methode u.a.), um einen freieren Umgang mit dem Körper (Nudismus, Abschaffung des Korsetts und anderer beengender Kleidungsstücke) und um eine gesunde Ernährung. Viele Lebensreformer waren auch aktive Pazifisten. In religiöser Hinsicht hatte die Reformbewegung eine Affinität zur Theosophie, Anthroposophie und zu anderen esoterischen Lehren und Praktiken europäischer und östlicher Provenienz. Ein Teil der Lebensreformer versuchte, die Ideale der Bewegung in Form von Landkommunen und ländlichen Produktionsgemeinschaften zu verwirklichen. Die bedeutendste dieser Gemeinschaften war die 1900 gegründete Künstlerkolonie und Naturheilanstalt *Monte Veritá* im schweizerischen Kanton Tessin. Diese wurde zum wichtigsten Treffpunkt für die Alternativkultur im deutschsprachigen Raum. Lebensreformer, Naturheilkundler, Psychoanalytiker (u.a. C.G. Jung und Otto Gross), Theosophen, Anthroposophen, Mitglieder des Templerordens und anderer spiritueller Richtungen sowie tausende bekannte und weniger bekannte Schriftsteller, Künstler und Wissenschaftler (u.a. Hermann Hesse, Gerhard Hauptmann, Stefan George, Paul Klee, Max Buber und Max Weber) begaben sich auf den Monte Verità, um eine Zeit lang in der stimulierenden Gemeinschaftsatmosphäre dieses Orts zu verbringen, zum Teil auch, um sich in der Heilanstalt behandeln zu lassen. Vor und während des ersten Weltkriegs nutzten auch zahlreiche Kriegsdienstverweigerer, Pazifisten, Anarchisten und Revolutionäre (u.a. Erich Mühsam, Vladimir I. Lenin und Leo Trotzki) den Monte Verità als Rückzugsort. Durch ihren Aufenthalt kamen alle diese Personen mit den Praktiken der Lebensreformer, dem Nudismus, dem Vegetarismus, diversen Naturheilmethoden, dem Ausdruckstanz wie auch mit verschiedenen spirituellen Praktiken in Berührung. Viele sammelten selbst Erfahrungen mit diesen Methoden (Schwab 2003; Voswinckel 2009).

Sowohl in der Lebensreformbewegung als auch in den neuen esoterischen und spirituellen Vereinigungen des beginnenden 20. Jahrhunderts findet man unterschiedliche politische Orientierungen. Ein erheblicher Teil der Anhänger und Sympathisanten dieser Szenen dürfte eine Affinität zu linken oder anarchistischen Ideologien und Bewegungen gehabt haben. Durch das verbindende Element der Naturromantik und der Beschäftigung mit germanischer Mythologie gerieten manche Gruppierungen aber auch in das Fahrwasser der völkischen Ideologie des Nationalsozialismus (Gugenberger/Schweidlenka 1987).

2.3 Die Gegenkultur der 1960er Jahre und die New-Age-Bewegung

Wie das Beispiel des Monte Veritá zeigt, hatten Anfang des 20. Jahrhunderts zahlreiche Intellektuelle ein Naheverhältnis zur Lebensreformbewegung und zu alternativen Formen der Spiritualität. Von der Zeit der Romantik bis zur Mitte des 20. Jahrhunderts waren gegenkulturelle Ideologien, Lebensstile und alternative spirituelle Praktiken aber letztlich doch nur in einem sehr kleinen Kreis von Intellektuellen und Künstlern verbreitet. Erst in der zweiten Hälfte des 20. Jahrhunderts traten gesellschaftliche Bedingungen ein, die es ermöglichten und dazu führten, dass der Protest gegen die technokratische Gesellschaft und der Wunsch nach einer radikalen Änderung der etablierten Werte und Lebensformen vorübergehend einen wesentlich größeren Anteil der Bevölkerung der westlichen Industrienationen erfasste. Paradoxerweise entstand die Gegenkultur der 1960er Jahre zu einem Zeitpunkt, als die moderne Industriegesellschaft ihre großen Erfolge feierte und erstmals in der Geschichte nahezu die gesamte Bevölkerung der westlichen Industriestaaten in relativem Wohlstand lebte. Eine Erklärung für dieses Paradox gibt Ingleharts Postmaterialismus-These: Dadurch, dass die Menschen der ständigen Sorge um das tägliche Brot enthoben waren, wurde es ihnen möglich, das Augenmerk auf die Befriedigung höherer Bedürfnisse zu richten und sich von den materialistischen Werten zu distanzieren (Inglehart 1989). Andere Autoren behaupten hingegen, dass zwischen dem in der Romantik entstandenen Ideal der Authentizität und dem modernen Konsumismus kein Gegensatz, sondern eine Wahlverwandtschaft bestehe: Der authentische Mensch lehne die Zwänge und Einschränkungen, die mit der formalen Rationalisierung der Gesellschaft (vor allem im Bereich der kapitalistischen Produktionssphäre) verbunden sind, ab. Er möchte über sich selbst bestimmen und sein Leben genießen; sein Bedürfnis nach Gipfelerfahrungen mache ihn empfänglich für die Verheißungen der Konsumgesellschaft. Umgekehrt trage die kapitalistische Wirtschaft mit ihrer Betonung der individuellen Konsumbedürfnisse und der Selbstverwirklichung durch den Konsum von Lifestyle-Produkten dazu bei, dass sich das Ideal der authentischen und expressiven Persönlichkeit immer mehr verbreitet (Bell 1991: 140ff.; Campbell 2005: 173ff.; Taylor 2007: 473ff.; Heelas 2005).

Welche Gründe auch immer dazu beigetragen haben, jedenfalls bildete sich in den 1960er Jahren ein breite Front an Protest- und Alternativbewegungen, die nicht nur von Intellektuellen und Studenten, sondern auch von großen Teilen der damaligen Jugendmusikkultur mitgetragen wurde. Zentrales Anliegen der Protestkultur war – wie schon bei den vorangegangenen gegenkulturellen Bewegungen – der Wunsch, aus den Zwängen der rational gestalteten und verwalteten Gesellschaft auszubrechen. Man suchte nach Lebensformen, die einen engeren Kontakt mit der Natur und mehr Raum für Selbstbestimmung, Kreativität, Spontaneität und Emotionalität ermöglichten (Berman 1984, Berger/Berger/Kellner 1987). Mit der Ablehnung jeglicher Form von Autorität und Herrschaftsverhältnissen, dem Aufruf zur sexuellen Befreiung, dem Hedonismus der Jugendmusikkultur, dem Gebrauch von bewusstseinserweiternden Drogen und den Ausstiegsszenarios der Hippie- und der Kommunenbewegung versuchte die Gegenkultur der 1960er Jahre die bürgerliche Gesellschaftsordnung (als Fundament der kapitalistischen Wirtschaftsordnung) insgesamt in Frage zu stellen.

In den USA und zum Teil auch in England bildeten neue Formen der Spiritualität von Anfang an eine wesentliche Komponente des Konglomerats der *Counter-Culture*. Schon in den 1950er Jahren propagierten Allen Ginsberg und Jack Kerouac, zwei Kultautoren der amerikanischen Beat-Generation, eine synkretistische Spiritualität aus christlichen, jüdischen und buddhistischen Elementen. Der Priester und Philosoph Alan Watts leistete mit einer Reihe von Büchern über Zen, Mystik, »erotische Spiritualität« u.dgl. einen wichtigen Beitrag zur Popularisierung der östlichen Spiritualität in der amerikanischen Alternativkultur. Die religiös-weltanschaulichen Grundlagen des Zen und des tantrischen Yoga wurden durchaus auch im politischen Sinne als Gegenprogramm zum *American way of life* verstanden. Ziel dieser Spiritualität war es, eine neue Haltung dem Leben gegenüber einzunehmen, vor allem aber ging es um intensive spirituelle Erfahrungen und um das Erreichen außeralltäglicher Bewusstseinszustände (Roszak 1995: 124ff.; Pike 2004: 84; Rose 2005: 54ff.).

In der Gegenkultur der 1960er Jahre wurde auch die Verwendung von psychedelischen Substanzen zur Erweiterung des Bewusstseins zu einem zentralen Thema (Roszak 1995: 155ff.; Brown 1992: 94f.). William James und der amerikanische Sexualforscher Havelock Ellis hatten schon zu Beginn des 20. Jahrhunderts selbst mit Drogen und halluzinogenen Pilzen der indianischen Kulturen Mittelamerikas experimentiert und die Effekte dieser Stoffe experimentell untersucht. 50 Jahre später machten Alan Watts, Aldous Huxley und Timothy Leary ähnliche Experimente. Den psychedelischen Substanzen wurde eine zweifache Wirkung zugeschrieben: Zum einen ermöglichen sie es, in bisher unbekannte Tiefen des eigenen Unterbewusstseins vorzudringen und verborgene Anteile der eigenen Persönlichkeit kennenzulernen; sie würden somit ähnliche therapeutische Effekte hervorrufen wie die Hypnose. Zum anderen eröffne der Zustand des erweiterten Bewusstseins den Zugang zur spirituellen Dimension oder zu den sogenannten transpersonalen Ebenen des Bewusstseins. Voraussetzung dafür, dass die Drogen ihre positiven Wirkungen entfalten, sei allerdings, dass sie in kontrollierter Form im Rahmen eines therapeutischen Settings oder eines spirituellen Rituals eingenommen werden. Timothy Leary, der »Drogenprophet« der damaligen Zeit, wurde nicht müde, die spirituelle Verwendung von Drogen vom hedonistischen Drogenkonsum abzugrenzen. Die spirituellen Erfahrungen mit LSD waren für ihn zugleich auch Ausdruck einer Distanzierung von der herrschenden Kultur:

> »When you turn on, remember: you are not a naughty boy getting high for kicks. You are a spiritual voyager furthering the most ancient, noble quest of man. When you turn on, you shed the fake-prop TV studio and costume and join the holy dance of the visionaries. You leave LBJ and Bob Hope; you join Lao-Tse, Christ, Blake!« (Leary, The Politics of Ecstasy, zit. nach Pike 2004: 85)

In der *Hippie-Bewegung* wurden die verschiedenen Anliegen der Gegenkultur der 1960er Jahre in paradigmatischer Weise zu einer kohärenten Lebensform vereinigt. Die Hippies stellten die Leistungs-, Konsum-, und Wohlstandsorientierung wie auch den politisch-militärischen Machtanspruch Amerikas in Frage und versuchten unter dem Motto »Flower-Power« und »Make Love, not War« in Gemeinschaft mit Gleichgesinnten ein natürliches und friedliches Leben frei von Zwängen und bürgerlichen Tabus zu führen. Ein freier Umgang mit dem Körper, offene partnerschaftliche Beziehungsformen, ein lustbetonter Umgang mit Sexualität, Drogenkonsum (Marihuana und LSD), psychedelische Musik, Tanz und spirituelle Selbsterfahrung gehörten zu den »Ingredienzen« dieser Lebensform. Die Affinität der Hippies zur östlichen Spiritualität zeigt sich auch darin, dass hunderttausende Hippies auf dem Landweg von Europa nach Indien reisten, um die paradiesischen Strände Goas zu genießen, ein Zeit lang in einem Ashram zu verbringen und/oder die heiligen Stätten in Nordindien und Nepal zu besuchen. Neben dem fernöstlich-orientierten Mainstream gab es in der Hippie-Bewegung auch eine christliche Richtung, das Jesus Movement oder die Jesus Freaks, sowie eine neopagane Strömung mit *Wicca* als wichtigster Gruppierung (ebd. 81ff.).

Die Landkommunen und Alternativprojekte der Hippie-Zeit mit ihren gemeinschaftlichen Arbeits- und Lebensformen und ihren neuen spirituellen Praktiken bilden den unmittelbaren Ausgangspunkt für die New-Age-Bewegung der 1970er Jahre. Die bedeutendste dieser Gemeinschaften war die schottische »Findhorn-Gemeinschaft«. Um 1960 gründete hier eine Gruppe von Aussteigern eine Landkommune. Aus dieser entwickelte sich im Lauf der Zeit ein kleines Dorf, dessen Mitglieder von ökologischem Landbau und kunsthandwerklicher Produktion leben. Zu einer wichtigen Einnahmequelle wurden mit der Zeit die zahlreichen Besucher, die für einen kürzeren, manchmal auch längeren Zeitraum in der Gemeinschaft mitleben, sich an den ökonomischen und spirituellen Aktivitäten beteiligen und/oder an den zahlreichen Workshops und Kursen teilnehmen, die bis heute dort angeboten werden (Clark 1992; Heelas 1996: 52ff.).

Eine äußerst wichtige »Brutstätte« für die New-Age-Bewegung war auch das 1961 in Big Sur in der Nähe von San Francisco gegründete *Esalen-Institut*. Hier versammelten sich renommierte Vertreter der amerikanischen Gegenkultur, um in einem interdisziplinären Dialog alternative philosophische, spirituelle, psychologische und künstlerische Ansätze zu diskutieren und neue spirituelle und therapeutische Techniken zu erproben und zu unterrichten. Zu den zeitweiligen Bewohnern, Gästen und Lehrern von Esalen gehörten neben den zuvor bereits genannten Protagonisten der Gegenkultur, Allen Ginsberg, Alan Watts, Timothy Leary und Aldous Huxley, Kultautoren der New-Age-Bewegung wie Fritjof Capra, Carlos Castaneda, Deepak Chopra und der Benediktinerpater David Steindl-Rast. Auch eine Reihe von bekannten Wissenschaftlern wie der Theologe Paul Tillich, der Philosoph Gregory Bateson, der Religionswissenschaftler Joseph Campbell und der Historiker Arnold Toynbee gingen dort ein und aus. An den *Big Sur Folk Festivals* beteiligte sich ein großer Teil der amerikanischen Musik-Prominenz der damaligen Zeit – von Joan Baez und Bob Dylan über George Harrison, Simon und Garfunkel, Bruce Springsteen bis hin zu Taj Mahal und Ravi Shankar. Vor allem aber war Esalen die Geburtsstätte der humanistischen Psychologie und des *Human Potential Movement.* Nahezu alle Begründer der neuen Therapierichtungen, die die Selbstverwirklichung ins Zentrum des therapeutischen Prozesses rückten, wie Carl Rogers, Fritz Perls, Virginia Satir, Ronald Laing und Stanislav Grof, wohnten längere Zeit in Esalen oder gaben dort regelmäßig Kurse und Workshops (s. dazu auch Kap. 3.2).

In der Phase der gegenkulturellen Bewegungen der 1960er und 1970er Jahre trat eine Reihe von »Propheten« auf, die in der gesellschaftlichen und spirituellen Aufbruchsstimmung der damaligen Zeit die Geburt eines »Neuen Zeitalters« sahen. Bei einem Teil der Gründerpersönlichkeiten und Kultautoren des New Age handelte es sich um medial veranlagte Personen, die behaupteten, ihre Lehren mittels *Channeling* von spirituellen Meistern übermittelt bekommen zu haben. Zu den heute noch bekannten und praktizierten Lehren, die auf diesem Wege entstanden, zählen Helen Schucman's *A Course in Miracles*, Jane Robert's *Seth Materials*, JZ Knight's *Ramtha's School of Enlightenment* und Eva Pierakos' *Pathwork.* Auch das von David Spangler in Findhorn geschriebene Buch »Revelation: The Birth of a New Age«, das als wichtiger Beitrag zur Gründung der New-Age-Bewegung gilt, beruht nach der Darstellung des Autors auf göttlichen Eingebungen (Hanegraaff 1996: 23ff.). Die gechannelten Texte haben meist die Form von didaktisch aufgebauten Lektionen, in denen Schülern erklärt wird, woran die Seele des modernen Menschen krankt und wie man auf den richtigen Weg kommt. Dieser Weg verbindet die Ziele des *Human Potential Movement* (s. Kap. 3.1) mit Versatzstücken östlicher und zum Teil auch christlicher Spiritualität, die im Sinne des modernen Authentizitätsideals reinterpretiert werden: Die Aufgabe des Menschen bestehe darin, seine Schuldgefühle und Ängste abzulegen, sich von sozialen Zwängen zu befreien, ein positives Selbstwertgefühl zu entwickeln, das heißt, sich selbst zu lieben und sein eigenes kreatives Potential zu entfalten. Dieses Ziel können wir nur erreichen, wenn wir uns der göttlichen Kräfte bewusst werden, die in uns selbst schlummern, und unser Leben nach der Stimme unseres eigenen Herzens ausrichten (Riordan 1992; Pike 2004: 85f.).

Neben diesen medial veranlagten Persönlichkeiten gab es eine Reihe von Autoren, die versuchten, den Anbruch des neuen Zeitalters (populär)wissenschaftlich darzustellen und zu begründen. Wichtige Werke bzw. Autoren sind hier unter anderem »Das Tao der Physik« und »Wendezeit« von Fritjof Capra, »Die sanfte Verschwörung« von Marilyn Ferguson, die Bücher zur »Schöpfungsspiritualität« von Matthew Fox und Rupert Sheldrakes »Das schöpferische Universum« (vgl. Hanegraaff 1996: 104ff.). Alle diese Autoren waren in ihren jeweiligen Fachgebieten – Capra als Physiker, Ferguson als Psychologin, Fox als Theologe und Sheldrake als Biologe – talentierte Akademiker, die mit renommierten Wissenschaftlern, zum Teil sogar mit Nobelpreisträgern, zusammenarbeiteten bzw. engen Kontakt zu diesen hatten. Zugleich standen und stehen sie in einem Naheverhältnis zum holistischen Milieu und zu bedeutenden spirituellen Lehrern. Sie verfolgten daher das Ziel, den gesellschaftlichen und spirituellen Wandel, der in der Phase der Gegenkultur der 1960er/70er Jahre begonnen hatte, aus der Perspektive ihrer jeweiligen Wissenschaftsdisziplin im Sinne eines Paradigmenwechsels zu erklären. Da die Bücher zum Teil in populärwissenschaftlichem Stil geschrieben sind und wissenschaftliche und alternativ-spirituelle Argumentationsstränge miteinander vermischen, gelten sie in den Augen der etablierten Wissenschaft als pseudowissenschaftlich bzw. im Fall des Theologen Fox als ketzerisch. Bei allen diesen Autoren wird der Übergang vom »alten« zum »neuen« Paradigma im Sinn des evolutionistischen Fortschrittsdenkens der okzidentalen Moderne sowohl als wünschenswerter, als auch als logischer und notwendiger Entwicklungsschritt dargestellt.

Fritjof Capra sieht im Übergang vom Cartesianischen Dualismus und von der Newton'schen Mechanik zum ganzheitlich organischen Weltbild, das die Entdeckungen der Relativitätstheorie und der Quantenphysik nahelegen, eine Bestätigung für Richtigkeit der religiösphilosophischen Weltbilder des Ostens, die im Zentrum des holistischen Weltbilds der New-Age-Bewegung stehen (Capra 1977 und 1983). Marilyn Ferguson beschäftigt sich zunächst intensiv mit den neuen Erkenntnissen der Gehirn- und Bewusstseinsforschung sowie mit den Ideen der *Human Potential Bewegung*. In ihrem Bestseller »Die sanfte Verschwörung« (1984, engl. »The Aquarian Conspiracy«,

1980) verwendet sie sodann die in esoterischen Kreisen der damaligen Zeit populäre Lehre der astrologischen Weltzeitalter als Ausgangspunkt für ihre These des revolutionären Bewusstseinswandels, der im Übergang vom Fischezeitalter der christlichen Ära zum Wassermannzeitalter des New Age stattfindet. Wie Capra vertritt auch Ferguson ein holistisches Weltbild. Sie beruft sich hierbei u.a. auf den Quantenphysiker und Einstein-Schüler David Bohm, der in seinem Buch »Die implizite Ordnung« die These vertritt, dass in jedem Einzelteil des Universums wie in einem Hologramm zugleich das gesamte Universum enthalten ist (Hanegraaff 1996: 67ff.). Ähnlich wie Ferguson sieht auch Matthew Fox im dualistischen Weltbild des Christentums den Ursprung der wissenschaftlich-technologischen Entwicklung, die im Okzident zum Verlust der Einheit zwischen Mensch und Natur und somit zu den ökologischen Gefährdungen der Gegenwart geführt hat. Zur Überwindung der Entfremdung des Menschen von sich selbst und von der Natur propagiert er eine mystisch-holistische »Schöpfungsspiritualität«, in der spirituelles und ökologisches Bewusstsein eine Einheit bilden (Fox 1993). Die New-Age-Kultautoren der 1970er und 1980er Jahre glaubten, dass sich durch das neue Bewusstsein nicht nur die Lebensqualität derjenigen, die dieses Bewusstsein erlangt haben, verbessern würde. Sie hegten vielmehr die utopische Erwartung, dass sich das ganzheitlich-ökologische Bewusstsein, wenn einmal eine kritische Masse davon erfasst wäre, durch den Netzwerkeffekt exponentiell ausbreiten würde (Russell 1984). Dadurch würde ein »neuer Mensch« entstehen (Küenzlen 1994) und die Lebensbedingungen auf der Welt würden sich insgesamt – in ökonomischer, ökologischer, sozialer und politischer Hinsicht – verbessern.

Tabelle 2: Der New-Age-Paradigmenwechsel

Altes Paradigma	New-Age-Paradigma
vom dualistisch mechanistischen Weltbild (Descartes, Newton)	zum monistischen, organischen Weltbild (Einstein, Bohm etc.)
von funktionaler Differenzierung (»Teile-Mentalität«)	zu Ganzheitlichkeit, Ökologie
von Rationalismus, Planung	zu Spontaneität, Emotionalität
von Gehorsam, Selbstdisziplin	zu Kreativität und Ästhetik
von der Sündenfall-Erlösungs-Religion	zur schöpfungszentrierten Spiritualität

Nach Ansicht des britischen Soziologen Colin Campbell (2007) liegt die zentrale Tendenz des kulturellen Wandels, der durch die New-Age-Bewegung herbeigeführt wird, in der *Veröstlichung des Westens*. Campbell beruft sich bei dieser These auf Max Webers idealtypische Gegenüberstellung der religiösen Weltbilder des Okzidents und des Orients. Weber zufolge haben sich im Zuge der Systematisierung der religiösen Weltbilder durch die Weltreligionen im Westen und im Osten zwei völlig konträre Gottesvorstellungen durchgesetzt. Die drei semitischen Weltreligionen des Westens gehen von der Existenz eines über oder außerhalb der Welt stehenden persönlichen Gottes aus, der die Welt geschaffen hat und sie »von oben« lenkt und kontrolliert. Der dualistische Gegensatz zwischen Gott und Welt setzt sich in einer Reihe weiterer dualistischer Spaltungen fort: Geist versus Materie, Mensch versus Natur, Diesseits versus Jenseits. Aufgabe des Menschen ist es, Gottes Willen zu erkennen, seine Gesetze zu befolgen und sich gemäß seinem Vorbild die Natur untertan zu machen.

Im Zuge der Aufklärung und des westlichen Säkularisierungsprozesses verliert der Glaube an einen persönlichen Gott, der über die Menschen bestimmt und über Gut und Böse entscheidet, seine bisherige Plausibilität. Der monotheistische Dualismus, der das Göttliche, Spirituelle und Jenseitige höher bewertet als das Menschliche, Materielle und Diesseitige, wird nunmehr umgekehrt zu einem »materialistischen Dualismus«, der die Bedeutung der geistigen Sphäre abwertet oder deren Existenz völlig in Abrede stellt. Das religiöse Weltbild des Orients hingegen beruht auf einem »metaphysischen Monismus«, bei dem Mensch, Gott und Natur eine unauflösbare Einheit bilden. Der Mensch ist Teil des Göttlichen und seine Aufgabe ist es, durch mystische Versenkung das Göttliche in sich selbst zu erfahren. Während das religiöse Weltbild des Westens von einem linearen, historischen Zeitbegriff ausgeht, demzufolge die Welt und das Leben des Menschen einen von Gott bestimmten Anfangs- und Endpunkt haben, beruhen die Religionen des Ostens auf der Vorstellung einer zyklischen Abfolge von Geburt, Tod und Neugeburt, wie sie im Reinkarnationsglauben zum Ausdruck kommt. Mit Bezugnahme auf Weber hebt Campbell noch einen weiteren wichtigen Unterschied zwischen der Religiosität des Westens und der Religiosität des Ostens hervor: Der auf schriftlichen Offenbarungen beruhende westliche Eingott-Glaube geht mit einer Tendenz zum Dogmatismus – dem Beharren auf »einer Wahrheit« –, der Bildung von exklusiven Glaubensgemeinschaften (Kirchen) und einer scharfen Trennung zwischen Gläubigen und Ungläubigen einher. In den östlichen Religionen hingegen geht es weniger um die Wahrheit bestimmter Glaubenssätze, als vielmehr um die persönliche Erfahrung des Göttlichen. Es wird zugestanden, dass es unterschiedliche Heilswege gibt, die alle zum selben Ziel hinführen. Dementsprechend ist auch die Bildung fester kirchlicher Organisationen und die Unterscheidung zwischen Gläubigen und Nicht-Gläubigen weniger bedeutsam. Die typische Form der religiösen Vergemeinschaftung sind vielmehr lose Vereinigungen von spirituellen Suchern, die dem exemplarischen Beispiel eines Gurus folgen (Campbell 2007: 57ff.).

Es ist offensichtlich, dass Campbell jene Aspekte von Max Webers Vergleich der okzidentalen und der orientalischen Religionen hervorhebt, mit denen spirituell aufgeschlossene westliche Intellektuelle seit der Zeit der Romantik ihre Aversion gegenüber dem (christlichen) Monotheismus und ihre Affinität zur mystischen Spiritualität des Ostens begründen. Die Gegenkultur der 1960er/1970er Jahre stellen für Campbell insofern eine historische Zäsur dar, als seit damals die Faszination für die Spiritualität des Ostens nicht mehr nur auf eine kleine intellektuelle Minderheit beschränkt ist, sondern die Veröstlichung zu einer gesamtkulturellen Tendenz wird.

»The dominant paradigm or ›theodicy‹ which has served the West effectively for 2,000 years has finally lost its grip over the majority of the population in Western Europe and North America. They no longer hold to a view of the world as divided into matter and spirit, and governed by an all powerful, personal, creator God; one who has set his creatures above the rest of creation. This vision has been cast aside and with it all justification for man's dominion over nature. In its place has been set the fundamentally Eastern vision of mankind as merely a part of the great interconnected web of sentient life.« (Campbell 1999: 47)

Die Veröstlichung des Westens zeigt sich nach Campbell nicht nur an der enormen Ausbreitung östlicher Meditations- und Gesundheitspraktiken im Westen und an der steigenden Zahl an Menschen, die die östlichen Vorstellungen von Gott als allumfassender spiritueller Kraft und Reinkarnation für plausibler halten als die christliche Gottes- und Jenseitsvorstellung; auch das Erstarken der Ökologiebewegung und der Trend zum Vegetarismus, zum biologischen Landbau und zur natürlichen Tierhaltung deuten darauf hin, dass an die Stelle des westlichen

Prinzips der Herrschaft des Menschen über die Natur in zunehmenden Maße das östliche Weltbild der Harmonie zwischen Mensch und Natur tritt (Campbell 2007: 68ff.)

Campbell sieht zwei Hauptursachen für diesen fundamentalen kulturellen Wandel: Erstens waren in der zweiten Hälfte des 20. Jahrhunderts sowohl das traditionelle christliche Weltbild als auch dessen weltliche Ersatzbildung, der Marxismus, in eine tiefe Plausibilitätskrise geraten. Im Fall des Christentums hatte sich diese Krise schon seit der Aufklärung angekündigt. Während sich ein Teil der Intellektuellen völlig von der Religion abwandte, versuchten andere – zum Teil innerhalb, zum Teil außerhalb der Kirche – nach neuen Zugängen zur Religion, indem sie entweder die christliche Lehre neu interpretierten (entmythologisierten) oder sich religiösen Weltbildern des Ostens zuwandten, die mit dem modernen Denken besser kompatibel sind. In manchen Fällen, etwa beim Theologen Paul Tillich kam es hierbei zu einer Annäherung zwischen christlicher und östlich-orientierter New-Age Spiritualität (ebd. 250ff.) Auch im Fall des Marxismus gab es Versuche, das Grundanliegen der Bewegung, die Transformation der Gesellschaft, durch eine Verlagerung des Akzents vom ökonomischen zum kulturellen Wandel und zum psychischen Bewusstseinswandel zu revitalisieren. Dieser Weg führte von der Verbindung von Marxismus und Psychoanalyse bei Wilhelm Reich und Herbert Marcuse bis hin zur Synthese von Psychoanalyse und Spiritualität bei Norman Brown, einem Intellektuellen der amerikanischen Gegenkultur – ein Weg, der sowohl in Amerika als auch in Europa zahlreiche Nachahmer finden sollte (ebd. 276ff.). Der zweite Grund für den religiösen Paradigmenwechsel liegt nach Campbell darin, dass durch die Weiterentwicklung der Naturwissenschaften das reduktionistische mechanistische Newton'sche Modell der Welterklärung kollabierte und dass maßgebliche neue wissenschaftliche Paradigma (wie die Quantenphysik, die ökologische Biologie und die humanistische Psychologie) wesentlich besser mit dem religiösen Weltbild des Ostens als mit dem traditionellen religiösen Weltbild des Westens kompatibel sind (ebd. 299ff.).

»Veröstlichung« bedeutet also nach Campbell nicht nur die Übernahme eines fremden Kulturmusters, sondern auch einen internen Kulturwandel im Westen, der zu einer nicht-intendierten Annäherung an das östliche Weltbild führt. Wichtig ist es hier hinzuzufügen, dass Westler, die sich an den Lebensweisheiten des Ostens orientieren, häufig ein idealisiertes Bild des Ostens vor Augen haben. Die vermeintliche östliche Lebensweise ist vielfach nur das phantasierte positive Spiegelbild der als defizitär erlebten westlichen Lebensweise (Diem/ Lewis 1992). Das östliche Weltbild und die damit verbundenen Lebensformen werden ja in der Regel nicht zur Gänze, sondern nur teilweise übernommen und an unser westliches Weltbild und unsere Lebensweise angepasst (Hamilton 2002; Campbell 2007: 340ff.). Zwei zentrale Merkmale der östlichen Religionen, die nicht übernommen werden, sind die Kollektivorientierung und das Ziel der Bedürfnislosigkeit, da diese nicht mit dem westlichen Individualismus und Authentizitätsideal vereinbar sind. Ziel der Meditationstechniken im Westen ist nicht die Auslöschung der Ich-Bedürfnisse, sondern die Entfaltung des »Höheren Selbst«, womit in der Regel nicht ein bedürfnisloses, sondern ein erfülltes, authentisches Leben gemeint ist.

An diesem Punkt manifestiert sich ein Grundwiderspruch der Gegenkultur der 1968er Bewegung. Das Unbehagen der Protest- und Jugendkultur an der Modernität entzündete sich u.a. am wirtschaftlich-technologischen Fortschrittsdenken, am Materialismus und Konsumismus und an der individualistischen Leistungsmentalität des modernen Kapitalismus. In der Hippie- und in der Kommunenbewegung wurde vorübergehend eine Lebensform verwirklicht, die mit den Idealen der antimodernistischen Naturverbundenheit, der Gemeinschaftlichkeit und der (relativen) Bedürfnislosigkeit ein radikales Gegenprogramm zum gesellschaftlichen Mainstream darstellte. Beim Großteil der Angehörigen der 1968er und Post-68er Generation standen diese Ideale jedoch im Widerstreit mit dem Ideal der individualistischen Selbstverwirklichung, das bei der jungen Generation mit einem erheblichen Maß an Konsumbedürfnissen (Konsum zur Stimulierung von »High-Erfahrungen«, wie Kultur, Reisen, Drogen u.dgl.) verbunden und nur schwer mit gemeinschaftlichen Lebensformen vereinbar war. Dementsprechend hatten auch die meisten antimodernistischen, kommunitären Sozialexperimente der damaligen Zeit nur eine relativ kurze Überlebensdauer, wie dies generell bei radikalen Formen der gegenkulturellen Vergemeinschaftung in gesellschaftlichen Übergangsphasen der Fall zu sein scheint (vgl. Turner 2005). Bleibendes Erbe der Gegenkultur der 1968er Zeit war aber doch die Diffusion des Ideals der Expressivität und der Authentizität, in vielen Fällen in Verbindung mit einer Sensibilisierung für neue Formen der Spiritualität.

3 Psychologisierung der Religion – Spiritualisierung der Psychologie

3.1 Von den Jung'schen Archetypen bis zur Transpersonalen Psychologie

Wie bereits in den vergangenen Abschnitten ausgeführt wurde, ist es das Anliegen der holistischen Spiritualität, Menschen die volle Entfaltung ihrer Persönlichkeit und den Zugang zu den höheren Stufen des Bewusstseins zu ermöglichen. Eine ähnliche Zielsetzung findet man heute bei bestimmten Richtungen der Psychologie und Psychotherapie. Besonders deutlich ist diese Ausrichtung bei der humanistischen Psychologie und der daraus hervorgehenden *Human Potential Bewegung*, sowie bei der transpersonalen Psychologie. In beiden Fällen handelt es sich um eine bewusst herbeigeführte Annäherung zwischen Psychologie bzw. Psychotherapie und Spiritualität. Wouter Hanegraaff hat diesen Zusammenhang in seinem Buch »New Age Religion and Western Culture« in hervorragender Weise dargestellt. Die folgenden Ausführungen orientieren sich in wesentlichen Punkten an seiner Argumentation und an den von ihm verwendeten Quellen.

Aus wissenschaftshistorischer Perspektive ist das Naheverhältnis zwischen Psychologie und Religion alles andere als selbstverständlich. Als Kind der Aufklärung und des Positivismus verstand sich die Psychologie als eine Wissenschaft, die die Empfindungen, das Verhalten und die Entwicklung des Menschen ausschließlich auf der Grundlage von empirischen Beobachtungen beschreibt und analysiert. Für die überwiegende Mehrheit der akademischen Psychologen hieß dies und heißt es heute immer noch, dass religiöse Sichtweisen und Aspekte des Menschen wie etwa die Vorstellung einer menschlichen Seele nicht zum Gegenstandsbereich der Psychologie gehören. Unter dem Einfluss des Zeitgeists der Religionskritik der Aufklärung gingen viele Psychologen darüber hinaus davon aus, dass religiöse »Dinge« oder die spirituelle Sphäre, an deren Existenz religiöse Menschen glauben, nur Produkte des menschlichen Geistes sind. Ein besonders extremes Ausmaß erreichte der psychologische Reduktionismus beim Behaviorimus, der den Menschen auf eine Reiz-Reaktions-Maschine reduziert und sogar die Existenz eines eigenständigen menschlichen Bewusstseins leugnet. Das Thema Religion und Spiritualität wird jedenfalls in der akademischen Psychologie bis heute sehr oft einfach ausgespart (vgl. Bucher 2007: 3). Viele Psychologen scheinen nach wie vor die Ansicht der Aufklärung zu teilen, dass die Menschen mithilfe der Wissenschaft, im konkreten Fall mithilfe der Psychologie und ihrer praktischen Anwendungen ein höheres, reiferes Stadium des Menschseins erreichen können als es die Religion ermöglicht.

Auch Sigmund Freud gehört zu den Vertretern dieses religionskritischen Standpunktes. Freud identifiziert Religion mit dem typischen katholischen (oder auch jüdischen) Glauben seiner Zeit. Diese Art von Religion, den Glauben an einen allmächtigen Gott, der auf magische Art und Weise unsere Probleme löst und uns nach dem Tod den Zugang zum Paradies eröffnet, hielt er für eine Illusion. Die Entwicklung zu einer reifen Persönlichkeit erfordert seiner Ansicht nach, auf die Illusionen der Religion zu verzichten und die Verantwortung für das eigene Leben selbst zu übernehmen (Freud 2009; vgl. dazu auch Hamilton 2001: 64ff.; Fuller 2001: 135). Indem Freud das Unbewusste »entdeckte« und die Bewusstmachung und Deutung der Inhalte des Unbewussten in den Mittelpunkt seiner psychoanalytischen Behandlungsmethode stellte, eröffnete er aber dem psychologischen Denken neue Perspektiven, die in weiterer Folge auch neue Zugänge zur Religion ermöglichten. Freud betrachtete das Unbewusste allerdings ausschließlich als Träger der triebhaften, animalischen Anteile des Menschen, als Depot für verdrängte Triebwünsche, die in abstrusen Traumphantasien zum Vorschein kommen und in neurotischen Ersatzhandlungen nach Befriedigung suchen (Frankl 1992: 15f.). Da die Triebe nach einer ständigen und unbegrenzten Befriedigung verlangen, müssen sie vom Über-Ich eingeschränkt und vom Ich, das heißt vom Bewusstsein und vom Willen, in die richtigen Bahnen gelenkt werden, damit sie sich nicht zerstörerisch auf den Menschen und seine soziale Umwelt auswirken. Das Ziel der Psychoanalyse besteht nach Freud darin, den

Menschen von der Macht des Unbewussten zu befreien – »Wo es war, soll ich werden!« Freuds Untersuchungen über den Witz und zur Psychopathologie des Alltagslebens zeigen, dass er die Psychoanalyse nicht nur als Technik zur Heilung psychischer Krankheiten, sondern als Methode der Selbsterkenntnis verstand, die grundsätzlich für alle Menschen von Nutzen sein kann. In der Psychoanalyse und der daraus hervorgehenden psychotherapeutischen Bewegung wurde somit eine Verbindung zwischen Ziel der Heilung psychischer Krankheiten und dem modernen Ideal der Selbstverwirklichung, dem Streben nach Selbsterkenntnis, Autonomie und Authentizität, hergestellt (Illouz 2009: 51). Freuds Schüler und Nachfolger entwickelten seinen therapeutischen Ansatz weiter und schlugen zum Teil neue Richtungen ein. Die psychoanalytische Bewegung in Europa behielt jedoch nahezu geschlossen die religionskritische Haltung bei.

Die große Ausnahme von diesem Trend war Carl Gustav Jung. Wie Freud geht auch Jung von einem Spannungsverhältnis zwischen dem Ich-Bewusstsein und dem Unbewussten aus. Nach Jung setzt sich das menschliche Unbewusste jedoch aus zwei Komponenten zusammen: den persönlichen Anteilen (die in etwa dem Freudschen Unbewussten entsprechen) und dem kollektiven Unbewussten. Im kollektiven Unbewusstsein manifestieren sich die universellen archetypischen Urbilder, die in symbolischer Form die existenziellen Grunderfahrungen der Menschheit zum Ausdruck bringen. Im Unterschied zu Freud steht im Zentrum des Jungschen Persönlichkeitsmodells nicht das kognitiv bestimmte Ich, sondern das Selbst, der seelisch-spirituelle Persönlichkeitskern. Die Aufgabe des Menschen besteht darin, im Laufe des seelischen Reifungsprozesses die verschiedenen Ebenen des kollektiven Unbewussten – den Schatten, den Animus bzw. die Anima usw. – in die Persönlichkeit zu integrieren, indem man sich mit den archetypischen Symbolen auseinandersetzt und sich von ihrem »numinosen Zauber« leiten lässt (Jung 1993: 93ff.). Während sich die Freudsche Psychoanalyse auf die Beseitigung von psychischen Störungen konzentriert, geht es in der Jungschen Analyse von Vorneherein viel mehr um die Individuation, die Entwicklung und Entfaltung der höheren Potentiale der menschlichen Persönlichkeit (Franz 1993).

»Individuation bedeutet: zum Einzelwesen werden und, insofern wir unter Individualität unsere innerste, letzte und unvergleichbare Einzigartigkeit verstehen zum eigenen Selbst werden. Man könnte ›Individuation‹ darum auch als ›Verselbstung‹ oder als ›Selbstverwirklichung‹ übersetzen.« (Jung 1990: 59)

Mit der Betonung der Bedeutung der universellen religiösen Archetypen für den Prozess der Individuation wird das Spirituelle bei Jung zu einem essenziellen Aspekt des psychologischen Reifungsprozesses. Jung gilt dementsprechend auch als eine der historischen Schlüsselfiguren für die holistische Bewegung und seine Konzepte wurden in verschiedenen neueren holistischen Ansätzen, insbesondere in der transpersonalen Psychologie aufgegriffen (Heelas 1996: 46ff.; Hanegraaff 1996: 496ff.). Wegen seines Naheverhältnisses zur Esoterik und seiner Vermischung von Religion und Psychologie wurden Jungs Thesen aber im akademisch-wissenschaftlichen Milieu Europas massiv abgelehnt. Seine Synthese von Psychologie und Spiritualität blieb hier für lange Zeit der einzige ernsthafte Versuch in dieser Richtung.

Deutlich anders stellt sich die Situation in den USA dar. Auf Grund der spezifischen Entwicklung der Religion in diesem Land hatte hier nicht nur die christlich-kirchliche Religiosität, sondern die Religion ganz allgemein ein viel positiveres Image als in Europa. Dementsprechend findet man in den USA auch in wissenschaftlichen Kreisen viel seltener religionsfeindliche Haltungen. Amerikaner, die sich unter dem Einfluss der Aufklärung von der theistischen, kirchlichen Religion abwenden, gehen nur selten ins Lager des Atheismus über, sondern fühlen sich eher zu einer undogmatischen, mystischen Spiritualität hingezogen, wie wir sie schon bei den Romantikern kennengelernt haben. Auf diesem kulturellen Hintergrund war die Verbindung von Spiritualität, esoterisch-okkulten therapeutischen Praktiken und modernen Konzepten der Psychologie bzw. der Psychotherapie viel leichter möglich als im religionsfeindlichen intellektuellen Klima Europas (Fuller 1986 und 2001, Hanegraaff 1996: 483ff., Sloterdijk 1997).

Ein erster Schritt in diese Richtung war die *New-Thought-Bewegung* am Ende des 19. und Anfang des 20. Jahrhunderts Ausgangspunkt für New Thought war die amerikanische Rezeption und Weiterentwicklung des Mesmerismus. Wie schon im vergangenen Abschnitt kurz dargestellt wurde, werden beim Mesmerismus Patienten mithilfe von suggestiven Anweisungen des Therapeuten, teilweise auch mittels Hypnosetechniken in einen Trancezustand versetzt, der bei einem Teil der Behandelten spontane Heilungen hervorruft. Bei manchen Patienten zeigen sich während der Trance auch telepathische oder hellseherische Fähigkeiten. Mesmer und seine Nachfolger erklärten diese Effekte als Wirkungen des »animalischen Magnetismus«, einer ihrer Ansicht nach rein naturwissenschaftlichen Energie. In den USA wurde dieses Erklärungsmodell in zweifacher Hinsicht erweitert und umformuliert. Erstens zeigten die Amerikaner eine weit stärkere Neigung als die Europäer, die mesmeristischen Effekte nicht nur als Wirkung physischer Energien oder unbewusster menschlicher Kräfte, sondern auch als Manifestation göttlicher Kräfte und somit als religiöses Phänomen zu deuten. Die zweite Neuinterpretation des Mesmerismus geht auf Phineas Quimby zurück. Quimby war bei seinen systematischen Beobachtungen von mesmeristischen Heilungsritualen aufgefallen, dass der Erfolg der Behandlung sehr stark von der suggestiven Überzeugungskraft des Heilers wie auch vom Glauben des Patienten an die Fähigkeiten des Heilers bzw. an die Wirkungen des Rituals abhängig ist (Fuller 1986: 45ff. und 2001: 30ff.; Hanegraaff 1996: 484ff.; Pike 2004: 47ff.). Quimby erkannte somit als erster das Prinzip der Kraft des positiven Denkens, das in der heutigen populären Psychologie wie auch in der holistischen Therapie- und Selbsterfahrungsszene von großer Bedeutung ist. Es ist wichtig hinzuzufügen, dass Quimby sein Erklärungsmodell nicht im Sinne eines psychologischen Reduktionismus verstanden wissen wollte; er betonte vielmehr, dass Suggestion und Autosuggestion nur den Katalysator bilden, durch den das magnetische Fluidum seine heilende Wirkung entfalten kann (Fuller 1986: 47). Als *New Thought* oder *Mind Cure* bezeichnet man nun die lose Verbindung von religiösen und säkularen Vereinigungen, Autoren und Individuen, die die beiden oben beschriebenen Prinzipien zu einer ebenso einfachen wie attraktiven neuen Lebensphilosophie verbinden: Mittels der Kraft des positiven Denkens ist es uns möglich, geistige Energien zu aktivieren, die uns gesund und glücklich machen (Fuller 2001: 47); oder, wie es der *Metaphysical Club of Boston* 1895 etwas differenzierter und anspruchsvoller formulierte:

> (Unser Ziel ist es) »to promote interest in and the practice of a true philosophy of life and happiness; to show that through right thinking, one's loftiest ideals may be brought into present realization, and to advance intelligent and systematic treatment of disease by spiritual and mental methods.« (ebd. 48)

New Thought entwickelte hierbei auch neue Vorstellungen von Gott und unserer Beziehung zu Gott, die große Ähnlichkeiten mit der romantischen und der heutigen holistischen Vorstellung aufweisen: Gott als immanente Lebenskraft, die in uns »wohnt« und durch Momente der Meditation bzw. durch die Öffnung unseres Unbewussten aktiviert werden kann. Die Ideen des New Thought wurden durch zahlreiche populärwissenschaftliche Darstellungen in der amerikanischen Öffentlichkeit verbreitet (Moskowitz 2001: 10ff.). New Thought war somit ein erster Schritt zur Entstehung und Popularisierung der Idee, dass man Krankheiten und psychische Probleme durch die gemeinsame Wirkung von psychotherapeutischen Techniken, spirituellen Praktiken und Selbstheilungskräften, die auf der Kraft des positiven Denkens beruhen, heilen bzw. lösen kann.

Im Vergleich zu Europa gab es in den USA auch einen viel höheren Anteil an akademischen Psychologen, die eine positive Haltung zur Religion einnahmen und diese zum Gegenstand psychologischer Forschungen machten. Schon der erste große Klassiker der amerikanischen Psychologie, William James, legte mit seinem Buch »Die Vielfalt der religiösen Erfahrung« ein Werk vor, das für die psychologische Betrachtung der Religion bis heute richtungweisende Bedeutung hat. James geht es vor allem um die Untersuchung der praktischen Auswirkungen der Religion auf die Befindlichkeit des Menschen. Als Methode dient ihm hierzu ein »radikaler Empirismus«, der im Unterschied zum engen Empirieverständnis des Szientismus die gesamte Bandbreite der äußerlichen und inneren Fakten, die das Leben des Menschen bestimmen, in die Untersuchung mit einbezieht. Ähnlich wie Jung geht James davon aus, dass das Unbewusste Träger höherer geistiger oder spiritueller Fähigkeiten ist und mit Phänomenen wie Telepathie, Hellseherei, medialer Trance und mystischen Erfahrungen in Verbindung steht. James' Interesse richtet sich nicht auf die (kirchliche) Routinereligiosität, sondern auf Momente intensiver spiritueller Erfahrungen, in denen sich Menschen von einer göttlichen Kraft durchdrungen fühlen, die es ihnen ermöglicht, schwierige Lebenssituationen leichter zu bewältigen oder ihrem Leben eine neue Ausrichtung zu geben. Wie schon der Titel seines Buchs besagt, stellt die Religion für James kein einheitliches Phänomen dar, sondern er geht davon aus, dass Menschen auf Grund ihrer jeweiligen Persönlichkeitsmerkmale, Lebensschicksale und Bedürfnisse unterschiedliche religiöse Erfahrungen machen und dass diese Erfahrungen auch unterschiedliche Konsequenzen für das Leben der betreffenden Personen haben: Zufriedenen, psychisch gesunden und selbstbewussten Menschen bietet der naive Optimismus der Mind-Cure-Bewegung eine entsprechende religiöse Ausdrucksform. Kranke, melancholische, innerlich zerrissene, von moralischen Skrupeln und Selbstvorwürfen geplagte Seelen können durch ein oft jahrelanges spirituelles Ringen allmählich zu innerer Ruhe finden. Besondere Aufmerksamkeit widmet James den religiösen Konversionserfahrungen, den mystischen Erfahrungen und dem »Wert der Heiligkeit«. Bei allen Formen intensiver religiöser Erfahrung lassen sich nach James grundsätzlich positive psychologische Auswirkungen feststellen:

»[...] ein neuer Geschmack am Leben, der diesem wie ein Geschenk beigegeben wird und entweder in Form lyrischer Verzauberung auftritt oder in Gestalt eines Aufrufs zu Ernsthaftigkeit und Heroismus. [...] ein Gefühl von Geborgenheit und eine friedliche Grundstimmung sowie überwiegend liebevolle Empfindungen gegenüber den Mitmenschen.« (James 1997: 473)

Um die Mitte des 20. Jahrhunderts entsteht in den USA die *humanistische Psychologie*. Im Zentrum dieser neuen theoretischen und praktischen Richtung der Psychologie steht die Selbstverwirklichung des Menschen, das heißt die Entwicklung hin zu einer autonomen Persönlichkeit, die ihre kreativen Potentiale voll zum Einsatz bringt. Die theoretische Grundlage für diesen Ansatz bildet Abraham Maslows Bedürfnispyramide und das damit verknüpfte Modell der Persönlichkeitsentwicklung. Demnach ist das Bedürfnis nach Selbstverwirklichung die höchste Stufe der menschlichen Bedürfnisse und zugleich das Ziel der menschlichen Entwicklung. In der *Human Potential Bewegung* kommt es zu einer praktischen Umsetzung des Programms der humanistischen Psychologie. Bei allen damals neu entwickelten psychotherapeutischen Ansätzen, die auf den Prämissen der humanistischen Psychologie aufbauen – der *klientenzentrierten Gesprächstherapie* von Carl Rogers, der *Gestalttherapie* von Fritz Perls, der *Existenzanalyse* von Viktor Frankl, der *Familientherapie und Familienrekonstruktion* nach Virginia Satir, dem *Erhard Seminar Training* von Werner Erhard, u.a. – geht es nicht nur um die Behandlung von psychischen Krankheiten und Defiziten, sondern in erster Linie um die Entwicklung der menschlichen Persönlichkeit, die Entfaltung ihrer kreativen Fähigkeiten, die Suche nach Sinn, die Herstellung des Kontakts zu und den Umgang mit den eigenen Emotionen, die Erfahrung der eigenen Ganzheit (Gestalt), das Erlernen neuer Formen der Kommunikation in Familie und Partnerschaft und um die Entwicklung einer positiven Einstellung zum eigenen Leben (Illouz 2009: 270). Die Vertreter der *Human Potential Bewegung* verfolgten mit ihren Therapien durchaus auch einen politisch-emanzipatorischen Anspruch:

»Die Gestalttherapie ist eine der rebellischen, humanistischen, existentiellen Kräfte in der Psychologie, die gegen die Lawine von selbst-verhindernden, selbst-zerstörerischen Kräften ankämpfen wollen, von denen viele Angehörige unserer Gesellschaft beherrscht werden.« (F. Perls; zit. nach Johach 2009: 253)

In seinen Untersuchungen über Menschen, die die Stufe der Selbstverwirklichung erreicht haben, stellte Maslow fest, dass diese nicht durchgängig, aber doch sehr häufig von Gipfelerfahrungen (peak-experiences) berichten, die ähnliche Merkmale aufweisen wie die mystischen Erfahrungen oder ekstatischen Trancezustände von religiösen Virtuosen (Maslow 2008: 195ff.; Fuller 2001: 139). In diametralem Gegensatz zur Religionskritik der Aufklärung, welche die Religion als ein Hindernis für die Entwicklung zu einer höheren Stufe des Menschseins betrachtet, gilt hier die Religiosität als ein wichtiger Aspekt der Entwicklung des Menschen zu einer reifen, psychisch gesunden Persönlichkeit. In seinem Buch »Religions, Values, and Peak-Experiences« behauptet Maslow sogar: «contemporary existential and humanistic psychologists would probably consider a person sick or abnormal in an existential way if he were not concerned with these ›religious‹ questions« (Maslow 1994: 18).

Die Ursachen, warum (auch in Amerika) viele Wissenschaftler eine negative Einstellung zur Religion haben, liegen nach Maslow darin, dass sowohl die dominierenden Formen der christlich-kirchlichen Religion, als auch die dominierenden Formen der Wissenschaft ein verengtes, reduktionistisches Verständnis vom Menschen und von der Welt hätten. Die kirchliche Religion sei auf Grund ihres Moralismus und ihres dogmatischen Absolutheitsanspruchs für Menschen mit einer offenen Geisteshaltung heute nicht mehr akzeptabel; die positivistische Wissenschaft reduziere den Menschen zu einer mechanischen, geistlosen Maschine. Um aufgeklärten Menschen einen neuen Zugang zur Religion zu ermöglichen, seien daher sowohl eine neue Form von Wissenschaft als auch eine neue Form von Religiosität nötig: eine Wissenschaft, die die religiösen Grundfragen des Menschen nicht ausklammert, ohne jedoch – wie dies in den Kirchen der Fall ist – vorgefertigte Antworten zu geben; und eine Religiosität, die frei ist von institutionellen Dogmen und Einschränkungen und es dem Einzelnen ermöglicht, authentische spirituelle Erfahrungen zu machen (ebd. 11ff.). In ähnlicher Weise wie Maslow unterscheidet auch der Erich Fromm zwischen einer autoritären und einer humanitären Religion. Erstere ist gekennzeichnet durch die Anerkennung einer höheren Macht, die über das Schicksal des Menschen bestimmt und Anspruch auf Gehorsam, Verehrung und Anbetung erhebt. Im Mittelpunkt der humanitären Religion hingegen stehen die (mystische) Empfindung des Einsseins mit dem All und die Selbstverwirklichung des Menschen (Fromm 1966; vgl. auch Bahr 1975).

Nicht nur bei Maslow und Fromm, auch bei anderen Vertretern der Humanistischen Psychologie findet man eine mehr oder weniger starke Affinität zu einer derartigen Form der freien Spiritualität. Bei Viktor Frankls Existenzanalyse liegt der Bezug zwischen Persönlichkeitsentwicklung und religiöser Sinnsuche auf der Hand, wie auch die Titel einiger seiner Bücher zeigen (z.B. »Der unbewusste Gott. Psychotherapie und Religion« oder »Gottsuche und Sinnfrage«). Die anderen zuvor genannten Protagonisten der *Human Potential Bewegung* verwenden in ihren Büchern und in ihrem therapeutischen Diskurs fast ausschließlich ein psychologisches Begriffsinstrumentarium. Nur in seltenen Fällen, wie etwa im folgenden Zitat von Carl Rogers, findet man einen expliziten Verweis auf die spirituelle Dimension:

> »Thus, when we provide a psychological climate that permits persons to be [...] we are tapping into a tendency which permeates all of organic life as a tendency to become all the complexity of which the organism is capable. And on an even larger scale, I believe we are tuning in to a potent creative tendency which has formed the universe [...] and perhaps we are touching the cutting edge of our ability to transcend ourselves, to create new and more spiritual directions in human evolution.« (Rogers: A Way of Being, zit. nach Fuller 2001: 143)

Das Naheverhältnis zur Welt der Spiritualität zeigt sich jedoch bei allen diesen Persönlichkeiten in ihrer privaten Lebensführung und in ihren persönlichen Interessen: Perls und Erhard beschäftigten sich in späteren Lebensphasen intensiv mit Zen-Meditation. Maslow, Rogers, Perls und Satir gehörten zur Kerngruppe des *Esalen-Zentrums* und hatten dort enge Kontakte zu wichtigen Vertretern alternativer spiritueller und esoterischer Ansätze (vgl. Puttick 2000).

Etwa zur selben Zeit wie die humanistische Psychologie entstand in den USA die *transpersonale Psychologie*. Diese versucht den Zusammenhang zwischen Spiritualität und Persönlichkeitsentwicklung, mit dem sich William James und Carl G. Jung bereits am Beginn des 20. Jahrhunderts beschäftigt hatten, systematisch zu erforschen und in die moderne psychologische Theorie zu integrieren. Wichtige Begründer und Theoretiker dieser Richtung sind u.a. Abraham Maslow, Stanislav Grof und Ken Wilber. Der theoretische Rahmen und die praktische Anwendung der transpersonalen Psychologie lassen sich gut am Beispiel der Therapiemethode des *holotropen Atmens (Holotropic Breathwork)* von Stanislav Grof veranschaulichen. Grof hatte als Psychiater in den 1950er und 1960er Jahren zunächst in Prag, ab 1967 in den USA die Verwendung psychedelischer Drogen, insbesondere von LSD, zur therapeutischen Behandlung von psychischen, psychosomatischen und psychiatrischen Störungen untersucht. Ziel dieser Methode war es, in ähnlicher Weise wie bei der Hypnose mittels halluzinogener Substanzen einen außeralltäglichen Bewusstseinszustand hervorzurufen, in dem sich ein Zugang zum Unbewussten öffnet. Als LSD in den USA verboten wurde, entwickelte Grof die Methode des holotropen Atmens, bei der in einem gruppentherapeutischen Setting durch Hyperventilation und evozierende (stark rhythmische bzw. dramatische) Musik ähnliche Trancezustände hervorgerufen werden wie durch psychedelische Drogen. Im Anschluss an die Trancephase werden die körperlichen Empfindungen, Bilder (Visionen) und Gedanken, die sich während der Trance einstellen, durch Malen und Reflexion in der Gruppe aufgearbeitet. Grof beobachtete, dass die Teilnehmer derartiger Therapiesitzungen vier Arten von Erfahrungen machen: psychosomatische Empfindungen, Erinnerungen an biografische Erfahrungen, perinatale Erfahrungen, das heißt Erinnerungen an traumatische Erfahrungen bei der eigenen Geburt, und transpersonale Erfahrungen. Letztere manifestieren sich vor allem in Bildern und Visionen und sind ähnlicher Natur wie die Archetypen von C.G. Jung (Grof 1987). Zum theoretischen Bezugsrahmen des holotropen Atmens gehören neben C.G. Jung und diversen Vertretern des holistischen Paradigmas (David Bohm, Rupert Sheldrake u.a.) auch Elemente des Hinduismus (z.B. die Brahman-Atman-Lehre und die Reinkarnationsvorstellung).

In den Zielen und Methoden der transpersonalen Therapie wird der paradigmatische Kontrast zwischen New-Age und traditioneller Religion besonders deutlich ersichtlich, wie folgendes Zitat von Stanislav Grof veranschaulicht:

»Die etablierten Religionen vertreten in der Regel eine Vorstellung von Gott, wonach das Göttliche eine Kraft ist, die sich außerhalb des Menschen befindet, und zu der man nur durch die Vermittlung der Kirche und der Priesterschaft Zugang gewinnen kann. Ein bevorzugter Ort für einen solchen Vorgang ist das Gotteshaus. Im Gegensatz dazu erkennt die Spiritualität, die sich im Prozess einer tiefgehenden Selbsterforschung offenbart, Gott als das Göttliche im Menschen. Mithilfe verschiedener Techniken, die den unmittelbaren erlebnishaften Zugang zu transpersonalen Wirklichkeit vermitteln, entdeckt man seine eigene Göttlichkeit. Bei spirituellen Übungen solcher Art sind es der Körper und die Natur, die die Funktion des Gotteshauses übernehmen.« (Grof 1987: 324)

Der große Theoretiker der transpersonalen Psychologie ist Ken Wilber. Wilber versucht in seinen Büchern, Erkenntnisse verschiedener moderner Wissenschaften, der Physik, Biologie, Psychologie, Soziologie und Philosophie, sowie Erkenntnisse westlicher und östlicher Mystik zu einer integralen Theorie des menschlichen Bewusstseins zusammenzuführen. Ein zentrales Thema in Wilbers Werk ist die Entwicklung eines stufenförmigen, hierarchisch angeordneten spirituellen Entwicklungsmodells, welches sowohl die Entwicklung der Spiritualität im Verlauf der Menschheitsgeschichte, als auch die möglichen Stufen der spirituellen Entwicklung bei einzelnen Menschen erfasst. Er integriert in dieses Modell eine Reihe von etablierten psychologischen Entwicklungstheorien (u.a. die Modelle von Piaget, Maslow, Kohlberg, Erikson und das spirituelle Entwicklungsmodell von Fowler) wie auch Ansätze von indischen Weisheitslehren (z.B. Sri Aurobindo). Hierbei stellt er fest, dass zwischen verschiedenen Modellen durchaus Ähnlichkeiten bestehen, dass jedoch die höchsten Stufen des Bewusstseins, die im Mittelpunkt des Denkens der östlichen und auch der westlichen Mystik stehen, in den akademisch-wissenschaftlichen Entwicklungsmodellen nicht vorkommen. Wilber bezeichnet diese als transpersonales, in einer neueren Publikation auch als integrales Bewusstsein (Wilber 2007; vgl. dazu auch Hanegraaff 1996: 58f.; Bucher 2007: 6ff.).

3.2 SOZIALWISSENSCHAFTLICHE INTERPRETATIONEN DER WIRKUNG VON RELIGION UND MAGIE

Die Entstehung und Ausbreitung des modernen psychologischen Denkens hatte somit unterschiedliche Auswirkungen auf den Bereich des Religiösen. Seit Feuerbachs Erkenntnis, dass religiöse Glaubensvorstellungen symbolische Repräsentationen von Erfahrungen, Eigenschaften und Wunschvorstellungen sind, die für den Einzelnen oder für die gesamte Gesellschaft eine hohe Bedeutung haben, steht für aufgeklärt denkende Menschen außer Zweifel, dass göttliche »Wesen« jedenfalls nicht in der Gestalt existieren, die sie in den bildhaften Vorstellungen von Gläubigen annehmen. Psychologische und psychoanalytische Deutungen der Religion und der Motive religiösen Handelns, die an Feuerbach anknüpfen, laufen vielfach darauf hinaus, die Inhalte religiöser Glaubensvorstellungen wie Gott, Auferstehung, Himmel und Hölle ausschließlich als Produkte des menschlichen Geistes zu betrachten. Die psychologische Analyse religiösen Denkens und Handelns war somit ein wesentlicher Faktor für die Entzauberung der Welt seit der Zeit der Aufklärung. Aus der psychologischen Betrachtung der Religion wurden aber unterschiedliche Schlussfolgerungen in Hinblick auf die Kulturbedeutung der Religion gezogen. Aus dem Blickwinkel der Religionskritik handelt es sich bei religiösen Glaubensvorstellungen um Phantasiegebilde und Wunschprojektionen, die dem Menschen letztlich schaden, weil sie ihn davon abhalten, die Verantwortung für sein Leben selbst zu übernehmen. Die psychologische Analyse der Religion führt jedoch keineswegs zwangsläufig zu einer negativen Beurteilung der Bedeutung der Religion für Individuum und Gesellschaft. Auch Feuerbach kritisierte nur eine bestimmte Art und Weise, wie Religion verstanden und praktiziert wird, keineswegs die Religion an sich. Er misst dem religiösen Glauben und dem Gebet sogar eine äußerst wichtige Rolle zur Bewältigung des menschlichen Daseins bei.

»Das tiefste Wesen der Religion offenbart der einfachste Akt der Religion – das Gebet […] nicht das Gebet vor und nach der Mahlzeit, das Mastgebet des Egoismus, sondern das schmerzensreiche Gebet, das Gebet der trostlosen Liebe, das Gebet, welches die den Menschen zu Boden schmetternde Macht seines Herzens ausdrückt. […] Die oberflächlichste Ansicht vom Gebet ist, wenn man in ihm nur einen Ausdruck des Abhängigkeitsgefühles sieht. […] Die Allmacht, an die sich der Mensch im Gebete wendet, ist nichts als die Allmacht der Güte, die zum Heile des Menschen auch das Unmögliche möglich macht – in Wahrheit nichts andres als die Allmacht des Herzens, des Gefühls, welches alle Verstandesschranken durchbricht, alle Grenzen der Natur überflügelt, welches will, dass nichts andres sei als Gefühl, nichts sei, was dem Herzen widerspricht.« (Feuerbach 1996: 205f.)

Die Wirkungsweise und die positive Funktion der Religion liegt also nach Feuerbach, ganz ähnlich wie dies auch von der amerikanischen Mind Cure Bewegung vertreten wird, in der Kraft des Glaubens oder, in anderen Worten, in der Kraft des positiven Denkens, die in manchen Fällen so stark ist, dass sie »Berge versetzen« kann.

Die psychologische Interpretation der Religion und die Analyse der Effekte religiöser und/oder magischer Rituale auf die psychische Befindlichkeit und auf die Lebensführung von Gläubigen können also durchaus dazu beitragen, dass man die Religion in einem neuen Licht sieht und zu einem neuen, positiven Verständnis von Religion und Magie gelangt. Die psychologische Betrachtung der Religion hat also einen scheinbar paradoxen Doppeleffekt: Indem sie den menschlichen Ursprung und die psychischen Wirkmechanismen religiöser Phänomene enthüllt, führt sie zu einer Entzauberung und zu einem Plausibilitätsverlust religiöser Glaubensvorstellungen; wenn die psychologische Analyse aber nachweist, dass religiöse oder magische Rituale tatsächlich jene Wirkungen hervorrufen, die ihnen von gläubigen Menschen zugeschrieben werden, und wenn sie darüber hinaus auch erklären kann, wie diese Wirkungen zustande kommen, dann trägt sie dazu bei, dass modernen Menschen der Sinn dieser Rituale verständlich wird und die Religion eine neue Glaubwürdigkeit gewinnt. Genau dieses Phänomen hat Wouter Hanegraaff vor Augen, wenn er die New-Age-Spiritualität als »säkularisierte Esoterik« bezeichnet (1996: 514ff.) und wenn er in seinem Artikel »How Magic Survived the Disenchantment of the World« (2003) erklärt, warum in den westlichen Gegenwartsgesellschaften trotz voranschreitender Entzauberung der Welt nach wie vor ein recht hohes und in den letzten Jahrzehnten sogar steigendes Interesse an magischen und okkulten Praktiken besteht.

Ein schönes Beispiel für die psychologische Erklärung der Wirkung von spirituellen Heilungsritualen in archaischen Gesellschaften und für die enge Verwandtschaft zwischen derartigen Heilungsritualen und modernen Psychotherapien gibt Claude Lévi-Strauss in seiner

Analyse eines schamanischen Heilungsrituals. Im konkreten Fall ging es um eine hochschwangere Frau, die nicht in der Lage war, Geburtswehen zu produzieren. In der Gesellschaft, in der sich dieses Ereignis abspielte, hätte eine weitere Verzögerung der Geburt den Tod der Mutter und des Kindes bedeutet. Für die Mitglieder dieser Gesellschaft steckt hinter dem Problem der gebärenden Frau ein böser Dämon. Im Heilungsritual schlüpft der Schamane in die Maske eines Dämonen und signalisiert damit, dass er in Verbindung mit einer göttlichen Kraft steht und bereit ist, den Kampf mit dem Dämonen aufzunehmen, der in der schwangeren Frau steckt. Durch symbolische Gesten, Geräusche und furchterregende Schreie beschwört er den Dämonen, sich zu zeigen und den Körper der Frau freizugeben. Durch dieses Ritual, in das die Patientin aktiv einbezogen wird, steigert sich ihre Anspannung, bis sie schließlich in einen Trancezustand verfällt und die Kontrolle über ihren Körper verliert. Dadurch lösen sich ihre Blockaden und die Geburtswehen setzen ein. Lévi-Strauss erklärt die Wirkung dieses Heilungsrituals anhand eines Vergleichs mit der Vorgangsweise bei körperorientierten Psychotherapien: In beiden Fällen stimuliert der Therapeut den Klienten dazu, die schmerzvollen Emotionen, die die Krankheit oder das psychische Problem in ihm hervorrufen, zuzulassen und körperlich auszuagieren. In beiden Fällen werden symbolische Mittel eingesetzt, um diesen Prozess in Gang zu setzen und zu verstärken. Der Schamane beschwört den bösen Geist und fordert ihn auf, den Körper der Kranken zu verlassen; in analoger Weise regt der Psychotherapeut seinen Klienten beispielsweise dazu an, sich vorzustellen, das Kissen, welches vor ihm am Boden liegt, wäre die Person, die sein psychisches Problem verursacht hat, und die Wut, die er im Moment gegenüber dieser Person empfindet, durch heftige Schläge auf das Kissen abzureagieren. Die Lösung besteht in beiden Fällen darin, dass der Klient vorübergehend die Kontrolle über sich selbst verliert und seinen Emotionen so lange freien Lauf lässt, bis eine psychische Entspannung einsetzt (Lévi-Strauss 1977: 204; zu den Parallelen zwischen Magie und Psychotherapie siehe auch: Waßner 1984).

Eine zentrale Funktion von Religion und Magie besteht also darin, durch Symbole und Rituale die Aufmerksamkeit in eine bestimmte Richtung zu lenken und eine innere Haltung und emotionale Stimmung hervorzurufen, die vom Betreffenden je nach Situation als Ruhe, Geborgenheit, Entspannung, Befreiung, Freude, Zuversicht, Selbstvertrauen oder sogar als Vereinigung mit dem Göttlichen empfunden wird

(Müller 1989: 42ff.). Die Intensität dieser Emotionen hängt davon ab, welche Art von Ritual eingesetzt wird und mit welcher inneren Haltung das Ritual ausgeführt wird. Die archaischen Religionen, aber auch die östlichen Weltreligionen kennen zahlreiche Techniken, wie man sich durch rhythmische Bewegungen, Gesang, Atemtechniken und bestimmte Körperhaltungen in einen ekstatischen Trancezustand oder in einen mystischen Versenkungszustand begeben kann, in dem man das Alltagsbewusstsein verlässt, das Raum-Zeitgefühl verliert und die Empfindung hat, von der göttlichen Energie durchdrungen, erleuchtet, völlig leer zu sein oder wie immer dieser Zustand beschrieben wird. Die Intensität derartiger mystischer Erfahrungen und die Gefühlsstimmung, in der man sich im Anschluss daran befindet, wurden von Mystikern oftmals mit der Intensität eines sexuellen Orgasmus oder mit dem Gefühl des Verliebtseins verglichen. Der indische Begriff *ananda*, der sowohl das Gefühl der Entzückung beim sexuellen Orgasmus als auch bei der mystischen Trance bezeichnet, erinnert an diese Parallele (Fuller 2008: 118). Auch der Begriff *tapas* (»Bruthitze«) als Bezeichnung für die asketischen Anstrengungen beim Yoga bringt zum Ausdruck, dass durch Yogaübungen eine intensive »magische« Energie entsteht, ähnlich der Energie, die ein Ei in ein Lebewesen verwandelt (Weber 1988b: 149). Durkheim geht davon aus, dass der Ursprung der religiösen Kraft in den kollektiven Efferveszenzen, in den gemeinschaftlichen Tranceerfahrungen liegt, deren Zweck darin besteht, das Zusammengehörigkeitsgefühls des Sozialverbands zu stärken. Dies ist jedoch nur ein Teil der Religiosität. In vielen Fällen, insbesondere bei religiösen Virtuosen, finden gerade die tiefsten mystischen Erfahrungen an abgeschiedenen, ruhigen Orten statt und die Energie, die daraus entsteht, kann zur Antriebskraft für unterschiedlichste soziale oder individuelle Ziele werden.

Susanne Langer gibt in ihrer Symboltheorie eine Begründung, warum Symbole und Rituale – nicht nur ekstatische Rituale, sondern auch alltägliche Rituale wie beispielsweise Gebete oder Tai Chi-Übungen – für den Menschen eine derart große Bedeutung haben. Langer unterscheidet zunächst zwischen *diskursiven* (sprachlichen) und *präsentativen* (bildhaften) *Symbolen*. Sprachliche Symbole (Begriffe) haben eine eindeutig festgelegte, von anderen Begriffen klar abgrenzbare Bedeutung und können daher logisch, diskursiv analysiert werden. Präsentative, bildhafte Symbole hingegen sind mehrdeutig; in den meisten Fällen bestehen sie aus mehreren Elementen, die in unterschiedlicher Weise miteinander kombiniert und in Beziehung gesetzt werden können. Präsentative Symbole bringen menschliche Erfahrungen zum Ausdruck, die in Worten nicht fassbar sind; sie haben auf uns eine sinnlich-ganzheitliche Wirkung und lassen sich kognitiv nicht erschöpfend erklären. In der Religion spielen präsentative Symbole eine zentrale Rolle: Im Mythos werden grundlegende Lebenserfahrungen und Lebensthemen symbolisch verarbeitet, im Ritual werden sie körperlich dargestellt. Durch die Präsenz der Mythen im kollektiven Gedächtnis und durch die regelmäßige Wiederholung der Riten wird eine bestimmte Haltung zu sich selbst, zur Gemeinschaft und zu den letzten Dingen verinnerlicht.

»Das Endergebnis solcher Artikulation ist nicht eine einfache Gemütsbewegung, sondern eine komplexe, permanente innere Haltung. Diese Haltung – die Antwort des Verehrenden auf die durch die Heiligensymbole verliehene Einsicht – durchherrscht, als seine emotionale Struktur, jedwedes individuelle Leben. […] Ein regelmäßig geübter Ritus bedeutet die ständige Wiederholung von Empfindungen gegenüber den ›ersten und letzten Dingen‹; er ist kein freier Ausdruck von Gemütsbewegungen, sondern die disziplinierte Übung ›richtiger‹.« (Langer: Philosophie auf neuem Wege, zit. nach Lorenzer 1992: 34)

Während die rituelle Dimension in den außereuropäischen Weltreligionen bis zur Gegenwart sehr stark ausgeprägt ist, kam es in Europa durch die protestantische Reformation zu einer Entritualisierung des religiösen Lebens. Im Lutheranismus und Calvinismus wurden körperbetonte Rituale fast vollständig abgeschafft. Die Gläubigen sitzen während des Gottesdiensts in unbewegter Haltung und hören sich die Gebete und die Predigt des Pastors an, die den wichtigsten Teil der Feier bilden und nur von einigen Gemeinschaftsgesängen umrahmt werden. Der Gottesdienst besteht somit vorwiegend aus gelehrigen Diskursen, nicht weit entfernt von einer Vorlesung. Mit der Entmythologisierung der Bibel durch und im Gefolge von Rudolf Bultmann wurde die Diskursivierung der Religion weiter vorangetrieben. Unter dem Motto des *aggiornamento* (Anpassung an den Zeitgeist) ist die katholische Kirche im Zweiten Vatikanum ebenfalls auf den Kurs der Entritualisierung und Entmythologisierung eingeschwenkt. Nach Peter L. Berger (1988) führt diese Entwicklung jedoch in letzter Instanz dazu, dass sich die Religion immer weniger vom weltlichen Denken unterscheidet und schließlich völlig überflüssig wird. Die Religion gräbt sich gewissermaßen selber ihr Grab. In eine ähnliche Richtung argumentieren auch Jacob Needleman (1970) und Alfred Lorenzer (1992). Durch die Entmystifizierung und Entritualisierung verliert die Religion ihre sinnliche Erfahrungsqualität und ist nicht mehr in der Lage, jene Transzendenzerfahrungen zu vermitteln, die den eigentlichen Kern der Religion bilden. Tom Driver weist in seinem Buch »Liberating Rites« darauf hin, dass der gemeinsame Kern des Rituals und des Theaters die dramatische Inszenierung einer Handlung ist. In beiden Fällen wissen sowohl die Beteiligten, dass es sich um ein Schauspiel handelt; trotzdem empfinden sie das Geschehen im Moment der Vorführung als Realität. Im Bestreben nach Ehrlichkeit und aus Angst davor, die heiligen Dinge zu trivialisieren, versuchen moderne, liberale Kirchen, dem Gottesdienst das theatralische, schauspielhafte Element zu nehmen. Das Resultat dieser Entdramatisierung ist jedoch nicht, dass der Gottesdienst weniger theatralisch wird, »but that it becomes theater of the worst kind, lacking zest, heart and conviction« (Driver 1998: 83).

Vergleichende Untersuchungen der okzidentalen und der orientalen Religions- und Kulturentwicklung zeigen, dass die stärkere Betonung des rationalen, analytischen Denkens im Westen nicht erst mit dem Protestantismus begonnen hat; die Wurzeln dieser Haltung reichen viel weiter in die Geschichte zurück. Nach Max Weber sind die protestantische Ethik und die damit verbundene rationale Weltsicht das Endresultat eines langfristigen Prozesses der Entzauberung der Welt, welcher in der altjüdischen Prophetie und im wissenschaftlichen Denken der Griechen seinen Ausgangspunkt hatte (Weber 1988a: 94). Jack Goody (1994) und Richard Nisbett (2005) sehen den Ursprung des rational-analytischen westlichen Denkens primär in der griechischen Philosophie und Wissenschaft. Seit der Aufklärung hat sich die Kopflastigkeit der westlichen Kultur von der Schicht der Intellektuellen auf immer breitere Bevölkerungskreise ausgeweitet. Susanne Langers Symboltheorie bietet eine plausible Erklärung, warum das Fehlen von symbolischen Bilderwelten und körperbetonten Ritualen von vielen Menschen als Mangel empfunden wird und warum in den letzten Jahrzehnten ein immer stärkeres Bedürfnis nach derartigen Erfahrungen entstanden ist. Auch der enorme Erfolg von Romanen und Filmen, die den Leser bzw. Zuseher in eine mythisch-magische Zauberwelt entführen, muss wohl auf diesem Hintergrund gesehen werden.

Wouter Hanegraaff gibt eine andere Erklärung, warum die Magie oder genauer gesagt das Bedürfnis nach magischen Phantasiewelten trotz der Entzauberung der Welt fortbesteht. Er bezieht sich hierbei auf Lucien Lévi-Bruhls Konzept der *Partizipation*. Mit diesem Terminus bezeichnet Lévi-Bruhl die Eigenart des primitiven Menschen, zwischen Personen und Dingen oder anderen Wesen eine gedankliche Verbindung herzustellen, die bis zur völligen Identität und Konsubstanzialität geht (vgl. dazu auch Tambiah 1990). Man kann dieses Verhalten auch beim Rollenspiel von Kindern beobachten: Wenn ein Mädchen mit seiner Puppe Mutter und Kind spielt, blendet es vorübergehend die Realität völlig aus; es spielt nicht nur die Mutter, sondern es *ist* die Mutter und die Puppe *ist* ihr Kind. Sobald das Spiel aber vorbei ist, besteht für das Kind kein Zweifel, dass die Puppe »nur« eine Puppe ist. So wie Kinder empfinden auch Menschen in archaischen Gesellschaften die parallele Existenz dieser zwei Welten nicht als einen erklärungsbedürftigen Widerspruch, sondern als eine normale Gegebenheit. Hanegraaff ist der Ansicht, dass das Bedürfnis nach magischer Partizipation nicht nur bei Primitiven und bei Kindern, sondern zu einem gewissen Grad auch bei modernen Erwachsenen besteht (Hanegraaff 2003: 373ff.).

In extremer Form wird dieses periodische Eintauchen in magisch-mythische Welten in neopaganen Gemeinschaften praktiziert. Die Anthropologin Tanja Luhrmann hat zwei Jahre in der Londoner Hexenszene verbracht, um dieses Phänomen zu untersuchen. Die Mitglieder von Hexenzirkeln stammen in der Regel der gebildeten Mittelschicht und führen ein konventionelles Berufsleben als Computertechniker, Beamte, Lehrer oder Psychotherapeuten. In der Regel haben sie bereits eine längere esoterisch-spirituelle Suchphase hinter sich, bevor sie auf die Hexerei stoßen. Alle paar Wochen treffen sie sich zu einem nächtlichen Ritual, bei dem sie Szenen aus der keltischen, griechischen oder ägyptischen Mythologie nachspielen oder selbst derartige Geschichten erfinden, den »Gehörnten« anrufen, magische Kräfte heraufbeschwören und Botschaften aus dem Jenseits empfangen (Luhrmann 1994: 310f.). Die beiden zentralen Techniken, mittels derer der Zugang zur Magie und zur Welt der Fabelwesen eröffnet wird, sind Meditation und Visualisierung. Die Fähigkeit, intensive und detailreiche visuelle Vorstellungen hervorzubringen, wird durch vorgegebene Visualisierungsthemen und geführte Phantasiereisen trainiert, in ähnlicher Weise wie dies auch bei den Ignazianischen Exerzitien oder bei der Therapiemethode des Katathymen Bilderlebens praktiziert wird.

Der Glaube an die Existenz magischer Kräfte entsteht in der Regel nicht durch ein besonders tiefgreifendes Einzelerlebnis, vielmehr führen die aktive Beteiligung an den Ritualen und die Beschäftigung mit der Hexerei zu einem allmählichen Wandel der Wahrnehmung und der Interpretation von Ereignissen. Bei Zaubersprüchen, die auf praktische Effekte abzielen, geht es meist um die Heilung von Krankheiten, die Verbesserung der psychischen Befindlichkeit oder die Lösung von Beziehungsproblemen, Dinge also, bei denen ohnehin eine gewisse Erfolgswahrscheinlichkeit gegeben ist und ein erheblicher Interpretationsspielraum bei der Beurteilung des Erfolgs oder Misserfolgs besteht. Durch die Teilnahme am Hexenzirkel und die Lektüre von einschlägigen Büchern wird man sensibilisiert, auf Anzeichen zu achten, die für die Wirkung des Zaubers sprechen. Wenn der erwünschte Effekt offensichtlich nicht eingetreten ist, erklärt man dies mit Argumenten, die im Sinne des magischen Denkens logisch sind: das Ritual hat nicht gewirkt, weil es nicht in der richtigen Weise durchgeführt wurde oder weil seine Wirkung durch magische Gegenkräfte (die von einem Geist oder von einer bestimmten Person ausgehen) aufgehoben wurde. In der Welt der Magie spielt auch die Synchronizität, das zeitgleiche Eintreten von zwei oder mehreren Ereignissen, die nach dem Kausalverständnis der Alltagsrealität nicht miteinander verbunden sind, eine wichtige Rolle. Indem man ständig danach Ausschau hält, stößt man immer wieder auf solche »magischen« Verbindungen wie etwa: »Der Unfall von A. ist genau in einer Vollmondnacht passiert; in dieser Nacht hatte seine Frau einen Traum, der auf den Unfall hindeutet.« Durch solche Ereignisse und Ereigniskonstruktionen wird die Plausibilität des magischen Weltbildes wiederum bekräftigt (ebd. 122f.).

Eine zentrale Frage war für Luhrmann, mit welchen Strategien moderne »Hexen« den Widerspruch zwischen dem magischen Kausalitätsverständnis und der Alltagsrationalität bzw. der wissenschaftlichen Rationalität, der sie sich in ihrem Berufsleben verpflichtet fühlen, bewältigen und wie sie der Gefahr von kognitiven Dissonanzen begegnen. Luhrmann stellte zunächst zu ihrem Erstaunen fest, dass sich die Hexen und Hexer, die sie beobachtete, über diese Frage kaum Gedanken machen. Wenn sie im Interview gefragt werden, wie sie sich die Wirkung von magischen Ritualen erklären, geben sie unterschiedliche Antworten: Manche meinen, magische Kräfte seien gleichermaßen real wie physikalische Energien, auch wenn dies mit wissenschaftlichen Methoden noch nicht nachgewiesen werden könne; andere gehen von der Existenz zweier Welten aus, in denen unterschiedliche, miteinander unvereinbare Gesetzmäßigkeiten gelten; wiederum andere glauben, dass die Theorie der magischen Wirkung wahrscheinlich nicht stimmt, dass magische Rituale aber wegen ihrer therapeutischen, spirituellen und sonstigen positiven Auswirkungen auf den Menschen wertvoll seien. Eine häufige Reaktion auf die Frage nach der Effizienz der Magie war die relativierende Antwort, dass sich jeder Mensch seine eigene Realität mache und man daher nicht generell sagen könne, was wahr ist und was nicht. Diese Sichtweisen können sich je nach Situation ändern. Wenn Hexen unter ihresgleichen sind, erscheint ihnen die reale Existenz magischer Kräfte sehr plausibel; in anderen sozialen Kreisen tendieren sie eher zu einer relativistischen Sichtweise. Für die meisten ist die Frage nach der Wahrheit der magischen Annahmen nicht so wichtig; entscheidend ist für sie vielmehr, dass sie durch den Glauben an magische Phänomene wertvolle persönliche Erfahrungen machen (ebd. 283ff.).

»Any modern magical ritual can be understood by its participants as a manipulation of supra-physical force, a religious invocation of the transcendent, a poetically expressive metaphor, a therapeutic encounter, a political rebellion against convention. It can be all of these or any of these, and the magician knows it. [...] There is a scientized explanation of the reality of magical forces, supported by references to modern physics [...] There are justifications for the psychological, spiritual aesthetic value of the engagement.« (ebd. 335)

Wir haben diese Haltung zu Magie und Esoterik, die Luhrmann in ihrem Buch »Persuasions of the Witch's Craft« beschreibt, deshalb so ausführlich dargestellt, weil sie nicht nur für die kleine Subkultur des Neopaganismus, sondern in abgeschwächter Form für das gesamte holistische Milieu charakteristisch sein dürfte. Alle spirituellen und esoterischen Traditionen, die in diesem Milieu aufgegriffen werden, gehen davon aus, dass bei holistischen Praktiken spirituelle Energien aktiviert werden. Und weil viele Menschen positive Effekte verspüren, wenn sie holistische Praktiken ausüben, Effekte, die in manchen Fällen so stark sind, dass sie dem Betreffenden wie ein Wunder erscheinen, glauben die meisten von ihnen, dass hier tatsächlich »in irgendeiner Weise« spirituelle oder magische Kräfte im Spiel sind. Der Glaube an diese Kräfte, das heißt die starke Identifikation mit dem Ritual, trägt wiederum dazu bei, dass die erwünschte Wirkung tatsächlich eintritt.

Die Frage, worin denn nun eigentlich diese magisch-spirituelle Kraft besteht und woher sie kommt, ist für die Beteiligten nicht wichtig. So wie Hanegraaff betont auch Luhrmann den spielerischen Charakter magisch-religiöser Rituale. In vielen Fällen sind sich die Teilnehmer von Visualisierungsritualen bewusst, dass die bedrohlichen Gestalten, die sie im Ritual kreieren, keine »wirklichen« Geister sind; und doch verhalten sie sich – wie Schauspieler im Theater – so, als ob tatsächlich Geister im Raum anwesend wären; es gibt aber auch medial veranlagte Personen, die fest davon überzeugt sind, dass sie wirkliche Geister sehen oder hören, und schließlich eine dritte Gruppe, die unsicher ist, ob es sich um wirkliche oder »nur« um imaginierte Geister handelt. Es ist charakteristisch für den modernen Umgang mit Magie und Esoterik, dass alle diese Sichtweisen als legitim crachtet werden und dass zwischen der symbolisch-psychologischen und der essentialistischen Interpretation esoterischer und okkulter Phänomene hin und her gependelt wird. Vielfach glaubt man, dass die verschiedenen Interpretationen letztlich auf das Gleiche hinauslaufen. Ein Heiler, der im Rahmen einer Studie über Geistheiler befragt wurde, drückt dies so aus:

»Teilweise sehe ich das wie verschiedene Sprechweisen. Wie verschiedene Sprachen mit gleichem Inhalt. Weil rein nach westlicher, psychologischer Sicht benützt man sein Unbewusstes, also den Reichtum des eigenen Unbewussten, um Effekte hervorzurufen. Aus schamanischer Sicht sind es die Geister, die durch den Schamanen arbeiten. Nach Reikis Sicht ist es auch die göttliche Energie und nicht etwas Privates. Ich weiß auch gar nicht, wie ich das ausdrücken soll, denn je nachdem, in welchem Kreis ich mich bewege, spreche ich auch dessen Sprache.« (Obrecht 1999: 129)

4. Sozialwissenschaftliche Kritik an der postmodernen Spiritualität

4.1 Holistische Sinnsuche als postmoderne Lebensform

In den vorangehenden Kapiteln wurde dargestellt, auf welche Art und Weise die beiden zentralen Anliegen der holistischen Bewegung mit den soziokulturellen Entwicklungen der westlichen Gesellschaften in den letzten Jahrhunderten in Verbindung stehen und aus diesen hervorgegangen sind. Die Betonung der Autonomie des Individuums gegenüber seinem sozialen Umfeld, das Streben nach einer authentischen Lebensführung und die reflexive Beschäftigung mit sich selbst gehören seit langem zu den charakteristischen Merkmalen der okzidentalen Zivilisation im Vergleich mit anderen Kulturkreisen. Im holistischen Milieu wird somit ein Ideal der Lebensführung aufgegriffen und propagiert, dessen Wurzeln sich, wie Charles Taylor aufgezeigt hat, weit in die europäische Geistesgeschichte zurückverfolgen lassen. Das Bedürfnis nach »Ganzheitlichkeit« hingegen ist eine Reaktion auf die Vorherrschaft des Rationalitätsdenkens und die damit verbundenen Fehlentwicklungen in der westlichen Welt (vgl. Bellah 1976; Berger/Berger/Kellner 1987). Diese beiden Bedürfnisse und Anliegen wurden zunächst nur von einer intellektuellen Minderheit wahrgenommen und artikuliert. Mehrere Male – in der Epoche der Romantik, in der Lebensreformbewegung und in der Gegenkultur der 1960er-Jahre – steigerte sich das Unbehagen in der Modernität zu einer Protestbewegung, aus der eine Reihe von alternativen Lebensmodellen hervorgingen, die allerdings meist nur eine kurze Lebensdauer hatten.

Während die beiden ersten Wellen der Protestkultur nur von einem kleinen Kreis von alternativen Intellektuellen getragen wurden, erfasste die 1960er Bewegung einen erheblichen Teil der gebildeten Mittelschicht und der Jugendkultur. Und wenngleich die sturmflutartige Wucht dieser Protestbewegung nach einigen Jahren wieder abflaute, so setzte sie doch einen dauerhaften kulturellen Wandel in Gang. Einem Teil der Aktivisten der New-Age-Bewegung gelang es, ganz oder teilweise aus der normalen Berufswelt auszusteigen, indem sie sich intensiver mit holistischen Praktiken beschäftigten und diese in Form von Workshops, Kursen und individuellen Therapie- und Beratungsangeboten kommerziell anboten. Die Diffusion holistischer Praktiken und des damit verbundenen Gedankenguts wurde auch dadurch erleichtert und gefördert, dass die beiden Hauptanliegen der holistischen Bewegung, Authentizität und Ganzheitlichkeit, seit einigen Jahrzehnten auch von anderen wichtigen kulturellen Strömungen in den westlichen Gegenwartsgesellschaften aufgegriffen und mitgetragen wurden.

Auf die Annäherung zwischen der Psychotherapiebewegung und der holistischen Bewegung wurde bereits im vorangehenden Kapitel eingegangen. Ähnliche Tendenzen der wechselseitigen Beeinflussung und Überlappung lassen sich auch im Bereich des Gesundheitswesens und der damit in Verbindung stehenden Wellness- und Fitnessbewegung feststellen (Bowman 1999; Hedges/Beckford 2005: 178f.). In den letzten Jahrzehnten hat ein kontinuierlich anwachsender Teil der konventionell ausgebildeten Psychotherapeuten, Ärzte und Vertreter sonstiger in der medizinischen und psychosozialen Versorgung tätiger Berufsgruppen die positiven Effekte holistischer Praktiken für sich selbst und für ihre Klienten entdeckt. Zahlreiche Vertreter dieser etablierten und gesellschaftlich angesehenen Berufsgruppen begannen daraufhin, sich in Ausbildungslehrgängen Kenntnisse in komplementärmedizinischen oder spirituellen Methoden anzueignen und diese Praktiken neben den konventionellen therapeutischen Dienstleistungen anzubieten. Die Ausbreitung von holistischem Gedankengut und holistischen Praktiken wurde schließlich etwa seit den 1970er Jahren auch durch populärwissenschaftliche Darstellungen psychotherapeutischer, esoterischer und spiritueller Wissensbestände und Methoden in der Ratgeberliteratur und in den Medien – in psychologischen und pädagogischen Zeitschriften, in Lifestyle-Magazinen, Spielfilmen, Dokumentations-, Diskussions- und Talksendungen im Fernsehen – sehr gefördert (Bochinger 1994: 138ff.).

Mit dieser Entwicklung entstand aus dem Substrat der New-Age-Bewegung der 1960er und 1970er Jahre eine neue gesellschaftliche Strömung, die die antimodernistischen und millenaristisch-utopischen Züge des New Age sukzessive abstreifte und allmählich zu einem wichtigen Segment der heutigen Mainstream-Kultur wurde (Heelas 1996: 41ff.; Knoblauch 2010). Nach Gerhard Schulze (1992) ist das Selbsterfahrungsmilieu, das sich mit dem holistischen Milieu nicht vollständig deckt, aber doch sehr stark überschneidet, eines der fünf kulturellen Hauptmilieus der gegenwärtigen Erlebnisgesellschaft. Und eine Reihe von Autoren hat festgestellt, dass sich im alternativ-spirituellen Therapie- und Selbsterfahrungsmilieu die Entwicklung hin zur postmodernen Gesellschaft in sehr deutlicher Weise widerspiegelt (Lyon 2000; Possamai 2005).

Die postmoderne Kultur und Lebensform wird in der Literatur u.a. durch folgende Merkmale charakterisiert: Das postmoderne Individuum ist gleichermaßen skeptisch gegenüber der modernen Idee der (Allmacht der) wissenschaftlichen Rationalität und Objektivität wie gegenüber den großen »Meta-Erzählungen« der Moderne, die den Anspruch erheben, den Lauf der Geschichte und die Funktionsweise menschlicher Gesellschaften mit einigen wenigen Grundaxiomen erklären zu können (Lyotard 1982). Die Ablehnung eines universalistischen Wahrheitsanspruchs gehe einher mit subjektivistischen und relativistischen moralischen Haltungen sowie mit einer hohen Toleranz gegenüber Menschen, die anders denken und leben. An die Stelle des modernen Prinzips der Differenzierung und der exakten Trennung zwischen heterogenen Bereichen treten in der Postmoderne das Prinzip der Dedifferenzierung und eine Verflüssigung der Grenzen zwischen verschiedenen Lebenssphären (Lash 1992). Die soliden Strukturen, Institutionen und sozialen Bindungen, in die die Menschen im Zeitalter der Moderne eingebettet waren, lösen sich auf. In der liquiden Postmoderne verläuft das Leben nicht mehr nach einem vorgegebenen Lebensplan. Das Individuum hat die Möglichkeit und ist gleichzeitig dazu gezwungen, unter den Bedingungen eines rapiden sozialen Wandels und den damit verbundenen Unsicherheiten aus einer Vielzahl an Optionen zu wählen. Die Berufs-, Partnerschafts- und die Lebensbiographie insgesamt werden dadurch immer mehr zu einer Aneinanderreihung zeitlich begrenzter »Projekte« und Episoden (Beck 1991; Giddens 1993; Gross 1995; Bauman 2003). Der Einzelne wird zu einem »Sinnbastler«, der sich bemüht, die verschiedenen Sinn- und

Orientierungsfragmente zu einem Ganzen zusammenzufügen (Hitzler/Honer 1994; Eickelpasch/Rademacher 2004: 21f.). Technologische und kulturelle Entwicklungen haben dazu geführt, dass sich im postmodernen Kapitalismus der Fokus von der Produktions- auf die Konsumsphäre verlagert. An die Stelle des modernen Charakterideals der selbstdisziplinierten Persönlichkeit tritt das postmoderne Ideal des hedonistischen Konsumenten. Für Zygmunt Bauman wird die Gestalt des »Touristen« zum Inbegriff der postmodernen Lebensstrategie:

> »Während das Subjekt der Moderne [...] den Angelpunkt seines Lebens im Bedürfnisaufschub, im ›Sparen für die Zukunft‹, sah, verliert für den Touristen, den Prototyp des postmodernen Konsumenten, aller Aufschub, auch der ›Befriedigungsaufschub‹, seine Bedeutung. In der post-modernen Welt des globalen Kapitalismus, die auf Konsum angelegt ist, auf ständige Bedürfnisstimulation und rasche Befriedigung, herrscht das ›Regime der Kurzfristigkeit‹. [...] Plane Deine Reisen nicht zu lang, binde dich nicht zu sehr an Orte, Menschen und Aufgaben, lebe ausschließlich im Augenblick; vor allem: Widerstehe keiner Versuchung, verschaffe Dir Genuss und Befriedigung im hier und jetzt.« (ebd. 46f.)

In ähnlicher Weise wie Bauman üben zahlreiche soziologische Gegenwartsdiagnostiker sarkastische Kritik an der Lebensweise des postmodernen Individuums. Und so wie Bauman schließen auch viele andere das Therapie- und Esoterikmilieu in ihre Postmodernitätskritik mit ein. Im Zentrum dieser Kritik stehen zwei eng miteinander verbundene Themenkomplexe: erstens, die Vermarktlichung der Spiritualität und die damit verbundenen Tendenzen zu einem religiösen Konsumismus und zur Instrumentalisierung der Spiritualität; und zweitens die spirituelle Selbstfindung als Ausdruck eines apolitischen, hedonistischen Narzissmus (Lasch 1980), als »Ich-Jagd« (Gross 1999) oder als »Tanz um das goldene Selbst« (Remele 2001).

4.2 Der spirituelle Supermarkt und die Instrumentalisierung der Religiosität

Colin Campbell vertritt die These, dass zwischen der holistischen Bewegung und der modernen Konsumhaltung ein ursächlicher Zusammenhang besteht. Voraussetzung für die Entstehung des Kapitalismus, so seine Argumentation, seien bestimmte psychische und habituelle Dispositionen sowohl in der Produktions- als auch in der Konsumptionssphäre gewesen. Die für die kapitalistische Produktionsweise erforderliche Arbeitshaltung sei durch die asketische Leistungsethik des Protestantismus mit hervorgebracht worden. Durch die romantische »Theodizee der Kreativität« hingegen bekam das Streben nach ästhetischem Genuss eine gewichtige Legitimation. Der romantische Künstler erfüllte sich diesen Genuss durch sein künstlerisches Schaffen. Bei vielen Menschen führte die Stimulierung der Phantasie aber zum Wunsch, den Genuss, den man sich in der Phantasie vorstellte, real zu erleben.

»[T]he spirit of modern consumerism [...] is characterized by a longing to experience in reality those pleasures created and enjoyed in imagination, a longing which results in the ceaseless consumption of novelty. Such an outlook, with its characteristic dissatisfaction with real life and an eagerness for new experiences, lies at the heart of much conduct that is most typical of modern life, and underpins such central institutions as fashion and romantic love. The romantic ethic can be seen to possess a basic congruence, or ›elective affinity‹, with this spirit.« (Campbell 1987: 205f.)

Campbell betont, dass es keineswegs die Absicht der Trägerschicht der romantischen Gegenkultur war, den modernen hedonistischen Konsumismus zu legitimieren, genauso wenig wie Calvin und Wesley mit ihren religiösen Reformen darauf abzielten, das kapitalistische Gewinnstreben zu fördern und die kapitalistische Akkumulation in Gang zu setzen. Für die Romantiker war die Suche nach ästhetischem Genuss und nach intensiven emotionalen Erfahrungen vielmehr ein Gegenprogramm zum utilitaristischen Materialismus der aufsteigenden Industriegesellschaft und somit Ausdruck einer moralischen und spirituellen Erneuerung. Die Entstehung des modernen Konsumdenkens aus der Geisteshaltung der Romantik ist für Campbell somit einer jener Fälle, in denen eine soziale Idee durch nicht-beabsichtigte Folgewirkungen in ihr Gegenteil verkehrt wird (ebd. 207f.).

Während das Bedürfnis nach Genuss in den frühen Phasen des Kapitalismus primär über den Konsum von materiellen Gütern befriedigt wurde, geht es in der postmodernen Konsumgesellschaft immer mehr darum, das Wohlbefinden darüber hinaus auch durch therapeutische, freizeitpädagogische, kulturelle und sportliche Angebote zu steigern.

Nach Bauman entsteht dadurch eine unmittelbare Verbindung zwischen der postmodernen Suche nach (quasi-)religiösen Grenzerfahrungen, das heißt »peak-experiences« im Sinne von Abraham Maslow, und der postmodernen Konsumwelt. Auf Grund der Unsicherheit seiner Lebensbedingungen wird die Identitätssuche für das postmoderne Individuum zu einer besonderen Notwendigkeit und Herausforderung. Unsicherheit, Selbstzweifel, das Gefühl des Ungenügens und die ständige Angst, zu kurz zu kommen – »›falling short of the possible‹, in any barrel full of the sweet sensual honey« – erzeugen den Wunsch nach »Identitäts-Experten«, die einem Orientierung und Hilfestellungen bei der Bewältigung des Lebens geben und Techniken zur Generierung intensiver Erfahrungen vermitteln (Bauman 1998: 70). Während Campbell davon ausgeht, dass die Elite der romantischen Gegenkultur eine kritische Distanz zur kapitalistischen Produktionssphäre wie auch zur kapitalistischen Konsumwelt einnahm, unterstellt Bauman den postmodernen »Identitäts-Experten«, völlig von der Logik des modernen Konsumismus vereinnahmt zu sein.

»The paragons and prophets of the postmodern version of peak-experience are recruited from the aristocracy of consumerism – those who have managed to transform life into a work of the art of sensation-gathering and sensation-enhancement, thanks to consuming more than ordinary seekers of peak-experience, consuming more refined products, and consuming them in a more sophisticated manner.« (Ebd.)

Die Konvergenz zwischen der alternativ-spirituellen »Selbstverbesserungs-Bewegung« (»self-improvement« movement) und dem normalen Gütermarkt zeigt sich für Bauman auch daran, dass in beiden Fällen – in den Marketingstrategien der Identitäts-Experten wie in der Werbung für Nahrungsmittel, Kosmetika, Urlaubsreisen u. dgl. – das Versprechen außergewöhnlicher, noch nie erlebter Erfahrungen und Sensationen eine immer größere Rolle spielt. Das Ziel des ganzen Selbstentfaltungs-Trainings sei letztlich ein gesunder Geist in einem gesunden Körper, der sich in einem dauerhaften High-Zustand befindet und offen für alle Erfahrungen ist, die ihm die (Konsum-)Welt bietet. Für Bauman hat die holistische Bewegung nichts mit Religion zu tun; er sieht in ihr nur einen Teil des »Ratgeber-Booms«, dessen Ziel es ist, den »perfekten Konsumenten« zu trainieren: »at developing to the full the capacities which the experience-seeking and sensation-gathering life of the consumer/choser demands« (ebd. 71). Weniger polemisch, aber auch sehr kritisch beurteilt Kimberly Lau (2000) die Kommodifizierung holistischer Praktiken, alternativmedizinischer und ökologischer Produkte u. dgl.: Der holistische Akteur und Alternativkonsument wiegt sich im Bewusstsein, etwas Gutes für sich selbst, für die Umwelt oder sogar für die (Dritte) Welt zu tun, während er in Wahrheit mit seinem Konsumverhalten zur Ausweitung der Konsumgesellschaft und zur Zerstörung der Umelt (z.B. durch den »ökologischen« Ferntourismus) beiträgt. Prototyp dieser Entwicklung ist der »Bobo« (bourgeois bohemian). Der Lebensstil der Bobos führt zusammen, was bisher als unvereinbar galt: Reichtum und Rebellion, beruflichen Erfolg und eine nonkonformistische Haltung, das Denken der Hippies und den unternehmerischen Geist der Yuppies. Der Bobo ist ein neuer Typus, der idealistisch lebt, einen sanften Materialismus pflegt, korrekt und kreativ zugleich ist und unser gesellschaftliches, kulturelles und politisches Leben zunehmend prägt (Brooks 2002).

Mittlerweile ist das Angebot an esoterischen und spirituellen Praktiken in den größeren Städten in einem Maße institutionalisiert und kommerzialisiert, dass das schon seit längerem gebräuchliche Bild vom »spirituellen Supermarkt« oder vom »spiritual marketplace (z.B. Roof 1999; Bowman 1999) tatsächlich nicht mehr von der Hand zu weisen ist. Elmar Gruber, ein kritischer Beobachter dieser Entwicklung, sprach schon vor 20 Jahren von einem

> »Karneval der spirituellen Suche, der in einer Überfülle an Pop-Mystizismus, Erleuchtungs-Kursen, Schnellstraßen zur Selbstfindung [...] [und] therapeutischen Seligkeitsverheißungen an sich selbst zu ersticken droht.« (Gruber 1987, zit. nach Stenger 1989: 31)

Die »Demokratisierung« von esoterischen und spirituellen Praktiken, die früher nur für Menschen mit besonderen spirituellen oder medialen Fähigkeiten zugänglich waren, und die Versprechungen mancher New-Age-Gurus und populärwissenschaftlicher Esoterik-Bücher wecken die trügerische Hoffnung, dass jeder die Fähigkeit hat, mit geringem Aufwand in kurzer Zeit magische Fähigkeiten oder höhere Stufen der spirituellen Entwicklung zu erreichen. Auch George Ritzers These von der McDonaldisierung der Gesellschaft, das heißt die vollständig standardisierte, kalkulier- und voraussagbare Produktion von sozialen Verhaltensweisen und Fähigkeiten, wurde von Ritzer selbst wie auch von anderen auf den Bereich der postmodernen Spiritualität übertragen (Ritzer 1993: 14; Carrette/King 2005: 163f.; Ezzy 2006; Possamai 2009: 95ff.).

Es versteht sich von selbst, dass Autoren, die die Konsumorientierung des holistischen Milieus derart betonen, auch den Anspruch dieses Milieus, die Autonomie und Authentizität des Menschen zu fördern, als Selbsttäuschung entlarven – dies umso mehr, als Theoretiker der Postmoderne ja generell von einem Verlust des rationalen, autonomen Subjekts in der Gegenwartsgesellschaft ausgehen (Featherstone 2007: 56). Die esoterischen Sinnsucher wiegen sich demnach in der Illusion, dass jeder seinen eigenen, ganz individuellen Weg geht. Tatsächlich seien sie aber vom Bedürfnis nach immer neuen emotionalen Highlights getrieben und von den Verlockungen des Selbsterfahrungsmarktes manipuliert. Indem sie sich in die Hände von Therapeuten, Ratgebern und Persönlichkeitstrainern begeben, delegieren sie die Verantwortung für ihr Leben an diese:

> »Zunehmend gilt es als vormodern, veraltet, leichtsinnig, ignorant und gefährlich, die eigene Gestaltungsfähigkeit für Lebensbereiche aufrechterhalten zu wollen, für die guter Rat von Experten zur Verfügung steht. […] Der professionelle Identitätskonstrukteur muss dem Einzelnen sagen, wonach er sich sehnt und wozu er da ist. Natürlich kann auch er das nicht wissen, aber er vermittelt wenigstens den Eindruck, er wüsste, was er tut. […] Wer der Langeweile und der Normalität entfliehen will, der braucht dringend einen Ratgeber. […] Der einzelne darf in diesem Programm keineswegs so sein, wie er ist. Es geht nicht um seine Identität, sondern um das Training für eine neue, die richtige.« (Prisching 2009: 139f.)

Prisching zu Folge ist der Anspruch, das eigene Selbst zu entwickeln, nur eine Selbsttäuschung, ein Bluff, bei dem Therapeuten und Ratgeber mitspielen, weil sich damit gutes Geld verdienen lässt. Letztlich gehe es nicht um die Entwicklung von wirklicher Individualität und Originalität, sondern um das Erlernen von Techniken der Selbstinszenierung und um die Produktion »marktgängiger Selbste« (ebd. 142).

Die hier angesprochene Problematik ist auf dem Hintergrund einer Entwicklung zu sehen, die im Verlauf dieser Arbeit noch nicht thematisiert wurde. Seitdem die Vertreter der Human Relations Bewegung in den 1930er Jahren die Bedeutung des »menschlichen Faktors« – des Betriebsklimas, der Gruppenbeziehungen, des Führungsstils der Vorgesetzten – für die Motivation und Produktivität von Arbeitskräften erkannten, versuchen Wirtschaftsbetriebe die Teamfähigkeit, die sozialen Kompetenzen und die »emotionale Intelligenz« ihrer Führungskräfte und qualifizierten Mitarbeiter mithilfe von psychologischen bzw. psychotherapeutischen Techniken zu schulen und zu verbessern. Die Bedürfnis- und Motivationstheorie von Abraham Maslow und die therapeutischen Ansätze der *Human Potential Bewegung* spielen hier eine wichtige Rolle. Auch die »Künstlerkritik« der Gegenkultur der 1960er Jahre und deren Forderung, den Arbeitskräften in den Betrieben mehr Autonomie, Flexibilität und Kreativität zu ermöglichen, wurde von den Managementtheoretikern aufgegriffen (Boltanski/Ciapello 2003). Diese Neuorientierung lag durchaus auch im Interesse der Betriebe, da die flexible Netzwerkstruktur des modernen Kapitalismus bei den mittleren und höheren Angestellten ein hohes Maß an Eigenverantwortung und Flexibilität erfordert (Castells 2001). Seit den 1970er Jahren, als alternative spirituelle und esoterische Selbstfindungs-Praktiken immer populärer wurden und viele anerkannte Psychotherapeuten selbst solche Methoden ausüben und ihren Klienten weiterempfehlen, werden auch holistische Techniken wie etwa Meditation, Yoga oder das chinesische Orakel-Buch I Ging bei Mangagement-Trainings und anderen betrieblichen Persönlichkeitsbildungs-Maßnahmen eingesetzt (Heelas 1996: 90ff.; Carrette/King 2005: 133). Nach Schätzungen von John Naisbitt gaben US-amerikanische Unternehmen in den 1990er Jahren jährlich etwa vier Milliarden Dollar für New-Age-Berater aus; dies ist etwa ein Achtel des Gesamtbetrags (30 Milliarden Dollar), der damals jährlich für Business-Trainings ausgegeben wurde (vgl. Heelas 1996: 114).

Wenn holistische Methoden im betrieblichen Kontext angewendet werden, kann die Zielsetzung des Trainers und der Gruppenteilnehmer durchaus ähnlich sein wie in anderen alternativ-spirituellen Kontexten: Man macht Yoga, um Spannungen abzubauen, Energieflüsse im Körper zu aktivieren und ein inneres Gleichgewicht zu erlangen; man lässt die Bilder des I Ging auf sich wirken und horcht dabei in sich selbst hinein um zu spüren, wie man sich in einem bestimmten sozialen Konflikt richtig verhält; man macht Übungen, die die Kreativität und emotionale Wahrnehmungsfähigkeit fördern. Hintergrund und eigentlicher Zweck all dieser Bemühungen ist aber letztlich die Steigerung der Leistungsfähigkeit und der Durchsetzungs- und Überzeugungskraft in Arbeitsteams und in Geschäftsverhandlungen.

»Die Managementtheorien, die das Verständnis der Menschführung so entscheidend prägten, rückten Empfindungen, zwischenmenschliche Beziehungen und jedermanns Eigeninteresse unverblümt in den Mittelpunkt der ökonomischen Sprache der Produktivität und Effizienz […]. Die Emotionalisierung des ökonomischen Verhaltens und die Rationalisierung der Intimbeziehungen brachten eine Form des Selbstseins hervor, bei der strategischer Eigennutz und emotionale Reflexivität nahtlos ineinander übergehen.« (Illouz 2009: 394f.)

Auch in der populärwissenschaftlichen esoterisch-spirituellen Ratgeberliteratur findet man eine Reihe von Ansätzen, in denen das Streben nach kreativer Selbstverwirklichung und die Maximierung des Eigennutzens oder, in der Terminologie von Robert Bellah et al. (1996: 32ff.), der expressive und der utilitaristische Individualismus, miteinander verknüpft werden. Ein Teil dieser »spirituellen Wege« und Programme, wie z.B. das *Positive Denken*, knüpft an die Tradition der amerikanischen Mind-Cure-Bewegung an. Ziel dieser Methoden ist es, durch Autosuggestionstechniken wie kreative Imagination und Affirmationen (die auch zum Repertoire magisch-schamanischer Praktiken gehören) eine dauerhaft konstruktive und optimistische Grundhaltung und dadurch eine höhere Zufriedenheit und Lebensqualität zu erreichen. Die Techniken des Yoga, die ursprünglich Teil eines spirituellen Erleuchtungsweges waren, werden in der Marketing-Variante des *Power Yoga* oder des *Intensive Yoga* als Methoden für ein perfektes Body Shaping instrumentalisiert (Singleton 2010). Auch manche asiatische Gurus, die im Westen eine große Anhängerschaft haben, vertreten eine »Spiritualität des Reichtums/Erfolgs« (*prosperity religion*). Baghwan Shree Rajnesh (Osho) und Maharishi Mahesh Yogi, der Gründer der Transzendentalen Meditation, demonstrierten diese Reichtumsideologie mit einem ostentativ luxuriösen Lebensstil (beide behaupteten allerdings, Geld sei nicht das Ziel ihrer spirituellen Sendung). Der aus Indien stammende Amerikaner Deepak Chopra zählt mit Büchern wie »Die sieben geistigen Gesetze des Erfolgs« oder »Das Tor zum vollkommenen Glück«, die im Buchhandel auch in der Kategorie »Business-Ratgeber« angeboten werden, seit Jahren zu den Esoterik Top-Bestsellern (Heelas 1996: 58ff.; Carrette/King 2005: 123ff.).

Schon in den 1950er Jahren, ein bis zwei Jahrzehnte vor dem Beginn der Esoterikwelle, kritisierte Theodor W. Adorno in seiner Studie »The Stars down on Earth« die kulturindustrielle Vermarktung von Astrologie und Okkultismus. Für Adorno ist nicht nur die Vulgärastrologie (Zeitungshoroskope), sondern die Astrologie insgesamt eine kommerzialisierte Form des Aberglaubens, der von vielen Menschen kritiklos akzeptiert wird. Die Astrologie nütze deren Hilfsbedürftigkeit aus und beruhige ihre Ängste durch eine magisch allwissende Autorität. Sie vermittle dem Einzelnen die Botschaft, die Schuld für unbefriedigende Lebenssituationen bei sich selbst oder bei den Sternen und nicht in den gesellschaftlichen Verhältnissen zu suchen. Sie trage daher zur Anpassung des Menschen an die bestehenden Bedingungen und zur Legitimierung des status quo bei (Furthmann 2006: 212f.). Adorno betrachtet somit die Astrologie - ähnlich wie Marx die Religion - als »ideology of dependence, as an attempt to strengthen and somewhat justify painful conditions which seem to be more tolerable if an affirmative attitude is taken towards them« (Adorno 1979: 111). So wie Adorno sehen auch zahlreiche andere Sozialwissenschaftler, den modernen Astrologie-, Okkultismus- und Esoterikglauben als einen Rückfall hinter die in der Aufklärung erreichte Stufe des rationalen Bewusstseins (vgl. dazu Schorsch 1988: 221ff.)

4.3 SELBSTVERWIRKLICHUNG ALS EGO-TRIP

Die Psychotherapie-Kultur und die New-Age-Bewegung verfolgen das Ziel, Menschen bei der Bewältigung ihrer Probleme und Konflikte, der Wahrnehmung ihrer Bedürfnisse und Gefühle und bei der Entfaltung ihrer Persönlichkeit bzw. der Entwicklung ihres »Höheren Selbst« zu unterstützen. Idealerweise sollte dieses »Programm« nicht nur das Selbstvertrauen des Einzelnen stärken und ihm zu einem glücklichen und erfüllten Leben verhelfen, sondern durch die Verbesserung der Empathie- und Kommunikationsfähigkeit auch auf sein persönliches und berufliches Umfeld ausstrahlen. Protagonisten der New-Age-Bewegung wie Fritjof Capra oder Marilyn Ferguson hegten zudem die Hoffnung, dass Menschen mit einem ganzheitlichen Bewusstsein auch dementsprechend handeln und sich nicht nur in ihrem eigenen, sondern auch im Interesse der Allgemeinheit für Veränderungen in Richtung einer ökologisch, ökonomisch und sozial verträglicheren – heute würde man sagen: nachhaltigen – Lebensweise einsetzen (Capra 1983: 293ff.; Ferguson 1984: 232ff.).

In krassem Gegensatz zu dieser positiven Sichtweise und Selbsteinschätzung sehen Kritiker in der Therapie- und Selbstverwirklichungskultur starke Tendenzen zu einem radikalen Individualismus, dem sie eindeutig negative Züge zuschreiben. In exemplarischer Weise wurde diese neue Kultur in der amerikanischen Studie Habits of the Heart von Robert Bellah et al. durchleuchtet. Das Interview mit Sheila, die auf die Frage nach ihrem Glauben antwortet, sie glaube in erster Linie an ihren eigenen Glauben, brachte Bellah auf die Idee, diese Form der narzisstischen Religiosität in ironischer Weise als »Sheilaismus« zu bezeichnen (Bellah et al. 1996: 271f.). Die Autoren der Studie gestehen durchaus zu, dass Psychotherapien in unserer heutigen individualisierten und fragmentierten Gesellschaft eine wichtige Funktion zur Bewältigung von sozialen Konflikten und Identitätskonflikten erfüllen. Dennoch, so ihre Argumentation, trage die humanistische Psychologie mit ihrer einseitigen Betonung der Autonomie und Authentizität des Individuums dazu bei, dass der einzelne immer weniger dazu bereit ist, vorgegebene moralische Normen anzuerkennen, soziale Verpflichtungen zu akzeptieren und die Erwartungen der sozialen Umwelt zu erfüllen, wenn diese nicht mit den eigenen Wünschen und Bedürfnissen vereinbar sind (ebd. 130ff.).

Auch in persönlichen Intimbeziehungen wird jedes »man sollte« als externer, autoritärer Zwang abgelehnt. »The only morality that is acceptable is the purely contractual agreement of the parties: whatever they agree to is right« (ebd. 139). In drastischer Weise kommt diese Haltung im »Gestalt-Gebet« von Fritz Pearls zum Ausdruck:

> »Ich lebe mein Leben und du lebst dein Leben.
> Ich bin nicht auf dieser Welt, um deinen Erwartungen zu entsprechen –
> und du bist nicht auf dieser Welt, um meinen Erwartungen zu entsprechen.
> ICH BIN ich und DU BIST du –
> und wenn wir uns zufällig treffen und finden, dann ist das schön,
> wenn nicht, dann ist auch das gut so.«
>
> (Zit. nach Beck/Beck-Gernsheim 1996: 76)

Den Autoren von »Habits of the Heart« zufolge haben Therapeuten oftmals auch keine hohe Meinung von der Politik. Da es angesichts der Heterogenität menschlicher Interessen und Wertvorstellungen sehr schwierig ist, auf dem politischem Weg Veränderungen herbeizuführen, halten sie therapeutisch unterstützte individuelle Bemühungen um Veränderung für sinnvoller als politischen Aktivismus (Bellah. et al.: 130f.) Ein typisches Beispiel für eine derartige Haltung ist Joseph

Murphy, ein Protagonist des *Positiven Denkens*, der die Auffassung vertritt, die Ursache von Armut liege nur im falschen Denken des Betreffenden (Remele 2001: 177). Bellah und andere Kommunitaristen kritisieren also, dass die Selbstverwirklichungskultur den Rückzug der Menschen ins Private begünstige und die Bereitschaft, sich für politische Anliegen einzusetzen und Verantwortung für die Gemeinschaft zu übernehmen, untergrabe. Ein Teil derer, die diese Kritik vorbringen, gehörte zu den Aktivisten der Gegenkultur der 1960er Jahre. Sie sehen den Rückgang des politischen Aktivismus und den gleichzeitigen Aufstieg der Psycho- und Esoterikszene seit den 1970er Jahren als Zeichen einer politischen Resignation und werfen der Selbstverwirklichungskultur vor, am Scheitern der politischen Ziele der Gegenkultur mit schuld zu sein (Lasch 1980, List 1988, Lüdtke 1989: 118).

Für Christopher Lasch ist der Mangel an politischem Interesse und sozialem Verantwortungsgefühl Ausdruck einer narzisstischen Persönlichkeitsstörung, die seit der zweiten Hälfte des 20. Jahrhunderts in den USA gehäuft auftritt. Der pathologische Narzisst zeichnet sich durch eine diffuse Unzufriedenheit, hypochondrische Beschwerden, starke Selbstwertschwankungen, das Gefühl der inneren Leere und eine generelle Antriebsschwäche aus. Er hat Angst vor emotionaler Abhängigkeit und führt daher oberflächliche Beziehungen. Zugleich ist er stark von seinen Impulsen getrieben, hat Omnipotenzphantasien, führt eine fast parasitäre Existenz und glaubt das Recht zu haben, andere für seine Zwecke zu benutzen (Lasch 1984: 37ff.). Die Ursachen für die Entstehung dieses Persönlichkeitstyps liegen nach Lasch darin, dass durch den Materialismus, Hedonismus und das kapitalistische Konkurrenzdenken der amerikanischen Gesellschaft das Gemeinschaftsgefühl verloren geht und der Einzelne vollständig atomisiert wird.

Lasch sieht in verschiedenen Bereichen der amerikanischen Gesellschaft Anzeichen für diesen destruktiven Narzissmus, insbesondere auch im Therapiemilieu und in den esoterischen und spirituellen Kultbewegungen. Und er glaubt, dass dieses Milieu nicht nur narzisstisch gestörte Personen anzieht, sondern den pathologischen Narzissmus auch mit verursacht. Mit ihrer mangelnden spirituellen Disziplin, ihren lockeren Wahrheitsstandards, ihrer relativistischen Moral und ihrer »anything goes«-Haltung trage die New-Age-Bewegung dazu bei, dass die Menschen ihre innere Festigkeit und Stabilität verlieren. Die Rhetorik des »inneren Wachstums«, der »Bewusstseinserweiterung« und der »Erleuchtung« nähre zudem die Hoffnung, man könne die höchsten Stufen des Menschseins ohne große Anstrengungen erreichen:

»[New Age seeks] the shortest road to Nirvana. Whereas the world's great religions have always emphasized the obstacles to salvation, modern cults borrow selectively from earlier mystical traditions in the West, from ill-digested Oriental traditions, from mind-cure movements and various expressions of ›New Thought‹, and from an assortment of therapies in order to promise immediate relief from the burden of selfhood.« (Lasch 1985, zit. nach Rose 2005: 307)

Häufig kritisiert wird auch die Leichtigkeit und Leichtfertigkeit, mit der sich die spirituellen Sucher »aller möglichen Systeme und Praktiken [...] bedienen, um möglichst viele und dicke Rosinen aus dem Kuchen des Lebens zu picken« (Olvedi, zit. nach Stenger 1993: 30). Steve Bruce vertritt die Ansicht, dass die New-Age-»Spiritualität« auf Grund der Beliebigkeit, mit der der Einzelne nach dem »pick and mix« Prinzip seine individuelle Religion zusammenbastelt, keinen gemeinsamen Kern und keine gemeinsamen sozialen Ziele hätte und daher sozial belanglos sei (Bruce 2005: 105).

Nicht nur Autoren, die zur New-Age-Bewegung ein distanziertes Verhältnis haben, auch Protagonisten der Bewegung wie Ken Wilber kritisieren die Art und Weise, wie viele New-Age-Anhänger mit Spiritualität umgehen. Im Unterschied zu Lasch, der davon ausgeht, dass die Ideologie des New Age an sich narzisstische Haltungen fördere, handelt es sich nach Wilber hierbei um einen unreifen Umgang mit New-Age-Ideen und Aktivitäten. Eine häufige Variante dieser Trivialisierung bestünde darin, irrationale Erfahrungen, die auf der präpersonalen Stufe angesiedelt sind, für transpersonale mystische Erfahrungen zu halten. Dieser Trugschluss sei deshalb möglich, weil sowohl das präpersonale als auch das transpersonale Bewusstsein nichtrational sind, und weil Menschen, die die moderne Rationalität ablehnen, dazu neigen, alles Nicht-Rationale für spirituell zu halten. Wilber glaubt also, dass ein erheblicher Teil der Personen, die in holistische Aktivitäten involviert sind, auf eine magisch-narzisstische Bewusstseinsebene regrediert. Diese narzisstische Regression werde durch den Hyperindividualismus der amerikanischen Kultur, der in der »Ich Dekade« der Gegenkultur der 1960er Jahre seinen Höhepunkt erreichte, begünstigt (Wilber 2001: 302f.).

4.4 RELATIVIERUNG DER KRITIK

Wie wir zuletzt am Beispiel von Ken Wilber gesehen haben, sind sich auch Autoren, die ein Naheverhältnis zur alternativen Spiritualität haben, bewusst, dass zwischen den hohen Ansprüchen und idealisierenden Selbstdarstellungen der alternativen spirituellen Szene und der tatsächlichen sozialen Praxis vieler Akteure eine Diskrepanz besteht. Während Kritiker wie Christopher Lasch, Zygmunt Bauman und Steve Bruce nicht nur bestimmte Erscheinungsformen der sozialen Praxis, sondern die Ideen und Ziele des New Age insgesamt für verfehlt halten, plädieren Autoren, die eine grundsätzliche Sympathie für die Ziele und Anliegen der holistischen Bewegung haben, für eine differenzierte Einschätzung sowohl der Theorie als auch der Praxis des New Age (derartige Ansätze findet man u.a. bei Stenger 1993; Bochinger 1994; Heelas 1996, 2008; York 1995, 2001; Hamilton 2000; Remele 2001; Rose 2005; Aupers/Houtman 2006; Taylor 2007).

Wir selbst rechnen uns der zweiten Gruppe zu. Unter Berufung auf unsere eigenen persönlichen Erfahrungen im holistischen Milieu und auf die zuletzt genannten Autoren möchten wir zum Abschluss dieses Literaturüberblicks einige Argumente vorbringen, warum pauschale Verurteilungen und Diskreditierungen des holistischen Milieus, wie sie in diesem Kapitel besprochen wurden, nicht gerechtfertigt sind. Zugleich möchten wir eine vorläufige zusammenfassende Einschätzung dieses Milieus geben und einige Aspekte ansprechen, auf die im anschließenden empirischen Teil näher eingegangen wird:

Das holistische Milieu setzt sich aus einer Vielzahl an Ansätzen und Praktiken zusammen, die von ernsthaften spirituellen Lebensformen bis hin zur Bestsellerliteratur des *Positiven Denkens* und anderen Formen der utilitaristischen Wohlstands-»Spiritualität« reichen. Ob New-Age-Aktivisten eher zum einen oder zum anderen Pol tendieren hängt unserer Ansicht nach wesentlich vom Grad der Einbindung in das holistische Milieu und von der Intensität der holistischen Praxis ab: Wir gehen davon aus, dass Menschen, die seit längerer Zeit kontinuierlich und diszipliniert alternativ-spirituelle Körper-Bewusstseins-Praktiken (wie Yoga, Zen-Meditation oder Trance-Tanz) ausüben und versuchen, auf diesem Weg ihre Persönlichkeit zu entwickeln, zu einem alternativen, wenig konsumorientierten, zum Teil gegenkulturellen Lebensstil neigen. Die oben dargestellten Merkmale des utilitaristisch-hedonistischen Esoterik-Konsumenten dürften hingegen eher auf jene zutreffen, die holistische Angebote nur gelegentlich in Anspruch nehmen, sei es, weil sie damit ein spezifisches Gesundheitsproblem lösen wollen, sei es aus Neugier oder weil sie sich davon ein spannendes Erlebnis erwarten.

Ein generalisierender Konsumismusvorwurf scheint jedenfalls nicht angebracht zu sein. Wenn manche Kritiker dennoch einen solchen Vorwurf erheben, muss man sich fragen, was sie damit meinen. Die Begriffsfamilie Konsum, Konsument, Konsumismus usw. hat ja, wie Paul Heelas (2008: 81ff.) aufgezeigt hat, eine Reihe von negativen Konnotationen; Autoren, die den Konsumismusvorwurf erheben, explizieren jedoch vielfach nicht, auf welche dieser Konnotationen sie sich beziehen.

Als Konsument im negativen Sinne wird erstens jemand bezeichnet, der den Verlockungen des Marktes erliegt und eine Vielzahl an Produkten konsumiert, die er eigentlich gar nicht braucht. Wenn allein dies das Kriterium für Konsumismus wäre, dann müsste man wohl nicht nur den spirituellen Akteur, der immer wieder neue holistische Praktiken ausprobiert, sondern jeden passionierten Plattensammler oder Bücherkäufer als Konsumisten bezeichnen. Ein weiteres Argument lautet, dass sich die Anbieter holistischer Produkte auf Grund der Konkurrenzsituation am Markt bemühen, ihrer Angebote möglichst konsumentenfreundlich zu gestalten, das heißt das Anspruchsniveau möglichst weit herunterzuschrauben, wodurch sie die bei den Konsumenten ohnehin schon bestehende Tendenz verstärken, oberflächlich von einer Praktik zur anderen zu springen, ohne sich in eine bestimmte Richtung zu vertiefen. Dieser Vorwurf ist sicherlich zum Teil berechtigt. Es stellt sich allerdings die Frage, warum es nicht legitim sein soll, sich amateurhaft mit verschiedenen esoterischen und spirituellen Praktiken zu beschäftigen, ohne sich für einen virtuosen spirituellen Weg zu entscheiden; auch in früheren Zeiten war nur eine kleine Minderheit zu einem religiösen Virtuosentum bereit.

Eine weitere Assoziation, die mit Konsum verbunden wird, ist die Passivität des Konsumenten. So wird beispielsweise oft der aktive Buchleser dem passiven Fernsehkonsumenten gegenübergestellt. Bereits diese Zuordnung ist nicht unproblematisch. Für Menschen, die mit erheblichen Anstrengungen Yoga, Tai Chi oder ähnliche Körpertechniken lernen, muss sich jedenfalls der Vorwurf, sie hätten eine passive Konsumentenhaltung, wie ein Hohn anhören. Aber auch Therapien, die der Klient scheinbar passiv über sich ergehen lässt, wie etwa eine Shiatsu-Behandlung, erfordern von ihm eine hohe Aufmerksamkeit und innere Anteilnahme. Nahezu alle holistischen Therapien gehen ja davon aus, dass sich der Erfolg der Behandlung – im Unterschied zu einem pharmazeutischen Medikament – nicht automatisch einstellt, sondern eine aktive Beteiligung des Klienten erfordert.

Schließlich erweckt der Konsumbegriff auch die Vorstellung vom manipulierbaren Konsumenten, der sich von einem cleveren Anbieter für teures Geld ein unnötiges – weil wirkungsloses – Produkt aufschwatzen lässt. Diese Assoziationskette verknüpft drei Vorwürfe bzw. Aspekte, die jeder für sich geprüft werden müssen.

a) Die Anschuldigung, holistische Therapeuten und Psychogurus würden sich mit cleveren Geschäftsmethoden auf Kosten ihrer Klienten oder Schüler bereichern, ist in Einzelfällen sicherlich zutreffend. Der Großteil der Anbieter holistischer Praktiken dürfte aber keinesfalls mehr verdienen als der Durchschnitt in verwandten Berufsgruppen (Ärzte, Psychotherapeuten, Erwachsenenbildner etc.). Gegen einen generellen Bereicherungsverdacht spricht auch, dass die Anbieter holistischer Praktiken in der Regel eine hohe intrinsische Motivation aufweisen, um ein spirituelles Leben bemüht sind und eher eine Affinität zu gegenkulturellen Ideologien als zur »Theologie des Reichtums« haben (vgl. Hedges/Beckford 2005; Aupers/Houtman 2006).

b) Die fachliche Kompetenz der Anbieter und die Qualität und Effizienz ihrer Produkte ist gerade im Bereich der holistischen Therapien und Praktiken sehr schwer objektiv zu beurteilen. Wir gehen davon aus, dass bewusster Betrug nach der Art von mittelalterlichen Scharlatanen, die eine beliebige Mixtur als heilkräftiges Wundermittel verkaufen, nur selten vorkommt. Häufiger dürfte es allerdings der Fall sein, dass holistische Anbieter ihre eigenen Fähigkeiten und die Wirkung der von ihnen angebotenen Praktiken überschätzen und bei ihren Klienten Erwartungen wecken, die sie nicht erfüllen können.

c) Wie verschiedene Studien zeigen (z.B. Houtman/Mascini 2002; Höllinger 2005; Rose 2005) und wie wir in Kürze auch anhand der Ergebnisse unserer Repräsentativbefragung sehen werden, stammen Personen, die holistische Praktiken »konsumieren«, überproportional aus der gebildeten Mittelschicht. Viele arbeiten selbst in medizinischen, psychosozialen oder pädagogischen Berufsfeldern. Es handelt sich also um Personen, denen man nicht von vorneherein unterstellen sollte, dass sie sich leichtgläubig in die Hände von esoterischen Zauberern und Scharlatanen begeben. Allerdings kann es durchaus sein, dass ein

Teil der Akteure – in ähnlicher Weise wie die Anbieter – die Wirkung von holistischen Therapien überschätzt.

Eine zweite Kontroverse dreht sich um die Frage, ob die Ideologie der Authentizität und Selbstverwirklichung mit einem atomistischen, hedonistischen Individualismus und einer Tendenz zu pathologisch-narzisstischen Persönlichkeitszügen einhergeht oder ob diese Ideologie zumindest in bestimmten Teilen des holistischen Milieus mit einer Ethik der Solidarität, der Anteilnahme an den Problemen anderer und des Bemühens um gesellschaftliche Veränderungen in Verbindung steht. Wir schließen uns in dieser Frage der Position an, die Charles Taylor in »Das Unbehagen an der Moderne« vertritt, nämlich

> »dass die beiden schlichten Extrempositionen, die der Verfechter bzw. die der Verächter [der Authentizität], vermieden werden sollten und dass die pauschale Verurteilung der Authentizitätsethik ein nicht minder tiefgreifender Irrtum ist als die unbefangene und globale Billigung all ihrer heutigen Erscheinungsformen«. (Taylor 1995: 105)

Gegen die Annahme einer Unvereinbarkeit von Authentizität und Solidarität bzw. sozialem Verantwortungsgefühl spricht zunächst, dass nur wenige Vertreter der holistischen Bewegung einen derart extremen Individualismus propagieren, wie er im »Gestaltgebet« zum Ausdruck kommt. Viele Protagonisten der *Human Potential Bewegung* und der alternativen Spiritualität betonen nachdrücklich, dass ein ernsthafter Weg der spirituellen Entwicklung notwendigerweise mit einem hohen Maß an Selbstdisziplin, klaren ethischen Positionen und einem Verantwortungsbewusstsein gegenüber der sozialen Umwelt einhergeht. Kurt Remele hat dies anhand einer Analyse der Schriften der drei großen Theoretiker der *Human Potential Bewegung*, Abraham Maslow, Carl Rogers und Erich Fromm deutlich bestätigt (Remele 2001: 275ff.). Als weiteres Beispiel für die Betonung der Verbindung von Selbstverwirklichung und Solidarität bespricht Remele das Buch »Ko-Evolution. Die Kunst des gemeinsamen Wachsens« des Schweizer Psychotherapeuten Jürg Willi. Nach Willi verläuft der Prozess der Selbstverwirklichung in drei Stufen. Im ersten Schritt geht es um die abgrenzende Selbstverwirklichung, die Wahrnehmung der eigenen Gefühle und Bedürfnisse und die Befreiung von den Zwängen und Erwartungen des sozialen Umfelds. Dies entspricht dem psychologischen Begriff der Selbstbestimmung im Gegensatz zur Fremdbestimmung.

Auf der zweiten Stufe erweitert sich die Vorstellung vom Selbst und es kommt zur transzendierenden Selbstverwirklichung, der Erkenntnis und Empfindung einer »tiefen Verbundenheit mit allem Lebenden und Beseelten« (ebd. 332). Diese Formulierung erinnert an Max Webers Begriff der universellen akosmistischen Liebe und verweist in Verbindung mit dem Begriff der »Transzendenz« darauf, dass diese Stufe der Selbstverwirklichung auch eine mystisch-religiöse Dimension hat. Die dritte Stufe bezeichnet Willi als ökologische Selbstverwirklichung. Hiermit ist gemeint, dass wahre Selbstverwirklichung nur unter Einbeziehung des Mensch-Umwelt-Verhältnisses und durch konkrete zwischenmenschliche Beziehungen möglich ist. Von besonderer Bedeutung ist für ihn die »Koevolution«, die gemeinsame Persönlichkeitsentwicklung in partnerschaftlichen Liebesbeziehungen (ebd. 334).

Bei vielen neuen spirituellen Ansätzen wird die soziale Dimension ausdrücklich in den spirituellen Entwicklungsweg miteingeschlossen. Auch wenn im holistischen Milieu eine Präferenz für östliche Religionen besteht, spielen doch auch christliche Elemente, vor allem das christliche Ideal der Nächstenliebe, eine nicht unerhebliche Rolle, wie wir schon beim Spiritismus von Allen Kardecs gesehen haben. Ein Beispiel aus jüngerer Zeit ist der von der Amerikanerin Helen Schucman entwickelte spirituelle Weg »A Course in Miracles«. Die Selbstdarstellung dieser Lehre im Internet beginnt mit einem Verweis auf das Markusevangelium (Mk 19,6) und proklamiert als Ziel die Überwindung der Selbstliebe zugunsten der Nächstenliebe und Gemeinschaft mit anderen.

»[...] whom God has joined no man can put asunder. It is, however, only at the level of Christ Mind that true union is possible, and has, in fact, never been lost. The ›little I‹ seeks to enhance itself by external approval, external possessions, and external love. The Self that God created needs nothing. It is forever complete, safe, loved, and loving. It seeks to share rather than to get; to extend rather than to protect. It has no needs and wants to join with others out of their mutual awareness of abundance.«[1]

Mit diesen exemplarischen Beispielen sollte gezeigt werden, dass die Behauptung von Kritikern, im holistischen Milieu würde eine egoistische, sozial rücksichtslose Form der Selbstverwirklichung angestrebt,

1 http://acim.org/AboutACIM/what_it_says.html, 10.9.2011.

jedenfalls nicht generell gilt. Diese Ansicht vertritt auch die Soziologin Catherine Garret in einer Reflexion ihrer eigenen Erfahrungen und Beobachtungen im holistischen Milieu. Praktiken wie Meditation, Yoga oder Reiki »may be adopted as ›magical‹ ways of achieving personal aims, but they also have the potential to take practitioners beyond the ego towards ›sacred‹ understandings or ›otherness‹« (Garrett 2001: 329). Es gibt mittlerweile auch eine Reihe an empirischen Studien, die bestätigen, dass Altruismus, Solidarität (die Dimension »Benevolence« des Werte-Inventars von Shalom Schwarz) und ein »horizontaler Kollektivismus« (Zusammengehörigkeitsgefühl und gleichrangige Kooperation mit dem sozialen Umfeld) im Wertekosmos von Menschen mit alternativen spirituellen Orientierungen eine ähnlich hohe Bedeutung haben wie für kirchlich religiöse Menschen, während Nichtreligiöse diesen Werten deutlich weniger Bedeutung beimessen. Umgekehrt hatten Nicht-Religiose auf der Hedonismus-Skala deutlich höhere Werte als Menschen, die sich selbst als religiös oder als spirituell einstufen (Saroglou et al. 2005; Saroglou/Muñoz-García 2008; Farias/Lalljee 2008). Derartige Ergebnisse schließen natürlich nicht aus, dass die Solidaritätsethik für viele Akteure im holistischen Milieu nur ein Lippenbekenntnis und ein Wunschdenken ist, während sie in ihrem tatsächlichen Verhalten auf der Stufe der abgrenzenden Selbstverwirklichung im Sinne von Willi, stehen- und steckenbleiben.

Zweiter Teil

Das holistische Milieu in Österreich

5 Verbreitung ganzheitlicher Praktiken und Struktur des holistischen Milieus

Obwohl es mittlerweile eine beträchtliche Zahl an empirischen Untersuchungen über das holistische Milieu gibt, findet man nur in wenigen Studien genauere Angaben über dessen Größe, das heißt über den Anteil der Bevölkerung bestimmter Länder oder Regionen, der ganzheitliche Praktiken ausübt bzw. sich diesem Milieu verbunden fühlt.[1] Ein Ziel unseres Forschungsprojekts war es daher, den Personenkreis, der in dieses Milieu involviert ist, und die Art der Aktivitäten, die dort praktiziert werden, genauer zu erfassen als es in bisherigen Studien der Fall war. Dies sollte durch eine Kombination von zwei Erhebungsschritten erreicht werden: a) eine Gesamterhebung der Anbieter von ganzheitlichen Lebenshilfen in zwei exemplarisch ausgewählten politischen Bezirken Österreichs; auf Grund praktischer Überlegungen entschieden wir uns für Klagenfurt (92.000 Einwohner), die Hauptstadt des Bundeslandes Kärnten, und für den Bezirk Leoben (64.000 Einwohner), einer traditionellen Industrieregion in der Steiermark mit der Bezirkshauptstadt Leoben (25.000 Einwohner), zwei kleineren Städten und ca. 15 ländlichen Gemeinden; diese Erhebung wurde im Zeitraum Februar bis Mai 2008 durchgeführt; b) eine österreichweite Repräsentativbefragung, bei der 1.020 Personen im Alter über 18 Jahren nach ihren persönlichen Erfahrungen mit holistischen Praktiken befragt wurden; die Datenerhebung erfolgte Ende 2008 durch das Sozialforschungsinstitut IFES.

1 Angaben über die Größe des holistischen Milieus in verschiedenen westeuropäischen Ländern und in den USA findet man u.a. in Mörth 1989, Heelas 1996, Heelas/Woodhead 2007 und Pollack 2003.

5.1 GESAMTERHEBUNG HOLISTISCHER ANBIETER IN ZWEI ÖSTERREICHISCHEN BEZIRKEN

Wie schon in den ersten Kapiteln ausgeführt wurde, steht das holistische Milieu in Verbindung mit drei anderen neuen kulturellen Strömungen: dem Feld der neuen religiösen Bewegungen, dem Psychotherapiemarkt und der Fitness- und Wellness-Bewegung (siehe Abbildung 1). Angesichts der fließenden Übergänge zwischen diesen Bereichen ist eine exakte Abgrenzung des holistischen Milieus nicht möglich. Für die empirische Erhebung war es jedoch erforderlich, Kriterien festzulegen, welche konkreten Aktivitäten zu unserem Gegenstandsbereich gerechnet werden. Zu diesem Zweck verglichen wir zunächst die operationalen Definitionen von »New Age« sowie die Liste der Praktiken und Aktivitäten, die in den uns zugänglichen Studien als New-Age-Praktiken angeführt oder empirisch erhoben worden waren. Aus diesem Vergleich kristallisierte sich eine vorläufige Liste von ca. 120 Praktiken heraus. Diese wurden in Kategorien gegliedert, denen später bei Bedarf ähnliche neu identifizierte Praktiken zugeordnet werden konnten: komplementärmedizinische Methoden westlicher und östlicher Herkunft (z.B. Homöopathie, Edelsteintherapie, Traditionelle Chinesische Medizin, Ayurveda); ganzheitliche Massagetechniken und Physiotherapien (z.B. Shiatsu, Cranio-Sakral-Therapie); Körper-Bewusstseinsübungen (englisch: body-mind-spirit exercises, z.B. Yoga, Tai Chi, Zen-Meditation); Psychotherapien mit ganzheitlichem Hintergrund (z.B. Reinkarnationstherapie, Transpersonale Psychotherapie, Familienaufstellung); mantische Techniken (z.B. Astrologie, Tarot-Karten), Methoden zur Harmonisierung der Umwelt (Geomantie und Feng Shui) sowie schamanische Praktiken.

Die Ermittlung der Anbieter erfolgte zunächst durch intensive Recherchen im Internet und in Institutionen, in denen holistische Aktivitäten angeboten werden (alternative Therapieeinrichtungen, Yogazentren, Erwachsenenbildungseinrichtungen u.dgl.) oder für solche Aktivitäten Werbung gemacht wird (Naturkostläden, Esoterikbuchläden u. dgl.). Indem wir Mitarbeiter dieser Einrichtungen fragten, ob sie weitere holistische Angebote in der Stadt oder im Bezirk kennen, versuchten wir im Verlauf von einigen Monaten möglichst alle für uns relevanten Personen zu identifizieren.

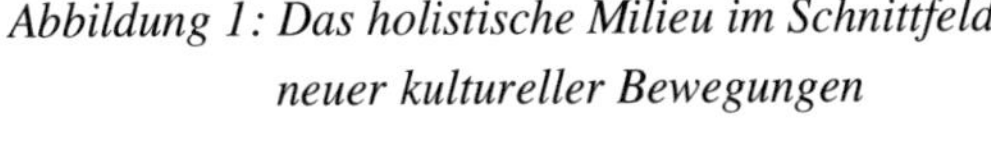

Abbildung 1: Das holistische Milieu im Schnittfeld neuer kultureller Bewegungen

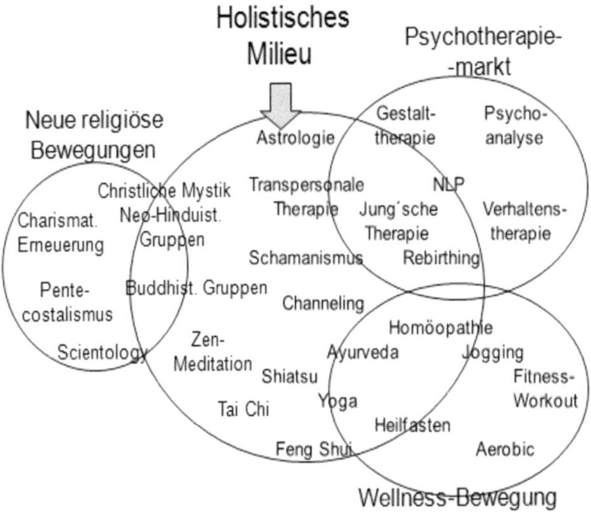

Im Psychotherapie-Bereich, aber auch bei alternativmedizinischen Praktiken war es mitunter schwierig zu entscheiden, ob es sich um eine holistische Methode handelt oder nicht. Wir stießen auch auf einige Therapieformen, wie beispielsweise NLP oder Osteopathie, die je nach Therapeut entweder mit einer konventionell therapeutischen oder mit einer holistischen Orientierung angeboten werden. In diesen wie auch in anderen Fällen, bei denen anhand der Bezeichnung der Aktivität eine eindeutige Zuordnung nicht möglich war, versuchten wir uns durch Informationen auf der Homepage oder auf Workshop-Flyern, durch Internetrecherchen und in einzelnen Fällen auch durch telefonische Nachfrage beim jeweiligen Praktiker Klarheit darüber zu verschaffen, ob es sich um eine ganzheitliche Lebenshilfe handelt. Als Indizien für holistisch dienten uns Begriffe wie spirituell, ganzheitlich, Körper-Geist-Seele, universelle Lebensenergie, Energiefluss, innere Kraftquelle, Bewusstseinsentwicklung, persönliches Wachstum usw..

Mittels dieses Verfahrens wurden im Zeitraum Februar bis Mai 2008 in den beiden Bezirken zusammengerechnet ca. 360 Personen erfasst. Für jede dieser Personen wurden Name, Adresse, Art der ausgeübten holistischen Methode(n) und, falls gegeben, die Institution, in der er/sie arbeitet, in einer Datenbank erfasst. Im zweiten Erhebungsschritt wurde etwa die Hälfte der ermittelten Praktiker nach einem Zufallsverfahren für eine telefonische Kurzbefragung ausgewählt. Durch diese Befragung sollte u.a. festgestellt werden, ob der Betreffende tatsächlich im Untersuchungsgebiet holistische Aktivitäten anbietet, wie viele Einzelklienten er hat und/oder wie viele Personen an seinen regelmäßigen Gruppenaktivitäten teilnehmen. Auf Grund der telefonischen Auskünfte wurden ca. 7% der Befragten aus der Adressenliste entfernt, weil sie zum Zeitpunkt der Befragung nicht mehr aktiv waren oder nicht mehr in der Untersuchungsregion arbeiteten. Andererseits stießen wir im Zuge der Befragung auf einige Praktiker, die wir bisher noch nicht entdeckt hatten. Ca. 10% der Kontaktierten (insbesondere Ärzte mit komplementärmedizinischen Zusatzangeboten) weigerten sich, telefonische Auskünfte zu erteilen. Etwa 25% konnten wir trotz mehrmaliger Versuche telefonisch nicht erreichen. Es ist zu vermuten, dass ein Teil dieser Personen ebenfalls nicht mehr (im Untersuchungsgebiet) aktiv ist.

Nach Abschluss der Telefonbefragung enthielt unsere Adressen-Datei für beide Bezirke zusammen 345 Personen. Etwa zwei Drittel dieser Praktiker gaben bei der Befragung oder auf ihrer Homepage bzw. in ihren Werbematerialien an, dass sie zwei oder mehrere holistische Methoden anbieten. Zum Teil handelt es sich um Methoden, die inhaltlich verwandt sind, wie Traditionelle Chinesische Medizin (TCM) und Akupunktur, Shiatsu und Fußreflexzonenmassage oder Transpersonale Psychotherapie und Gestalttherapie. Eine Reihe von Praktikern bietet aber zwei, drei oder mehr Methoden an, die zu ganz unterschiedlichen Bereichen des holistischen Feldes gehören. Derartige Kombinationen sind zum Beispiel Astrologie, Mentaltraining, Klangschalenmassage und Pranic Healing; Schamanismus, Kinesiologie und Yoga; oder Geomantie, Feng Shui und Radionik.

Tabelle 3 gibt einen Überblick über das holistische Angebot in den beiden Bezirken, gegliedert nach neun Hauptbereichen. Da ein Teil der Praktiker zwei oder mehrere Methoden anbietet, ergibt sich bei den 345 Anbietern eine Gesamtsumme von 564 Angeboten. Der mit Abstand größte Teil entfällt auf komplementärmedizinische Heilverfahren, Massagen und physiotherapeutische Behandlungen (die ersten vier Kategorien in der Tabelle). Zusammen machen diese Bereiche etwa zwei Drittel des gesamten Angebots aus. Hierbei zeigt sich ein deutliches Übergewicht an Heil- und Gesundheitspraktiken östlicher Herkunft gegenüber Methoden, die auf alternativmedizinischen Traditionen des Westens beruhen. In vielen Fällen handelt es sich um eine

Synthese von westlicher Alternativmedizin und östlichen Gesundheitslehren. So werden etwa bei der Kinesiologie chiropraktische Techniken westlicher Provenienz mit der taoistischen Meridian- und Energielehre verknüpft.

Tabelle 3: Angebote an holistischen Praktiken

Art des angebotenen Praktiken	Anzahl	%
Westliche Heilmethoden Bach-Blüten (26), Homöopathie (25) Edelsteintherapie (6), Schüsslersalze (6)	71	12,6
Östliche Heilmethoden Akupunktur (40), Trad. Chines. Medizin (25) Reiki (23); Prana-Heilung (13)	103	18,3
Heilmethoden mit gemischtem Ursprung Kinesiologie (42), Radionik (6)	93	16,5
Massagen und Physiotherapien Shiatsu (26), Klangschalenmassage (18) Reflexologie (16), Akupunkturmassage (14) Cranio-Sakral-Therapie (11), Osteopathie (6)	128	22,7
Körper-Bewußtseins-Übungen Yoga (30), Meditation (23), QiGong/Tai Chi (18)	63	11,2
Psychotherapien Familienaufstellung (10), NLP (9) Mentaltraining (6), Reinkarnationstherapie (5)	57	10,1
Astrologie und mantische Techniken Astrologie (17), Wahrsagen (8)	27	4,8
Harmonisierung der Umwelt Geomantie (15), Feng Shui (10)	21	3,7
Schamanismus	17	3,0
Anzahl der angebotenen Praktiken	564	100,0

Erhebung in den Bezirken Klagenfurt-Stadt und Leoben.
Zahl der Anbieter: N=348. Bei den einzelnen Kategorien wurden jeweils die am häufigsten angebotenen Praktiken angegeben.

Ein sehr wichtiger Bereich in Hinblick auf die spirituelle Dimension des holistischen Milieus sind Körper-Bewusstseinsübungen, die aus den religiösen Traditionen Indiens, Chinas und Japans stammen (Yoga, Tai Chi, Qi Gong, Zen Meditation, Fünf Tibeter u. dgl.). Auch hier gibt es zum Teil Mischformen, wie etwa die Pilates-Methode, bei der westliche Formen des Körpertrainings mit Atem- und Bewegungstechniken aus Yoga und Zen kombiniert werden. Etwa 15% der Praktiker bieten holistische Psychotherapien an. Die Erfassung und Abgrenzung des Feldes gestaltete sich hier besonders schwierig, weil auch konventionelle Psychotherapeuten bei der Darstellung ihrer Methoden zum Teil holistische Begriffe verwenden. Die letzten drei, zahlenmäßig deutlich geringer besetzten Angebotsbereiche sind Astrologie und andere esoterische Techniken zur Persönlichkeitsdiagnose und Zukunftsdeutung (Kartenlegen, Handlesen, Numerologie u.dgl.), Methoden zur Harmonisierung der Umwelt und Diagnose von positiven oder negativen Energiefeldern (Geomantie und Feng Shui) und schamanische Praktiken (Geistheilen, Channeling u.dgl.).

Etwa drei Viertel aller angebotenen Aktivitäten sind östlicher Herkunft oder übernehmen bestimmte Elemente der indischen oder ostasiatischen religiös-philosophischen Weisheiten und Gesundheitslehren, z.B. die indische Chakren-Lehre, die Atemtechniken des Yoga oder des Zen, das chinesische Meridiansystem, das Prinzip der universellen Energie Qi bzw. Prana. Beim Großteil dieser Praktiken handelt es sich um komplementärmedizinische Heilmethoden und Körperübungen, deren positive Wirkungen auf das körperlich-seelische Wohlbefinden mittlerweile von einem erheblichen Teil der im medizinischen und psychosozialen Feld praktisch tätigen Personen anerkannt werden. Diese Methoden gelten in Anwenderkreisen heute nicht mehr als »esoterisch«, sondern man geht davon aus, dass sie auf soliden naturwissenschaftlichen Grundlagen beruhen, auch wenn sie von der akademischen medizinischen Forschung im Westen nach wie vor skeptisch beurteilt werden. Methoden, die von der Existenz okkulter Kräfte oder spiritueller Geistwesen ausgehen und somit mit dem modernen westlichen Rationalitätsbegriff schwer vereinbar sind, bilden nur einen relativ geringen Teil des holistischen Angebots. In diesen Bereichen lässt sich zudem sehr deutlich die Tendenz zur Psychologisierung von Spiritualität und Esoterik feststellen, wie beispielsweise die folgende Beschreibung eines Astrologie-Lehrgangs zeigt:

»Die moderne, humanistisch orientierte Astrologie versteht das Geburtsbild nicht als statische, unveränderliche Größe mit determinierender Auswirkung, sondern als Ausdruck des veränderlich-dynamischen Wechselspiels menschlicher Anlagekräfte, die sich in einem stetigen Lern- und Entwicklungsprozess befinden. Die Auseinandersetzung mit dem Geburtsbild bietet die Gelegenheit, die Vielfalt eigener Anlagen zu entdecken, bewusst und zugänglich zu machen.

[…] Viele oft nur als sinnloser Akt des Schicksals empfundene Ereignisse, deren Botschaft verborgen blieb, können mithilfe der analogen Symbolsprache der Astrologie entschlüsselt und in ihrer eigentlichen Bedeutung gesehen werden.«[2]

Der harte esoterische Kern der Astrologie, der Einfluss der Sternenkonstellation auf die Persönlichkeit des Menschen, tritt in den Hintergrund, das primäre Ziel ist die Nutzung der astrologischen Symbolsprache als Mittel zur Selbsterkenntnis und Entwicklung der eigenen Persönlichkeit. In ähnlicher Weise spielen im Neo-Schamanismus die für moderne westliche Menschen schwer nachvollziehbaren spiritistischen Vorstellungen des traditionellen Schamanismus nur mehr eine geringe Rolle; es geht primär darum, die schamanischen Techniken – Trance- und Trommelrituale, Phantasiereisen u.dgl. – als Mittel zur Lösung von psychischen Konflikten und zur Entdeckung bisher nicht wahrgenommener Persönlichkeitsanteile zu nutzen.

Angesichts der zunehmenden Kommerzialisierung des holistischen Angebots war für uns auch die Frage von Interesse, auf welche Art und Weise holistische Anbieter ihre Dienste vermarkten und anbieten. Ein erheblicher Teil der Praktiker verfügt über eine Homepage und die meisten haben Werbematerialen (Flyer), die sie in der eigenen Praxis, in der Praxis von befreundeten Kollegen oder in einschlägigen Institutionen und Geschäften auflegen. Die wichtigste Werbung ist jedoch nach einhelliger Meinung die Mundpropaganda ihrer Klienten.

Nach den Ergebnissen unserer Erhebung bieten etwa 65% der holistischen Praktiker in Klagenfurt ihre therapeutischen Dienste und Gruppenaktivitäten in einer Einzelpraxis an, wahrscheinlich zum Teil in der eigenen Wohnung. Der Rest arbeitet in einer Institution oder Gemeinschaftspraxis. Der größte Anbieter holistischer Praktiken in Klagenfurt ist das *Ganzheitliche Therapiezentrum Oasis*. In dieser Einrichtung arbeiten ca. 20 Personen, darunter zwei Zahnärzte und eine Allgemeinmedizinerin, mehrere Psychologinnen und Psychotherapeutinnen, Masseure und Physiotherapeutinnen, eine Logopädin und eine Kosmetikerin. Etwa die Hälfte der Mitarbeiter dieses Zentrums bietet – zum Teil neben ihren konventionellen Behandlungsmethoden, zum Teil ausschließlich – holistische Therapien und Kursaktivitäten an. Im Untersuchungszeitraum war auch ein komplementärmedizinisches

2 http://www.astrologie-lehrgang.at/index.php?id=32, 27.2.2011.

Zentrum am Landeskrankenhaus Klagenfurt im Entstehen. Auch an der Volkshochschule in Klagenfurt werden eine Reihe an holistischen Praktiken angeboten: Astrologie, Radioästhesie, Qi Gong, Yoga, Shiatsu, Feldenkrais-Methode und TCM. Daneben gibt es zwei weitere Institute, in denen zum Zeitpunkt der Erhebung jeweils fünf bis sechs holistische Therapeuten tätig waren: die im Jahr 2000 von einem indischen Chirurgen und Ayurvedaarzt gegründete Ayurveda- und Venenklinik und das *Paracelsus Therapeutikon* für anthroposophisch ergänzte Medizin. Bei den übrigen Einrichtungen handelt es sich um kleinere Institutionen und Gemeinschaftspraxen, in denen jeweils nur ein bis drei holistische Praktiker arbeiten, darunter zwei kleine Yogazentren und zwei Fitness-Studios.

Im Bezirk Leoben ist der größte institutionelle Anbieter an holistischen Praktiken die Volkshochschule. Zum Zeitpunkt der Erhebung boten dort zehn Fachkräfte Kurse in Astrologie, Mentaltraining, Bachblüten, NLP, Emotional Freedom Technique (EFT), Meditation, Qi Gong und Emotionale Balance- und Meridianklopftechnik an. Die einzige sonstige Einrichtung im Bezirk mit einem breiteren holistischen Angebot ist die Stadtapotheke Trofaiach, deren Mitarbeiter sich auf alternative pharmazeutische Behandlungs- und Beratungsmethoden wie Homöopathie, Schüsslersalze, Antlitzanalyse, Aura Soma (eine Kombination aus Farb-, Aroma- und Edelsteintherapie) sowie asiatische Heilessenzen spezialisiert haben. Daneben gibt es fünf weitere Einrichtungen und Praxen, in denen jeweils ein oder zwei holistische Praktiker ihre Dienste anbieten, darunter ein Physiotherapiezentrum und das *Wellnesszentrum Asia Spa*. Der Rest, mehr als drei Viertel der Praktiker, arbeitet alleine ohne institutionelle Anbindung.

Der Vergleich zwischen Klagenfurt und dem Bezirk Leoben zeigt, dass die Struktur des Angebots bezüglich der Verteilung auf verschiedene Bereiche von ganzheitlichen Lebenshilfen im Großen und Ganzen ähnlich ist. Die Bildung von Institutionen und Betrieben, die sich auf holistische Angebote spezialisieren, dürfte jedoch von spezifischen lokalen Konstellationen abhängig sein. Vor einigen Jahren machten wir im Rahmen eines soziologischen Forschungspraktikums eine Erhebung des holistischen Marktes in Graz, einer Stadt mit ca. 230.000 Einwohnern (vgl. Höllinger 2008). Auch wenn die Ergebnisse dieser Studie nicht mit jenen der hier vorliegenden Untersuchung vergleichbar sind, weil dort nicht die Anbieter, sondern die Zahl der angebotenen Kurse, Workshops u.dgl. ermittelt wurde, legt der Vergleich zwischen Leoben, Klagenfurt und Graz doch die Vermutung nahe, dass mit zunehmender Stadtgröße auch der Grad der Institutionalisierung und der kommerziellen Vermarktung des holistischen Angebots steigt. In Graz fanden wir 16 Zentren und Einrichtungen, in denen im Verlauf des Wintersemesters 2005-06 jeweils mindestens 10 (in einem Fall sogar über 50) holistische Gruppenaktivitäten angeboten wurden. Einige dieser Einrichtungen richten ihr Angebot ausdrücklich auch an die Zielgruppe der Wirtschaftsbetriebe und Führungskräfte in der Wirtschaft. In den Werbematerialien der holistischen Anbieter in Klagenfurt und im Bezirk Leoben fanden wir keine derartigen Hinweise.

Tabelle 4: Schätzung des Anteils der regelmäßigen Teilnehmer holistischer Aktivitäten

	Zahl der Anbieter	Zahl der Klienten pro Woche	Einwohner	Anteil Aktive in der Altersgruppe 20-65 J.
Klagenfurt	190	2.130	92.000	3,8%
Bezirk Leoben	105	1.030	65.000	2,6%
Zum Vergleich: Kendal u. Umgebung	95	600	37.000	2,7%

In der Telefonbefragung wurden die Anbieter auch nach der Zahl ihrer Klienten gefragt. Um eine möglichst realistische und genaue Schätzung zu erhalten, fragten wir getrennt a) nach der Zahl der Klienten in Einzelbehandlung in der vergangenen Arbeitswoche, b) nach der Summe der Teilnehmer bei regelmäßig stattfindenden Gruppenaktivitäten (Kurse) in der vergangenen Woche und c) nach der Summe der Teilnehmer bei (mehrtägigen) Wochenendkursen im Verlauf der letzten 12 Monate. Auf der Basis der Angaben der 114 Therapeuten, die darüber telefonisch Auskunft erteilten, nahmen wir eine Schätzung der Gesamtzahl der Personen vor, die in den beiden Untersuchungsregionen wöchentlich holistische Aktivitäten ausüben (Tabelle 4). Nach dieser Schätzung nehmen in Klagenfurt knapp 4% der Bevölkerung im Alter von 20 bis 65 Jahren im Verlauf einer Woche an einer holistischen Aktivität teil. Für den Bezirk Leoben beträgt dieser Anteil 2,6%. Dies entspricht in etwa dem Anteil an holistischen Akteuren, den Paul Heelas und Linda Woodhead für die nordenglische Kleinstadt Kendal errechneten (Heelas/Woodhead 2005). Heelas und Woodhead ermittelten in ihrer Studie auch den Anteil der wöchentlichen Gottesdienstbesucher an der Gesamtbevölkerung von Kendal und stellten fest, dass dieser ca. fünf Mal so hoch ist wie der Anteil der wöchentlichen Teilnehmer holistischer Aktivitäten. In einem Kommentar zur Kendal-Studie sehen David Voas und Steve Bruce (2007) in diesen Ergebnissen einen Beleg dafür, dass die Bedeutung des holistischen Milieus viel geringer ist als manche Wissenschaftler behaupten. Bei der Betrachtung dieser Ergebnisse sollte man aber berücksichtigen, dass viele holistische Praktiken und Angebote, insbesondere therapeutische Behandlungen, üblicherweise nicht regelmäßig, sondern nur bei Bedarf ausgeübt oder in Anspruch genommen werden. Wie der kommende Abschnitt zeigen wird, ist der Anteil der Personen, die bereits persönliche Erfahrungen mit ganzheitlichen Lebenshilfen gemacht haben, um ein vielfaches höher als der Anteil derer, die solche Praktiken (zu einem bestimmten Zeitpunkt) regelmäßig ausüben.

5.2 VERBREITUNG HOLISTISCHER AKTIVITÄTEN IN DER GESAMTBEVÖLKERUNG

Das Kernstück des Fragebogens der repräsentativen Bevölkerungsumfrage bildet eine Liste mit ca. 35 holistischen Aktivitäten. Es sind dies jene Aktivitäten, die nach den Ergebnissen der Erhebung der holistischen Praktiker am häufigsten angeboten werden. Die Befragten wurden gebeten anzugeben, mit welchen dieser Methoden sie persönliche Erfahrungen haben. Für die ergänzende Oversample-Befragung von Teilnehmern holistischer Gruppenaktivitäten wurde eine identische Aktivitätenliste verwendet. Diese Fragebögen wurden in Yoga-, Shiatsu-, Astrologiekursen u.dgl. in Klagenfurt, Leoben und Graz verteilt.

Tabelle 5 zeigt den Anteil der Befragten in der Repräsentativstichprobe und in der Oversample-Stichprobe, die Erfahrungen mit bestimmten holistischen Praktiken haben. Die beiden größten Bereiche, alternativmedizinische Methoden und Körper-Bewusstseins-Übungen, wurden zu Überkategorien zusammengefasst. Die am weitesten verbreitete ganzheitliche Heilmethode in Österreich ist die Homöopathie; fast ein Drittel der Befragten war schon einmal oder mehrmals in Behandlung bei einem Homöopathen; der Anteil derer, die (fallweise oder regelmäßig) homöopathische Medikamente verwenden, liegt bei über 50%.

Tabelle 5: Verbreitung holistischer Praktiken
(% der Befragten haben Erfahrung mit...)

	Bevölkerung (N=1020)	Holist. Milieu (N=207)
Alternativmedizin + Massagen (gesamt)	(36)[1]	(94)[1]
Homöopathische Behandlung	28	63
Akupunktur	13	67
Reiki, Kinesiologie, TCM, Shiatsu	6-9	32-47
Chakrenarbeit, Bioresonanz, Ayurveda, Edelstein-, Cranio-Sakral-Therapie Osteopathie, Klangschalene	2-5	15-26
Körper-Bewusstseins-Übungen (gesamt)	(21)[1]	(89)[1]
Yoga	12	56
Meditation, Qi Gong, Tai Chi	5-8	37-60
Pilates, Fünf Tibeter, Zen	2-5	23-29
Sonstige holistische Praktiken		
Pendeln/Wünschelrutengehen	22	55
Astrologie	19	55
Tarot, I Ging, Feng Shui	10-11	41-46
Psychotherapie	19	53
Familienaufstellung	n.e.	46
Schamanismus, Geistheilung	7	40
Okkultismus	4	20
Anzahl der Praktiken, mit denen der/die Befragte Erfahrung hat		
keine	44	0
1	19	0
2	10	1
3 bis 7	17	29
8 und mehr	10	70

Daten: ISSP-Österreich 2008 und holistisches Oversample.
Anmerkung 1: Anteil derer, die Erfahrung mit einer oder mehreren Praktiken in der jeweiligen Kategorie haben.
n.e. = nicht erhoben

Auch mit Akupunktur (13%), Reiki (9%), Kinesiologie, Traditioneller Chinesischer Medizin und Shiatsu (jeweils 6-7%) hat schon ein beträchtlicher Teil der Befragten persönliche Erfahrungen. In Summe hat mehr als ein Drittel (36%) der Befragten schon alternative Gesundheitspraktiken ausprobiert. Zirka 20% haben persönliche Erfahrungen mit holistischen Körper-Bewusstseins-Übungen. Die populärsten Methoden sind hier Yoga (12%), Meditation, Qi Gong und Tai Chi (jeweils 5% bis 8%). Ebenfalls etwa 20% beträgt der Anteil derer, die schon einen Pendler oder Wünschelrutengänger konsultiert haben, in einer astrologischen Beratung waren (oder sich selbst mit Astrologie beschäftigen) und/oder eine Psychotherapie gemacht haben. Mit schamanischen und okkulten Praktiken haben hingegen nur relativ Wenige (4% bis 7%) persönliche Erfahrungen. Die Ergebnisse der Repräsentativbefragung bezüglich der Verteilung auf verschiedene Aktivitätsbereiche stimmen somit tendenziell mit den Ergebnissen der Erhebung der holistischen Anbieter überein.

Im Oversample der Teilnehmer von ganzheitlichen Gruppenaktivitäten haben fast alle bereits eine oder mehrere alternative Gesundheitsmethoden ausprobiert; 90% praktizieren Körper-Bewusstseins-Übungen wie Yoga oder Tai Chi; jeweils 40% bis 50% haben Erfahrungen mit Geoästhesie, Feng Shui, Astrologie, Tarot-Karten, Psychotherapie und auch mit Schamanismus. Sehr beliebt ist in holistischen Kreisen seit einigen Jahren die systemische Familienaufstellung, die wir aus diesem Grund als eigene Kategorie erhoben haben.

Im Oversample wird somit die für das holistische Milieu charakteristische »Patchwork-Spiritualität« bzw. der Typus des »spirituellen Wanderers« klar ersichtlich: Mehr als zwei Drittel der Befragten dieser Stichprobe haben acht oder mehr Praktiken ausprobiert. Da die Beschäftigung mit einer größeren Zahl an spirituellen, esoterischen und alternativtherapeutischen Methoden ein konstitutives Merkmal der holistischen Spiritualität darstellt, wollen wir im Folgenden jene, die persönliche Erfahrungen mit acht oder mehr Praktiken haben, als Kerngruppe des holistischen Milieus bezeichnen. Nach den Ergebnissen der Repräsentativbefragung sind dies fast 10% der Befragten. Der Anteil derer, die schon mit irgendwelchen holistischen Praktiken in Berührung gekommen sind, ist viel größer: Mehr als 50% der Befragten haben schon zumindest eine holistische Praktik ausprobiert; etwa ein Drittel hat Erfahrungen mit zwei oder mehreren Praktiken.

Neben der Ausübung holistischer Praktiken war für uns auch die Frage von Interesse, wie weit diese Methoden in der Bevölkerung bekannt sind. Der Bekanntheitsgrad holistischer Praktiken ist mittlerweile recht groß: Etwa 80 % der Befragten der Repräsentativstichprobe gaben an, schon etwas über alternative Heilmethoden und über ganzheitliche Körper-Bewusstseins-Übungen gehört oder gelesen zu haben.

Fast ebenso viele kennen Schamanismus und/oder Geistheilung zumindest vom Hörensagen oder Lesen. Jene, die bestimmte holistische Methoden persönlich oder aus Gesprächen, Büchern oder Medien kennen, wurden zudem auch gefragt, was sie von diesen Methoden halten. Zur Verdeutlichung der Antwortmuster werden in Tabelle 6 nur die Prozentanteile der eindeutig positiven (ich halte »sehr viel« oder »viel« davon) und der eindeutig negativen Einstellungen (ich halte »wenig« oder »gar nichts« davon) dargestellt; die Kategorien »ich halte etwas davon« und »weiß nicht« wurden weggelassen.

Tabelle 6: Bewertung holistischer Praktiken, nach persönlicher Erfahrung und Bildungsniveau (Angaben in %)

	ich halte davon	gesamt	persönliche Erfahrung		Bildung	
			ja[1]	nein	ohne Mat.	mit Mat.
Alternativmedizin	viel[2]	35	75	18	29	45
	wenig[2]	27	3	37	32	19
Körper-Bewusstseins-Übungen	viel	31	75	16	24	45
	wenig	29	4	39	35	18
Astrologie (Geburtshoroskop)	viel	11	37	5	10	13
	wenig	66	23	76	69	59
Schamanismus, Geistheilung	viel	9	58	4	7	13
	wenig	70	8	76	73	64

Daten: ISSP-2008 Österreich, N= 1020.

Anmerkungen: 1. Die Zahl der Personen mit persönl. Erfahrungen beträgt bei Alternativmedizin: 231; Körper-Bewusstseinsübungen: 216; Astrologie: 190; Schamanismus: 72.

2. viel = »sehr viel« oder »viel«; wenig = »wenig« oder »gar nichts«.

Die Tabelle zeigt, dass die Einstellung zu ganzheitlichen Lebenshilfen stark davon abhängt, um welche Art von Methoden es sich handelt. Bei alternativmedizinischen Heilverfahren und Körper-Bewusst-seins-Übungen wie Yoga oder Tai Chi lässt sich in der Gesamtbevölkerung ein leichtes Übergewicht an positiven gegenüber negativen Bewertungen feststellen. Im höheren Bildungsmilieu sind positive Einstellungen viel deutlicher ausgeprägt, bei den weniger Gebildeten ist die Skepsis größer. Personen, die persönliche Erfahrungen mit derartigen Methoden haben, halten fast durchgängig viel davon. Bei jenen, die keine Erfahrung damit haben, überwiegt zwar nach wie vor der Anteil der Skeptiker; es gibt aber bereits eine erhebliche Zahl an Personen, die diese Methoden positiv beurteilen, auch wenn sie noch keine persönlichen Erfahrungen damit haben. Die relativ positiven Einstellungen lassen sich wahrscheinlich dadurch erklären, dass fernöstliche Körper-Bewusstseins-Übungen wie Yoga oder Tai Chi, aber auch viele alternativmedizinische Verfahren in den letzten Jahren immer mehr den Nimbus des Exotischen und Esoterischen verloren haben. Die gesundheitsförderlichen und wohltuenden Wirkungen dieser Methoden sind für viele Menschen rational durchaus nachvollziehbar oder zumindest empirisch evident, selbst wenn kritische Wissenschaftler komplementärmedizinische Ansätze, Psychotechniken und andere »parawissenschaftliche« Methoden weiterhin als Scharlatanerie und Aberglaube diffamieren und ihre Wirkung als Placebo-Effekt abtun.[3]

Die Einstellungen zur Astrologie, zu Schamanismus und Geistheilung und vermutlich auch zu anderen Methoden, die auf esoterischen, okkulten oder spiritistischen Vorstellungen beruhen, hängen hingegen stark davon ab, ob man persönliche Erfahrungen mit diesen Methoden hatt. Die überwiegende Mehrheit derer, die schamanische Rituale und die Technik der astrologischen Persönlichkeitsanalyse nur vom Hörensagen kennen, hält nichts von derartigen Methoden. Jene hingegen, die persönliche Erfahrungen mit diesen Praktiken haben, sind mehrheitlich von ihrer Wirksamkeit und ihren positiven Effekten überzeugt. Sehr deutlich zeigt sich dies in Bezug auf den Schamanismus. Bezüglich der Astrologie hingegen ist sogar ein erheblicher Teil derer skeptisch, die sich schon selbst ein Geburtshoroskop erstellen haben lassen.

Kommen wir nun wieder zurück zur Gruppe derer, die persönliche Erfahrungen mit holistischen Methoden haben. Um zu zeigen, welche Praktiken besonders häufig (gleichzeitig oder zu unterschiedlichen Zeitpunkten) miteinander kombiniert werden, wurden in Tabelle 7 die Korrelationen zwischen den entsprechenden Variablen berechnet. Die alternativmedizinischen Praktiken und die Körper-Bewusstseins-Übungen (Yoga, Tai Chi, Zen-Meditation usw.) wurden jeweils zu einer Summenskala zusammengefasst (es wurde die Zahl der Praktiken gezählt, mit denen man persönliche Erfahrungen hat). Die Variablen

---

3 Siehe z.B. die Beiträge auf der Homepage: Die Skeptiker. Gesellschaft zur wissenschaftlichen Untersuchung von Parawissenschaften, http://www.gwup.org, 20.6.2011.

wurden in der Tabelle nach der Höhe der Korrelation angeordnet. Je höher die Korrelationen, desto näher stehen die jeweiligen Praktiken im Zentrum des Spektrums an holistischen Aktivitäten. Den Kernbereich bilden demnach alternativmedizinische Praktiken und fernöstliche Körper-Bewusstseins-Übungen. Viele von denen, die sich intensiver mit solchen Praktiken auseinandersetzen, kommen im Verlauf ihrer spirituellen Suche auch mit Schamanismus, Feng Shui, Astrologie, Tarot und/oder I-Ging in Berührung. Bei Geomantie und Psychotherapie sind die Korrelationen mit den anderen holistischen Praktiken bereits erheblich niedriger. In Prozentwerten ausgedrückt ist der Zusammenhang aber immer noch sehr deutlich sichtbar: So hat beispielsweise fast die Hälfte (45%) derer, die über Erfahrungen mit Körper-Bewusstseinstechniken verfügen, schon eine Psychotherapie absolviert; im Rest der Stichprobe trifft dies nur für 12% zu.

Tabelle 7: Korrelation zwischen den holistischen Praktiken

	Alternativmed.	Yoga, Tai Chi etc.	Schamanismus	Feng Shui	Astrologie	Tarot I-Ging	Geomantie	Psychotherapie
Alternativmedizin	1,00	,65	,52	,55	,51	,47	,35	,29
Yoga, Tai Chi, Zen, etc.	,65	1,00	,51	,47	,43	,36	,27	,32
Schamanismus	,52	,51	1,00	,49	,39	,44	,32	,30
Feng Shui	,55	,47	,49	1,00	,38	,38	,35	,30
Astrologie	,51	,43	,39	,38	1,00	,47	,25	,26
Tarot, I-Ging	,47	,36	,44	,38	,47	1,00	,35	,26
Geomantie	,35	,27	,32	,35	,25	,35	1,00	,18
Psychotherapie	,29	,32	,30	,30	,26	,26	,18	1,00

Daten: ISSP-2008 Österreich.

Wir möchten nun die Ergebnisse unserer Studie bezüglich der Ausdehnung des holistischen Milieus mit einigen anderen Studien vergleichen, in denen ebenfalls nach Erfahrungen mit holistischen Praktiken gefragt wurde. Das Problem bei diesem Vergleich besteht darin, dass die Ausübung holistischer Praktiken in anderen Studien jeweils unterschiedlich erhoben wurde. Zum Teil wurden sehr breite Kategorien verwendet (»Haben Sie Erfahrung mit Alternativmedizin?«), zum Teil exemplarisch bestimmte Praktiken herausgegriffen (»Haben Sie Erfahrung mit Edelsteintherapie oder Bachblüten?«). Auch die Antwortkategorien sind unterschiedlich. Die Ergebnisse sind daher nur bedingt vergleichbar. Dort, wo identische Itemformulierungen verwendet wurden, sind die Ergebnisse relativ ähnlich. So liegt in einer österreichischen, einer deutschen und einer britischen Repräsentativbefragung, die im Zeitraum von 1998 bis 2002 durchgeführt wurden, der Anteil derer, die angeben, Erfahrung mit Tarot-Karten oder Wahrsagerei zu haben, jeweils zwischen 14% und 17%[4]; je nach Land geben 15% bis 25% an, Erfahrung mit der Interpretation des Geburtshoroskops zu haben. 18% der Deutschen und 22% der Österreicher haben diesen Studien zu Folge Erfahrungen mit Pendeln, jeweils ca. 6% der Deutschen und Briten waren schon einmal bei einem Wunderheiler.

Einer der Autoren dieses Buchs organisierte im Jahr 2000 eine international vergleichende Studie zum Thema Religion und Esoterik, bei der ca. 4000 Studierende in elf Ländern mit einem identischen Fragebogen befragt wurden, sodass hier die Ergebnisse über alle Länder hinweg vergleichbar sind (siehe Höllinger/Smith 2002). In der Studie wurde nach Erfahrungen mit folgenden Arten von Praktiken gefragt: (1) Körperübungen wie Yoga und Tai Chi, (2) Akupunktur, (3) alternative Heilmethoden, (4) Psychotherapie, (5) Wunderheilung, (6) Tarot-Karten und/oder I-Ging und (7) Astrologie. Der Anteil derer, die diese Praktiken regelmäßig ausüben, ist relativ gering: Im Durchschnitt aller Länder gaben 2,5% an, regelmäßig Yoga oder andere fernöstliche Körperübungen zu machen, etwa zwei Prozent befassen sich kontinuierlich mit Tarot-Karten oder Astrologie, vier Prozent meditieren regelmäßig, sechs Prozent verwenden (im Bedarfsfall) regelmäßig alternative Heilmethoden. Wesentlich größer ist die Zahl jener, die schon holistische Praktiken ausprobiert haben. Nach den Ergebnissen der Studie haben 37% aller befragten Studierenden persönliche Erfahrungen mit mindestens zwei von den oben angeführten Methoden. In Deutschland, Großbritannien, Österreich und Israel liegt dieser Anteil mit 40% bis 45% etwas über dem Durchschnitt; in Italien, in den USA wie auch in den drei südamerikanischen Ländern Brasilien, Kolumbien und Uruguay beträgt er 35% bis 40%; nur in Portugal und in Argentinien ist er deutlich niedriger (15% bis 20%).

---

4 Datenquelle: für Österreich: ISSP-1998 (mit Zusatzfragen Esoterik); für Deutschland: ALLBUS 2002; für Großbritannien: Bruce 2002: 81.

Nach den Ergebnissen der österreichischen Repräsentativbefragungen ISSP-1998 und ISSP-2008 sowie des deutschen ALLBUS 2002 ist in Österreich und Deutschland die Bereitschaft, holistische Methoden auszuprobieren, bei Studierenden etwas, aber nicht viel höher als der Gesamtbevölkerung. Dies gilt vermutlich auch für andere westeuropäische Länder und für die USA. Die überraschend hohen Werte bei den südamerikanischen Studenten dürften hingegen weit über den Werten der Gesamtbevölkerung liegen und nur für die Studierenden an Eliteuniversitäten in den Großstädten gelten. In kleineren Städten und in den ländlichen Regionen dieser Länder sind moderne holistische Methoden noch kaum bekannt; stattdessen sind dort traditionelle magisch-spiritistische Praktiken und Heilmethoden noch weit verbreitet (Höllinger 2007).

In Verbindung mit den Befunden anderer Studien und den Einschätzungen anderer Autoren (Heelas 1996, Heelas/Woodhead 2005) können wir die in diesem Kapitel dargestellten Ergebnisse wie folgt zusammenfassen: In Österreich wie auch in anderen hochentwickelten Ländern des Westens nimmt ca. ein Viertel bis ein Drittel der erwachsenen Bevölkerung ab und zu holistische Lebenshilfen in Anspruch. Der Anteil der überzeugten holistischen Akteure, die im Lauf ihres Lebens bewusst immer wieder neue Methoden ausprobieren und diese zum Teil regelmäßig ausüben, ist viel kleiner; er umfasst, je nachdem, wie eng man die Grenzen zieht, ca. 4% bis 8% der Erwachsenenpopulation. Schätzungen bei verschiedenen Autoren (z.B. Mörth 1989; Heelas 1996) deuten darauf hin, dass sich dieser Anteil in den letzten 25 Jahren nicht wesentlich verändert hat. Es ist jedoch anzunehmen, dass der erweiterte Kreis derer, die holistische Lebenshilfen fallweise in Anspruch nehmen, in diesem Zeitraum erheblich gestiegen ist.

5.3 Das religiöse Feld in Österreich

Anhand der Daten der Repräsentativbefragung soll nun versucht werden, die Größe des holistischen Milieus und seinen Stellenwert innerhalb des gesamten religiösen Feldes der aktuellen österreichischen Gesellschaft zu bestimmen. Wir haben zu diesem Zweck eine Typologie religiöser Milieus entwickelt, die zum einen die Erfahrung mit holistischen Praktiken, zum anderen die beiden wichtigsten Indikatoren für konventionelle religiöse Praxis, den Gottesdienstbesuch und das Gebet, einbezieht. Die Entscheidung, eine Typologie zu konstruieren, die nur die Praxis (und nicht auch die Glaubensebene) berücksichtigt, lässt sich zum einen damit begründen, dass dadurch eine transparentere und eindeutigere Zuordnung möglich ist als wenn man zusätzlich auch die Glaubensvorstellungen in die Typenbildung einbezieht. Diese Entscheidung hat aber auch inhaltliche Gründe:

Viele soziologische Definitionen der Religion wie etwa jene von Emile Durkheim (1981), Robert Bellah (1964) oder Martin Riesebrodt (2007), gehen davon aus, dass zur Religion zwei Komponenten gehören: Glaubensvorstellungen (Vorstellungen über die Existenz von »heiligen Dingen«) und Handlungen (Praktiken, Rituale), die sich auf die religiösen Vorstellungen beziehen. In früheren Gesellschaften waren religiöse Mythen und Rituale untrennbar miteinander verknüpft. Im Ritual wird die mythische Wirklichkeit dargestellt; umgekehrt fasst der Mythos die emotionalen Erfahrungen, die durch Rituale hervorgerufen werden, in Worte und Bilder (vgl. Bell 2009: 3ff.). Seit dem Zeitalter der Reformation und der daran anschließenden Epoche der Aufklärung kam es in Europa sowohl zu einer Entzauberung der religiösen Weltbilder als auch zu einer Entritualisierung der Religion. Dadurch kann nunmehr der Fall eintreten, dass manche Menschen einen vagen Glauben an die Existenz einer höheren Macht aufrecht erhalten, die Religion aber de facto nicht mehr praktizieren. Andererseits wurden in den letzten Jahrzehnten religiöse Heilswege und Praktiken, die aus den mystischen, esoterischen oder magisch-volksreligiösen Traditionen unserer eigenen Kultur oder aus anderen Kulturen stammen, wiederentdeckt. Diese Rituale werden vielfach aus dem religiös-kulturellen Kontext, in dem sie entstanden sind, herausgelöst und vor allem wegen ihrer praktischen Auswirkungen auf die körperlich-seelische Befindlichkeit ausgeübt. In beiden Fällen, im Fall des traditionellen christlichen »Restglaubens« wie auch im Fall des holistischen »Neo-Ritualismus«, haben wir es mit einer vagen, im Sinne der klassischen Definitionen unvollständigen Form von Religiosität zu tun. In der kopflastigen, protestantisch geprägten westlichen Wissenschaftskultur besteht eine Tendenz, die kognitive Ebene des Glaubens als entscheidendes Kriterium für das Vorhandensein von Religion zu betrachten. Wir vertreten hingegen die Ansicht, dass Religiosität im Zweifelsfall eher im rituellen Tun als im bloßen Glauben zum Ausdruck kommt (vgl. dazu Scheff 2001: 114) und wählten dementsprechend die Praxis als Kriterium für unsere Typenbildung.

Tabelle 8: Das religiöse Feld in Österreich

	Repräsentativstichprobe N=996[1]						Holist. Over-sample
	Nicht Reli-giöse	Christlicher		Christl. & Holist.	Holistischer		
		Rand	Kern		Rand	Kern	
n =	258	253	117	152	148	68	207
	%	%	%	%	%	%	%
Gottesdienst-besuch							
(fast) nie[2]	100	29			100	100	68
öfters		71		63			27
regelmäßig[3]			100	37			7
Beten							
(fast) nie[2]	100	10		6	62	60	40
öfters		72	50	45	26	18	31
regelmäßig[4]		18	50	49	12	22	28
Holistische Aktivitäten							
0 oder 1	100	100	100				
2 bis 7				78	100		30
8 oder mehr				22		100	70

Anmerkungen:
Die 24 muslimischen Befragten wurden ausgeschlossen.
Gottesdienstbesuch (fast) nie = seltener als 1x im Jahr;
Gottesdienstbesuch regelmäßig = mindestens 2-3x pro Monat;
Beten regelmäßig = mindestens mehrmals pro Woche.

Auf der Grundlage der drei Indikatoren Gottesdienstbesuch, Beten und Ausübung holistischer Praktiken wurden folgende Typen der Religiosität gebildet (siehe Tabelle 8):

- *Christlicher (kirchlicher) Kern*: Personen, die regelmäßig einen Gottesdienst besuchen, aber keine oder fast keine Erfahrung mit holistischen Praktiken haben (12% der Stichprobe);
- *Christlicher Rand*: Personen, die gelegentlich einen Gottesdienst besuchen und/oder gelegentlich beten, aber keine oder fast keine Erfahrung mit holistischen Praktiken haben (25%);
- *Holistischer Kern*: Personen, die persönliche Erfahrung mit mindestens 8 holistischen Praktiken haben, aber nie oder fast nie einen Gottesdienst besuchen (7%);
- *Holistischer Rand*: Personen, die 2 bis 7 holistische Praktiken ausprobiert haben, aber (fast) nie einen Gottesdienst besuchen (15%);

- *Christlich und holistisch Religiöse*: Personen, die mindestens zwei holistische Praktiken ausprobiert haben und zumindest einige Male im Jahr einen Gottesdienst besuchen (15%);
- *Nichtreligiöse*: Personen, die (fast) nie einen Gottesdienst besuchen, (fast) nie beten und keine oder fast keine Erfahrungen mit holistischen Praktiken haben (26%).

Die Festlegung der Abgrenzungskriterien zwischen den einzelnen Typen ist natürlich zu einem gewissen Grad willkürlich. Man könnte auch jene Befragten, die nur eine holistische Praktik ausprobiert haben, zum erweiterten Kreis des holistischen Milieu rechnen[5] und dieses damit vergrößern; umgekehrt würde man es bei einer höheren Untergrenze an ausgeübten Praktiken verkleinern. Da das Experimentieren mit verschiedenen Praktiken ein zentrales Kriterium für das holistische Milieu ist, scheint die Erfahrung mit einer großen Zahl an Praktiken ein gutes Kriterium für die Zugehörigkeit zur Kerngruppe dieses Milieus zu sein. Die Festlegung auf die Zahl acht ist natürlich willkürlich. Ähnliches gilt auch für die operationale Definition der christlichen Kern- und Randgruppe. Dennoch glauben wir, dass die von uns gewählten Abgrenzungskriterien die Größenverhältnisse der Teilmilieus des religiösen Feldes in Österreich einigermaßen realistisch abbilden: Etwa die Hälfte der erwachsenen Österreicher hat demnach nach wie vor ein mehr oder weniger starkes Naheverhältnis zur Kirche bzw. zur traditionellen christlichen Religion. Etwa ein Drittel (36%) hat zumindest eine gewisse Affinität zu holistischen Praktiken; unserer Typologie zu Folge ist der Unterschied zwischen der Größe des christlich-kirchlichen und des holistischen Milieus somit deutlich geringer als dies manche kirchennahe Religionssoziologen (z.B. Voas/Bruce 2007; Pollack 2009) annehmen. Beträchtlich ist auch der Anteil derer, die nach wie vor in der Kirche verankert sind, zugleich aber bei Bedarf holistische Lebenshilfen in Anspruch nehmen.

Wenn man nicht davon ausgeht, dass jeder Mensch religiös ist, wie dies manche Theologen und Religionssoziologen tun, sondern von Religiosität nur dann spricht, wenn sich dies auf konkrete Weise in der Lebensführung äußert, dann ist unserer Klassifikation zu Folge etwa

5 Personen, die nur mit einer Praxis Erfahrung haben, wurden deshalb nicht zum holistischen Milieu gerechnet, weil ihnen die für dieses Milieu charakteristische Suchhaltung fehlt.

ein Viertel der Österreicher als nicht religiös zu bezeichnen. Hiermit soll nicht ausgeschlossen sein, dass auch manche von diesen Personen in besonderen Lebenssituationen – etwa anlässlich der Geburt eines Kindes, eines Todesfalls oder einer lebensbedrohenden Krankheit – Empfindungen haben, die man üblicherweise als religiös bezeichnet.

Tabelle 9: Religiöse und esoterische Glaubensvorstellungen in den verschiedenen religiösen Milieus

	Gesamt	Nicht religiös	Christlicher		Christl. & Holist.	Holistischer	
			Rand	Kern		Rand	Kern
n=	985	258	253	117	152	148	68
	%	%	%	%	%	%	%
Selbsteinstufung als							
religiös	46	9	57	96	82	22	37
nicht religiös[1]	32	66	17	1	7	51	28
spirituell	33	15	21	34	54	39	84
nicht spirituell[1]	53	59	70	56	38	41	13
Glaube an							
Gott	41	22	44	77	72	21	10
spirituelle Kraft	27	23	26	13	16	39	72
Leben nach d. Tod	51	31	47	71	71	40	79
Himmel	40	24	38	67	59	32	35
Hölle	27	19	25	50	41	17	21
Reinkarnation	31	20	25	22	41	34	78
Glaube an							
Wunder	56	31	59	84	76	47	72
Wahrsager	26	14	19	26	41	30	57
Wunderheiler	39	24	28	44	59	43	72
Astrologie	32	22	26	30	39	35	74

Quelle: ISSP-2008 Österreich.
Anmerkung 1: Der (auf 100% fehlende) Rest der Befragten enthielt sich einer Selbsteinstufung als religiös / nichtreligiös (bzw. spirituell / nicht spirituell).

In Tabelle 9 sehen wir, dass unsere Zuordnung zu religiösen Milieus nach dem Kriterium der Praxis in hohem Maße mit der subjektiven Selbsteinstufung übereinstimmt. Befragte, die wir zur kirchlichen Kerngruppe rechnen, bezeichnen sich selbst fast durchgängig als religiös. Die Angehörigen der holistischen Kerngruppe distanzieren sich hingegen häufig vom Begriff Religiosität und stufen sich selbst meist als spirituelle Menschen ein. Jene, die wir als nichtreligiös klassifizieren, sehen sich zum überwiegenden Teil selbst weder als religiös noch als spirituell. Ähnliche Unterschiede finden wir bezüglich der religiösen Glaubensvorstellungen. Die kirchliche Kerngruppe hält an der Vorstellung eines persönlichen Gottes und an den christlichen Jenseitsvorstellungen fest; die Angehörigen des holistischen Kernmilieus bevorzugen hingegen die Vorstellung einer unpersönlichen spirituellen Kraft und den Reinkarnations-Glauben; die Nichtreligiösen glauben meist weder an Gott noch an eine spirituelle Kraft.

Die religiöse Selbsteinstufung im holistischen Randmilieu geht zwar in dieselbe Richtung wie im Kernmilieu; ein beträchtlicher Teil der Angehörigen des holistischen Randes stuft sich aber selbst weder als religiös noch als spirituell ein. Viele von ihnen können auch mit den für das holistische Kernmilieu charakteristischen Überzeugungen, dem Glauben an eine höhere spirituelle Kraft, an Reinkarnation und an magische und okkulte Phänomene (Wunderheiler, Wahrsager, Astrologie u.dgl.), nichts anfangen. Man sieht also bereits hier sehr klar, dass es sich bei der holistischen Randgruppe vielfach um Personen handelt, die holistische Lebenshilfen nur aus praktischen Gründen oder aus Neugier in Anspruch nehmen, die sich aber nicht oder nur ansatzweise mit den spirituellen Anliegen und Überzeugungen der Protagonisten des holistischen Milieus identifizieren. In den folgenden Abschnitten wird dieses Muster noch deutlicher sichtbar werden.

5.4 Die soziale Herkunft der Akteure

Die charakteristischen Merkmale der sozialen Herkunft der holistischen Akteure werden sehr klar ersichtlich, wenn man diese Gruppe mit den anderen Gruppen im religiösen Feld vergleicht.[6]

Ein erster wichtiger Faktor ist das Alter (siehe Tabelle 10). Am deutlichsten zeigt sich die Polarisierung zwischen den religiösen Milieus beim Vergleich zwischen der christlich-kirchlichen und der holisti-

---

6 Da die Verteilung nach Alter, Geschlecht und Bildung in der Stichprobe der Repräsentativbefragung von der entsprechenden Verteilung in der Gesamtbevölkerung abweicht, wurden für die Berechnungen in Kap. 6.1 die gewichteten Daten verwendet. Hierdurch wird die Anzahl der Personen in der holistischen Kerngruppe um fast 20% reduziert.

schen Kerngruppe: Mehr als zwei Drittel der regelmäßigen Gottesdienstbesucher sind über 55 Jahre alt. Jene Personen, die wir zum Kern des holistischen Milieus zählen, befinden sich hingegen vorwiegend im mittleren Lebensalter (40 bis 55 Jahre). Im Oversample der holistischen Kursteilnehmer ist der Anteil der Jüngeren (bis 39 Jahre) deutlich höher. Dies mag zum Teil daran liegen, dass die Oversample-Stichprobe nicht repräsentativ ist, zum Teil aber auch daran, dass hier nicht die Zahl der (jemals) ausgeübten Aktivitäten, sondern die aktuelle Beteiligung an einer Gruppe entscheidend ist.

Tabelle 10: Die Altersstruktur in den religiösen Sub-Milieus

	Repräsentativstichprobe							Holist. Oversample
	Gesamt	Nicht religiös	Christlicher Rand	Christlicher Kern	Christl. & Holist.	Holistischer Rand	Holistischer Kern	
n=	1002	232	269	149	153	143	56	207
Alter	%	%	%	%	%	%	%	%
18-39	38	47	41	14	33	55	27	50
40-55	32	33	30	15	38	30	66	35
56+	29	20	29	70	29	15	7	15
	100	100	100	100	100	100	100	100
Alter	Repräsentativstichprobe							
18-39	%	28	29	5	13	22	3	100
40-55	%	26	24	7	16	18	9	100
56+	%	14	28	33	17	7	1	100

Daten: ISSP-2008 Österreich (gewichtete Daten) u. holistisches Oversample.

Wenn man die Zuordnung zu religiösen Milieus innerhalb der drei Alterskohorten vergleicht (Tabelle 10, unterer Teil), ergibt sich folgendes Bild: In der Kohorte der über 55-Jährigen, das heißt der Geburtsjahrgänge vor 1953, die ihre formative Jugendphase in der Nachkriegszeit durchlebten, gibt es nur ganz Wenige (1%), die sich intensiv mit holistischen Praktiken befasst haben. Ein Drittel der Befragten dieser Altersgruppe hat noch eine enge Bindung an die Kirche. In der mittleren Alterskohorte der Geburtsjahrgänge 1953 bis 1968, deren prägende Jugendphase in die Zeit der Ausbreitung des postmaterialistischen Wertewandels, der Umweltbewegung und der ersten Welle der New-Age-Bewegung (in Österreich ca. 1970 bis 1980) fällt, geht der regelmäßige Gottesdienstbesuch drastisch (auf 5% bis 7%) zurück; der Anteil derer, die sich gänzlich von der Religion distanzieren, aber auch die Zahl derer, die mit holistischen Praktiken experimentieren, nimmt hingegen stark zu. Fast 10% der Befragten dieser Alterskohorte zählen im Sinne unserer Operationalisierung zum Kern des holistischen Milieus. In der Kohorte der nach 1968 Geborenen gibt es ebenfalls relativ viele (ca. 40%), die fallweise holistische Lebenshilfen in Anspruch nehmen. Der Anteil derer, die schon eine größere Zahl an derartigen Praktiken persönlich kennen gelernt haben, ist (noch) relativ gering. Es ist jedoch anzunehmen, dass ein Teil derer, die im jüngeren Erwachsenenalter erste Erfahrungen mit holistischen Praktiken machen, ihre spirituelle Suche auch im mittleren und höheren Lebensalter fortsetzen.

In Übereinstimmung mit vielen bisherigen Untersuchungen (z.B. Heelas/Woodhead 2005; Höllinger/Smith 2002; Houtman/Mascini 2002) zeigt auch unsere Studie, dass Frauen eine erheblich größere Affinität zu ganzheitlichen Lebenshilfen haben als Männer (Tabelle 11). Von Interesse ist daher weniger die Tatsache, dass dieser Unterschied erneut bestätigt wird, als vielmehr die Frage, warum er besteht. Dick Houtman und Stef Aupers gehen in ihrer Erklärung von den gesellschaftlichen Wandlungsprozessen aus, die zur Ausbreitung der holistischen Spiritualität führen. Da empirische Studien belegen, dass Männer und Frauen von den gesellschaftlichen Wandlungsprozessen – den Prozessen der Individualisierung, Detraditionalisierung und des postmaterialistischen Wertewandels – gleichermaßen erfasst werden, stellt die höhere Affinität der Frauen zur ganzheitlichen Spiritualität für Houtman und Aupers zunächst ein Rätsel dar. Die Lösung des »New Age Gender Puzzle« liegt ihrer Ansicht nach darin, dass der Trend zur Detraditio-nalisierung und der damit einhergehende Wandel der Geschlechtsrollen bei Frauen stärkere Spannungen und Identitätskonflikte hervorruft als bei Männern. Frauen hätten daher ein höheres Bedürfnis nach Hilfestellungen zur Identitätsfindung und Selbstverwirklichung (Houtman/Aupers 2008). Linda Woodhead schließt sich der Diagnose von Houtman/Aupers an. Ihrer Ansicht nach ist das größere Interesse von Frauen für den Wellness-Bereich, die Alternativmedizin und die neuen Formen der Spiritualität aber auch darauf zurückzuführen, dass sich die Identitätssuche von Frauen trotz des Geschlechtsrollenwandels nach wie vor stärker auf die traditionell weiblichen Bereiche der Sorge um ein attraktives Äußeres, die Gesundheit und das Wohl Anderer, wie auch auf den Bereich der Religion konzentriert (Woodhead 2007).

Tabelle 11: Soziale Determinanten der Religiosität

	Repräsentativstichprobe							Holist. Over-sample
	Ge-samt	Nicht reli-giös	Christlicher Rand	Christlicher Kern	Christl & Holist.	Holistischer Rand	Holistischer Kern	
n=	1002	232	269	149	153	143	56	207
	%	%	%	%	%	%	%	%
Geschlecht								
männlich	48	61	52	38	34	48	34	32
weiblich	52	39	48	62	66	52	66	68
Familienst.								
verheiratet	48	41	48	59	54	45	31	33
verwitwet	10	5	9	28	10	3	2	1
geschieden	13	17	11	5	13	11	25	13
ledig	30	37	32	8	23	41	42	54
Bildung								
ohne Matura	71	76	76	89	61	58	45	19
mit Matura	29	24	24	11	39	42	55	81
Berufssparte								
Gesundheit	6	6	5	4	9	6	10	17
Bildung, Wissenschaft, Sozialberuf	11	10	10	4	13	14	19	35
sonst. Berufe	83	84	85	93	78	80	71	48
Wohnort								
Großstadt	37	52	30	16	25	49	64	71
Kleinstadt oder Dorf	62	48	70	84	75	51	36	29

Daten: ISSP-2008 Österreich (gewichtete Daten) u. holistisches Oversample.

Unseres Erachtens spielt für die stärkere religiöse Empfänglichkeit von Frauen, die sich sowohl bei traditionellen Formen der Religiosität als auch im Bereich der neuen Spiritualität feststellen lässt, noch ein weiterer Faktor eine Rolle, der ebenfalls mit den traditionellen Geschlechtsrollen in Verbindung steht: Dadurch, dass Männer auf Grund des biologischen Unterschieds über viele Jahrtausende hinweg die Hauptverantwortung für den Produktionsprozess, die technologische Entwicklung und die politische Steuerung des Gemeinwesens trugen und vielfach immer noch tragen, hat sich bei ihnen die Überzeugung, das Geschehen in der Welt selbst lenken und kontrollieren zu können, stärker entwickelt als bei Frauen. Auf Grund ihres rationaleren Zugangs zur Welt sind Männer daher weniger empfänglich für religiöse, magische und sonstige holistische Welterklärungen und Praktiken, die davon ausgehen, dass unser Leben von Kräften bestimmt ist, die wir nur zum Teil beeinflussen können (vgl. Höllinger 2009).

Im Sinne dieser Argumentation sollte man annehmen, dass auch Personen mit höherer Bildung einen stärker rationalen Zugang zur Wirklichkeit haben und weniger empfänglich für Spiritualität und ganzheitliche Lebenshilfen sind. Tatsächlich ist aber genau das Gegenteil der Fall. Die Teilnehmer von holistischen Gruppenaktivitäten in der Oversample-Stichprobe und jene Befragten der Repräsentativstichprobe, die wir zur holistischen Kerngruppe rechnen, stammen stark überproportional aus der höheren Bildungsschicht. Der entscheidende Erklärungsfaktor ist hier offensichtlich, dass ein wesentliches Ziel von holistischen Praktiken darin besteht, den Einzelnen bei seinem Streben nach Selbsterkenntnis, Authentizität und Selbstverwirklichung zu unterstützen. Dieses Bedürfnis ist in den höheren Bildungsschichten stärker vorhanden. Die Affinität zu ganzheitlichen Lebenshilfen und alternativer Spiritualität einerseits bei Frauen, andererseits in der höheren Bildungsschicht spiegelt sich auch in der Berufsstruktur der holistischen Akteure wider: Sie arbeiten viel häufiger als der Rest der Bevölkerung im Gesundheitsbereich, in Sozial- und Lehrberufen sowie in akademischen Professionen. Aus der bereits erwähnten internationalen Studentenbefragung geht zudem hervor, dass sich Studierende in künstlerischen, geistes-, sozial- und gesundheitswissenschaftlichen Fächern mehr für holistische Praktiken interessieren als Absolventen von Studienrichtungen, in denen technisches, naturwissenschaftliches, ökonomisches und politisch-juridisches »Herrschaftswissen« vermittelt wird (Höllinger/Smith 2002).

Der von Houtman und Aupers thematisierte Zusammenhang zwischen postmodernen, individualisierten, nicht-traditionellen Lebensformen und der Affinität zur holistischen Spiritualität zeigt sich sehr klar auch beim Vergleich der religiösen Milieus in Hinblick auf den Familienstand. Während 85% der regelmäßigen Gottesdienstbesucher in der traditionellen Lebensform der Ehe leben (oder bis zum Tod ihres Ehepartners in dieser Lebensform gelebt haben), trifft dies nur für ein Drittel der Kerngruppe des holistischen Milieus zu. Ein Viertel von ihnen ist geschieden. Fast die Hälfte war nie verheiratet, obwohl sich ein großer Teil bereits im mittleren Lebensalter (40 bis 55 Jahre) befindet. Menschen, deren Ziel es ist, durch ihren spirituellen Selbsterfahrungsweg immer mehr zu einem selbstbestimmten, authentischen Leben zu finden, sind also häufig nicht bereit, sich auf eine dauerhafte, verbindliche und dadurch auch mit Kompromissen verbundene Zweierbeziehung einzulassen. Man kann diesen Zusammenhang aber auch umgekehrt interpretieren: Menschen, die aus welchen Gründen auch immer nicht in der Lage sind, eine dauerhafte enge Paarbeziehung zu führen, sind mehr als andere auf spirituelle und therapeutische Lebenshilfen angewiesen (vgl. Farias/Granqvist 2007).

Der Bekanntheitsgrad holistischer Praktiken hat durch den Medien- und Buchmarkt in den letzten Jahrzehnten in allen Bevölkerungsschichten stark zugenommen. Unsere Repräsentativbefragung zeigt, dass nicht nur in den größeren Städten, sondern auch am Land ca. drei Viertel und mehr schon etwas über Praktiken wie Schamanismus, Feng Shui oder Tarot-Karten gelesen oder gehört haben. Das Angebot an ganzheitlichen Lebenshilfen nimmt auch im ländlichen Raum ständig zu. Dennoch zeigt unsere Studie, dass sich das holistische Kernmilieu vorläufig noch relativ stark auf die größeren Städte konzentriert.

5.5 Motive für die Ausübung von holistischen Praktiken

Sowohl in der Repräsentativbefragung als auch im Oversample wurde nach den Motiven für die Ausübung ganzheitlicher Praktiken gefragt. Bei der Auswahl und Formulierung der Kategorien orientierten wir uns an vorhandenen Studien (z.B. Heelas/Woodhead 2005; Corrywright 2003), zudem wurde auch ein explorativer Pretest durchgeführt. Befragte, die mit bestimmten Arten von ganzheitlichen Lebenshilfen persönliche Erfahrungen haben, wurden gebeten, jeweils maximal drei Gründe anzugeben, warum sie diese Methode ausüben oder ausprobiert haben. Bei der Analyse der Daten wird ersichtlich, dass sich die Motive von Personen, die nur wenige Erfahrungen mit holistischen Methoden haben, zum Teil erheblich von den Motiven der Angehörigen der Kerngruppe des holistischen Milieus unterscheiden. Um diese Kontraste noch stärker hervorzuheben, vergleichen wir in Tabelle 12 die Gruppe derer, die maximal fünf Praktiken ausprobiert haben, mit jenen, die bereits Erfahrungen mit mindestens zehn Praktiken haben.

Tabelle 12: Motive für die Ausübung, nach Art der holistischen Praktik (Angaben in %)

	Alternativmedizin u. holistische Massagen		*Körper-Bewusstseins-Übungen*	
	Erfahrungen mit holist. Praktiken		Erfahrungen mit holist. Praktiken	
	1 bis 5	10 o. mehr	1 bis 5	10 o. mehr
(n =)	(103)	(183)	(109)	(176)
Gesundheit	77	89	44	60
Entspannung, Harmonisierung	31	46	65	63
Krise/Problemlösung	16	43	16	23
Persönlichkeitsentwicklung	9	37	23	41
Spirituelle Motive	6	28	6	39
Verbesserung der Leistungsfähigkeit	12	14	23	23
Neugier	16	13	33	13
	Astrologie		*Schamanismus*	
	Erfahrungen mit holist. Praktiken		Erfahrungen mit holist. Praktiken	
	1 bis 5	10 o. mehr	1 bis 9	10 o. mehr
(n =)	(88)	(152)	(38)	(113)
Gesundheit	n.e.	n.e.	21	27
Harmonisierung	9	9	18	11
Krise/Problemlösung	17	36	26	52
Persönlichkeitsentwicklung	27	53	47	56
Spirituelle Motive	9	21	44	57
um etwas über meine Zukunft zu erfahren	28	27	n.e.	n.e.
Neugier	66	65	21	28

Daten: ISSP-2008 Österreich und holistisches Oversample.
n.e. = nicht erhoben

Komplementärmedizinische Praktiken (einschließlich holistischer Massagetechniken) macht man, wie nicht anders zu erwarten, in erster Linie aus gesundheitlichen Gründen. Auch bei Körper-Bewusstseins-Übungen ist Gesundheit für viele ein zentrales Motiv; noch wichtiger ist hier aber das Bedürfnis nach Entspannung und Harmonisierung. Die Begriffe »Entspannung/Harmonisierung« wählten wir, weil in der Beschreibung der Effekte von holistischen Methoden (in Werbematerialien wie auch in den Interviews mit Anbietern) häufig von »Entspannung«, »Harmonie«, »Harmonisierung des Energieflusses«, »Energieausgleich«, »Balance von Körper, Geist und Seele«, »Beseitigung von Disharmonien« und Ähnlichem die Rede ist.

Das wichtigste Motiv für die Beschäftigung mit Astrologie ist – wie die Befragten selbst eingestehen – Neugier. Aus den weiteren Motivkategorien geht hervor, dass mit Neugier vor allem der Wunsch gemeint ist, durch die Interpretation des Geburtshoroskops neue Aspekte der eigenen Persönlichkeit kennen zu lernen und Hilfestellungen für die Entwicklung der eigenen Persönlichkeit und für die Bewältigung von Konflikten und Problemen zu erhalten. Die Erwartung, durch eine Astrologin etwas Interessantes über die eigene Zukunft zu erfahren, ist in diesem Personenkreis weniger wichtig, Es ist anzunehmen, dass viele, die sich im Dunstkreis des holistischen Milieus bewegen, schon Bücher über Astrologie gelesen haben und mit dem modernen psychologischen Verständnis der Astrologie vertraut sind, welches die Zukunftsdeutung nicht als zentrale Aufgabe betrachtet. Es könnte aber durchaus der Fall sein, dass sich bei Manchen hinter der Nennung des Motivs »Neugier« doch der Wunsch verbirgt, mithilfe der Astrologie einen Blick in die eigene Zukunft werfen zu können.

Schamanische Rituale und Geistheilungen zielen meist darauf ab, die Teilnehmer in einen Trancezustand zu versetzen, um durch die Öffnung des Unterbewusstseins Ursachen für Krankheiten und seelische Konflikte zum Vorschein zu bringen. Hierdurch sollen Prozesse der körperlich-seelischen Heilung eingeleitet und Wege zur Erweckung des vollen Potentials der Persönlichkeit aufgezeigt werden.[7] Da schamanische Rituale die Bereitschaft voraussetzen, sich mit den Tiefen (und Abgründen) der eigenen Person auseinanderzusetzen, lassen sich die meisten erst dann auf solche Praktiken ein, wenn sie sich bereits längere Zeit im holistischen Milieu aufhalten und schon Erfahrungen mit konventionellen Therapien und anderen ganzheitlichen Praktiken haben. Dementsprechend erwarten sich Menschen, die an schamanischen Ritualen teilnehmen, vor allem Impulse für ihre Per-

---

7 Siehe z.B. die Homepage der Schamanischen Heilpraxis Wien und Waldviertel: www.schamanen.at, 4.5.2011.

sönlichkeitsentwicklung und Hilfestellungen bei der Lösung eines Problems oder einer Lebenskrise; ebenso häufig erwartet man sich von schamanischen Ritualen auch spirituelle Erfahrungen.

Im Vergleich dazu spielen bei komplementärmedizinischen Praktiken, aber auch bei Körper-Bewusstseins-Übungen, die drei Motive »Problem- bzw. Krisenbewältigung«, »Persönlichkeitsentwicklung« und »Spiritualität« eine erheblich geringere Rolle. Genau diese drei Motive sind es auch, bei denen der Unterschied zwischen dem Rand und dem Kern des holistischen Milieus am deutlichsten hervortritt. Bei allen Arten von holistischen Aktivitäten werden diese Motive umso häufiger genannt werden, je intensiver man im holistischen Milieu verankert ist. So geben beispielsweise nur 6% der Befragten der holistischen Randgruppe an, Yoga, Tai Chi u.dgl. aus spirituellen Gründen zu praktizieren; in der Kerngruppe sind es hingegen immerhin schon 39%. Das von den Protagonisten der holistischen Bewegung proklamierte Ideal der Entwicklung einer authentischen Persönlichkeit und eines »höheren spirituellen Selbst« wird also nur von jenen verfolgt, die sich tiefer auf die Praktiken und das hinter diesen Praktiken stehende Weltbild einlassen. Die Mehrheit derer, die holistische Methoden und Lebenshilfen ausüben oder in Anspruch nehmen, tut dies vor allem aus instrumentellen Gründen, um dadurch ihre Gesundheit und ihr körperlich-seelisches Wohnbefinden zu verbessern.

Andererseits muss man feststellen, dass selbst in der Kerngruppe des holistischen Milieus weniger als die Hälfte Spiritualität als zentrales Motiv für ihre Aktivitäten angeben. Auch in dieser Gruppe machen viele Yoga oder andere fernöstliche »Body-Mind-Spirit-Übungen« in erster Linie aus gesundheitlichen Gründen und zur »Harmonisierung ihres Energiehaushalts«. Diese Ergebnisse bestätigen einmal mehr, dass die Frage mancher New-Age-Kritiker (wie etwa Steve Bruce und David Voas) nach dem religiösen Charakter der holistischen Praktiken durchaus berechtigt ist. Im folgenden Kapitel werden wir allerdings sehen, dass sich der Großteil derer, die zum Kern des holistischen Milieus gehören, selbst als spirituelle Menschen betrachtet. Insofern dürften Yoga oder Tai Chi-Übungen für sie doch eine spirituelle Dimension haben, die man jedoch vielfach nicht explizit hervorhebt.

Jene, die alternative Heilmethoden und/oder Körper-Bewusstseins-Übungen praktizieren, wurden auch gefragt, ob sie dies tun, um damit ihre Leistungsfähigkeit zu steigern. Mit dieser Frage versuchten wir zu eruieren, inwieweit die in einem Teil der New-Age-Ratgeberliteratur vertretene (neoliberalistische) Leistungs- und Erfolgsideologie (vgl. Heelas 1996; Carette/King 2005) von den Befragten geteilt wird. Die Ergebnisse in Tabelle 12 vermitteln den Eindruck, dass dies nur bei einem kleinen Teil der Fall ist. Man sollte allerdings bedenken, dass derartige Orientierungen mit der Fragebogenmethode, zumal mit einem einzigen Item, nur schwer zu erfassen sind. Zum einen ist anzunehmen, dass manchen Akteuren die tieferen Motive ihres Handelns gar nicht bewusst sind. Zum anderen lässt sich aus der Aussage, dass man alternative Heilmethoden, Yoga oder Tai Chi (auch deshalb) praktiziert, um seine Leistungsfähigkeit zu verbessern, nicht zwingend ableiten, dass man eine Leistungsideologie vertritt.

Die Befragten des Oversample wurden auch gefragt, wie sich holistische Praktiken auf ihre Befindlichkeit auswirken (Tabelle 13; aus finanziellen Gründen konnten diese Fragen in der repräsentativen Hauptstichprobe nicht erhoben werden). Den Antworten nach zu urteilen erfüllen alternativmedizinische Methoden und Körper-Bewusstseins-Übungen die beiden wichtigsten Erwartungen, die man an sie stellt, in hohem Maße: Etwa 85% bis 95% der Befragten haben das Gefühl, ihr Gesundheitszustand und ihre Ausgeglichenheit hätten sich durch die Ausübung derartiger Praktiken verbessert. Drei Viertel geben zudem an, dass sich diese Aktivitäten auch positiv auf ihre Leistungsfähigkeit und ihre Ausstrahlung auswirken; mehr als die Hälfte glauben, sie hätten sich durch diese Praktiken spirituell weiterentwickelt. Bei der Interpretation dieser sehr positiven Bewertungen muss in Rechnung gestellt werden, dass mehr als zwei Drittel der Befragten der Oversample-Stichprobe zur Kerngruppe des holistischen Milieus gehören. Es handelt sich also um Personen, die sich stark mit dem holistischen Weltbild identifizieren und generell von den positiven Effekten ganzzeitlicher Lebenshilfen überzeugt sind. Diese Menschen sammeln nicht nur Erfahrungen mit verschiedenen holistischen Techniken, viele üben die eine oder andere Methode kontinuierlich über einen längeren Zeitraum hinweg aus. Dies kann tatsächlich zu einer tiefergehenden Veränderung der körperlich-psychischen Befindlichkeit und zu einer Intensivierung der spirituellen Empfänglichkeit führen. Die Detailanalyse bestätigt diese Annahme: nur ein Viertel der holistischen Randgruppe gibt an, dass sich durch die Ausübung von Yoga, Tai Chi u.dgl. ihre Spiritualität vertieft hätte; bei jenen, die bereits Erfahrungen mit zehn oder mehr Methoden haben, sind es hingegen drei Viertel.

Tabelle 13: Wahrgenommene Auswirkungen der holistischen Praktiken (% hat sich sehr oder eher verbessert)

	Alternativ-medizin	Körper-Bewusst-seins-Übungen	Schama-nismus
(n=)	(174)	(169)	(76)
Gesundheit	95	84	69
Ausgeglichenheit	90	94	70
Leistungsfähigkeit	76	75	54
Ausstrahlung	76	78	n.e.
Spiritualität	55	63	71

Daten: holistisches Oversample, N = 207.

Die Effekte von schamanischen Praktiken, Geistheilungs-Ritualen u. dgl. auf den Gesundheitszustand und das Wohlbefinden werden im Vergleich zu den vorher genannten Bereichen nicht ganz so positiv beurteilt (vgl. dazu auch Belschan 2000: 215). Dies könnte damit zu tun haben, dass schamanische und andere spirituell-energetische Rituale in vielen Fällen nur punktuell – im Rahmen eines Wochenend-Workshops oder in zwei bis drei Einzelbehandlungen – praktiziert werden und daher keine so nachhaltige Wirkung haben. Die subjektiven Einschätzungen der Effekte holistischer Methoden könnten aber auch durch ideologische Vorannahmen beeinflusst sein. Schamanen und Energetiker gehen davon aus, dass Krankheiten und Persönlichkeitskrisen ein wesentlicher Teil des Weges hin zu einer höheren (spirituellen) Bewusstseinsstufe sind. Diese Annahme liegt beispielsweise auch dem in Esoterikkreisen sehr bekannten Buch »Krankheit als Weg« von Thorwald Dethlefsen und Rüdiger Dahlke (1983) zu Grunde. Das Ziel der schamanisch-energetischen Praxis besteht demnach nicht in erster Linie darin, Krankheitssymptome zu beseitigen, sondern das »Potential« von Krankheiten und Krisen für die Persönlichkeitsentwicklung zu erkennen und zu nutzen (vgl. Kap. 6.1).

Das durch die Fragebogenerhebung ermittelte Bild der Motive für die Ausübung holistischer Praktiken und der subjektiven Bewertung der Effekte dieser Aktivitäten wird durch unsere qualitativen Interviews im Großen und Ganzen bestätigt. In den Interviews mit den Anbietern von holistischen (Gruppen-)Aktivitäten kommen aber eine Reihe zusätzlicher Aspekte zur Sprache. Die diesbezüglichen Aussagen und Einschätzungen unterscheiden sich deutlich je nach der Art der Praktik, um die es sich handelt.

Bei Yoga-, Tai Chi- und Qi-Gong-Lehrern konzentriert sich die Klientel mehr noch als in anderen holistischen Bereichen auf die gebildete Mittelschicht. Zum überwiegenden Teil handelt es sich um Personen, deren Beruf hohe geistige Anforderungen stellt und wenig Bewegungsmöglichkeiten bietet. Die Körper-Bewusstseinsübungen erfüllen für sie daher ähnliche Funktionen wie andere Formen des Ausgleichs und der Entspannung durch Sport oder Fitness-Training. Manche Gruppenteilnehmer kommen auch mit dem Anliegen, Wirbelsäulenprobleme und Haltungsschäden, die sie sich durch ihre sitzende Tätigkeit zugezogen haben, zu verbessern. Kurse, die von Erwachsenenbildungseinrichtungen oder im Rahmen des Universitäts-Sportprogramms angeboten werden, haben anfänglich oft eine recht große Teilnehmerzahl. Diese lichtet sich jedoch, wenn die Schüler merken, dass das Erlernen von Yoga- oder Tai-Chi-Übungen mit erheblichen körperlichen und geistigen Anstrengungen verbunden ist.

»Am Beginn eines Kurses, der oft sehr überladen ist, ist meistens ein Verhältnis von zwei zu eins, also zwei Teile jüngere Menschen, Studierende, und ein Teil Bedienstete oder auch Bekannte und Verwandte. Und gegen Ende, im letzten Drittel des Semesters, ist es dann immer ein Kippen, da bleiben nur noch ganz wenige junge Leute übrig, weil das ist ja auch ein anspruchsvolles Konzept. Um jemandem 174 Teilelemente [des Tai-Chi] in einem Fluss beizubringen, muss man auch lernen, das ist oft sehr schmerzhaft. Da haben dann ältere Menschen, weil sie auch mehr spüren, dass es ihnen gut tut, ein größeres Durchhaltevermögen.« (Yoga und Tai-Chi-Lehrer, 64 J.)

Alle befragten Lehrer betonen, dass sich Yoga, Tai Chi und ähnliche Methoden vor allem dann positiv auf die körperliche und seelische Befindlichkeit auswirken, wenn man die Übungen über einen längeren Zeitraum hin regelmäßig macht.

»Also ich bekomme dann halt immer die Rückmeldungen am Ende der Stunde oder dadurch, dass die Leute immer wieder kommen und sagen: ›Es gefällt mir so gut. Du hilfst mir auch im Alltag. Ich kann mich so gut entspannen‹. Also diese Rückmeldungen sind immer da, dass ihnen etwas fehlt, wenn sie nicht regelmäßig Yoga machen und wenn man eine längere Pause macht, dass sie sagen, es ist mir einfach schon abgegangen, ich habe mich schon wieder so abgestrudelt, bin schon wieder in das alte Radl hineingekommen. Ich ermutige die Leute in den Yogastunden auch, dass sie die Prinzipien, die wir erarbeiten auch tief verstehen und auch im Alltag dann umsetzen. Und die Rückmeldungen, die ich da bekomme, sind auch sehr ermutigend.« (Yoga-Lehrer, 46 J.)

Aus diesem Zitat wie auch aus anderen Interviews geht hervor, dass Yoga und Tai Chi nach dem Selbstverständnis der von uns befragten Lehrer nicht nur Körpertechniken, sondern auch Bewusstseinsübungen sind und von jenen Kursteilnehmerinnen, die kontinuierlich üben, als solche wahrgenommen werden. Von diesen Klienten erhalten sie dann auch die Rückmeldung, dass sich durch die regelmäßige Übungspraxis ihre Selbstwahrnehmung verbessere, dass sie bei der Arbeit konzentrierter seien und Aufgaben konsequenter erledigen, dass sie sich weniger abhängig von ihrer Umgebung fühlen und spüren, Krankheiten nicht ausgeliefert zu sein. Ein Teilnehmer eines Yogakurses gibt auf die Frage der Interviewerin, ob er bei sich selbst irgendwelche Veränderungen bemerke, seit er Yoga macht, folgende Beschreibung:

»Also das ist nicht so, dass man das jetzt sofort spürt, sondern man […] verändert sich vielleicht um eine Spur, […] dass man jetzt vielleicht anders reagiert als wie man früher vielleicht hätte. Allein dass man so Dehnungsübungen macht, die für gewisse Beweglichkeiten gut sind, glaube ich, ist dann wahrscheinlich schon ausschlaggebend, dass man dann auch im Geiste beweglicher wird. Ja, also ich glaube, wenn man sagt, durch das Yoga wird man beweglicher oder aufrechter, man geht [auch] aufrechter durchs Leben, weil man ja so Streckübungen macht, und irgendwie kriegt man ein bisschen mehr Selbstbewusstsein. Und das ist dann in manchen Situationen, wenn man Konfrontationen im Beruf mit irgendwelchen Kunden oder mit anderen Mitarbeitern hat, hat man da vielleicht eine bessere Position manches Mal. Also dass man da nicht gleich immer dann vom Gegenüber vereinnahmt wird, […] man kann das ein bisschen distanzierter sehen und man sieht mehr von sich auch selber, ist mir das jetzt wichtig oder ist mir das nicht wichtig. Man kann […] sich selber dadurch ein bisschen besser schützen, vor allem vor emotionalen Dingen, wo man sich zu viel hineinsteigert. Man kann vielleicht ein bisschen eine Distanz bewahren.« (Informationstechniker, 48 J.)

Dieser Befragte nahm zum Zeitpunkt des Interviews seit etwa einem Jahr an einer wöchentlichen Yogagruppe teil. Im weiteren Verlauf des Interviews erzählt er, dass er sich seit damals auch mit Literatur über östliche Lebensweisheiten und Spiritualität beschäftigt. Vermutlich trägt auch diese Lektüre dazu bei, dass er die oben beschriebenen Veränderungen an sich wahrnimmt. Im Zitat wird auch der Wirkungsmechanismus angesprochen, der dazu führt, dass sich durch die Übungspraxis allmählich der Habitus, die körperlich-geistige Haltung dem Leben gegenüber, ändert: Bei der Ausführung von Ritualen werden die im Bewegungsablauf des Rituals symbolhaft enthaltenen »Botschaften« und Bedeutungen – die gestreckte, aufrechte Körperhaltung als Zeichen für eine aufrechte, selbstbewusste innere Haltung – aufgenommen und mit der Zeit internalisiert (vgl. dazu Bourdieu 1976: 139ff.; Rappaport 1999: 108ff.; Bell 2009: 76ff.). Im Unterschied zu traditionellen Gesellschaften, in denen diese Internalisierung unreflektiert vor sich ging, wird der Lernprozess heute dadurch gefördert, dass die Teilnehmer von Yogagruppen u. dgl. von ihrem Lehrer oder durch Lehrbücher auf den tieferen Sinn der rituellen Bewegungsabläufe hingewiesen werden. Dennoch dürfte auch heute der »Lernerfolg«, sofern er sich einstellt, nur zum geringen Teil auf die kognitiven Botschaften zurückzuführen sein, sondern vor allem auf das praktische Tun.

Die von uns befragten Lehrer sehen die ostasiatischen Körperübungen aber nicht nur als Methoden zur Verbesserung der körperlich-geistigen Haltung und der Konzentrations- und (Selbst-)Wahrnehmungsfähigkeit, sondern auch als spirituelle Übungen. Dementsprechend meinen sie, auch bei einem Teil ihrer Klienten hinter dem vordergründigen Motiv der Suche nach Ausgleich und Entspannung ein Bedürfnis nach Spiritualität feststellen zu können.

»Wenn man am Anfang so eine Runde macht und fragt: ›Warum seid ihr da?‹ sagen natürlich von zehn Leuten neun: ›Naja, wegen der Entspannung.‹ Aber meine Form des Yoga ist auch ein Yoga, das sich des spirituellen Hintergrundes bewusst ist und wo auch die Spiritualität immer wieder drinnen ist, wo auch die Meditation einen Platz hat. Also wo man sich auch der spirituellen Dimension, die sich im eigenen Inneren ausdrücken möchte, bewusst wird. Und deswegen nehme ich auch einfach an, dass das ein unbewusstes oder nicht offiziell geäußertes Bedürfnis nach Spiritualität ist, nach einer gewissen Tiefe im Leben, nach Unterstützung im Alltag, auch vielleicht nach Sinn oder nach Werten.« (Yoga-Lehrer, 46 J.)

Eine der drei befragten Yogalehrerinnen ist im Hauptberuf katholische Pastoralassistentin. Sie versucht in ihren Kursen hinduistische Mystik und christliche Spiritualität zu verbinden, was bei ihren Kursteilnehmerinnen sehr gut ankommt.

»I: Von welchen Effekten berichten deine Kursteilnehmerinnen?
B: Dass sie sich gut fühlen, dass sie sich vor allem körperlich gut fühlen. Dass sie das auch mögen, wenn ich bete, also, ich ende immer mit einem Gebet, mit dem Erbitten des Segens, und dass wir einander segnen. Und dass ihnen das unheimlich gut tut, wirklich ganzheitlich, für Körper, Seele und Geist. Und auch das Soziale, wir sind eine lustige Gruppe. Wir lachen auch viel zusammen.« (Yoga-Lehrerin, 53 J.)

Yogagruppen wie diese, in der sich die Teilnehmer nach dem Kurs oder zwischen den Kurseinheiten treffen, gemeinsame Freizeitaktivitäten machen und ein soziales Unterstützungsnetzwerk bilden, dürften eher die Ausnahme sein. In der Regel bestehen zwischen den Kursteilnehmern relativ wenig private Kontakte; man besucht einen Kurs, weil man zum Erlernen der Übungen einen Lehrer braucht und weil das Üben in der Gruppe leichter fällt, der Wunsch nach sozialen Kontakten oder nach Geselligkeit ist im Normalfall kein zentrales Motiv für die Gruppenteilnahme.

Deutlich anders als Yoga- und Tai-Chi-Lehrer beschreiben Wünschelrutengänger, Feng-Shui-Berater und Therapeuten, die alternative Heilmethoden anbieten, ihre Klienten. Bei einem Teil ihrer Kunden handelt es sich zwar um denselben Personenkreis, der auch meditative Körper-Bewusstseinsübungen macht. Die Kundschaft der Alternativheiler ist aber breiter gestreut und weniger auf die Mittelschicht konzentriert. Zu ihnen kommen vorwiegend Personen, die unter spezifischen Krankheiten oder psychosomatischen Beschwerden leiden.

»Meistens kommen die einfach, weil sie Wirbelsäulenbeschwerden haben und weil sehr viele durch Mundpropaganda gehört haben, dass die Osteopathie helfen soll oder eben auch, weil sie in der Zeitung einen Artikel gelesen haben. Man muss auch sagen, dass sehr viele Leute zu mir kommen, die zuerst schon alles abgeklappert haben. Die fangen bei der Schulmedizin an, das geht dann weiter und letzten Endes landen sie dann da.« (Osteopathin, 47 J.)

So wie diese Osteopathin meint auch eine Homöopathin, dass es sich nur bei einem kleinen Teil ihrer Klienten um Personen handle, die eine grundsätzliche Präferenz für die Alternativmedizin hätten; die meisten kämen vielmehr erst dann, wenn sie wiederholt die Erfahrung machen, dass die konventionelle Schulmedizin keine Lösung für ihr Gesundheitsproblem findet.

»Die meisten Leute gehen primär zu einem Schulmediziner oder sagen wir, haben eben schon viel probiert, weil sie haben die Beschwerden ja jahrelang und immer wieder und wissen halt, dass das halt nicht in ausreichendem Maße hat helfen können, und dann suchen sie Alternativen dazu. Ich würde sagen, das sind 95% der Leute.« (Homöopathin, 35 J.)

Diese beiden Therapeutinnen erwecken im Interview den Eindruck, dass die spirituelle Dimension in ihrer therapeutischen Arbeit keine Rolle spielt und jedenfalls nicht gezielt mit einbezogen wird. Ein Therapeut, der Tuina- und Fußreflexzonenmassage sowie Meridiandiagnostik anbietet, distanziert sich sogar explizit von Klienten mit »esoterisch-spirituellen« Neigungen:

»Ich mag z.B. keine Leute, die mich in meiner Arbeit beeinflussen wollen, weil sie irgendeinen Geistheilerkurs gemacht haben und dann mir einreden wollen, mein Herzchakra sei verschlossen und wie kann ich und wie ist das und überhaupt. Da sage ich, das ist mein Problem, aber nicht deines.« (Tuina-Masseur, 44 J.)

Es scheint also, dass Therapeuten, die ausschließlich alternativmedizinische (und keine sonstigen spirituellen oder esoterischen) Praktiken anbieten, vor allem solche Klienten ansprechen, die nach einer Lösung für ein spezifisches Gesundheitsproblem suchen. Menschen, die darüber hinaus auch das Ziel einer ganzheitlichen Persönlichkeitsentwicklung verfolgen, dürften nur eine Minderheit ihrer Kunden darstellen. Dementsprechend geht es in den Rückmeldungen der Patienten oder Klienten primär darum, ob die Krankheit oder die gesundheitlichen Beschwerden durch die Behandlung geheilt wurden. Jene Klienten, von denen sie ein Feedback erhalten oder die zu einem späteren Zeitpunkt erneut zur Behandlung kommen, sind mit dem Resultat der Therapie meist zufrieden. Die Therapeuten sind sich jedoch bewusst, dass die Behandlung bei jenen, von denen sie keine Rückmeldungen erhalten, möglicherweise weniger erfolgreich war. Sie sind sich auch darüber im Klaren, dass eine Besserung meist nicht sofort – wie durch ein »Wunder« – eintritt, sondern nur dann, wenn es ihnen gelingt, die

»Selbstheilungskräfte« des Klienten zu aktivieren. Dies ist vor allem dann der Fall, wenn der Klient die Behandlung über einen gewissen Zeitraum durchhält und konsequent die Übungen oder Aufgaben ausführt, die ihm der Therapeut vorschlägt.

»B: Das erkläre ich jedem Klienten, wenn man zur allerersten Sitzung kommt, dann hält der Effekt vielleicht zwei bis drei, manchmal vier bis fünf Tage an, das ist aber dann schon lang. Dann macht man ungefähr nach drei bis fünf Wochen eine Folgesitzung. Und die Selbstheilungskräfte werden zwischen den Sitzungen immer mehr und mehr aktiviert, sodass der Effekt dann immer länger anhält, dieser positive Effekt. Wenn jemand z.B. diese Körperpunkte regelmäßig macht, die ich ihm gegeben habe, dann habe ich die besten Berichte. Wenn jemand schlampig ist und die Zeit eben nicht hat, um das wirklich regelmäßig zu machen, dann ist es so ein La-La-Effekt. Es hat sich dann schon etwas gebessert, aber es ist dann nicht dieses Aha-Erlebnis.
I: Dass sich körperlich etwas verändert hat, oder im Bewusstsein?
B: Bewusstseinsmäßig ändert sich für jeden etwas...« (Kinesiologin, 41 J.)

Der Anspruch, eine Bewusstseinsänderung bei den Klienten herbeizuführen und dadurch ihre Selbstheilungskräfte zu aktivieren, ist charakteristisch für nahezu alle von uns befragten Therapeuten. De facto gehen aber viele Klienten zum Alternativheiler mit einer ähnlichen Erwartungshaltung wie zu einem konventionellen Arzt: »Die meisten wollen Aspirinregeln: man nimmt ein Aspo und das Kopfweh ist weg« (Feng Shui Berater und Qi Gong Lehrer, 43 J.). Es ist daher sehr fraglich, ob das Ziel einer Bewusstseinsänderung tatsächlich immer erreicht werden kann, wie im vorangehenden Zitat behauptet wird.

Eine dritte Gruppe bilden jene Therapeuten, deren Tätigkeit außeralltägliche Heilkräfte, hellseherische oder sonstige »magische« Fähigkeiten voraussetzt: Schamanen, Energetikerinnen, Auraleser, spirituelle Heiler. Auch ein Tarot-Karten-Leger und eine Therapeutin, die Numerologie mit spiritueller Energiearbeit verbindet, gehören zu dieser Gruppe. Die Gründe, warum man zu diesen Therapeuten und Beratern geht, sind breitgestreut. In den meisten Fällen handelt es sich um Probleme, die für den Betreffenden eine schwere körperliche und psychische Belastung darstellen: Krankheiten, bei denen schulmedizinische Behandlungen keinen Heilungserfolg zustande bringen (z.B. Hautausschläge, Allergien, Krebs), Kindheitstraumata (sexueller Missbrauch, körperliche Gewalterfahrungen), schwierige Geburten oder Todgeburten, schwierige Kinder (z.B. Schreikinder), Burnout am Arbeitsplatz, Partnerschaftsprobleme und Scheidung (vgl. dazu Kap. 6.1.3).

»Naja, das sind meistens Beziehungsprobleme. Ein Kernthema ist das Beziehungsproblem, ein zweites Thema sind nicht bewältigte Vergangenheitskonflikte, die aus einer Missbrauchssituation herauskommen. Wobei also hier der Missbrauch sowohl der geistige wie auch der körperliche Missbrauch ist. Die also hier ein Auflösungskonzept haben wollen; die zuerst einmal erkennen wollen, wie und was und dann einen Weg finden wollen, wie sie das Ganze für sich positiv lösen können. Die wenigsten kommen eigentlich darum, weil sie irgendetwas aus der Zukunft wissen wollen. Wenn sie kommen, dann sage ich ihnen ›Nein, das spielt es nicht, wir können uns jetzt einmal ein Charakterbild anschauen.‹« (Tarot-Berater, 58 J.)

Im Unterschied zu den Kunden der vorhergehenden Therapeutengruppe handelt es sich hier meist um Personen, die zum inneren Kreis des holistischen Milieus gehören. Nach dem holistischen Weltbild haben Krankheiten und Lebenskrisen die wichtige Funktion, uns auf Fehlentwicklungen in unserem Leben aufmerksam zu machen. Diese Leute erwarten sich vom Therapeuten also nicht – oder jedenfalls nicht nur – eine wundersame Heilung ihrer Krankheit oder eine Lösung ihres Problems. Es geht ihnen vielmehr auch darum, den tieferen Sinn ihrer Krankheit oder ihrer Lebenskrise zu erkennen. Selbst jene, die auf Grund ihres großen Leidensdrucks zunächst einmal nur hoffen, *dieser* Therapeut möge sie endlich von ihrem körperlichen oder seelischen Leiden befreien, kommen meist zur Einsicht, dass das Problem nur dann gelöst werden kann, wenn man seinen tieferen Sinn versteht.

»Wie gesagt, manche kommen einfach, weil sie am Zahnfleisch daher rennen und sie keine Kraft mehr haben, sie sind ausgebrannt und wollen sich besser fühlen. Und dann fängt man an zu arbeiten und dann kommt es irgendwie zur Sprache der Seele, da ist etwas in dir drinnen, was dich unterstützt, was dir Impulse gibt und da ist die Tür schon ganz weit offen. Wo sie dann merken, ja seit Jahren kommt es immer wieder, ich habe es nicht einordnen können, ich habe es nicht verstanden, jetzt wird es mir langsam klar, worum es geht. Es kann dann einfach auch sein, dass dieses […] ausgebrannt sein und einfach total kraftlos und überfordert zu sein […], dass das einfach ihnen zeigt, es muss sich etwas ändern und in welche Richtung; dass das irgendwie so der erste Schritt auf dem Weg ist.« (Numerologin, 41 J.)

»Wenn ich jetzt so langjährige chronische Erkrankungen habe, steckt da meistens sehr wohl etwas dahinter und da muss man auch schauen, was muss man tun, damit sich das verändert. Wenn es etwas zum Lernen gibt, kannst du das nur auflösen, wenn du auch verstanden hat, was das Lernpotential aus dem ist. Weil das wegzutun, es würde ja sofort wiederkommen, wenn der wieder gleich weitermacht. Es gibt z.B. Frauen – das ist ein Beispiel – die zu Hause einfach alles dem Mann zuliebe machen, in eine totale Opferrolle gehen, weil sie einfach selber kein Geld verdienen und sich unterwerfen und ständig gegen ihre eigene Wahrheit handeln. Das schlägt sich im Körper lokal nieder. Und wenn die damit nicht aufhört, kann ich Kopf stehen, dann könnte ich es zwar für einen Moment entfernen, aber es würde wieder kommen.« (Prana-Healing-Therapeutin, 46 J.)

So wie die Therapeuten selbst glauben auch die meisten ihrer Klienten, dass es im Leben geistige oder spirituelle Dimensionen gibt, die weit über die Alltagswahrnehmung und den Alltagsverstand hinausreichen. Wie wir in Tabelle 7 gesehen haben, ist im holistischen Milieu der Glaube an Reinkarnation und Karma weit verbreitet. Krankheiten und schwerwiegende Lebensprobleme werden dementsprechend als Folge nichtaufgelöster »karmischer Verstrickungen« in einem früheren Leben gedeutet. Menschen, die mit der »Logik« der Reinkarnationslehre nichts anfangen können, schütteln bei solchen Geschichten meist verständnislos den Kopf. Man kann den Sinn und die Effekte von Heilungsritualen, bei denen die »karmische Ebene« miteinbezogen wird, besser verstehen, wenn man die Aufmerksamkeit nicht auf die kognitive, sondern auf die emotionale Ebene lenkt und das Heilungsritual auf dem Verständnishorizont der modernen Psychotherapie betrachtet, wie dies Claude Lèvi-Strauss am Beispiel eines traditionellen schamanischen Heilungsrituals vorgeführt hat (vgl. Kap 3.2) und wie es auch Tom Scheff in seinem Buch »Catharsis in Healing, Ritual, and Drama« (2001) macht: In der Behandlungssitzung, in der der Therapeut gemeinsam mit dem Klienten mithilfe der Technik der Visualisierung nach den »karmischen« Ursachen des Problems sucht, herrscht eine emotional stark aufgeladene Stimmung. Wenn der Therapeut dem Klienten seine Bilder über dessen karmisches Vorleben mitteilt, erreicht der Spannungszustand seinen Höhepunkt. Der Klient verliert die Kontrolle über sich selbst, bricht in Tränen aus oder gerät in einen »fieberähnlichen« Zustand (er bekommt z.B. Schüttelfrost), bis schließlich ein Entspannungszustand eintritt. Diese rituelle Reinigung (Katharsis) ermöglicht es dem Klienten, sich mit seiner Krankheit oder seinem schicksalshaften Lebensereignis auszusöhnen; zugleich fühlt er sich in einem Zustand erhöhter geistiger Klarheit und in einer fröhlichen, zuversichtlichen Stimmung (Scheff 2001: 63).

Viele Klienten von Schamanen und Energetikern kommen also bereits mit der Erwartung, dass der Therapeut ihnen hilft, Kausalzusammenhänge, die über ihre persönliche Lebensgeschichte hinausreichen, zu erkennen und »aufzulösen«. Jene, bei denen dies nicht der Fall ist, sind zumindest nicht grundsätzlich abgeneigt, derartige Deutungen des Therapeuten zu akzeptieren. Die Tendenz, Ursachen für Beziehungskonflikte, Krankheiten und andere Probleme und Schicksalsschläge nicht nur in der eigenen Person und Lebensgeschichte zu suchen, sondern auch generationsübergreifende Prägungen und »Verstrickungen« mit einzubeziehen, zeigt sich auch darin, dass ein Großteil der Klienten von Schamanen und Energetikern auch schon Erfahrungen mit der Methode der systemischen Familienaufstellung hat.[8]

Bei den Klienten von Schamanen, Energetikern und Channeling-Therapeuten handelt es sich also häufig um Menschen, die sich sehr intensiv mit ihrem Innenleben auseinandersetzen; die Suche nach dem eigenen Persönlichkeitskern hat in der Regel auch eine spirituelle Dimension. Zum Teil sind es auch Personen, die den Wunsch haben, ihre äußere Lebenssituation grundlegend zu verändern.

Auf die Motive der Kerngruppe des holistischen Milieus und auf die Art und Weise, wie sich die Erfahrungen, die sie dort machen auf ihre subjektive Befindlichkeit und ihre Wertorientierungen auswirken, wird in den nun folgenden Kapiteln näher eingegangen.

---

8 Von den 81 Personen der Oversample-Stichprobe, die Erfahrung mit Schamanismus, Geistheilung u.dgl. haben, haben fast drei Viertel auch Erfahrungen mit systemischer Familienaufstellung.

6 Holistische Karrieren

Jene biografischen Teile in den Interviews mit Nutzern als auch Anbietern holistischer Praktiken, die Auskunft über die jeweilige spirituelle »Karriere« geben, sollen im Folgenden theoriegeleitet dargestellt und erklärt werden. Hierfür erweist sich die pragmatistische Theorie des zirkulären Problemlösens als besonders hilfreich. Dieses Handlungsmodell wird in der folgenden Analyse auf die krisenhaften oder als problematisch erachteten biographischen Phasen der holistischen Akteure angewendet. Wie sich zeigen wird, werden die Akteure aufgrund solcher Situationen dazu gezwungen, einen Orientierungswandel vorzunehmen und neue Elemente kreativ in ihren Deutungshorizont zu integrieren. Mit Goffman (1973: 166) sind demnach Ereignisse in den Karrieren relevant, die »Wendepunkte in der Sicht der Welt und der Dinge eines Menschen markieren«.[1] Das Konzept der »Karriere« verweist dabei auf jene sozialen Prozesse, in deren Verlauf sich die Identität der Akteure grundlegend wandelt, wodurch ganz andere Handlungsmöglichkeiten freigesetzt werden (Pettenkofer 2010: 11).

Um solche Wendepunkte in den Karrieren systematisch darzustellen, wurden aus dem Interviewmaterial drei Typen gebildet, die den Kern des holistischen Milieus überwiegend prägen: der *Sinn-Sucher*, der *»immer schon« Berufene* und der *Leidende*. Ihnen allen ist gemein, dass eine Krise in ihrem Leben den Beginn der holistischen Karriere

1 Sutterlüty (2004: 274) argumentiert, dass die Erzählung der eigenen Biographie rund um einen entscheidenden Wendepunkt tief in der westlichen Kultur verankert sei. Beleg dafür sind ihm die zahlreichen Berichte von Konversionserlebnissen in der christlichen Tradition (wie etwa die Wandlung vom Saulus zum Paulus).

markiert und sie ähnliche Strategien in der Krisenbewältigung erkennen lassen. Der Unterschied liegt allerdings darin, welche problematischen oder als problematisch definierten Situationen als Krisen bezeichnet werden. Da die unterschiedlichsten Wege ins holistische Milieu führen, sollen im Folgenden die biografischen Verläufe der drei Typen anhand verschiedener »Stufen des Handelns« (Schubert 2009: 348) skizzieren werden.

6.1 Die Situation der Krise

Menschen erleben im Verlauf ihres Lebens Konflikte, Krisen oder tiefe biografische Einschnitte, die eine Erschütterung ihrer als selbstverständlich erachteten Handlungsgewohnheiten bewirken. Das Individuum ist, sofern es keine masochistischen Tendenzen hat, darum bemüht, solche negativen Erfahrungen zu vermeiden, und auf den ersten Blick vermag man wohl kaum zu erkennen, was an diesen unlustvollen Situationen wertvoll sei. In der Sozialtheorie beleuchtet nun vor allem der Pragmatismus solche konflikthaften Umstände, die ganz analog zu den Überzeugungen der holistischen Akteure als bedeutsam erachtet werden. Anhand eines Modells sich zyklisch wiederholender Phasen zeigen die Pragmatisten, wie neue Handlungsweisen entstehen (Abbildung 2). Etwas Neues kann demnach nur in die Welt kommen, wenn zuvor krisenhafte Momente stattfanden.

Am Beginn steht eine Phase, in der man im Einklang mit der Welt lebt und alles als selbstverständlich gegeben erscheint. Solche harmonischen Zustände werden aber regelmäßig durch Störungen unterbrochen, die den Übergang in die zweite Phase anzeigen.[2] Eine Krise erweist sich hier als Handlungshemmung, da sie es den Individuen nicht länger erlaubt, ihre bis dato geltenden – also als selbstverständlich erachteten und damit unhinterfragten – Meinungen oder Deutungen aufrecht zu erhalten. Diese regelhaft zur Anwendung gekommenen Anteile des »praktischen Bewusstseins« (Schubert 2009: 349) prallen nun an der »Widerständigkeit der Welt« ab (Joas 1996: 190). Begleitet wird dieser Zustand von einem »lebendigen Zweifel«, der sowohl die

2 Die Übergänge vom praktischen zum experimentellen Bewusstsein sind natürlich fließend. Die einzelnen Phasen werden hier lediglich aus analytischen Gründen getrennt betrachtet.

Richtigkeit der eigenen Perspektive als auch den sozialen Kontext, in dem man sich befindet, in Frage stellt.

Abbildung 2: Pragmatistisches Modell der Entstehung neuer Handlungsweisen (in Anlehnung an Schubert 2009: 348)

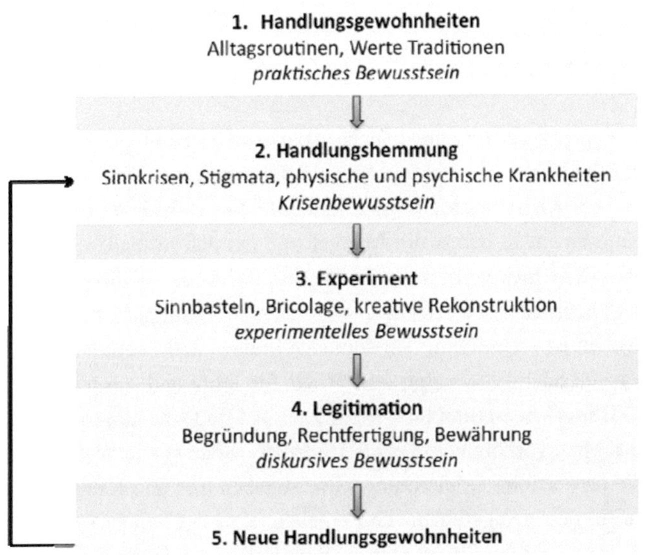

Der Zweifel steht somit in fundamentaler Opposition zu den gehegten Überzeugungen. Während letztere als sedimentierte Gewohnheiten betrachtet werden können, auf deren Basis Deutungen und Handlungen vorgenommen werden, so stößt der Zweifel in das wohlgeordnete Überzeugungsnetz und zersetzt dieses. Insofern ist der Zweifel auch immer ein Indikator für eine Mangelsituation – es mangelt an Gewissheit, an Überzeugungen und Gewohnheiten (Peirce 2002: 68f.). Was folgt ist eine temporäre Stockung des Handlungsflusses. Das ehemals Unhinterfragte und damit latent gebliebene Handlungsmuster (das auf den Überzeugungen und Gewohnheiten basiert) bewährt sich nicht mehr und wird nun plötzlich zum Thema – ein Krisenbewusstsein entsteht. Nach Victor Turner kann der Übergang vom praktischen Bewusstsein zum Krisenbewusstsein als Beginn einer »liminalen Phase« (lat. *limen*: Schwelle) bezeichnet werden, die durch einen Zustand des »nicht mehr« und »noch nicht« charakterisiert ist (Turner 2005: 94f.). Alte Wertmuster beginnen sich aufzulösen und bisher geltende Überzeugungen werden in Zweifel gestellt – ein neuer Horizont, vor dem die Dinge ihre scharfen Konturen gewinnen, ist jedoch noch nicht fraglos etabliert.

Solche erschütternden Erfahrungen, auf Grund derer Menschen ins holistische Milieu wechseln, sind verschiedenster Art. Im Sinne der erwähnten Typen lassen sie sich wie folgt rekonstruieren.

6.1.1 Der Sinn-Sucher

Dieser Typus wird von einer Suche nach Antworten auf existenzielle Fragen oder einer mangelhaften Verwirklichung von Religiosität angetrieben. Als Krisen werden vor allem jene biografischen Abschnitte wahrgenommen, in denen ein Mangel an identitätsstiftenden Quellen herrscht. Dass hier von einer »Sinnkrise« die Rede ist, liegt in dem Umstand begründet, dass der eigene moralische Raum nicht mehr fraglos gegeben ist – ein Raum, »in dem sich Fragen stellen mit Bezug auf das, was gut oder schlecht ist, was sich zu tun lohnt und was nicht, was für den Betreffenden Sinn und Wichtigkeit hat und was ihm trivial und nebensächlich vorkommt« (Taylor 1996: 56). Neue starke Wertsetzungen, die eine stabile Orientierungshilfe abgeben und den Rahmen beisteuern, in dem Dinge einen Sinn ergeben, sind noch nicht gefunden. Häufig treten solche Situationen in Phasen der Adoleszenz auf, oder paradoxerweise gerade in jenen Lebensjahren, die von hoher Stabilität und Sicherheit gekennzeichnet sind. Die folgenden Interviewpassagen verdeutlichen das erste Muster:

»Und, ja in dem Alter, da war ich 18-20, da hat es dann natürlich auch so erste größere Lebenskrisen gegeben, wo ich gefragt hab, was will ich denn eigentlich im Leben und was ist denn mir wirklich wichtig, will ich Karriere machen, will ich viel Geld verdienen? Oder was ist denn das, warum ich selber leben will und wofür ich da auch leben will? Und wo ich spür, dafür zahlt es sich wirklich aus auch zu leben und zu arbeiten und weiter zu gehen. Und da habe ich so viele Fragen in die Richtung gehabt, eben auch: Woher komm ich? Wer bin ich wirklich? Und wohin gehe ich? Was ist Liebe, was ist Schönheit, was ist Wahrheit? Gibt es das? Und dann hat sich eben auch durch diese Krisen und durch diese Fragestellungen die spirituelle Suche mehr intensiviert und ist eben für mich auch eine ernsthaftere Suche geworden.« (Yoga-Lehrer, 46 J.)

»Ich habe Handelsakademie gemacht, das ist schlimm, ich meine nicht schlimm, also ist eh lustig, aber man wird halt mehr oder weniger zum Kaufmann ausgebildet und […] da denkt man sich: ›Es muss aber doch noch ein bisschen mehr geben.‹ Und das war in einem gewissen Sinn ein bisschen eine Lebenskrise auch. Da wollte ich mich halt dann mehr oder weniger auch in die Richtung dann weiter entwickeln.« (Universitätsdozent, 48 J.)

Beide Befragte drücken in einer für diesen Typus charakteristischen Manier ein Sinndefizit aus, das als Krisenerfahrung erlebt wurde. An der biografischen Schwelle zur Welt der Erwachsenen stellen sich eine Reihe evaluativer Fragen, die von dem erwähnten »lebendigen Zweifel« begleitet werden. Dazu gehören Zweifel am Wert des »gewöhnlichen Lebens«, das ganz im Dienste der Produktion und Reproduktion steht.[3] Dieses bürgerliche Ideal prämiert ein tätig produktives Leben im Dienste der Familie. Formen der Anerkennung sind Geld und Prestige, die man durch das Erklimmen der Karriereleiter zu steigern versucht. Auch das private Glück in der Familie hat eine große ideelle Anziehungskraft. Hohe Scheidungsraten und das Single-Dasein, das besonders im holistischen Milieu ein häufig gewählter Lebensstil ist, weisen dieses jedoch als besonders brüchig aus.[4] Angesichts des weit verbreiteten Selbstverwirklichungsideals bieten diese traditionellen Wertvorstellungen für viele keinen Horizont mehr, an dem sie ihr Leben ausrichten wollen – denn da »muss es aber doch noch ein bisschen mehr geben«. Dieser häufig geäußerte Kommentar beruht zum einen auf den genannten Bedenken und meint die Suche nach einem wahrhaftigen und authentischen Leben, von dem man »spürt«, dass es erfül-

3 Über den hohen Wert des »gewöhnlichen Lebens« für unsere moderne Identität vgl. Taylor 1996: 33-37.

4 Die nach Ulrich Beck existierenden Sinnkrisen resultieren aus einer umfassenden Verunsicherung: »Ebenso wie das eigene Leben – in Partnerschaft, Berufskampf, Suche nach Ruhe und Glück – immer hektischer, unsicherer, selbstzerstörerischer wird, ebenso entpuppt sich der See, in den man springen will, als Kloake [...]. Die Auflösung der Innenwelt – das schmerzvolle Zerbrechen der Selbstverständlichkeiten zwischen Mann und Frau im Alltag, die Auflösung von ständischen Klassenstrukturen, [...] die politischen Unübersichtlichkeiten, das Verblassen der Utopie und die Dauerunentscheidbarkeit und Konfliktträchtigkeit selbst in den harmlosesten Detailfragen.« (Beck 1988: 92)

lend ist – also »Sinn« macht. Zum anderen verweist er aber auch auf fehlende oder nur dürftige religiöse Überzeugungen, aus denen sich keine stimmigen Antworten auf existenzielle Fragen der Akteure ableiten lassen. Der traditionell-religiöse Kontext erweist sich hier als defizitär, da mit dem Verlust des emotionalen Zugangs zur Kirche auch eine Identifikation mit ihren Ideen stark vermindert wird. Dazu meint der oben angeführte Interviewte:

»Ich bin aus der Kirche ausgetreten, schon vor 20 Jahren, weil ich gesehen hab, dass mir die katholische. Kirche nicht wirklich Antworten geben kann auf meine wirklich ernsten und brennenden Fragen des Lebens, die ich gehabt habe.« (Yoga-Lehrer, 46 J.)

Dem Bedürfnis, selbst Antworten auf der Grundlage von Erfahrungen zu finden, kann die Kirche kaum nachkommen, weshalb sie für die Akteure des holistischen Milieus auch keine kohärente Orientierung in Sinnfragen anzubieten vermag. Somit muss die Suche nach adäquaten identitätsstiftenden Quellen, welche die nötigen Wissenselemente zur Beseitigung der Krise enthalten, anderswo erfolgen.

Von einer ganz ähnlichen Problemlage ist auch das zweite Muster gekennzeichnet. Der biografische Bruch tritt jedoch erst in einem späteren Lebensalter ein. Dieser Lebensabschnitt ist von einer materiellen Sättigung gekennzeichnet, in dem die Akteure umfangreiche Sicherheiten genießen. Die scheinbare Harmonie durchbrechen wiederum Sinnfragen, welche die bisherige Lebensweise in Zweifel ziehen und somit das Überzeugungsnetz erschüttern. Bemängelt wird ein vergangenes »unbewusst« und schließlich trivial geführtes Leben, das schal, öd und leer erscheint, da es einer spirituellen Dimension ermangelt.

»Ich bin sehr spät eigentlich zur Spiritualität gekommen. Ich meine, ich habe schon mal ein paar Drogen genommen, und das auch nicht in der Disco, sondern im Wald. Also zusammengefasst, das war nicht so, dass ich 30 oder 40 Jahre einen spirituellen Weg gegangen bin. Ich bin zu vielen Dingen sehr spät gekommen. Ich bin sehr spät zur Psychotherapie gekommen, sehr spät leider auch zu dem, was über Psychotherapie hinausgeht. Also es ist ja so, die Sachen hier kannst eh nicht mitnehmen und das mit dem Beruf kann auch nicht alles sein. Dann kommen die Fragen nach dem Wozu und ebenso zum Sinn des Ganzen. Das war ein Zeitpunkt, was weiß ich, so Midlife-Krise.« (Sozialpädagoge, 54 J.)

Der mit der Midlife-Krise beginnende spirituelle Weg hebt die Relativität der Dingwelt ins Bewusstsein und lässt den Wunsch des Strebens nach Höherem entstehen. Wie dieser seine Erfüllung findet, werden wir in der, an die Situation der Krise anschließenden, experimentellen Phase erörtern.

6.1.2 Der »Immer-schon«-Berufene

Ein anderer Weg ins holistische Milieu führt über eine angeborene oder früh entwickelte außeralltägliche Begabung. Die in diesem Zusammenhang häufig verwendete Wendung »immer schon« (»ich war immer schon spirituell«) verweist auf die Strategie der Befragten, in früheren Lebensabschnitten gesammelte Erfahrungen in eine Kontinuität zur aktuellen Geschichte zu stellen. Zwar werden die erlebten spirituellen oder okkulten Erfahrungen retrospektiv in das Ganze der jeweiligen Lebensgeschichte integriert, in den Interviews wird dieser Integrationsprozess jedoch als konflikthaft und problematisch thematisiert. Als Krise stellt sich hier nicht so sehr die Erfahrung außeralltäglicher Zustände selbst heraus, sondern vielmehr die fehlende Möglichkeit zur Kontextualisierung. Dies zeigen die folgenden zwei Zitate:

»Ich würde sagen, das hat total früh angefangen, in der Kindheit, so Volksschulzeit, ich kann es nicht genau festmachen, wo ich gemerkt habe, *mit mir ist irgendetwas anderes als mit den anderen. Ich habe es aber nicht zuordnen können*, das heißt aber nicht, dass ich schulische Probleme gehabt habe oder Anschlussprobleme, nur irgendetwas war da, was ich eigentlich nicht zuordnen habe können. Nachdem ich aus einer Familie komme, die sehr – ja, wenn ich das Glas angreifen kann, dann ist das ein Glas, kann ich es nicht angreifen, ist das kein Glas. Die haben am Anfang da große Ängste gehabt, dass ich irgendwohin abdriften werde und den Realitätsbezug verlieren werde. Also war da vom familiären Hintergrund in die Richtung überhaupt nichts, deshalb habe ich eigentlich auch nicht gewusst, was ich möchte. Ich bin nur relativ früh darauf gekommen, wenn ich irgendwo die Hand drauf tue, wenn einer weh hat, dass das irrsinnig schnell besser wird.« (Prana-Healing-Therapeutin, 46 J.)

»Ich hatte als Jugendlicher und als Kind eine sehr, sehr gute, enorm gute Wahrnehmung, nur ist das damals von meiner Umgebung eher als Empfindlichkeit ausgelegt worden und ich habe das dann wirklich systematisch abtrainiert. Ich habe einfach – ich habe eine sehr gute Körperwahrnehmung bei mir selber, also es hat sehr oft dann darin geendet, dass die Frau, die mich großgezogen hat, meine Stiefmutter, hat gesagt ›sei nicht so hysterisch‹. Ist es aber nicht, ich nehme Dinge einfach exakter und mit einer stärkeren Amplitude wahr, als das andere Menschen machen.« (Qi-Gong-Lehrer, 43 J.)

In diesen Fällen treten die besonderen Erfahrungsqualitäten in der Kindheit auf, wo sie jedoch unverstanden bleiben (»mit mir ist *irgendetwas* anders«) und damit keiner Reflexion auf der Basis eines adäquaten Artikulationsrahmens zugänglich sind. Auch vom sozialen Umfeld werden sie nicht verstanden, da es gemäß der entzauberten Grundausrichtung der westlichen Kultur dazu neigt, solche Zustände zu pathologisieren. So werden derartige Erfahrungen vor dem Hintergrund einer hegemonialen »Wirklichkeitstheorie« als Formen des Realitätsverlustes oder als hysterische Anfälle[5] klassifiziert. Mit Alfred Schütz lässt sich argumentieren, dass solche Wirklichkeitstheorien die Aufgabe haben, die jeweiligen »Sinnbereiche« der Lebenswelt zu legitimieren. So bilden in modernen westlichen Gesellschaften etwa Wirklichkeitstheorien den Kern der hegemonialen rationalistischen Weltanschauung, welche nicht-alltägliche (mystische, okkulte oder spirituelle) Sinnbereiche als unwirklich definieren. Damit überformen sie »die natürliche Einstellung der Mitglieder dieser Gesellschaft in einer Weise, die den uns vertrauten ›gesunden Menschenverstand‹ ergibt« (Schütz/Luckmann 2003: 618). Die Spannungen zwischen dem eigenen Erleben und der sozialen Umgebung, deren Wahrnehmungs- und Deutungsmöglichkeiten durch eine andere Wirklichkeitstheorie gefiltert werden, führen somit für die holistischen Akteure zu einer problematischen Situation.

»Aber du kannst deine Kraft des Denkens auch von oben runterholen und das ist halt das, was ich von klein auf habe und das hat es mir auch schwergemacht mit der Welt. Für mich waren so viele Dinge so selbstverständlich von Anfang

5 Die Bezeichnung »Hysterie« als krankhafte Störung hat eine lange Tradition. So wurden damit sowohl die göttliche dichterische Inspiration als auch die satanische Besessenheit und die weibliche Unvernunft benannt. Besonders eine gesteigerte Empfindsamkeit, wie man sie vorwiegend bei Frauen festzustellen glaubte, war ab dem 18. Jahrhundert ein typisches Merkmal der Hysterie (Bronfen 1998: 130f.).

an und für die anderen ›häh, wovon redest du da, was ist denn das?‹ oder ein bisschen ›gaga‹ oder sonst irgendetwas. Ich habe kaum Gleichgesinnte gefunden.« (Magnetiseur, 47 J.)

Nach Maßstäben dieses ›gesunden Menschenverstandes‹ lässt sich dieser Typus als mit einem angeborenen Stigma[6] behaftet darstellen, der in eine für ihn unvorteilhafte Situation sozialisiert wurde (Goffman 1979: 45). Diese ist hier eben dadurch bestimmt, dass die außeralltäglichen Erlebnisse keine soziale Bestätigung erfahren und somit von fragiler Plausibilität sind. Wenn sich diese Erfahrungen nicht beständig wiederholen, werden sie angesichts der Übermacht einer hegemonialen Wirklichkeitstheorie verblassen. Das Individuum wird somit lernen, »dass das ›Eigene‹, das es zu besitzen glaubte, das falsche war, und dass dies weniger Eigene wirklich seines ist« (ebd. 46f.). Dieser erzwungene Gesinnungswechsel, kommt bei einer Befragten in charakteristischer Manier zum Ausdruck.

»B: Die Energiearbeit habe ich schon gemacht, seit ich ein Kind bin, ich war immer schon sehr fühlig, ich war hellsichtig, bin es ja immer noch. [...] Und dann habe ich aber einen ganz anderen Beruf erlernt, Bilanzbuchhalterin und Kostenrechnerin. Dann wurde meine Tochter geboren, die war dann sehr krank, mit neun Monaten hat sie angefangen, ständig krank zu sein und ich bin von einem Arzt zu anderen gerannt, die Schulmedizin hat nicht helfen können, so bin ich zum alternativen Sektor gekommen.
I: Weil Sie gesagt haben, Sie waren als Kind schon hellsichtig, haben aber keine Ansprechpersonen gehabt. Wie ist es ihnen dabei ergangen?

---

6 Der Begriff des Stigmas, wie er hier in Anlehnung an die Arbeiten von Goffman (1979) Verwendung findet, zeigt deutlich, dass es nicht die Eigenschaften oder Verhaltensweisen selbst sind, die als diffamierend bewertet werden – eine solche Bewertung entsteht erst im Verhältnis zu der jeweiligen »Wirklichkeitstheorie«. Somit können bestimmte Eigenschaften oder Verhaltensweisen in einer anderen Kultur oder Subkultur durchaus Bestandteil einer anerkannten Identität sein. Wie die Verhaltensweise der mystischen Ekstase im Fall des Gurus Ramakrishna in Indien als Normalität betrachtet wird und dagegen dieselben mystischen Erlebnisse bei einer Patientin in der Salpetrière als Stigmata erscheinen, zeigen Kakar und Clement (1993) in ihrem Buch *Der Heilige und die Verrückte*.

B: Das war – ich habe mit niemandem reden können, weil es hat ja sonst niemand gesehen aus der Familie und alle haben immer gesagt, ich bin eine Spinnerin und ich soll das überhaupt nicht mehr erzählen und ich darf mich mit dem nicht auseinander setzen, nicht beschäftigen. Also zuhause erzählen, das war dann immer ein Fehler, dass ich das dann erzählt habe, weil dann hat es wieder geheißen [...], es hat sich ja keiner vorstellen können. Meine Eltern haben mir auch Angst gemacht, dann habe ich auch eine Zeit lang Angst gehabt davor. Und das hat dann eigentlich auch dazu geführt, dass es irgendwie verlorengegangen ist – die Türe wurde zu gemacht dazu. Ich habe die Tür dann wieder aufgemacht, wie ich dann zum Arbeiten wieder im alternativen Sektor war, wie ich da wieder gearbeitet habe.« (Kinesiologin, 41 J.)

Die Erfahrungen, von denen hier die Rede ist, betreffen einerseits die erwähnte Hellsichtigkeit – also die Verfügung über besondere Informationskanäle, die anderen nicht zugänglich sind – und andererseits Manifestationen außeralltäglicher Phänomene aus der Sagen- und Mythenwelt. So war es für die Befragte in ihrer Kindheit selbstverständlich, mit Engel und Kobolden zu verkehren (»Ich habe nur schöne Erfahrungen gehabt. Also ob es Ahnen sind, die da waren zu Besuch oder die Himmelskräfte, ich habe sehr viele wunderbare Erfahrung mit den Himmelskräften als Kind gemacht, ganz viele«). Da ihre Fähigkeiten und Verhaltensweisen dem sozialen Umfeld als Stigma erscheinen, werden sie pathologisiert und tabuisiert. Dabei stellt sich für die Stigmatisierte das Problem der »Informationssteuerung« (ebd. 56) – also, was man mitzuteilen bereit ist oder besser verschweigt. Im Ringen um soziale Anerkennung wählt das Kind die Strategie, freimütig von seinen Erlebnissen zu erzählen, was sich jedoch als Fehler herausstellt, da es nun mit entsprechenden Sanktionen belegt wird. Diese werden jedoch retrospektiv von der Befragten dadurch plausibilisiert, dass es dem sozialen Umfeld an ausreichender Imaginationskraft gefehlt habe, um ihre eigenen Erlebnisse nachvollziehen zu können. Letztlich gelingt es sogar, die »wunderbare Erfahrung« mit dem Gefühl der Angst zu besetzen, worauf das kindliche Überzeugungsnetz endgültig zusammenbricht und sich die Türe zur »Hinterwelt« (Weber) schließt. Es wurde demnach erfolgreich gelernt, dass das »Eigene« falsch ist und man sich nun besser nach dem »weniger Eigenen« (Goffman) ausrichtet. Die Situation der Krise, die in diesem Fall eine Beschädigung der sozialen Identität zur Folge gehabt hätte, ist damit vorläufig behoben, da mit der Übernahme konventioneller Deutungsmuster und dem Erlernen eines soliden bürgerlichen Berufes als Bilanzbuchhalterin der Handlungsfluss wiederhergestellt ist. Dieser gerät erst später wieder ins Stocken, als die Tochter von Krankheiten geplagt wird, die von den Schulmedizinern nicht erfolgreich behandelt werden können. Man erinnert sich der verschütteten eigenen Fähigkeiten und mit dem Eintritt in den holistischen Kontext öffnet sich auch wieder die Tür zu den außeralltäglichen Sphären.

Doch nicht allen gelingt es, die gemachten Erfahrungen erfolgreich zu verdrängen. Dies ist vor allem dann der Fall, wenn sie beharrlich immer wieder von neuem und mit besonderer Macht hereinbrechen und damit vollkommen der willentlichen Kontrolle entbehren.

»So mit 13 Jahren da ist es das erste Mal passiert. Meine Eltern waren weg, irgendwo bei Freunden und ich war allein zu Hause. Da bin ich aus meinem Körper herausgetreten in einen zeitlosen Raum. Ich bin da über dem Körper geschwebt und war nur mit einer dünnen Schnur verbunden. Da habe ich furchtbare Angst und Panikzustände gehabt, weil ich ja auch gewusst habe, wenn das Band reißt, bin ich tot. Da hat's dann plötzlich geklingelt an der Tür, weil meine Eltern zurückgekommen sind und den Schlüssel vergessen haben und da war ich wieder in meinem Körper. Ich habe das dann immer wieder erlebt und meinen Eltern erzählt, die aber gar nichts damit anfangen konnten. Die haben geglaubt ich bin verrückt. Ich bin dann auch in die Psychiatrie nach Graz eingewiesen worden, habe dort aber alle Medikamente verweigert, weil ich ja gewusst habe, dass ich nicht irre bin.« (Schamanin, 51 J.)

Die Gabe, die hier als Stigma erscheint, ist jene zu außerkörperlichen Reisen. In der Kindheit erscheint die Fähigkeit in wilder Form, da sie sich jeglicher willentlicher Kontrolle entzieht. Da für die Befragte in ihrer damaligen Situation auch kein sozialer oder mythologischer Kontext existierte, der die außeralltäglichen Erfahrungen in eine Ordnung hätte bringen können, bleiben die Wahrnehmungen sinnlos. Ihr Umfeld reagiert mit dem Bezug auf das gängige psychologische Referenzsystem, wonach die Zustände als Geisteskrankheit zu deuten sind. Im Unterschied zum vorhergehenden Fall will oder kann die Befragte – auf Grund der sich immer wieder spontan einstellenden Erfahrungen – jedoch das »Eigene« nicht als falsch betrachten und ist demnach auch nicht dazu in der Lage, sich der gängigen Wirklichkeitstheorie anzupassen. Der zu zahlende Preis für diese Widerständigkeit liegt in der Einweisung der Stigmatisierten in die psychiatrische Anstalt. Der Beweis dafür, dass sie nicht »irre« ist, wird sich erst später durch eine gelungene Kontextualisierung ihrer Erlebnisse ergeben.

6.1.3 Der Leidende

Die Situation, die dieser Typus als krisenhaft erlebt, besteht aus physischen und psychischen Krankheiten bzw. Störungen. Depressionen, die aus schweren Lebenskrisen resultieren, wie beispielsweise aus Verlust- oder Missbrauchserfahrungen, oder Burn-out-Erkrankungen, die in den letzten Jahren auf Grund umfassender Belastungen und gesteigerten Anforderungen an das Selbst stark zugenommen haben, gehen mit somatischen Beschwerden einher. Kopfschmerzen, Magenbeschwerden oder Schwindelgefühle haben somit ihre Ursache in den Untiefen der Seele, wo die verdrängten Nachtseiten des Ichs schlummern. Diese Phasen werden in den Biographien als Leidensweg beschrieben, auf dem die Akteure kaum Handlungsmöglichkeiten sehen, um andere Pfade einzuschlagen.

»Also ich habe eine Lebenskrise gehabt und mir ist es nicht gut gegangen, wie ich beobachtet habe an mir selber, dass ich komplett verfalle und dass ich mich nicht auskenne und dass ich nicht agieren kann in dem Umfeld wo ich bin.« (Fotograf, 45 J.)

Andere Befragte sprechen von »schweren Zeiten« oder von »Notsituationen«, in denen man unter einer körperlichen und psychischen Schwäche leidet. Die einhellige Erfahrung der holistischen Akteure liegt nun darin, dass diese Krisen von der Schulmedizin, mit ihrem groben Begriffs- und Diagnoseinstrumentarium, nicht nachhaltig beseitigt werden können. Aus dieser Situation der Hilflosigkeit resultiert die Handlungshemmung, da einerseits keine Aussicht darauf besteht, dass das Leiden verschwindet und es andererseits sinnlos erscheint. Wie auch schon in den Beispielen zuvor gelingt es mittels etablierter Deutungshorizonte nicht, die Krise zu verstehen, da sich auf Fragen nach dem woher und dem warum kaum Antworten ergeben. Die folgende Passage schildert einen typischen Leidensweg.

»Ich habe ja vorher die Krankheit gehabt – oder auch nicht; also diagnostiziert war es einmal als Lupus erythematodes, also das ist eine Hauterscheinung. Auf der Klinik haben sie dann zu mir gesagt, das ist psychosomatisch, also erst die Diagnose, dann haben sie aber gesagt »nein, wir therapieren Sie jetzt nicht mit diesen entsprechenden Mitteln, gehen Sie zum Psychiater«. Dann bin ich eben zum Psychiater gegangen und habe aber gedacht, ich brauche etwas anderes eigentlich. Dann haben die einen gesagt »also rein somatisch«, diese äußeren Sachen, aber sie können keine wirklichen Ursachen dafür finden an Laborwerten, es gab zwar einen histologischen Befund, aber okay, den haben sie dann ignoriert und die anderen haben gesagt ›naja, nur die Vergangenheitsbewältigung ist jetzt angesagt‹ oder was weiß ich, ›die aktuellen psychischen Belastungen, Probleme.‹ Im Grunde ist es aber etwas, was alles betrifft, das ist untrennbar; dass was sich äußerlich zeigt und manifestiert, und dass was von der psychischen Seite her kommt, und ja –, deswegen ist auch glaube ich der Heilungsansatz dann genau das richtige, wo es beides vereint, die körperliche und die psychische Ebene.« (Medizinisch-technische Assistentin, 52 J.)

Das Leiden der Befragten kann auf Grund der Diffusität bzw. Komplexität des Krankheitsbildes mit den gängigen Methoden weder adäquat bestimmt, noch behandelt werden. Während auf der einen Seite nur der somatische Befund existiert, verweist man auf der anderen Seite auf aktuelle psychische Faktoren, um die Krise zu begründen. Beide Ansätze können sie nicht beseitigen – jedoch verweist der letzte Abschnitt des Zitates schon auf die gefundene Lösung des Konfliktes, die in einem ganzheitlichen Heilungsansatz besteht.

Holistische Praktiken müssen jedoch nicht unbedingt als funktionales Äquivalent zu medizinischen gelten, indem sie das Leiden letztendlich lindern oder gar effizient beseitigen. Sie haben gegenüber dem medizinischen Kontext den Vorteil, dass die in ihnen enthaltenen Wissenselemente weitaus umfassendere Möglichkeiten des Verstehens bieten.

»Meine Krise ist nicht bewältigt, ich bin mitten drinnen in der Krise, es ist immer die gleiche Krise, man nimmt das mit, das ist das Karmische. Es ist halt nur so, dass ich jetzt verstehe, dass das für mich eine Funktion ist; eine Krise ist eine Funktion.« (Fotograf, 45 J.)

Die Krise ist hier nicht bewältigt – im Sinne, dass sie sich aufgelöst hätte – denn sie wird auf der Basis von holistischen Überzeugungen als »karmisch« identifiziert. Mit der Anwendung des Karma-Konzeptes gelingt es jedoch, die Krise als sinnvoll zu erleben, indem ihr eine Funktion zugeordnet wird. Solche Zuschreibungen, die eine positive Konnotation von Krisen nahelegen, sind im holistischen Milieu weit verbreitet.

6.2 DIE FUNKTION DER KRISE

Wir haben oben bemerkt, dass der Pragmatismus Brüche in den Handlungsgewohnheiten als bedeutsam betrachtet. Dabei handelt es sich folglich um überraschende Erfahrungen, welche die Monotonie des Alltags durchbrechen und somit zum Experimentieren auffordern. In dieser Situation muss man reflexiv Stellung beziehen zu seinen vorreflexiven (unterbewussten, unhinterfragt geltenden) Strebungen (Überzeugungen, Werten) (Joas 1996: 238). Eine Interviewperson meint dazu: »Wenn es dir nur gut geht, dann denkst du eh nicht nach, oder es geht dir total schlecht, dann wirst du nachdenklich« (Energetikerin, 42 J.). Überraschungen, welche aus der Widerständigkeit der Welt resultieren, liegen in der unauflösbaren »Widerspruchsstruktur« (Schmid 1998: 108) begründet. Diese ist nicht nur konstitutiv für das Leben, die Konfrontation mit Widersprüchen ermöglicht es überhaupt erst, Erfahrungen zu machen. Ein Befragter drückt diesen Zusammenhang in holistische Deutungen gekleidet so aus:

> »Egal was sie machen, es ist immer das Gegenteil dazu da. Sie werden selber bei sich merken. Sie machen etwas und das Gegenteil dazu ist da, das ist die Erfahrung, die der Mensch Zeit seines Lebens macht und das ist gut so. Wenn mir einer sagt Licht und Liebe, dann stellen sich bei mir die Haare auf. Es stellen sich die Haare auf, wenn irgendjemand sagt, es gibt nur die göttliche Liebe, denn man braucht diesen Gegenpol, sonst gibt es nur Licht und dann ist diese ganze Erfahrung in der Welt für die Katz, ist umsonst, weil man ja nichts lernen kann. Wozu nur Licht, es muss ja Schatten geben; man sagt, das Gute braucht das Böse, um sich darin erkennen zu können. Eine ganz einfache Aussage, die alles beinhaltet im Prinzip.« (Tarot-Berater, 58 J.)

Die Unauflösbarkeit der Widerspruchsstruktur meint nicht, dass einzelne Widersprüche unveränderbar sind und als solche hingenommen werden müssen. Es ist ja gerade das Entscheidende an einer Erfahrung, dass ihre irritierende Qualität zu einer Lösung zwingt. Damit ist auch der Widerspruch beseitigt. Das kann jedoch nur temporär geschehen, da immer wieder neue Widersprüche auftauchen und uns erneut vor Handlungsprobleme stellen. So wie für den Befragten die Widersprüchlichkeit der Welt Voraussetzung für eine Lernerfahrung ist, meint Peirce (1991: 32), dass »Erfahrung [...] unser einziger Lehrer [ist]« und sie uns durch Überraschung lehrt, »was sie uns zu lehren beliebt«.

Mit dem Fokus auf irritierende Erfahrungen beachtet der Pragmatismus auch die Möglichkeit einer inneren Transformation der Akteure. Eine Krise kann demnach zu einem radikalen Wandel in den Karrieren der Akteure führen, wodurch neue Deutungs- und damit auch neue Handlungsmuster entstehen. In diesem Sinne beurteilen auch die holistischen Akteure solche Situationen, in denen das Individuum dazu angetrieben wird, aus den gewohnten Fahrwassern auszuscheren, als notwendig für die Entwicklung des Bewusstseins:

»Ja, ich sehe eine Krise jetzt allgemein nicht so verschieden von dem, wie es bei mir war. Deshalb schätze ich es ja so sehr, dass es die Krankheit gibt und ich bin immer wütend, wenn mir jemand für das Neue Jahr alles Gute, vor allem Gesundheit wünscht, weil das immer auf Stillstand verweist. Wenn jemand nicht achtsam ist, dann ist der Holzhammer, die Krankheit, ein wunderbares Mittel und das ist ein wesentlicher Beweggrund. Sie sind ein gewaltiger Schlüssel für positive Veränderungen, es ist äußerst wichtig, dass wir diese Möglichkeit des Lernens haben.« (Yoga- und Tai Chi-Lehrer, 64 J.)

Was der Befragte als Unachtsamkeit bezeichnet, ist ein unreflektierter Blick durch den Filter der Gewohnheiten auf das Selbst und die Welt. Die Chance für eine wirkungsvolle Veränderung ergibt sich erst dann, wenn durch eine Krankheit die gewohnten Lebensroutinen zusammenbrechen. Vor allem in den spirituellen Überzeugungen des Yoga markiert der Begriff der Achtsamkeit die Bereitschaft zur Offenheit, um sowohl der eigenen Innenwelt als auch der Außenwelt vorurteilslos zu begegnen. Damit wird ein als bedeutsam erachteter reflexiver Prozess in Gang gebracht, der dazu führt, dass man sich »bewusst« mit dem eigenen Körper und Geist, sowie mit dem sozialen Umfeld auseinandersetzt. Leiten im holistischen Kontext diverse Praktiken dazu an, sich in Achtsamkeit zu üben, so kann diese Aufgabe ebenso der »Holzhammer« einer Krise übernehmen.

Neben den persönlichen Bewertungen von Krisen durch die holistischen Akteure betonen auch die Praktiker in ihrer Rolle als Anbieter häufig ihre positiven Funktionen, wenngleich ein Teil von ihnen es nicht als ihre Aufgabe sieht, diese zu beheben.

»Es gibt z.B. Frauen – das ist ein Beispiel – die zu Hause einfach alles dem Mann zuliebe machen, in eine totale Opferrolle gehen, weil sie einfach selber kein Geld verdienen und sich unterwerfen und ständig gegen ihre eigene Wahrheit handeln. Das schlägt sich im Körper lokal nieder und führt zu Schmerzen und dann ist einfach irgendein Krankheitsdings da. Und wenn die das nicht verändert, kann ich Kopf stehen, dann könnte ich es zwar für einen Moment entfernen, aber es würde wieder kommen und deswegen versuche ich, die Sache nicht zu entfernen, weil kaum ist das weg, dann wollen die auch nichts mehr davon wissen, weil es ist ja immer bequem im gleichen Fahrwasser drinnen zu bleiben und fast alle Menschen haben Angst vor Veränderungen.« (Prana-Healing-Therapeutin, 46 J.)

Die Befragte schildert das Unbehagen, das man verspürt, wenn man aus den gewohnten Bahnen des Denkens und Handelns geworfen wird und die Sehnsucht nach Ordnung und Harmonie. Peirce (2002: 69) meint dazu, dass der »Zweifel ein unangenehmer Zustand [ist], in dem wir Anstrengungen machen, uns von ihm zu befreien und den Zustand der Überzeugungen zu erreichen suchen«. Nun sieht es jedoch die Praktikerin nicht als ihre Aufgabe, den Klienten von den Zweifeln bzw. Problemen zu befreien, denn dann hätte sich die Situation auch nicht nachhaltig entschärft. Zudem wäre eine solche Vorgehensweise geradezu kontraproduktiv, da mit dem kurzfristigen Verschwinden der Krise und damit auch des »lebendigen Zweifels« der Antrieb für eine positive Veränderung fehlen würde. Die Akteure müssen vielmehr dazu bereit sein, sich aktiv an der Suche nach den ursächlichen Handlungsproblemen zu beteiligen. Gemäß dem Selbstverständnis der holistischen Praktiker gelingt Heilung nur durch Selbstermächtigung und diese impliziert, dass man nicht vorschreibt, was getan werden soll, sondern sicherstellt, dass die Klienten experimentell Handeln können.

Auch das nachfolgende Zitat verdeutlicht noch einmal die handlungsermöglichende Funktion von Krisen.

»Wir haben immer diese Begrenzung, wir haben eine gewisse Uniformität des Denkens, die uns ein bisschen in einen Elfenbeinturm sperrt, wo man ganz einfach draufkommt nach einer gewissen Zeit oder nach einem gewissen Alter vielleicht auch, dass man in einem Elfenbeinturm drinnen ist und nur einen

Teil des Universums sieht. *Und dann braucht man natürlich irgendein Ereignis oder braucht man irgendeine Situation, die diese Turmstruktur zerstört, damit der Mensch aus dieser Uniformität des Denkens herausfällt und einmal etwas anderes ebenfalls als möglich hält.*« (Tarot-Berater, 58 J.)

Geradezu paradigmatisch wird hier das Wesen einer den Handlungsfluss störenden Situation beschrieben, die man als »Ethik des experimentierenden Lebens« bezeichnen kann. Der Umstand, dass man aus der »Uniformität des Denkens heraus fällt«, bezeichnet im pragmatistischen Handlungsmodell die Phase der Kontingenzöffnung, wonach ein Bewusstsein entsteht, dass bisher geltende Regeln oder Überzeugungen nicht notwendig so sein müssen, sondern auch veränderbar sind. Kontingenz ist damit kein Grund für Verzweiflung, sondern bietet die Chance zur Kreativität und zur Selbstschöpfung in verschiedenen Kontexten (Joas 1999: 229). Wie dieser Prozess der Selbstschöpfung angesichts kontingenter Situationen für die Akteure im holistischen Kontext von statten geht, zeigt die dritte Phase des Experiments.

6.3 Experimentieren mit holistischen Sinnmustern – die Bricolage

Aus der Situation der Krise und des lebendigen Zweifels, der mit einer Zersetzung von Überzeugungen verbunden ist, führt eine Phase des Experiments mit Handlungsalternativen. Damit ist ein – durch (erzwungene) Reflexion entstehendes – Bewusstsein verbunden, dass Bedeutungen nicht schlichtweg gegeben, sondern veränderbar sind. Im pragmatistischen Zusammenhang sind hier die zentralen Begrifflichkeiten »Kreativität« und »Experimentalität«, da ohne diese Komponenten Handlungsabläufe durch Krisen oder andere Störungen blockiert bleiben. Die Akteure sind jedoch darum bemüht, neue Überzeugungen als handlungsleitende Gewohnheiten zu etablieren. Dabei spielt das kreative Arrangement von Sinnelementen eine entscheidende Rolle, um die Kontingenz der aktuellen Situation zu bewältigen und in weiterer Folge wieder zu schließen.

In Bezug auf die Karriereverläufe der holistischen Akteure geht mit dieser Phase des experimentellen Bewusstseins eine Suchhaltung einher, die von Zeitdiagnostikern häufig in abfälliger Manier als »synkretistisches Sinnbasteln« beurteilt wird. Da der Begriff »Synkretismus« somit einen pejorativen Beigeschmack hat, verwenden wir hier für das Entlehnen verschiedenster Wissenselemente aus diversen, vielfach disparat erscheinenden Kontexten, den Ausdruck »Bricolage« (Bastelei). Indem Claude Lévi-Strauss (1973: 29) auf den ursprünglichen Sinn des Wortes verweist, wonach das Verb »bricoler« eine nicht vorgezeichnete Bewegung betont – wie beispielsweise ein Pferd, dass von einer geraden Bahn abweicht, um ein Hindernis zu überwinden –, ergibt sich eine zentrale Voraussetzung des mit dieser Handlungsphase verbundenen Bastelns. Diese liegt in einer als problematisch erachteten Situation, von der die Pragmatisten der Meinung sind, dass sie einen Horizont von Möglichkeiten enthält, die nun neu erschlossen werden müssen (Joas: 1996: 196). Dieser Akt, der in den holistischen Biographien als Basteln mit Sinnelementen aus verschiedenen Traditionen zum Ausdruck kommt, muss als eine kreative Leistung betrachtet werden. Der Bastler erfindet dabei zwar objektiv nicht ständig Neues – im Sinne von wirklich Originärem –, subjektiv erscheint die notwendige Improvisation, um dem Handlungsproblem zu begegnen, jedoch sehr wohl als Innovation. So agiert der Bastler nach dem Motto »nehmen und verknüpfen was da ist« (Lévi-Strauss: 1973) und transformiert damit das Bestehende auf kreative Art und Weise. Mit dem Begriff der ›Bricolage‹ rückt man demnach das poietische Moment in den Vordergrund, wonach verschiedenste Wissenselemente eine neuartige Kombination erfahren.

»Da habe ich mir sicher irgendwie eine eigene Spiritualität zusammengezimmert. Ich glaube das ist eh, Spiritualität ist eh ganz ein offener Begriff, wo jeder so machen kann, was er möchte (lacht). Also beim Tanzen, oder auch im Yoga, wo immer wieder diese Verbindung nach oben da ist, das fühlt sich einfach gut an und das passt.« (Sozialpädagogin, 40 J.)

Die Befragte spricht in charakteristischer Weise nicht nur eine für die postmoderne Spiritualität typische Bastelmentalität an, sondern verweist ebenso auf die pragmatische Seite des Suchprozesses. Demnach wird ausgewählt, was gut tut und als passend bzw. stimmig für die individuelle Bedürfnislage empfunden wird. Typische Quellen für das Sinnbasteln im holistischen Kontext sind einschlägige Bücher (Ratgeberliteratur, spirituelle und philosophische Abhandlungen, esoterische Romane u. dgl.) oder Ideen, die aus speziellen Erfahrungen gewonnen wurden. In diesen Büchern findet man häufig wichtige

Ideen, die für den Verlauf der jeweiligen Karriere entscheidend sind. Die folgenden zwei Zitate verdeutlichen die Bedeutung von Literatur für den Weg in den holistischen Kontext.

»Also ich glaube, das hat bei mir schon ziemlich früh angefangen, ich glaube mit 15 oder so. Das ist einfach nur so – wie soll ich sagen – passiert, also über irgendwelche Literatur vom Hesse oder solche Geschichten, also vor allem Siddharta hat mich in diese Richtung gebracht. Und dann habe ich halt einfach angefangen Bücher zu lesen. Das hat so mit 15, 16 angefangen, also wo du dir halt ein paar Dinge besorgst und ich kann mich erinnern, ich habe dann gleich einmal diese Yoga Sutras von Patanjali gefunden, habe die dann versucht zu lesen mit meinem damaligen Bewusstsein und habe halt irgendwie gecheckt, dass ich gar nichts mitkriege und dann hat sich das irgendwie so, ja entwickelt kann man sagen.« (Sozialarbeiter, 28 J.)

»Ich habe mich eigentlich schon immer sehr für Religionen und andere Kulturen interessiert und ich weiß, das allererste Buch, das ich mir überhaupt selbst gekauft habe, als Jugendliche noch, das war Carlos Castaneda ›Eine andere Wirklichkeit‹. Und ich habe diese Bücher eigentlich immer so auch gelesen, dass sie auch wirklich sind, was da drinnen steht, also ich habe das nie bezweifelt, dass das so sein könnte. … Die nächsten Bücher, die ich mir gekauft habe, das waren die Bücher von der Alice Miller, alle, ›Du sollst nicht merken‹ oder ›Am Anfang war Erziehung‹. Und das ist für mich eigentlich auch eine Art von anderer Wirklichkeit […], von der man einen Teil erinnert, was praktisch eine Metapher für das ist, was wirklich war. So sehe ich auch diese – sagen wir mal – esoterische Literatur, dass man das nicht wirklich sagen kann, aber trotzdem Worte dafür sucht und da eben Metaphern findet. Es gibt eben Sachen, die kann man nicht wirklich sagen, die kann man nur mit blumigen Ausdrücken umschreiben, aber so ein Quäntchen von dem, was wirklich ist, ist trotzdem in diesen Beschreibungen drinnen. Die – wie soll ich sagen – die Wahrnehmung in diese Richtung verschärft sich dadurch erstmal und das führt dazu, sich selbst wahrzunehmen und über das hinauszugehen, über sich selbst hinausgehen dann praktisch.« (Medizinisch-technische Assistentin, 52 J.)

Beide Interviewpassagen zeigen, dass einschlägige Bücher als inspirierende Quellen genutzt werden – selbst wenn, wie beim ersten Zitat, ein noch unterentwickeltes Bewusstseinslevel das Verständnis beeinträchtigt. Stößt man auf solche Quellen, wird auch dieses Ereignis retrospektiv häufig als Wendepunkt betrachtet. Dies liegt weniger in den formalen Wissenselementen begründet, welche die Bücher bereithalten, sondern in der Möglichkeit zu »Sekundärerfahrungen« (Goffman 1979: 54). Demnach wird beispielsweise die Lektüre von spirituellen Entwicklungsromanen, wie der vielfach erwähnte Roman »Siddharta«, oder spirituellen Biographien von Gurus und anderen, die sich erfolgreich auf den Weg begeben haben, als reorganisierende Erfahrung empfunden. Wie das zweite Zitat zeigt, haben jedoch auch andere Arten von esoterischer oder psychotherapeutischer Ratgeberliteratur eine solche Wirkung für die holistischen Akteure. Die Befragte begegnet bei der Lektüre einer speziellen Artikulationsweise, die eine verschüttete Erfahrung in das Bewusstsein rückt. Diese »vergessene Wirklichkeit« verbirgt sich hinter reichhaltigen Metaphern, die man selbst nicht recht zu finden vermochte, da das kulturell angebotene Vokabular einen nur mangelhaften Ausdruck der eigenen Gefühle erlaubt. Nun erscheinen die gefundenen Worte jedoch als passend für das Gefühlte. Damit spürt man eine gewisse Anziehungskraft, die von den Formulierungen ausstrahlt, zumal einer jeden ein wahrer Kern zugeschrieben wird. Reorganisierend wirken sie folglich insofern, als sie die »Wahrnehmung« hin zu mehr Sensibilität transformieren, das Bewusstsein erweitern und letztlich eine transzendierende Wirkung haben.

Der Literatur kommt zudem eine wichtige Bedeutung zu, da sie die nötigen Wissenselemente für eine adäquate »Wirklichkeitstheorie« bereitstellt, welche diesen Sinnbereich legitimiert. Bei der oben erwähnten, mit hellsichtigen Fähigkeiten ausgestatteten Befragten, hat die einschlägige Literatur genau diese Funktion:

»Da gibt es ein Buch, das heißt ›The Secret‹. Da steht das drinnen, was ich immer schon gemacht habe. Man kann mit den Gedanken ganz viel machen und die Gedanken werden immer mächtiger. Man muss dann wirklich sehr achtsam umgehen mit den Gedanken. Und mit dem habe ich immer schon gearbeitet, es ist mir aber nie aufgefallen.« (Kinesiologin, 41 J.)

Ein Buch – hier ein weit über die Szene hinaus bekannter (Lebenshilfe-)Bestseller über die Macht der Gedanken – kontextualisiert die eigenen Fähigkeiten und macht sie dadurch plausibel. Auch das folgende Beispiel schildert die Wichtigkeit von evidenzsichernden Quellen:

»Ich bin auf der Suche nach Büchern und versuche immer so Artikel zu lesen, wie diese Dinge gehen. Es sind meistens so ein bisschen spirituelle Themen und zwar über die indischen Lebensweisheiten und da, vor allem habe ich im ersten Ansatz herausgelesen, dass es also diese Bestärkung, also dass es etwas anderes auch gibt als materielle Ziele. Diese Lebensweisheiten die sind eigentlich sehr logisch und klar, wenn man das liest, aber selber kommt man eigentlich nicht drauf, wenn man sich den ganzen Tag mit Dingen beschäftigt – so mit dem Alltag und wenn man aber nur in so ein Buch reinschaut und eine Seite liest, dann sagt man ›ah ja warum, ist eh klar‹, aber selber vergisst man es immer wieder und ich glaube, wenn man dann mehr darüber liest oder regelmäßig darüber liest, dann ist es eine gewisse Schulung, wenn man immer öfter daran erinnert wird und dann wird einem immer mehr davon bleiben, sodass man dann auch richtig denkt. [...] Ich versuche halt immer mehr da aufzusaugen und das zu verarbeiten und es werden immer mehr Fragen entstehen und ich bin dann eigentlich auch auf der Suche, jemand zu finden, mit dem ich dann darüber sprechen kann. Man hat halt das Bedürfnis darüber zu reden, weil manche Dinge versteht man nicht, manche Dinge will man vielleicht bestätigt haben, dass man es richtig verstanden hat, oder vielleicht will man sich auch nur austauschen. Also das ist, glaube ich, ganz wichtig, dass man da dann sich ein bisschen mit anderen dann abgleicht und das, was man da gelesen hat, auch so von anderen noch interpretiert kriegt.« (IT-Manager, 48 J.)

Hier wird ebenso die Möglichkeit zur Reorganisation der Wahrnehmung artikuliert, die es einzuüben gilt, da einen die Alltagswirklichkeit mit anderen Werthorizonten konfrontiert. Die einschlägigen Bücher und Schriften haben zudem den Zweck, das holistische Überzeugungsnetz zu stützen und den Verstehensprozess von alternativen Werthaltungen anzuleiten. Daneben wird die besondere Rolle eines sozialen Umfeldes betont, das Deutungen entweder bestätigt oder bezweifelt. Dieses Beispiel der Suche und Aneignung geeigneter Wissenselemente ist dem intellektuellen Pol zuzuordnen. Hier geht es eher darum, viel zu lesen, und der Integrationsprozess von Sinnelementen wird durch ein Bedürfnis nach Verständlichkeit und Nachvollziehbarkeit des Wissens geleitet. Der Umstand, dass der Befragte einen technischen Beruf ausübt, mag diese Tendenz noch verstärken. Ganz anders verhält es sich mit dem sensitiven Typus. Bei ihm dreht sich alles um die Erfahrung und das Gefühl.

»Ich habe mich halt für dieses Thema entschieden, weil Körper, Geist und Seele mich als Ganzheit interessiert. Und, ja, irgendwie hat das meine Neugierde und meinen Wissensdrang in die Richtung nicht befriedigen können, weil ich war immer interessiert daran, die Dinge nicht nur mit dem Verstand aufzufassen und Informationen zu kriegen, sondern das auch zu verstehen und zu erleben auch. Und das war schon mal der erste Weg in Richtung Yoga, weil ich da gesehen hab, okay, da geht es auch um Körper – da geht es aber auch um Geist und Seele, um Spiritualität. Da gibt es vieles, was man auf der einen Seite lernen, wissen kann, aber noch viel mehr und noch viel wichtiger ist diese Erfahrungsebene, die mich da fasziniert hat im Yoga.« (Yoga-Lehrer, 46 J.)

Letztlich gilt nur die eigene Erfahrung als Gradmesser für die Wahrheit und Authentizität von Wissen. Man muss, wie eine andere Befragte meint, »das selber einfach spüren und durchmachen auch – also nur aus dem Buch haut das nicht hin«. Auch wenn üblicherweise die Verknüpfung von Theorie und Erfahrung im Vordergrund steht, so wird doch die Erfahrung stärker prämiert. Einschneidende Erfahrungen lassen sich auch auf Reisen machen. Zum einen erweist sich das Reisen selbst als Quelle inspirierender Erfahrungen und zum anderen begibt man sich in exotischen Ländern auf die Suche nach ursprünglichen Wissen und authentischen Erfahrungen.

»Also das hat direkt angefangen, … also das war dann mit 17 schon, wo ich dann irgendwie gemerkt habe ›he, das ist jetzt irgendwie meine Richtung und so‹ oder ›das gehört einfach zu mir dazu irgendwie‹. Ja und durch die Reisen dann hat sich das sehr, sehr vertieft, das war echt – überhaupt durch die Erfahrung dann an meinem ersten Jakobsweg, irgendwie, die mich dann ziemlich hinauskatapultiert hat aus meinem jeglichen Denkschema irgendwie, und dann noch die Erfahrung im Kloster in Thailand, also wo ich dann noch einen Monat so ein Retreat gemacht habe und wo das Ganze dann wirklich intensiv worden ist. Also jetzt von der Meditation her und nicht nur vom Spüren von Dingen, sondern wirklich das irgendwie jetzt zu erleben, diese ganzen geistigen Prozesse, die da eigentlich abgehen und wie wir eigentlich in unserer Welt drinnen stecken und verhockt sind und uns im Kreis bewegen und so. Und das war eigentlich der größte Schritt.« (Sozialarbeiter, 28 J.)

Der Befragte schildert die Erfahrungen während eines Retreats in einem Kloster als Intensivierung seines spirituellen Weges. Solche Erfahrungen werden über diverse spirituelle, mystische oder okkulte Praktiken erlebt. Da jedoch kein Wissen, das in den Praktiken enthalten ist und das der Akteur durch die Ausübung mobilisiert, Antworten auf sämtliche Eigenschaften des jeweils individuellen Kontexts gibt

(Reckwitz 2003: 295), müssen verschiedene Praktiken ausprobiert, bei Bedarf gewechselt oder zumindest modifiziert werden. Dies wird als Suchhaltung verstanden, wobei wir die Passung von individuellen Vorstellungen und etablierter Praxis im Sinne eines kreativen Aktes als Bricolage benannt haben.

Die Suchphasen gestalten sich bei den oben skizzierten drei Typen relativ ähnlich, da der Eintritt in den holistischen Kontext die Aneignung neuer Praktiken und ein mit ihnen verwobenes Wissen mit sich bringt. Es gilt nun jene herauszufinden, die am besten wirken; und falls sie ihren Nutzen eingebüßt haben, dürfen und sollen andere probiert werden. Zudem ist das Experimentieren mit neuen Sinnelementen von einer Suche nach einer jeweils passenden Kontextualisierung der als Krise empfundenen Situation geprägt.

Beim *Sinn-Sucher* gestaltet sich der Einstieg in das holistische Milieu und die damit verknüpfte Suchphase so:

»Naja, das war schon ein Entwicklungsweg. Also, mich hat eigentlich schon in der Schule das Geistige und das Seelische immer interessiert. Ich glaub, mit 17 Jahren bin ich da irgendwie auf Freud gekommen und auch Hesse in der Schule später. Und ich habe halt dann auch den Philosophie- und Psychologieunterricht […] ganz spannend gefunden und sehr interessant. […] Und das war dann so ein Thema – Körper, Geist und Seele – was mich dann schon relativ früh wirklich fasziniert hat. Da war dann auch dieses griechische Ideal, was mich so angesprochen hat: Ein gesunder Geist in einem gesunden Körper. Das war so in meinen Vorstellungen, so von einem vollkommenen, schönen, gesunden, ganzen Menschen. Das hat für mich sehr viel mit Gesundheit, mit innerer und äußerer Schönheit zu tun gehabt, auch mit Geist, mit Gelehrtheit auf der einen Seite und auf der anderen Seite mit einer gesunden Körperlichkeit, mit einem ausgeprägten Zugang zu Körper und zu Bewegung. Bewegung war für mich immer schon total wichtig. Und so in Bezug auf meine Lebensfragen wurde ich dann aber erst einmal fündig. Der Einstieg war das Buch von Andre van Lysbeth. Das war mein erstes Yogabuch. Aber der eigentliche Einstieg – so die Einstiegsdroge – war durch meinen ersten Yogalehrer. Da habe ich das dann intensiv unter fachkundiger Anleitung auch betrieben.« (Yogalehrer, 46 J.)

Es ist charakteristisch für diesen Typus, das ihn seine Suche nach Antworten auf existenzielle Fragen in viele, durchaus als verwandt betrachtete Gebiete führt. So sieht er das ganzheitliche Ideal, das für ihn einen hohen Wert darstellt, schon bei den Griechen verwirklicht. Doch das Bedürfnis nach zeitgemäßen Praktiken und Antworten auf seine Sinnfragen lässt ihn weitersuchen. Auch hier zeigt sich die Lektüre von einschlägigen Büchern als wichtige Quelle. Die Wendung »immer schon« verweist in diesem Beispiel auf eine grundsätzliche Offenheit für spirituelle Themen. Ein solches Interesse korrespondiert mit dem erörterten Mangel an sinnvollen Orientierungsmöglichkeiten. Diese beginnen sich mit dem ersten Yogabuch anzubahnen und werden mit dem Kontakt zu einem Lehrer intensiviert.

Auch beim *immer schon Berufenen* gestaltet sich die Such- und Experimentierphase als Ringen um eine gelungene Kontextualisierung:

»B: Ich habe eigentlich immer den Fokus gehabt, schon als kleines Kind, dass ich irgendwo in die Medizin wollte. Ich habe dann zwei Diplome, ein allgemeines und ein psychiatrisches Schwesterndiplom gemacht – auf der schulmedizinisches Ebene. Ja, aber mir war es eigentlich nie genug und ich war dann kontinuierlich weiter auf der Suche und nachdem wir ja Fort- und Weiterbildungsstunden machen müssen, habe ich mir immer solche Dinge ausgesucht, wo ich mir gedacht habe ›naja, das ist ein bisschen etwas anderes.‹ Ich habe eine vollständige Kinesiologieausbildung, ich habe Fussreflexzonenmassagen gemacht, also ich habe alle möglichen Richtungen versucht wo ich mir gedacht habe ›ja schön, aber nicht meines.‹
I: Warum ist das nicht so Ihres gewesen?
B: Weil das zwar gut war, aber nicht hundertprozentig mit mir in Resonanz war; ich habe es gut ausüben können, wo auch alle zufrieden waren, nur für mich haben da noch immer Stücke gefehlt. [...] Und dann ist mir durch Zufall und es gibt keine Zufälle, es ist mir zugefallen, ein Seminar von Frank Alper und da bin ich drinnen gesessen und habe mir gedacht ›ja, da bist du jetzt zu Hause, das funktioniert, das ist es jetzt.‹ Ich habe wirklich viele Jahre bei ihm Ausbildungen gemacht.« (Prana-Healing-Therapeutin, 46 J.)

Die Befragte hat im Abschnitt zum Typus des »immer schon Berufenen« (S. 153) berichtet, dass mit ihr »irgendetwas anders« sei, was sich unter anderem in der Erfahrung eines beschleunigten Heilprozesses nach dem Auflegen ihrer Hände zeigte. Gemäß ihrer außeralltäglichen Begabung beginnt sie ihre Karriere im traditionellen Bereich der Schulmedizin. Hier fand sie jedoch keinen geeigneten Rahmen, der ihre Erlebnisse und Fähigkeiten Sinn verleihen würde. Deshalb beginnt eine kontinuierliche Suche nach alternativen Praktiken – aber auch diese holistischen, eher körperorientierten Methoden stellen sich als ungenügend heraus. Erst ein spezielles Seminar von einem in Szenekreisen populären Channeling-Therapeuten und Energieheiler, der zu den Techniken auch die nötige spirituelle Philosophie vermittelte, schließt den Suchprozess vorerst ab.

Wie wichtig ein stützender Kontext, samt alternativer Wirklichkeitstheorie, für die Integration außeralltäglicher Erlebnisse der Stigmatisierten ist, zeigt auch das Beispiel der befragten Schamanin, die auf Grund ihrer spontanen Fähigkeiten zu außerkörperlichen Reisen als verrückt bezeichnet wurde.

»So mit Anfang 20 habe ich dann einen Freund gehabt und ich habe ja dann kaum mehr mit wem über diese Erlebnisse gesprochen, aber dem Freund habe ich das dann erzählt. Da hat er gemeint: ›Das gleiche was du erlebst, erleben auch die Schamanen und Indianer.‹ Ja und da habe ich dann eben ein wenig nachgeforscht und habe viel gelesen und einiges ausprobiert und so hat sich das Thema dann für mich erschlossen. Dabei bin ich dann auch auf einige Menschen gestoßen, die dasselbe erlebt haben, und nachdem ich mich jetzt schon sehr lange damit beschäftige, kann ich mit diesen Kräften auch umgehen. Also ich kann mich jetzt aus meinem Körper ausklinken, während ich mit dir rede.« (Schamanin 51 J.)

Die erfolgreiche Kontextualisierung erfolgt hier durch die soziale Bestätigung – einerseits von Seiten eines Wissensreservoirs, das von indigenen Kulturen stammt, welche diese Erfahrungen kultiviert haben und anderseits von einem gefundenen sozialen Umfeld. Die Erfahrungsphase zwischen 15 und 20 Jahren, während der die Befragte gelernt hat, dass sie ein Stigma besitzt, kann auch als Suche nach neuen sozialen Beziehungen zu jenen bezeichnet werden, die das Stigma auch aufweisen.

Die Karriere des *Leidenden* ist wohl am stärksten von den drei Typen vom Erlebnis eines fundamentalen Orientierungswechsels bestimmt. Der Sinn-Sucher entdeckt den neuen Menschen in sich eher schrittweise und der immer schon Berufene findet meist schon in frühen Jahren in das holistische Milieu. Die Biographie des Leidenden ist jedoch auffälliger in ein »Davor« und »Danach« gegliedert, während der Wendepunkt als dramatische Neugeburt geschildert wird.

»Ich habe selber 15 Jahre Bulimie gehabt und Medikamentenabhängigkeit, Abführmittel. Ich habe zeitweise Silvester wirklich nur eine Packerlsuppe essen können oder war mit zehn Mark beim Aldi für eine Woche einkaufen, habe auch dreimal versucht, mir das Leben zu nehmen – also ich habe genug hinter mir, in Spanien auf dem Schiff leben wollen, ich habe alles ausprobiert. Und da denke ich mir, jetzt muss 360 Grad, irgendetwas muss jetzt passieren. Ja, und dann habe ich irgendwie Ausschau gehalten und darum gebeten, ich brauche Hilfe, Unterstützung, irgendetwas muss ich jetzt machen. Ja, dann habe ich da eben rumgeschaut, was man alles so machen kann in Bezug auf Heilung und so und dann kam eben, dass mir das eine nicht zusagt und das andere nicht so zusagt und bin dann aber beim Lichtzentrum bei der Hexe Christine am Wörthersee gelandet und die Frau sagte mir zu, weil sie steht mitten im Leben und arbeitet eben mit der Spiritualität. Genau das ist das, was ich wollte, so irgendwie. Dann habe ich aber erst lernen dürfen, mit mir zu arbeiten, meines aufzulösen, genau hinzuschauen, was alles in mir steckt, es geht also nur um, ja erstmals um die eigene Heilung. Gut, und da habe ich dann die Ausbildung gemacht zu einem energetisch spirituellen Lebenslehrer und habe das dann auch sofort umgesetzt und schon nach meiner ersten Karmaauflösung war ich ein neuer Mensch, bin raus aus der Finsternis.« (Schamanin, 49 J.)

Die an den Leidensweg anschließende Suche nach einem anderen Leben verläuft zunächst erfolglos. Sowohl eine Änderung des Lebensstils als auch diverse alternative Heilpraktiken werden ausprobiert, aber nicht als passend empfunden. Dies ändert sich – genauso wie bei der oben Befragten »immer schon Berufenen« (Prana-Healing-Therapeutin, 46 J.) – durch den Kontakt mit einer Person, die den geeigneten Kontext aufschließt. Der Wechsel geht jedoch heftiger von statten. Mit William James (1997: 197) kann man sagen: »Auf eine Periode des Sturms, der Spannung und der Unstetigkeit folgt ein Zustand der Festigkeit, der Stabilität und des Gleichgewichts.« Der Kontextwechsel kommt hier einem Konversionserlebnis gleich, wodurch sich das Selbstverständnis verändert und neue Praktiken angeeignet werden. Den Praktiken wiederum ist es geschuldet, dass eine umstürzende Erfahrung der Transformation des Selbst erlebt wird. So taucht man aus der Finsternis, wo man sich als zerrissen erlebt hat, auf und sieht sich in einen neu vereinigten Zustand überführt.

Die angeführten Interviewpassagen verweisen vielfach schon auf die vierte Phase, die Phase der Legitimation von neu gefundenen Überzeugungen. Bevor wir auf diese Phase näher eingehen, muss zuvor noch die Rolle der mit dem Experimentieren einhergehenden Reflexion erörtert werden.

Wie wir sahen, wird in der Situation der alte Deutungshorizont erschüttert, was als Voraussetzung für die Suche nach neuen Deutungen gilt. Die Möglichkeit einer Neuformulierung und Neufindung beinhaltet immer auch eine reflexive Stellungnahme zu seinen bisherigen Überzeugungen (Joas 1996: 238). Demnach bringt uns eine Krise dazu, unsere Überzeugungen reflexiv zu evaluieren. Am Beispiel der drei Typen lässt sich zeigen, dass fundamentale Irritationen, welche Routinen durchbrechen, zu einer starken reflexiven Distanz führen, mittels derer es zu einer Neubewertung der eigenen Biographie kommt. Wie die letzte Interviewpassage zeigt, entwickelt man auf diesem Weg eine Vorstellung davon, wie man gerne leben möchte. Auch die Such- und Experimentierphase wird durch einen kontinuierlichen Reflexionsprozess angeleitet, wonach selektiert wird, ob die alternativen Praktiken zu einem passen oder nicht. Letztendlich unterstützen die holistischen Praktiken selbst den unendlichen Prozess der Reflexion, da die auf diesem Wege gemachten außeralltäglichen Erfahrungen (wie z.B. die Karmaauflösung im Zitat oben), die Aufmerksamkeit auf das eigene Selbst lenken. »Genau hinzuschauen« – im Sinne eines aufmerksamen Beobachtens von inneren Prozessen und das Herstellen von Analogien zu Ereignissen der Außenwelt – verweist auf die notwendige Entwicklung vertiefter reflexiver Fähigkeiten. Damit bleibt keine Handlungshemmung (im Sinne einer Krise, eines Problems usw.) unverstanden, da jedes Ereignis einen Sinn enthält, der durch reflexive Fragen wie »Was muss ich da jetzt lösen?«, »Was ist da passiert?« konstruiert wird. Zwar birgt jede Situation einen Zwang zur Reflexion, jedoch ermöglichen es die Praktiken des holistischen Kontextes die reflexiven Kompetenzen zu trainieren. Reflexive Akteure bringen somit ihre biografische Geschichte als Lernprozess hervor, indem die eigene Biographie in einen sinnvollen Zusammenhang gestellt wird. Dies schließt die Fähigkeit mit ein, Wissen und Gewissheit darüber zu erlangen, was für das Individuum die richtige Handlungsweise ist. Eine solche Gewissheit kann sich nur über eine Phase der Legitimation einstellen.

6.4 DIE LEGITIMATION UND KONSOLIDIERUNG HOLISTISCHER ÜBERZEUGUNGEN

Nach der Phase des Suchens und des Experimentierens müssen sich die Handlungsoptionen bewähren. An den zuletzt angeführten Zitaten wurde schon klar, dass die Suche nach Kriterien der Nützlichkeit für den eigenen Lebensvollzug angeleitet wird. »Nützlich« ist für James der Name für die in der Erfahrung sich bewährende Wirkung (Oehler 2001: 236). Mit Hartmut Rosa (1996 :190) lässt sich festhalten, dass das »Wesen« des Menschen »eine Art expressiver Selbstdeutung [ist], die zunächst durch die Sprache, die kulturellen Praktiken und Institutionen einschließlich der Körperpraktiken erzeugt wird und so buchstäblich ›verkörpert‹ ist. In Mythen, Erzählungen, und auch in den theoretischen Selbst- und Weltentwürfen versuchen wir auf der *zweiten Ebene*, aus jener Selbst- und Weltdeutung Sinn zu machen«. Die Hypothesen und Theorien über die Welt und uns selbst, die wir auf diesem Weg gebildet haben und die uns überzeugend erscheinen, müssen sich in unserer Alltags- und Lebenserfahrung als plausibel erweisen. Dass die neu gefundenen Überzeugungen für die holistischen Akteure als sinnvoll erachtetet werden, drückt sich in den Interviews häufig mit der Wendung »damit bin ich im Einklang«, oder »das hat für mich gepasst« aus. Hat sich die neue Handlungsweise also gerechtfertigt, so wird sie am selben Problem nicht wieder scheitern (Joas 1996: 191). Schließlich wird die bewährte und legitimierte Überzeugung selbst zu einer neuen Handlungsgewohnheit.

Die folgende Interviewpassage zeigt eine an die Situation der Krise und der Suche nach Alternativen anschließende Legitimationsphase:

»B: Witzigerweise habe ich mich damit beschäftigt vor zehn, zwölf Jahren durch eine Freundin, wo wir zur Kinesiologin gegangen sind als Lebenshilfe sozusagen, und dann ist das Ganze in Vergessenheit geraten bei mir, eigentlich für fast zehn Jahre und dann war es so, dass ich eine Totgeburt gehabt habe vor drei Jahren und dann habe ich mich ein wenig umgeschaut, aber es war für mich schnell irgendwie so ganz sonnenklar, dass ich mir dort Hilfe suchen muss und es dort auflösen muss und damals habe ich die eben noch nicht gekannt, bei der ich dann die Ausbildung gemacht habe und bin nach Kärnten gefahren zu einer Energetikerin und habe eben das dort aufgelöst.
I: Was heißt auflösen?
B: Einfach zu schauen was dahintergesteckt ist. […] Einfach zu schauen, warum das war, in Einklang damit zu kommen, das – wie soll ich sagen – zu lösen. Weil das Kind war mit mir schon einmal in einem früheren Leben da, das habe ich einmal in einem früheren Leben abgetrennt, und das ist jetzt einfach noch einmal gekommen und auch nicht auf die Welt gekommen und ich habe mich einfach mit dem versöhnen können und es quasi lösen können; es war

jetzt noch einmal da, damit ich das lösen kann. Das war die Erklärung und für mich hat es gepasst.« (Hauptschullehrerin, 40 J.)

Der entscheidende biographische Einschnitt geschieht mit dem Ereignis einer Todgeburt, das zu einer den Handlungsfluss störenden Krise wird. Darauf folgt eine kurze Suchphase, die bei der Befragten deshalb nicht lange anhält, da sie an eine in Vergessenheit geratene Erfahrung mit einer holistischen Praktik anknüpfen kann. Der mit der Praktik in Gang kommende Reflexionsprozess lässt einen »schauen, was dahintersteckt« – also, warum es zu einer solchen Krise kommen konnte. Die Praktik und die durch sie gewonnenen neuen Überzeugungen bewähren sich insofern, als sie eine Erfahrung erlauben, welche die Handlungshemmung auflöst und wieder in Fluss bringt. In diesem Beispiel ist es die Erfahrung einer Handlung, die in einem früheren Leben stattfand (Abtreibung), nun jedoch bis in die Gegenwart nachwirkt. Da die Befragte das Erlebte und die damit verbundene Erklärung als plausibel erachtet, ist mit der Versöhnung auch das Handlungsproblem bewältigt.

Auf Grund der erfolgreichen Krisenbewältigung schließt sich also die Kontingenz, bis sie erneut durch Handlungsprobleme und die durch sie angeregten kreativen Leistungen aufgebrochen wird. Im holistischen Milieu sind hier zwei Konzepte zu erkennen. Während sich beim ersten der Weg früher oder später auf ein oder zwei Praktiken verengt, so ist das zweite von einem lebenslangen Suchen gekennzeichnet. Dort wie da gilt, dass auf dem holistischen Weg immer neue Handlungsprobleme auftauchen, die kreativ bewältigt werden müssen. In diesem Sinne wird der Weg auch als ein nie gänzlich abgeschlossener Lernprozess geschildert, bei dem es zu erkennen gilt, dass man die Quelle des Glücks immer schon in sich trägt.

»Also, ich glaub, dass wir alle schon am Ziel sind, aber dass uns etwas abhält zu erkennen, dass wir schon am Ziel sind und der Weg dorthin, zu erkennen, dass wir immer schon am Ziel gewesen sind, das ist für mich der spirituelle Weg. Zu erkennen, dass du immer schon angekommen bist. Also, wo ich am spirituellen Weg bin, weiß ich nicht. Nur, was ich weiß, ist, dass ich insofern angekommen bin, als dass mir erstens bewusst ist, dass ich schon da bin letztlich, es aber noch nicht erkenne und zweitens, dass es mir ein tiefes Gefühl von Zufriedenheit und innerer Freude gibt, einfach den spirituellen Weg zu gehn. Weil ich weiß, das ist letztlich auch der Weg, den ich gefunden habe und spür, dass das mein Weg ist, den ich geh und der mich letztlich auch dazu bringen wird zu erkennen, immer schon angekommen zu sein. Also es ist sozusagen schon der Weg das eigentliche Ziel. Es ist schon so eine Freude, den Weg zu gehen. So wie du lange in einem Wald herumirrst und auf den Berg willst und viel probierst und schaust, und auf einmal siehst du einen Wegweiser und siehst, aha, da geht der Weg rauf und dort ist der Gipfel. So ungefähr ist das Gefühl, wo du in dem Moment, wo du den Weg findest und spürst und erfährst, dass der zum Gipfel führt, dass du auch das Gefühl hast, du bist schon ein bisschen angekommen.« (Yoga-Lehrer, 46 J.)

Seine eigene holistische Karriere als Weg zu begreifen, impliziert demnach eine lebenslange Aktivität. Damit ist auch die Fähigkeit einer aktiven interpretativen Arbeit gemeint, welche die holistischen Akteure aufbringen müssen, um ihre kleineren und größeren Lebens- oder Sinnkrisen zu bewältigen. Eine solche Transformationsleistung geht mit umfangreichen Bemühungen seitens der Akteure einher, ihren Werthorizont neu zu definieren. Damit stellt sich einerseits nicht nur das Klischee einer passiven Konsumhaltung der holistischen Akteure als überzogen heraus, zudem ja auch die Eigenverantwortlichkeit des Einzelnen bei der Beschreitung seines Weges im Vordergrund steht. Der Begriff ›Bricolage‹ verweist hier gerade auf das aktivistische Moment, das jedem Sinnbasteln innewohnt, denn durch das freigesetzte kreative Handeln, werden von den Akteuren Strukturen verändert. Auf diese Bastelattitüde wird nun andererseits immer wieder verächtlich verwiesen, wenn es um das Zusammenstückeln heterogener symbolischer Ausdrucksformen als dominanten Zug der Postmoderne geht. Aus der Sicht der traditionellen Religion erscheint sie als wildes Durcheinandermischen und als fehlgeschlagene Religiosität, die eine Gefahr für die Kirchen, für die Religion, für die Jugend, ja für die gesamte Gesellschaft darstellt. Auch Hans Joas (2004: 26) fällt in diese Polemik, wenn er meint:

»Diese Gefahr, dass der Glaube auf die Logik der ›Erlebnisgesellschaft‹ zugeschnitten wird, besteht gewiss. In der Religionssoziologie [urteilt er pauschal] wird über eine Zunahme religiöser ›Bastelei« (›bricolage‹) und religiöser Flickenteppich-Identitäten (›patchwork identity‹) diskutiert, das heißt höchst subjektiver Verknüpfung von Elementen aus verschiedenen religiösen Traditionen, ein bisschen Christentum mit einer Prise Buddhismus und einem kräftigen Schuss Esoterik etwa. Dann glaubt jeder etwas anderes, Verbindlichkeit gibt es nicht, nicht einmal für den einzelnen, das Glauben ist von jeder Gemeinschaftszugehörigkeit entkoppelt, und es gibt so viele Glaubensrichtungen wie Individuen.«

Dieser Kritik lässt sich mit den oben vorgetragenen theoretischen Argumenten begegnen, denn wie wir sahen, ist eine Reorganisation von Sinnelementen immer dann vonnöten, wenn der Handlungsfluss gestört ist. Zudem erweist sich gerade in der Postmoderne die Fähigkeit zum Sinnbasteln als eine Grundqualifikation, welche Individuen mit der Kompetenz ausstattet, Individualisierungsdruck und Pluralitätserfahrungen zu meistern. Insofern können die Krisen und Probleme dieser »hochindividualisierten Suchgesellschaft« (Beck/Beck-Gernsheim 1994: 33) auch nur durch kreatives Handeln bewältigt werden. Die holistischen Akteure sind hier als Prototypen im kreativen Umgang mit Krisen zu betrachten. Sie haben sich eine Ethik des experimentellen Lebens zu eigen gemacht, die auf einer aktiven Suche nach neuen tragfähigen Sinnkonzepten und der spirituellen Selbsterfahrung bei der Erprobung ihrer »lebendigen Hypothesen«[7] (James) beruht. Aus diesem Grund trägt auch die pauschale Behauptung, dass »all die theologischen Einwände, die hiergegen bereitstehen [...] berechtigt [sind]« (Joas 2004: 27), wenig zu Klärung der neuen Formen des spirituellen Suchens bei. In einer für Joas untypischen vorschnellen Schlussfolgerung heißt es weiter: »Ein Glaube dieser Art sprengt schwerlich die Fesseln narzisstischer Selbstzentriertheit, und ein Glauben dieser Art wird auch nur in einzelnen Lebenslagen bemüht werden, wie ein Hobby, zu dem unter dem Druck des Alltags dann doch nie recht Zeit ist.« Die Annahme, dass sich alle holistischen Akteure einer immanent ausgerichteten Selbstbespiegelung hingeben, beruht auf einer sehr einseitigen Betrachtungsweise, die sich aus dem Diskurs um eine wahre Religiosität und einen wahren Glauben ergibt. Zutreffend sind ein gewisser Hang zum Hedonismus und instrumentelle Beweggründe bezüglich der Ausübung holistischer Praktiken im Randbereich des Milieus. Man denke hier etwa nur an die Vielzahl an Körpertechniken wie »Power Yoga«, »Intensive Yoga«, »Lach Yoga«, »Luna Yoga« usw., die mit

7 Lebendig ist eine Hypothese nach James (2002: 129) dann, wenn sie auch »wirklich als Möglichkeit empfunden wird.« Demnach ist »[D]as *Maximum* an Lebendigkeit [...] einer Hypothese dann eigen, wenn die Willigkeit, *unwiderruflich* zu handeln, vorhanden ist.«

dem Ziel, das Subjekt fit zu machen bzw. zu halten, zentrale Werte einer postmodernen Gesellschaft – wie Leistungsfähigkeit, Gesundheit, Vitalität und eines schön gestalteten Körpers – widerspiegeln. Damit ist der Weg in den Narzissmus und der Oberflächlichkeit jedoch keineswegs vorgezeichnet, denn im holistischen Kernbereich trifft man auch auf höhere Formen der Arbeit am eigenen Selbst und der Entwicklung des Authentizitätsideals. Das nicht alle Suchenden außerhalb der Kirchen gleich in die seichten Gefilde der Trivialität abgleiten, weiß auch Joas (2004: 27), der diesbezüglich sein zuvor gefälltes Urteil in einem Nachsatz relativiert: »Vorsicht ist also angeraten gegenüber den vorschnellen Verurteilungen, damit wir uns auch nicht verschließen vor den Chancen des Individualismus, zur Vitalisierung des religiösen Lebens beizutragen.« Wie die Interviewpassagen gezeigt haben, handelt es sich bei den Akteuren durchaus um ein ernsthaftes Suchen und um ein Bedürfnis nach authentischem spirituellen Ausdruck. Dass der Vorwurf, man betreibe hier die Spiritualität lediglich als Teilarrangement, auch umgekehrt von den holistischen Akteuren an die Mitglieder der Kirchen gemacht wird, geht auf einen alternativen Wertehorizont zurück, der im folgenden Kapitel erörtert werden soll.

7 Spirituelle Erfahrungen und Werthaltungen

7.1 Wertkonstituierung

Im letzten Kapitel konnten wir sehen, wie die Akteure offene Situationen, in denen Probleme, Krisen und Brüche auftreten, aktiv durch experimentell-kreatives Handeln bewältigen. In diesen »liminalen Phasen« (Turner 2005) bieten alte Überzeugungen keine adäquate Orientierung mehr und verlieren somit ihre Geltung. Damit wird jedoch die Entstehung neuer Werte möglich. Mit Hans Joas (1999: 22) wollen wir nun nach jenen »Handlungszusammenhängen und Erfahrungstypen« Ausschau halten, »in denen das subjektive Gefühl, dass etwas ein Wert sei, seinen Ursprung hat.« Eine besondere Rolle nimmt hier die Erfahrung von Selbsttranszendenz (ebd. 10) ein, wie sie zum einen in außeralltäglichen Situationen stattfindet, oder zum anderen, in Anlehnung an John Dewey, in »erschütternder Intersubjektivität« (ebd. 162). Als Beispiele nennt Joas religiöse Rituale und Momente der »kollektiven Efferveszenz« (Durkheim), die Konfrontation mit dem Tod, Momente der Schuld, Scham, Reue, Demut, des Mitleids wie auch der Liebe, sowie die Öffnung im Gespräch und Erlebnisse der Natur[1] (ebd. 256).

1 Dass wir es hier mit religiösen Phänomenen zu tun haben, zeigt Georg Simmel (1957: 143), dem zufolge »[d]as Leben [...] in seinem kontinuierlichen Ablauf etwa Gefühle und Verhaltungsweisen [erzeugt], die man religiös nennen muss, obgleich sie keineswegs unter dem Begriff der Religion erlebt werden oder unter ihn gehören: Liebe und Natureindrücke, ideale Aufschwünge und Hingebung an die weiteren und engeren Gemeinschaften der Menschheit haben oft genug diese Färbung.«

Die Frage nach der Entstehung der Werte im holistischen Milieu verweist somit auf die Bedeutung von »Schlüsselerlebnissen« (Stenger 1993: 141) als fundamentale Umorientierungen des bisherigen Lebensvollzugs – vergleichbar mit Konversionserfahrungen. Damit wird auch klar, dass uns zur Übernahme von Werten nur spezielle Erfahrungen bewegen können, die den Charakter des direkten emotionalen Erlebens aufweisen. Lediglich auf diesem Weg sind Werte auch als anziehend zu empfinden, wodurch sie in den individuellen Wertehorizont integriert werden. Auf der Basis von theoretischen Begründungen oder gar dogmatischen Formulierungen können hingegen keine Wertbindungen entstehen (Joas 1999: 22). Joas argumentiert hier mit John Dewey, der meint, dass wir uns zur Assimilation von Werten, die den einzelnen Wünschen und Zielsetzungen zugrunde liegen, nicht einfach entschließen – sie müssen uns ergreifen (ebd. 210). Damit ist die besondere emotionale Kraft gemeint, die in Momenten der Selbsttranszendenz entfesselt wird. Solche Erfahrungen übersteigen das eigene Selbst »im Sinne eines Herausgerissenwerdens [...], eines Ergriffenwerdens von etwas, das jenseits meiner selbst liegt, einer Lockerung oder Befreiung von der Fixierung auf mich selbst« (Joas 2004: 17). Im Folgenden sollen jene Formen der Selbsttranszendenz dargestellt werden, welche für die holistischen Akteure in Bezug auf ihre Wertbindungen besonders charakteristisch sind.

7.1.1 Außeralltägliche Erfahrungen

Die meisten interviewten Personen berichten von Erfahrungen, wo sich das Gefühl einstellte, dass etwas aus einer anderen Welt in die ihre greift, oder sie die gewohnten physischen wie psychischen Banden durchbrechen und in etwas Größerem aufgehen. Im religiösen, spirituellen oder okkulten Kontext wird ein solches sinnliches Erleben als Einbruch der Transzendenz gedeutet. Das Wort »Einbruch« lässt auf ein blitzartiges und unvorbereitetes Geschehen schließen, wie man es bei Satori-Erlebnissen im Zen-Buddhismus kennt. Daneben kann ein transzendenter Zustand aber auch schleichend erfolgen, sich spontan ergeben oder durch intensives Üben adäquater Praktiken absichtlich herbeigeführt werden. Ein Befragter schildert ein solches Erlebnis während eines Retreats in einem indischen Kloster:

»B: Ich meine, die Mönche dort, die haben natürlich kein Problem, tagelang im Lotussitz zu sitzen, aber für mich war das wirklich eine ziemliche Qual und dementsprechend mühsam. Also, es war eine ziemliche Konfrontation mit den körperlichen Schmerzen, die ich gehabt habe und dann ja, dann bin ich halt irgendwann einmal, weil der Schmerz wird immer mehr und irgendwann habe ich gesagt ›jetzt scheiß ich darauf‹ und habe so richtig losgelassen und das war dann eigentlich mein großes Loslasserlebnis beim Meditieren, ohne es zu wissen und das war großartig, muss ich sagen, ... so was habe ich seither nie mehr gehabt eigentlich. Auf jeden Fall bin ich dann wirklich an einen Punkt gekommen, wo ich gesehen habe, dass am Meditieren wirklich etwas dran ist. Ich meine, es hat sehr viele nützliche Eigenschaften. Allein, dass man sich hinsetzt und es mit einem selber aushält, das hat einen großen Nutzen, aber es gibt dann noch eine metaphysische Dimension auch. Und witzigerweise bin ich dadurch auch ein besserer Christ geworden unter Anführungszeichen, weil im Kloster, also der Leiter, hat einen ermutigt, sich auch mit seiner Religion zu beschäftigen. Und wie ich wieder daheim war, habe ich die Bibel gelesen und bestimmte Wahrheiten drinnen besser nachempfinden können.
I: Können Sie den Zustand beschreiben, in dem Sie dann waren, also nach diesem Moment des Loslassens? Kann man das überhaupt in Worte fassen?
B: Also, es ist wirklich, man spürt erstens einmal eine Wahrnehmung unendlich, also es ist unglaublich, man sieht alles, hört alles, spürt alles, was im Raum ist, die Zeit bleibt scheinbar stehen, man wird eins mit allem und natürlich – ja also ein Ausbrechen aus seiner eigenen Begrenztheit, das man im Prinzip dann wirklich erlebt. Man kann es sich vorstellen vielleicht mit einer Schale oder mit einem Kreis, also mehr oder weniger ist jedes Individuum mehr oder weniger stark in dem gefangen, ohne es in der Regel zu merken, und *es ist eigentlich eine wahnsinnige Erleichterung da, wenn die Grenzen da transparenter werden* und wenn man dann eins wird mit dem Drumherum. Großartig! Großartig!« (Universitätsdozent, 48 J.)

Durch die Meditation wird ein Zustand zunehmender Entleerung des Bewusstseins erreicht, der in ein »hinterweltliches Reich« (Weber) führt. Freud (2009: 31f.) hat diese Empfindungen in Anlehnung an Romain Rolland als »ein Gefühl wie von etwas Unbegrenztem, Schrankenlosen, gleichsam ›Ozeanischen‹« beschrieben, aus dem sich die Vorstellung »der unauflösbaren Verbundenheit, der Zusammengehörigkeit mit dem Ganzen der Außenwelt« nährt. Dieses ozeanische Gefühl wird von der angesprochenen »Erleichterung« begleitet, die auf einem temporären Zustand der Freiheit von den ärgerlichen Teilungen und Trennungen der Dinge beruht. Auch wenn solche intensiven spirituellen Erfahrungen einen flüchtigen Charakter haben und meist von kurzer Dauer sind, kann die von ihnen ausgehende Kraft einen Menschen doch nachhaltig prägen. Besonders William James (1997) hat auf die Bedeutung religiöser Primärerfahrungen für eine nachhaltige Transformation des Selbst hingewiesen. Demnach ermöglichen diese einen grundlegenden Wandel im Selbstverständnis der jeweiligen Individuen, wodurch sich ein alternativer Deutungshorizont mit anderen Überzeugungen erschließen kann. Auch der Befragte meint, dass ihn dieses Erlebnis verändert habe, wobei er besonders seine spezielle Qualität betont: »Es hat mich jedenfalls ergriffen, wie kaum ein anderes Ereignis in meinem Leben und deshalb lässt es mich auch nicht mehr los.« Damit kann die Zeit im Ashram als eine Phase gelten, in der sich ein neues Weltbild zu formieren beginnt. Mit der Formulierung, er sei »ein besserer Christ geworden«, deutet er darauf hin, dass er die Dinge nun vor einem veränderten Wertehorizont betrachtet. Damit werden auch spirituelle Weisheiten der eigenen religiösen Tradition erkennbar. Die Erfahrungen im Ashram erlauben es ihm, bestimmte Weisheiten aus der Bibel emotional nachzuvollziehen – wodurch sie für ihn zu »Wahrheiten« werden.

Eine ganz andere Art von außeralltäglichem Erlebnis wird in der folgenden Interviewpassage geschildert. Dieses Erlebnis brach über den Befragten während eines Trancetanzes herein, den er drei Frauen widmete, die an seinem Arbeitsplatz tödlich verunglückten.

»B: Die Frauen waren schnell tot durch das Gas und ich habe das ja alles mitgekriegt, weil ich war ja mitten im Geschehen dort. Dann habe ich mit dem Ziel getanzt, diesen Abend den drei Frauen zu widmen und während ich mich halt gedreht habe, kamen mir so Gedanken, dass sie noch immer nicht wissen, dass sie tot sind, und ich habe dann, ich tanze ja nicht die ganze Zeit durch, sondern ich habe dann immer Ruhephasen dazwischen und es passiert dann oft mehr in den Ruhephasen als im Tanzen selber. […] Und da habe ich mich hingelegt und das kenne ich auch von anderen Erzählungen, aus Büchern oder von anderen Leuten, die das auch kennen – es ist quasi hinterfragt von mir und überprüft –, da kam ich dann in dieses Zwischenreich hinein. Es war komplett schwarz, aber in einer nicht Angst machenden, sondern von der Emotion her eine sehr ruhige, friedliche Schwärze, und das war definitiv der Raum, wo quasi die Gestorbenen hinkommen, bevor sie zum Licht kommen. Also ich war ziemlich sicher in diesem Zwischenreich drinnen und bin ihnen in diesem

Reich begegnet und habe ihnen dann versucht zu vermitteln, dass sie tot sind. Ich glaube, dass mir das gelungen ist. Das war sicher das Spektakulärste, was mir passiert ist. Aber das war nicht gewollt, also das ist einfach passiert, also ich bin nicht mit dem Ziel gegangen, das zu machen.« (Techniker, 47 J.)

Hier handelt es sich um ein spontan auftretendes und nicht intendiertes Erlebnis, wo der Befragte sich im Reich zwischen Leben und Tod wiederfindet. Wie wir schon im letzten Kapitel zur Bedeutsamkeit der Kontextualisierung von außeralltäglichen Zuständen gesehen haben, muss eine Erfahrung mit einem Sinn versehen werden, damit sie vom Akteur als bedeutend erachtet wird. Die Einordnung in einen Deutungsrahmen geschieht mittels Formen sozialer Bestätigung – hier durch entsprechende Bücher, sowie durch Andere, die solche Erfahrungen auch schon gemacht haben. Damit wurde das Erlebnis erfolgreich durch eine alternative Wirklichkeitstheorie »überprüft« und in seiner Deutung als plausibel erachtet.

Eine letzte Erfahrung, die für das holistische Milieu typisch ist, soll noch geschildert werden.

»Und dann einfach durch diese Tanztherapieausbildung ist schon einfach dieser erweiterte Aspekt, dass es einfach andere Religionen gibt und dass es auch andere Praktiken gibt, um sich irgendwie im Kosmos geborgen zu fühlen oder sich eins zu fühlen. Ich gehe auch gerne hinaus in die Natur, das hat mich immer sehr verbunden, das ist für mich auch Spiritualität, mich plötzlich da so aufzulösen oder eins zu fühlen, wenn ich im Gras hocke und das habe ich dann eigentlich über den Tanz auch erfahren, dass ich das im Tanz so haben kann, weil ich mich so gut fühle, dass ich mich so geliebt fühle rundum.« (Sozialpädagogin, 40 J.)

Auch hier wird die angenehme Empfindung des Zerfließens erwähnt, welche die Befragte spontan in der Natur erlebt oder durch die Praktik des Tanzes herbeiführen kann. Typisch ist diese transgressive Erfahrung deshalb, weil sie – wie schon im letzten Zitat zum Ausdruck kam – außergewöhnlich positiv konnotiert ist. Damit ist nach James (ebd. 263) auch ein zentrales Merkmal des Gefühlserlebnisses benannt, das er als »Sicherheits-Zustand« (»faith state«) bezeichnet. Es liegt im »Verlust aller Sorge«, oder im »Empfinden, dass es letztlich gut mit einem steht« ebenso wie in der sich ausbreitenden Harmonie und des

Friedens, »auch wenn sich die äußeren Lebensbedingungen nicht ändern.«

Eine zweite Eigenheit, die James mit diesem Zustand verbindet, ist das Gefühl, »Einsicht zu bekommen in vorher unbekannte Wahrheiten.« Solche Einsichten können, wie wir oben sahen, darin bestehen, dass man eine auf Erfahrung (und im Nachhinein durch soziale Bestätigung) basierende Evidenz von der Existenz eines Jenseits und des Übergangs (Zwischenreich) dorthin gewinnt. Auch Einblicke in vergangene Leben sind hier zu nennen, wodurch es gelingt die rätselhafte Existenz in einem plausibleren Kontinuum zu sehen (vgl. dazu das Beispiel einer Rückführung auf S. 174). Damit werden, wie James meint, »[d]ie Geheimnisse des Lebens [...] durchsichtig« (ebd. 264), was besonders für die Erfahrungen im holistischen Milieu gilt, da hier umfangreiche Wirklichkeitstheorien zur sinnverleihenden Artikulation bereitstehen.

Ein drittes Charakteristikum des Sicherheitszustandes ist die Veränderung des objektiven Erscheinungsbildes der Welt. Diese wird in ihrer Schönheit und immerwährenden Neuheit wahrgenommen: »Ein neuer Anstrich verschönt jeden Gegenstand« (ebd. 264). Eine Interviewperson meint dazu: »Das Leben kriegt solche bunten Schattierungen«; und der befragte Universitätsdozent formuliert: »Dass man im Jetzt lebt, zufrieden ist und auch die schönen Dinge erkennt in jeder Situation«. Dies entspricht einer Haltung der »Positivierung des Denkens« und eines unbändigen Optimismus, wonach selbst das individuelle Leid, wie auch gesellschaftliche Krisen, im Licht der Zuversicht erstrahlen.

7.1.2 Erfahrungen der Öffnung in Gesprächen

Im letzten Kapitel konnten wir feststellen, dass einschlägige Literatur für die Akteure des holistischen Milieus eine Quelle reorganisierender Erfahrungen sein kann. In den Karrieren werden solche besonderen Erfahrungen – wie auch die beschriebenen außeralltäglichen – als Wendepunkte markiert. Neben den erwähnten Formen denkt Joas bei Selbsttranszendenz auch an die Öffnung im Gespräch. Hier handelt es sich um Gespräche, die weit über Belanglosigkeiten oder den Austausch von Informationen u. dgl. hinausgehen und damit das Gefühl erwecken, vom Gesprächspartner in »tieferen Schichten der eigenen

Persönlichkeit intuitiv verstanden zu werden« (Joas: 2004: 18). In solch erhebenden Situationen des Aufgehobenseins im Anderen ist man bereit, über prägende Erlebnisse im eigenen Leben zu erzählen oder für die eigene Gefühlswelt den passenden Ausdruck zu finden. Insofern hat auch diese Form der Selbsttranszendenz erschließenden Charakter, da sich im zwanglosen Austausch und der damit einhergehenden tiefen Vertrauensbeziehung, verborgene oder nicht eingestandene Aspekte der Innenwelt offenbaren. Vermittels der emotionalen Kraft, die in derartigen Kommunikationsformen entsteht, kann es auch zur Bindung an Werte kommen. Am deutlichsten arbeitet John Dewey die wertkonstituierende Erfahrung der Kommunikation heraus. Diese wird von ihm als ein Geschehen aufgefasst, in dem Menschen sich gegenüber anderen öffnen, wodurch eine Erfahrung möglich wird, aus der Wertbindungen entstehen (Joas 1999: 184). Der Begriff »erschütternde Intersubjektivität« (ebd.) verweist hier nicht nur auf den Umstand, dass Werte in der Interaktion erfahrbar sind, sondern auch auf die besondere affektive Qualität, welche für die Integration eines Wertes in das individuelle Überzeugungsnetz vonnöten ist. Zu einer Wertübernahme kann es folglich nur dann kommen, wenn wir uns von einer Person ergreifen lassen. Erst durch die Bereitschaft zur Erschütterung bricht in der Begegnung und im Austausch mit Anderen die Selbstzentriertheit des Menschen auf und erlaubt eine Neujustierung des Wertehorizonts.

Erfahrungen von erschütternder Intersubjektivität können im holistischen Milieu mit besonders charismatischen Personen stattfinden, die allein auf Grund ihrer sakralen Aura Menschen anrühren und durch die völlige Selbsthingabe ein Gefühl des tiefen Verstehens ermöglichen. Es müssen jedoch nicht solche außergewöhnlichen Personen sein, die den Anstoß für eine Öffnung im Gespräch bewirken. Die folgenden Interviewzitate schildern eine solche Erfahrung der Selbsttranszendenz und die darauf folgende fundamentale Umorientierung.

»B: Ich habe eine Schwester, die ist eine eingekleidete Krankenschwester und bei dieser Promotionsfeier haben wir uns nach vielen Jahren wieder einmal gesehen und da haben wir ein tolles Gespräch geführt. Da meinte sie eben ›Du bist unglaublich nervös – weißt Du, wir machen jetzt im Kloster Yoga, das könnte etwas für Dich sein‹; und meine Schwester hat mir nie so etwas gesagt, wir hatten kaum persönliche Kontakte gehabt, aber das war – ich habe mir ge-

dacht, also wenn die mir mal was sagt, was empfiehlt und dann habe ich das auch gemacht – weil ich war ja unglaublich schwach drauf damals.
I: Was hat sich denn dann so verändert in ihrem Leben, weil sie meinten, das war für Sie so eine besondere Erfahrung?
B: Ja also, dieses kurze Gespräch mit meiner Schwester, das dann auch den Anstoß für das Yoga und die intensive Beschäftigung mit der Spiritualität gegeben hat, war ein gewaltiger Einschnitt in meiner Einstellung gegenüber Menschen, gegenüber politischen Parteien, gegenüber Kirchen, vor allem auch dieser Öffnung gegenüber ökologischen Bewegungen, dem Wahlverhalten usw., es ist kein Stein auf dem anderen geblieben. [...] Ja, und dann hat mir das Yoga auch eine radikale Veränderung der Ernährung gebracht, was dann noch einmal ein riesiger Sprung war für gesundes Leben nach 40 Jahren der verrückten Ernährungsweise. Da war ich auf einem Yoga-Seminar und da haben wir alle gemeinsam makrobiotisch gekocht und da sagt ein Bekannter zu mir ›du Markus, dass du bei deinem sensiblen Gespür noch immer Fleisch isst, dass dich energetisch ja vollkommen runterzieht.‹ Da habe ich mir eben gedacht, dass an so einer Ernährungsweise schon was dran ist und das war dann auch ein richtiger Volltreffer.« (Yoga und Tai-Chi-Lehrer, 64 J.)

Sehr schön illustrieren die Passagen, wie sich der Befragte im Gespräch mit seiner Schwester öffnet und infolge der Konfrontation mit anderen Werten die eigenen überdenkt und neu bewertet. Dieses Gespräch gab damit den Anstoß zu einer Beschäftigung mit der Spiritualität und zu einer Konversion, in deren Verlauf sich die Sichtweise, welche die Person auf die Welt wie auf sich selbst einnahm, schrittweise von Grund auf verändert. Mit dem Auftauchen neuer Werte[2] durch die Konversionserfahrung vermag der Befragte seine Handlungsprobleme (physische und psychische Schwäche) handhabbar zu machen. Am Ende dieses Prozesses steht eine dauerhafte und ganzheit-

2 Joas (1999: 257) unterscheidet verschiedene Entstehungsdimensionen von Werten: »Zum einen kann es um die historisch erstmalige Verkündung eines Wertes gehen; zum zweiten um die Verfechtung dieses Werts durch eine kleine und größer werdende Gruppe von Jüngern; zum dritten um die Entstehung einer neuen Bindung in Individuen, etwa durch Konversion, an Werte, die aber keineswegs historisch neu sind; zum vierten schließlich um einen Wiederbelebung antriebsschwach gewordener oder in Vergessenheit geratener Werte.« Im holistischen Milieu hat man es üblicherweise mit der dritten Dimension zu tun.

liche Wandlung in den Überzeugungen des Befragten. Da neue Wertsetzungen gefunden wurden, hält er den Gegensatz zwischen einer Außenorientierung (bzw. Fremdbestimmung) und das Vertrauen in die eigene innere Stimme (bzw. Selbstbestimmung) für relevant. Im weiteren Verlauf des Interviews wird deutlich, dass er den Großteil seiner Geschichte der spirituellen Entwicklung auf der Basis dieser Gegensätze erzählt. Der neuen Orientierung an antiautoritären Werten folgend, legt der Befragte großen Wert auf individuelle Selbstbestimmung und Selbstverantwortung. Von diesem neuen Standpunkt seiner Karriere aus erscheint die Zeit vor der Konversion als fehlgeleitetes und falsches Leben, was etwa in der Formulierung »nach 40 Jahren der verrückten Ernährungsweise« zum Ausdruck kommt. Ein derart radikaler Orientierungswechsel zeigt, dass wir es im Sinne von Charles Taylor (1992: 10f.) mit starken Wertsetzungen zu tun haben, die sich mit den früher gehegten Überzeugungen kontrastieren lassen. Diese werden damit zwei voneinander verschiedenen Lebensweisen in der eigenen Karriere zugeordnet, wobei die eine, aktuelle, als höherwertiger als die andere eingestuft wird. Solche Prozesse der Transformation des Selbst laufen, wie auch James herausarbeitet, nicht krisenfrei ab. Der Wechsel hin zu einer fundamental anderen Lebensweise wirkt besonders auf das soziale Umfeld irritierend:

»Vor allem gegenüber den Kindern aus der ersten Ehe, da hat es große Spannungsmomente gegeben auf Grund der Um-Entscheidung, weil eine Tochter, die auch Ärztin ist, die ist dann zu den Evangelikalen, also zu noch viel radikaleren Formen gegangen, das war ein sehr großes Auseinandergehen. Das ist natürlich klar, der Mensch hat mich 30 Jahre nur so gekannt und plötzlich ist er ganz anders, da müsste man sich ja umdenken, das ist ja mühsam, da kriegt er lieber eine Überschrift, die auf Distanz verweist. Das hat große Auswirkungen. Auch im Beruf gibt's dann so Bilder: das ist ein Alternativer, ist Makrobiotiker, ist hagerer, alles Mögliche. Überall ist man Außenseiter, wenn man nichts trinkt, man geht kaum ins Gasthaus, man lebt ganz anders. Und dann fällt man heraus aus dieser Autobahn, man ist irgendwo auf irgendeinem Steig und da sehr viel allein. Dann nimmt sie aber auch ab, die Sehnsucht gegenüber dem Rudel. Man teilt Dinge dann mit wenigen oder mit einem Partner. Man hat also nur noch Wenige, aber man kann sich dann mit diesen sehr intensiv austauschen und davon zehrt man auch.« (Yoga und Tai-Chi-Lehrer, 64 J.)

Im Prozess der Konversion bildet sich eine zweite Welt aus, die konträr zur Alten steht. Zunehmend wechselt man in die neue Welt mit ihren alternativen Überzeugungen und lässt die gewohnte zurück. Für diejenigen aus der alten Welt erscheint der ehemals vertraute Mensch nun fremd, unverstanden und unnahbar, da die verschiedenen Werte keine Anknüpfungen an den jeweils anderen Wertehorizont erlauben. Die Konsequenz ist eine Distanzierung vom Anderen, dessen Weg sich fundamental vom Eigenen unterscheidet, und ein vollkommener Bruch mit der alten Welt und ihren Überzeugungen. Damit verlässt der Befragte die »Autobahn« und wandert auf einem einsamen Steig, was er als Intensivierung seines Weges schildert. Dies betrifft auch den wichtigen sozialen Austausch, der die Qualität einer Selbstöffnung haben sollte und trotz aller Einsamkeitsbedürfnisse gepflegt wird. Zu diesem Beispiel einer fundamentalen Umorientierung ist anzumerken, dass es sich um ein drastisches Beispiel handelt und dass nicht alle Akteure des holistischen Milieus solche einschneidenden Erfahrungen machen. Bei manchen können Konflikte mit dem sozialen Umfeld ausbleiben und eine Wandlung in der Karriere mag sich auch nicht derart strikt in ein »Davor« und »Danach« gliedern. Das Beispiel veranschaulicht jedoch idealtypisch viele Elemente, die im Interviewmaterial in unterschiedlicher Intensität vorkommen.

Wir haben nun Formen der internen Transformation im holistischen Milieu skizziert und damit das Entstehen neuer religiös/spiritueller Überzeugungen angedeutet. Welche Überzeugungen nun grundlegend für das holistische Milieu sind und zusammengenommen ihr Überzeugungsnetz ausmachen, soll im Folgenden anhand der Bewertung traditioneller Religiosität durch die holistischen Akteure dargestellt werden. Durch die Frontstellungen zwischen kirchlichen und holistischen Werten lassen sich die typischen Merkmale des holistischen Weltbildes verdeutlichen.

7.2 FRONTSTELLUNGEN ZU KIRCHLICHEN ÜBERZEUGUNGEN

7.2.1 Dogma und die religiöse Selbstbestimmung

»Religiöse Freiheit und spirituelle Autonomie, das darf nicht nur bestimmten Kreisen vorbehalten sein.«
TAROT-BERATER, 58 J.

Das holistische Milieu ist durch das Fehlen jeglicher Berührungsängste zu den verschiedensten religiösen Vorstellungen und Praktiken gekennzeichnet. Statt bestimmter Dogmen eines religiösen Systems besteht eine Vielfalt von Lehren nebeneinander. Dementsprechend werden die traditionellen Kirchen für ihren Exklusivitätsanspruch kritisiert, wonach nur der von ihnen angebotene Weg zum Heil führt. Die Überzeugung im holistischen Milieu ist jedoch, dass allen Religionen oder spirituellen Systemen eine gemeinsame Essenz innewohnt. Es mag auch ein Resultat entgrenzender Erfahrungen in Zuständen der Selbsttranszendenz sein, wonach die Grenzen zwischen den einzelnen Religionen und die an sie geknüpften Dogmen bzw. Verhaltensregeln als künstlich erscheinen. Folglich meint eine Befragte: »Alle Wege führen nach Rom und so ist es auch im Glauben.« Eine andere Gesprächsperson meint:

»Ich meine, es ist ja eigentlich genial, dass jeder das Ding anders wahrnimmt. Jeder hat so sein eigenes kleines Bewusstsein, indem er das irgendwie wahrnimmt. Das ist schon eigenartig. Und trotzdem gibt es dann Erfahrungen, die manche Leute miteinander teilen können. Aber ich muss Dir ganz ehrlich sagen, ich habe auch noch niemanden getroffen, der dann wirklich diese Dinge für mich so organisiert darstellen kann, in einer Struktur aufbauen, wo ich sagen kann, okay, das ist jetzt genauso, wie Du das sagst. Vielleicht geht es wirklich nur um Erlebnisse, vielleicht geht es wirklich nur darum, dass jeder seinen Weg, durch diese ganzen lustigen Strukturen, in denen er verstrickt ist, findet und da durchkommt.« (Sozialarbeiter, 28 J.)

Die Pluralität an Sichtweisen macht es für den Befragten unmöglich, sich in einem System wiederzufinden, das den Anspruch erhebt, die ausschließliche Deutungshoheit zu besitzen. Eine solche Struktur wird mit etwas Starrem, Unlebendigen identifiziert, dem die Lebendigkeit der unvermittelten Erfahrung gegenübersteht. Der Wert einer undogmatischen und antiinstitutionellen Überzeugung beruht schließlich darauf, dass die Kompetenz religiöser oder spiritueller Deutungen bei den Akteuren selbst liegt: »Ich möchte jetzt meine eigene Beziehung zu Gott haben, ich brauche niemanden, der für mich interpretiert, sondern ich kann das für mich allein« (Numerologin, 37 J.). Folglich soll jeder in selbstbestimmter Manier seinen eigenen Weg finden und damit die als hinderlich erachteten Strukturen zurücklassen. Mit den hinderlichen Strukturen werden vor allem die monotheistischen Religionen identifiziert, da sie ein Erkennen der Gemeinsamkeiten aller spiritueller Richtungen verkomplizieren und das Trennende stärker betonen. Zu der Überzeugung einer »alles ist eins«-Metaphorik meint eine andere Interviewperson:

> »Es sind für mich alles nur verschiedene Sprachen, die eigentlich dieselben Wurzeln haben. Also es macht für mich keinen Unterschied, es ist nur, eigentlich fühle mich dem Sufismus näher, weil mir dieses Werkzeug einfach mehr liegt, dieses Drehen und solche Sachen halt.« (Techniker, 47 J.)

Auch wenn hier ein Weg gefunden wurde, der konsequent beschritten wird, so hängt für den Befragten doch »alles miteinander zusammen«. Damit ist die Legitimation gegeben, sich aus dem kulturellen »tool kit« jene Praktiken herauszusuchen, die »zu einem passen«, aber auch verschiedene kulturelle Elemente in den Praktiken nach Belieben zu mischen. Resümieren lassen sich diese typischen Werthaltungen im holistischen Milieu mit den Worten Friedrich Schleiermachers (1958: 68): »Nicht der hat Religion, der an eine heilige Schrift glaubt, sondern der, welcher keiner bedarf, und wohl selbst eine machen könnte.«

7.2.2 Moral und der Glaube von Herzen

> »Ja, also mit der Moral habe ich es eigentlich nicht so, weil Moral ist für mich etwas, was von außen aufgesetzt ist.«
> YOGA-LEHRER, 46 J.

Neben der dogmatischen Ausrichtung der kirchlichen Religionen, wird im holistischen Milieu ihre Reduzierung auf die Moral beklagt.[3] Bereits James führte eine strikte Trennung zwischen Religion und Moral ein. Während letztere ausschließlich als Imperativ wirkt und so unsere Handlungsmöglichkeiten einschränkt, ist die Religion deshalb attraktiv, weil sie zu Handlungen motiviert und Handlungsmöglichkeiten eröffnet (wie wir anhand der holistischen Biographien gesehen haben). Damit liegt die zentrale Bedeutung einer derart verstandenen Religion in der »zusätzlichen Gefühlsdimension«, welche aus einer belebten inneren Welt resultiert, »die ansonsten eine leere Wüste wäre« (James 1997: 80). Aus einer auf Moral gründenden Religion lässt sich hingegen niemals die Kraft zu einer derartigen Bereicherung aufbringen – im Gegenteil, da die Moral jedes religiöse Gefühl erstickt. James (ebd. 79) meint deshalb: »Die Todesstunde unserer Moral wird zur Geburtsstunde unserer Spiritualität.«[4] Dieselbe Auffassung findet sich im holistischen Milieu, wo das Festhalten an der Moral als Entfremdung von der eigenen inneren Stimme erscheint:

> »Ja, die Moral erscheint mir als das, was von außen kommt, nach dem ich mich ausrichten muss. Mir ist es wichtig, dass ich diese Lebensprinzipien in der Tiefe verstehe. Bei äußeren Gesetzen, an die man sich hält, vergisst man oft die tiefere Bedeutung. Mir ist es wichtiger, dass das von innen heraus kommt, also etwas Natürliches ist, wo man sich richtig verhält für sich selber und auch anderen gegenüber. Wenn man sich an so moralische Prinzipien hält, bleibt man

---

3 So gründet sich die Religion nach Kant auf die Moral und er bringt damit eine bis in unsere Zeit gehende Vorstellung in Gang, den Religionsbegriff durch ethisch-soziale Komponenten zu bestimmen.

4 Bei der Moralität, so James (ebd. 80) weiter, sind die Ängste nur unterdrückt und können jederzeit wieder aufbrechen, während sie bei der Spiritualität »ausgemerzt und weggewischt« sind.

an der Form picken und dann kann das auch pervertieren, wie die Geschichte zeigt. Du machst was Schlechtes, nur um diese moralische Pflicht zu erfüllen und kannst letztlich alles mit einer moralischen Pflicht begründen. Die schlimmsten Gräueltaten kann man damit begründen, wenn man sich starr an irgendein moralisches Gesetz hält. Früher in der Kirche ist das so gewesen und jetzt im Islam und im Fundamentalismus, wo die Menschen an der Form, an Buchstaben hängen, aber den eigentlichen Inhalt und die Bedeutung nicht ergründen möchten, pervertieren diese Prinzipien genau ins Gegenteil.« (Yoga-Lehrer, 46 J.)

Die wahre Religiosität hat ihren Ursprung im Inneren des Menschen. Etwas »in der Tiefe« zu verstehen, meint in Übereinstimmung mit der Stimme im Inneren zu leben und auf *seine* Empfindungen und Neigungen zu hören. Was aus dem Inneren kommt wird somit als authentisch und natürlich betrachtet. Die Moral wird dagegen als etwas »Aufgesetztes« aufgefasst, da wir die Dinge vor dem Hintergrund einer Konvention, Tradition oder wie auch immer gelagerten Autorität betrachten und dann auch dementsprechend handeln. Aus der Sicht des Befragten wird diese Außenorientierung als Fremdbestimmung begriffen, die ein wahres Verstehen von Lebensprinzipien verhindert, wodurch diese auch leicht ins Negative verkehren werden können. Das Ideal der Selbstbestimmung dagegen bedeutet die Freiheit, alle Entscheidungen aus dem Selbst, aus der inneren Stimme heraus zu treffen. Auch das nächste Zitat verdeutlicht die holistische Überzeugung in Bezug auf moralische Vorschriften:

»Ich denke, das ist eigentlich die Problematik an der Religion, die stattfindet. Ich meine, ich kann mir nicht vorstellen, wie man einen Text lesen kann und dann genau das praktiziert, was da drinnen steht, wenn man nicht mit seinem Herz dabei ist. Also das macht für mich irgendwie keinen Sinn, wenn ich nicht mal nachvollziehen kann oder nachfühlen kann, was Nächstenliebe überhaupt heißt, wie können die Leute danach leben?« (Kunstvermittlerin, 28 J.)

Bei der Befragten handelt es sich bei der kirchlichen Moral lediglich um leere Formeln, die gepredigt oder mittels toter Buchstaben übertragen werden, weshalb sie für die Interviewte, wie auch für viele andere Akteure des holistischen Milieus, auch keine Anziehungskraft besitzen. Diese entsteht erst, wenn man sich auf die »zusätzliche Gefühlsdimension« (James) einlässt. Nur wenn eine Überzeugung (wie hier die Nächstenliebe) oder ein Glaube von Herzen kommt, ist er demnach als wahrhaftig zu betrachten – alles andere ist »fake« und »so tun als ob«. Daran knüpft sich auch der Vorwurf der holistischen Akteure, dass das Christentum für viele nur ein Lippenbekenntnis sei. Man folge manchen Werten nur aus traditionellen Gründen, sei lediglich während der Übergangsriten religiös, und verhalte sich gegenüber religiösen Fragen indifferent. Damit wird Religion zu einem konservierten Bestand an Überzeugungen, dem man sich völlig unreflektiert überantwortet. Eine solche Haltung wird im Kernbereich des holistischen Milieus, wo eine alle Lebensbereiche überspannende Religiosität gelebt wird, als Auseinanderdriften zwischen der Stimme in seinem Inneren und den Vorschriften im Äußeren gesehen: »Diese ganze christliche katholische Moral mit z.B. der Ablehnung von Empfängnisverhütung und so, von der bin ich sehr enttäuscht und mir ist klar geworden, *das kann nicht das sein, was ich innerlich spür«* (Yoga-Lehrerin, 44J.). Die Möglichkeit, eine authentische innere Verbindung zu gewinnen, ist in erster Linie durch Erfahrung gegeben, was uns zur nächsten Frontstellung führt.

7.2.3 Institutionalisierung und lebendige Erfahrung

> »Also es geht mir eben wirklich um ein konkretes Erlebnis, ob das jetzt Erleuchtung ist oder sonst etwas.«
> Sozialarbeiter, 28 J.

Über die Bedeutung außeralltäglicher spiritueller Erfahrungen wurde schon in den Kapiteln zuvor einiges gesagt. Im Folgenden soll sie unter dem Gesichtspunkt eines zentralen Wertes für das holistische Milieu im Kontrast zur Amtskirche erörtert werden. Für James liegt der wahre Ort der Religion in der Erfahrung, das heißt im Erleben, und nicht in den Formulierungen, mit denen die Menschen ihre Gefühle definieren, rechtfertigen und rationalisieren – Prozeduren, die sich in der traditionellen Institution der Kirche abspielen. Er unterscheidet zwischen der lebendigen religiösen Erfahrung, die eine individuelle Erfahrung darstellt, und dem religiösen »Nach-Leben«, das davon abgeleitet ist und unter der Regie einer Religionsgemeinschaft steht. So hat der gewöhnliche Gläubige eine Religion, die »von anderen Menschen für ihn gemacht worden ist« (Taylor 2002: 11). James (1997: 63) zeigt, wie die Quelle lebendiger religiöser Erfahrungen durch Institutionalisierung und durch eine zur Orthodoxie erstarrte Religion zunehmend versiegt, sodass die Gläubigen vorwiegend »aus zweiter Hand« leben. Hingegen bezog jede Religion in ihren Anfangsphasen ihre Kraft aus »der direkten persönlichen Gemeinschaft mit dem Göttlichen«. Eine solche Gemeinschaft gilt als hoher Wert im holistischen Milieu, da sich in ihr das Göttliche an einem selbst oder im anderen erfahren lässt. Mit den Ausführungen von James zur Veralltäglichung des Religiösen sind auch die wesentlichen Kritikpunkte der holistischen Akteure an den Kirchen benannt: die fehlende Erfahrungsmöglichkeit und die Verinstitutionalisierung. Ein Befragter fasst in charakteristischer Manier die Skepsis gegenüber religiösen Institutionen zusammen.

»Ich beurteile solche Institutionen als Machtapparate. Die haben zwar einen irren Schatz an Wissen, können ihn aber leider nicht zielgerichtet vermitteln. Es hängt vom einzelnen Menschen wiederum ab, denn es gibt tolle Pfarrer, die es supertoll drauf haben, das zielgerecht zu vermitteln. In den Gebeten oder Predigten ist ja viel Kraft drinnen, nur eben halt nicht vermittelte. Da fehlt es auch an Bewusstsein dann dafür. Der Zulauf zu solchen alternativen Glaubenssystemen, ob es Buddhismus oder sonstige Dinge sind, müsste nicht sein, wenn die Institution Kirche sich öffnen würde und ihren Erfahrungsschatz bereitstellen könnte. Also die Krankensalbung ist spirituell gesehen kein Stück anders als Handauflegen, aber das könnte man doch so vermitteln und die Leute würden dann nicht nur mehr einen Heiler suchen, sondern sie würden dann zum Pfarrer gehen und sagen ›du, ich bin hier krank, lass uns mal eine Salbung machen.‹ Schizophren, sie haben die Schätze, sie leben sie nur nicht.« (Energetiker, 51 J.)

Stellvertretend für die Auffassung im holistischen Milieu kommen im Zitat die negativen Auswirkungen der Institutionalisierung zum Ausdruck. Diese liegen vor allem darin, dass die christlichen Religionen zwar einen reichen Schatz an spirituellen und mystischen Traditionen besitzen, diesen jedoch nicht in lebendiger Weise zur Verfügung stellen können. Dabei ist im Milieu eine Tendenz zu bemerken, wonach die Akteure den Schatz durchaus nutzen – entweder, indem sie sich auch auf den christlichen Deutungsrahmen beziehen und eine Analogie zwischen ihrer spirituellen bzw. okkulten Praktik und einer traditionell christlichen herstellen (Handauflegen = Krankensalbung), oder dadurch, dass man sich von der christlichen Mystik (etwa eines Meister Eckharts, Johannes vom Kreuz oder einer Theresa von Avila) inspirieren lässt. Im Verlauf der Institutionalisierung hat sich jedoch innerhalb der Kirche, wie James feststellt, das »heilige Pneuma« verflüchtigt. Pointiert hebt eine Befragte Numerologin (37 J.) die Unterschiede zwischen katholischer Kirche und Buddhismus hervor, indem sie das religiöse Oberhaupt der Katholiken mit dem spirituellen Führer des tibetanischen Buddhismus kontrastiert. Während der Papst die »verknöcherte und krankmachende Kirche« verkörpert, symbolisiert der Dalai Lama eine Philosophie, die einem hilft »ein besseres Leben zu leben.« Zudem bietet sich hier auch die Möglichkeit zur lebendigen Erfahrung, die in der Amtskirche durch Veralltäglichung und Entzauberung verschüttet liegt.[5] Zu einer der grundlegenden Überzeugungen im holistischen Milieu gehört demnach der Vorrang von Erfahrungen.

»Ich bin eben jetzt nicht wirklich interessiert an irgendwelchen Traditionen, diesen Traditionen zu folgen, sondern ich bin einfach mehr interessiert an so einem Einheitserlebnis, also so einem Durchbruch, und egal, wie der eingeleitet ist. Ob das jetzt Chanten ist oder Sitzen ist oder Tanzen ist, es geht mehr um dieses Drübersteigen, um dieses Ausschalten von etwas, damit irgendetwas anderes hochkommen kann, also um das geht es mir.« (Sozialarbeiter, 28 J.)

Mit dem Hunger nach Transzendenz ist man auf der Suche nach Praktiken, die ein intensives Erleben ermöglichen. Angesichts unserer ausgedörrten spirituellen Landschaft wird man eher in anderen Kulturkreisen fündig. Aus der Sicht des holistischen Kontextes können jedoch auch alltägliche Praktiken, wie Tanzen oder Geschirrabwaschen, zu einer Quelle der spirituellen Erfahrung werden.

---

5 Auch von Seiten der Vertreter der christlichen Religion wird der Erfahrungsmangel kritisiert. So meint etwa der Benediktinermönch Paulus Gordan (1992: 8): »Das Christentum wird nur überleben können in dem Maße, als es sich als Religion der Innerlichkeit erweist, also sich mehr auf das ›Heilige Pneuma‹ verlässt als auf die Macht der Institutionen und das ererbte Prestige einer politisch-moralischen Instanz.«

7.2.4 Schuld, Sünde und das Prinzip der absoluten Liebe

»Schuld und Sühne, das ist nicht der Weg für einen auf Entfaltung hin ausgerichteten Menschen.«
YOGA- TAI-CHI-LEHRER, 64 J.

Im holistischen Milieu wird der christliche Apparat von Sünde und Verdammnis stark relativiert. Eine Religion, die ihre beängstigenden Schatten auf die Menschen wirft, um sie zur Sittlichkeit anzuhalten, kommt für die Akteure nicht in Frage, denn – wie wir im letzten Abschnitt sahen – wirkt die innere Stimme als Maßstab für verantwortungsbewusstes Handeln. Die Überzeugung eines strafenden Gottes, vor dem man sich zu verantworten hätte, löst sich hier insofern auf, als Gott entweder als verinnerlicht betrachtet wird (das Göttliche im Selbst), oder mit einer Transformation zu »Energie« neutralisiert wird. Dementsprechend meint eine Befragte: »Ich bin überzeugt, dass es eine große universelle Machtenergie gibt, also wie Gott sozusagen«, und eine andere bringt ihre Sichtweise bezüglich des kirchlichen Umgangs mit Schuld und Sünde so zum Ausdruck:

»Sie stellen uns als Sünder dar und wir sind keine Sünder, und sie sagen ›liebet euren Nächsten‹ und wenn du jetzt mal Scheiße baust, dann kriegst du keine Hostie, dann darfst du das nicht und hier nicht und von meiner Sicht her ist das nicht in Ordnung. Ich meine, Gott ist da, aber das System, das diese Kirche macht, das ist nicht in Ordnung, weil sie verurteilt, der kommt in die Schublade, und das würde Gott nie machen, Gott verzeiht allen Menschen. Er ist die absolute Liebe und keiner, der abstraft.« (Schamanin, 49 J.)

Hier stellt sich das katholische Überzeugungsnetz als widersprüchlich heraus. Eine Reflexion über einzelne Werte enthüllt, dass diese eigentlich in Konflikt zueinander stehen und somit keine Plausibilität besitzen. So stimmt die Überzeugung vom liebenden und gütigen Gott auch nicht mit dem Konzept von Schuld und Sühne überein bzw. mit der katholischen Praxis, dass man das Heil nicht allen zuteil werden lässt. Auch dem folgenden Beispiel ist eine Ablehnung dieser Haltung zu entnehmen:

»Mein Verhältnis zur Kirche ist so, dass wir einer Meinung sind, dass es Gott gibt und da fängt es dann an: ich sehe keinen strafenden Gott, wir haben einen liebenden Gott, es gibt so etwas wie Hölle nicht. Ich muss nochmals ausholen: Ich sehe Gott in der Schwingung 12, deine eigene Seele schwingt irgendetwas, nehmen wir an 5. Wenn ich in der Schwingung 5 in meiner Seele einen Mord begehe, wird die Schwingung meiner Seele abnehmen. Das heißt, ich werde vielleicht nur mehr auf 4 sein, weil ich gegen die göttliche Ordnung verstoßen habe und das ein Gesetz ist, weil ich einem anderen ein Leben genommen habe und das ist für mich Hölle, weil ich schon auf 5 war, das heißt die Distanz zu Gott ist wieder größer geworden – das ist für mich Hölle. Aber es ist keine Strafe, weil ich kann es ja wieder verändern, es gibt nichts Unveränderliches. Ich muss halt wieder von unten anfangen.« (Prana-Healing-Therapeutin, 46 J.)

Diese Textpassage illustriert sehr treffend eine Umwertung der Werte, wie sie durch die Übernahme holistischer Überzeugungen zustande kommt. Demnach wird aus der Hölle als Ort der ewigen Verdammnis ein Zustand, der durch die Distanz zur göttlichen Schwingung gekennzeichnet ist. Nähe und Distanz ergeben sich durch Verstöße »gegen die göttliche Ordnung«, doch selbst diese fixieren nicht die ewige Verdammung der Seele. Aus den Überzeugungen von Karma und Reinkarnation leitet sich die Vorstellung ab, dass es dem Menschen durchaus möglich ist, sich dem Ziel der höchsten Schwingung wieder anzunähern. Dass Erreichen eines höheren energetischen Zustandes ist konstitutiv für den spirituellen Weg und meint die stetige Erweiterung des Bewusstseins. Das dies nicht innerhalb eines Menschenlebens geschehen muss, sondern es dafür üblicherweise eine Reihe von Existenzen bedarf, führt uns zu den Jenseitsvorstellungen im holistischen Milieu.

7.2.5 Jenseitsvorstellungen

> »[...] und nach dem Tod, wirst halt wieder zurückgespült auf die Erde und dann wirst wieder lernen.«
> Fotograf, 45 J.

Das kurze Zitat eines Praktizierenden gibt die charakteristische Vorstellung eines zyklischen Zeitmodells wieder. Demnach ist das irdische Leben nicht einfach abrupt zu Ende und die Seele wandert ins

Reich der himmlischen Freuden oder der ewigen Qualen – die Seele wandert immer weiter. Auf dieser Überzeugung beruht das Konzept von Reinkarnation und Karma, das für die holistischen Akteure aus mehreren Gründen attraktiv erscheint.

Zunächst ist eine psychologische Funktion zu erwähnen, wozu eine Reduktion von Angst im Hinblick auf den Tod und das Sterben gehört.

»Ich gehe ganz anders damit um als alle anderen, weil wenn eine Inkarnation zu Ende ist, ist sie zu Ende, dann hat der seinen Part da herunten erledigt und auch wenn mir die Person nahesteht, das wodurch die Trauer zustande kommt, resultiert ja nur daraus, dass mir diese Person fehlt in meinem Leben. Ich brauche nicht traurig sein, dass die jetzt gegangen ist, weil ›die Seele ist unendlich‹ und stirbt auch nicht. Das heißt für mich ist die Seele auch nicht weg, weil du bist ja immer wieder mit Seelen zusammen, die aus der gleichen Seelenfamilie kommen und für mich ist ein Begräbnis einfach etwas, wo ich von jemand Abschied nehme, dieser Seele Energien schicke damit sie gehen kann und nicht das festhalten und klammern und trauern, sondern Loslassenergien schicke. Für mich ist das einfach so: 15% der Zeit ist die Seele in physischen Körpern, 85% ist sie irgendwo und damit sie dorthin gehen kann, ihre nächste Inkarnation planen, schauen was will sie tun, was sie lernen will, muss man sie da gehen lassen. Für mich ist das Sterben eigentlich nicht wirklich irgendetwas, was mir Furcht einflößt und ist für mich auch keine Tragik und ich gehe sicher anders mit dem Tod um.« (Prana-Healing-Therapeutin, 46 J.)

Die Furcht vor dem Tod relativiert sich angesichts der durch Erfahrung plausibilisierten Überzeugung, wie es um die Seele nach dem Leben bestellt ist. Somit sind auch hartnäckige Gefühle der Trauer nicht notwendig und geradezu kontraproduktiv, was sich aus einem psychologischen und einem okkulten Sinnzusammenhang verstehen lässt. Zum einen ist das Loslassen für die eigene Bewältigung notwendig und zum anderen schickt man mit einer positiven Haltung den Seelen die notwendige Energie für ihre Weiterreise. Diese positive Sichtweise stellt sich durch die Einsicht ein, dass die Seele unendlich ist und ein Verlust nicht beklagt werden braucht, da man letztendlich immer wieder mit den gleichen Seelen in andere Leben inkarniert.

Stellvertretend für die gängige Überzeugung im holistischen Milieu spricht die Befragte auch noch einen anderen Vorteil an, den das Modell des ewigen Kreislaufes von Tod und Wiedergeburt vor dem linearen endlichen Konzept besitzt. Mit der Möglichkeit der Wiederkehr erhält man sozusagen eine zweite Chance, die Verfehlungen in vergangenen Leben auszumerzen. Deshalb werden die angegebenen 15%, in denen sich die Seele in physischen Körpern aufhält, auch als Lernprozess verstanden. Hier kommt der Begriff des »Karma« ins Spiel:

»Karma ist nur ein Weg, ein Erfahrungsweg – ein Lernprozess. Das heißt meine Seele hat beschlossen, dieses Wachstum will ich haben, dieses Wissen will ich haben, also ich kann dieses Wissen nur auf der Erde machen, weil nur dort ist die Möglichkeit zu diesem Wissen zu kommen. So, und dann hat man eben eine Fülle an Möglichkeiten, sich verschiedene Leben anzuschauen. Dann geht es darum, die Erkenntnisse dieser Leben eben rauszuziehen und wenn du weißt, du warst im römischen Senat der Senator, dann hast du dort Rechtskunde gelernt. Und wenn ich Rechtskunde brauche, merke ich sofort, da kommt einer aus mir, aha, das ist der, wo ich im Senat stand und dann merke ich ›aha, dort habe ich die Erfahrung gesammelt, die ich heute wiedergebe‹ und wie viele Dinge hast Du schon gemacht wo Du Dich gefragt hast ›Woher weiß ich denn das? Wieso kann ich denn das? Woher kommt denn das?‹ Genau, aus deinem Wissensspeicher, aus deiner ewigen Existenz, aus deiner Seele, daher kommt es. Und deswegen kann sich die Frage nach Wiedergeburt gar nicht stellen. Also, für mich ist das völliger Quatsch, wie kann man daran nicht glauben ist die Frage? Für mich ist klar, wir sind alle Außerirdische. Ja, und das mit der Wiedergeburt ergibt sich dann eh daraus. Man muss es nur richtig sehen, da werden oftmals die Fehler gemacht. Die Karmalehre ist, die ist alles Mögliche, die ist viel zu komplex, viel zu verworren, viel zu vielinterpretiert bis missinterpretiert. Das ist alles viel zu kompliziert, Karma ist Erfahrung, Punkt! Damit hat sich alles erledigt. Und wenn eine Erfahrung nicht beendet ist, das ist wie ein Student, dann geht er ins nächste Semester und holt sich seinen Schein, ich will es wissen und genauso ist es da auch. Leben ist Studium.« (Magnetiseur, 37 J.)

Aus der Passage geht hervor, dass die Vorstellung von Karma und Wiedergeburt einen hohen Grad an Gewissheit aufweist, zudem der Befragte – wie er an anderer Stelle schildert – auch eigene außeralltägliche Erfahrungen mit seinen verschiedenen Existenzen in anderen Leben gesammelt hat. Karma (Sanskrit »karman«: Handlung, Taten) wird als viele Leben umspannender Erfahrungsweg interpretiert, auf dem es der überzeitlichen Seele möglich ist, sich auf Grund von Lernprozessen weiterzuentwickeln. Das aus den Taten resultierende Schicksal des Menschen ist demnach auch keine Strafe, sondern schlicht eine Lernaufgabe, bei der das Bewusstsein reifen kann. Wie wir im Kapitel zu den Arbeitsweisen der holistischen Anbieter noch sehen werden, ist es eine zentrale Aufgabe der Praktiker, bei ihren Klienten das individuelle Lernpotential ins Bewusstsein zu rücken. Hier gilt es dazu noch anzumerken, dass auch jene Akteure, deren Überzeugungen nicht auf außeralltäglichen Erfahrungen beruhen, die Ideen von Reinkarnation und Karma plausibel finden. Angesichts der Vielfalt und Komplexität von Ereignissen, kann ein Leben wohl nicht ausreichend sein, um den notwendigen Lernprozess abzuschließen.

Ein anderer Grund, warum Reinkarnation und Karma überzeugende Konzepte sind, wird auch im oben angeführten Zitat angedeutet. Es ist die von James genannte Einsicht in vorher unbekannte Wahrheiten, die sich durch Rückführungen in vergangene Leben ergeben oder als spontanes Wissen offenbaren. Wenn wir uns dazu noch einmal das Beispiel einer Rückführung auf Seite 174 in Erinnerung rufen, bei der die Interviewperson den Grund ihrer Todgeburt durch eine Abtreibung in einem früheren Leben feststellt, dann wird der Erklärungsvorteil, den Reinkarnationserfahrungen haben, offensichtlich. Durch die Erweiterung der biografischen Reichweite werden für das Individuum unverstandene, existenziell wichtige Sachverhalte in ihren Zusammenhängen erklärt. Hierfür zeigt sich der Karmagedanke als essenziell, weil hiermit auf die Suche nach negativen Handlungsweisen in vergangenen Leben fokussiert wird, die als Gründe für die aktuellen Probleme oder Krisen gelten. Diese unerklärbaren Sachverhalte werden damit in einen plausiblen Sinnzusammenhang gestellt und lösen sich auf, wie man in der Szene sagen würde.

Schließlich folgen aus der Lehre der Seelenwanderung und des Karmas konkrete Verhaltens- und Handlungsorientierungen für den individuellen Lebensvollzug. Da man mit der Bewusstseinsentwicklung ja vorankommen soll, um im nächsten Leben einige Lernaufgaben hinter sich zu haben, gilt es sein Bewusstsein durch entsprechende Praktiken zu trainieren. Ein Ausdruck für dieses Training ist »sich in Achtsamkeit üben«:

»Bei Thích Nhất Hạnh, das ist ein buddhistischer Mönch, da habe ich gelesen, dass es eben um Achtsamkeit geht. Er hat sich gefragt, warum Buddha immer so gelächelt hat, immer fortwährend, bei diesem Leid auf dieser Welt, wie kann das sein? So und da steckt genau das Wirkungsprinzip des Anziehungsgesetzes dahinter. Wenn ich mich dem Leid der Welt hingebe und anfange, in das Leid zu gehen, wie soll ich Kraft haben, jemandem anderem zu helfen und wenn ich mit dem positiven Gedanken sagen kann ›ich schenke dir ein Lächeln und ich segne dich und ich bringe dich vielleicht ein Stück weit in Begleitung wieder auf den Pfad eines besseren Lebens.‹ Da hilft schon mal das Lächeln, aber ich kann das grundsätzlich nur aus einer eigenen Kraft heraus und die Kraft habe ich nur, wenn ich selber in Harmonie mit mir bin. Wenn ich selber in dem Leid bin, dann bin ich höchstens nachher ein guter Gesprächspartner mit dem anderen, aber mehr auch nicht, kein Helfer. Das ist ein Weg, wo man selber an sich arbeiten muss. Und die 10 Jahre, die ich bisher das so bewusst gemacht habe, ist viel Arbeit an mir selbst. Zu lernen andere Menschen in ihren Sichtweisen zu akzeptieren, nicht in Bewertung zu verfallen, in Wut, Hass und Neid, weil dann würde mir das Resonanzgesetz als Naturgesetz dasselbe wieder zurückwerfen und ich würd mein Karmakonto aufbauen, was mir gar nicht recht ist. Meine Absicht ist in hoher Selbstverantwortung zu erkennen, was mir gut tut und was mich mehr in die Mitte bringt. Ja. Ich bin da auch nur auf dem Weg, ich bin da noch lange nicht da.« (Energetiker, 43 J.)

Das angesprochenen Resonanz- oder Anziehungsgesetz meint, dass sich eine innere Haltung, eine spezielle Denkweise – sprich ein »energetischer Zustand« – im Außen spiegelt und damit positiv oder negativ verstärkt. So zieht Leid nur Leid und Glück nur Glück an. Ein Akteur meint dazu: »Man erntet stets das, was man sät«, während ein anderer die mit dem Aufmerksamkeitsfokus verbundene Verstärkung von Energien mit den Worten »Energy goes, where your attention flows« beschreibt. Das Resonanzgesetz lässt sich jedoch nicht nur auf die gegenwärtige Existenz anwenden, sondern liegt – gleich einem Naturgesetz – dem Leben per se zugrunde. Durch Anziehung kumuliertes Leid wird beispielsweise in das nächste Leben mitgenommen, wo man es wieder abbauen und damit die Bilanz seines »Karmakontos« ausgleichen kann. Das folgende Zitat bringt diese, für das Milieu charakteristische Überzeugung auf den Punkt:

»Im Guten oder Angenehmen, wie im Unangenehmen, im Leichten wie im Schwierigen, was ich aussende kommt hundertprozentig zurück. Das ist etwas, was ich täglich erlebe, oder auch über längere Distanzen hinweg immer wieder erfahre und da gibt es natürlich so Ereignisse, wo ich nicht bewusst weiß, aha, damals habe ich das gemacht, jetzt kommt das daher, sondern wo ich sag ›Ok. das wird wahrscheinlich in einem früheren Leben einfach gewesen sein, dass ich mir das ausgesucht habe als Erfahrung, die da auf mich zugekommen ist.‹« (Yoga-Lehrer, 46 J.)

Die Überzeugung, dass Energien der Aufmerksamkeit folgen, geht bei einer Befragten sogar so weit, dass sie es zu vermeiden versucht, bestimmte negativ konnotierte Wörter zu verwenden:

»Es sind auch gewisse Wörter zu vermeiden – ›eigentlich‹. ›Eigentlich‹ ist so präsent, ›eigentlich‹ hebt alles wieder auf. Eigentlich war das Essen gut, eigentlich geht es mir gut, ja was denn nun. Und das ›muss‹ ich ›muss‹ auch gar nicht, ich ›darf‹ staubsaugen, ich ›darf‹ den Müll wegbringen, ich ›muss‹ es ja nicht. Ich denke mir, dass dieses Vokabular auch bewusst so gemacht worden um uns schwächer zu halten, weil wenn jeder gedanklich mit sich im Reinen ist dann gebe es das alles gar nicht mehr. Nur dürfen wir jetzt auch auf unsere Worte achten. Unser Unterbewusstsein hört ja immer mit und das was ich ausstrahle bekomme ich zurück und deshalb ist es so wichtig. Und dann ›muss‹, ›eigentlich‹, ›aber‹, ›vielleicht‹ und ›so ein Wahnsinn‹, ›Wahnsinn‹ ist auch so ein geläufiges Wort was wir auch vermeiden sollten. ›Wahnsinn‹ ist echt ne Krankheit und dann sage ich ›so ein Wahnsinn‹. Jetzt hört das Unterbewusstsein ja boah da muss ich jetzt was tun. Das ist ja alles in Resonanz, weil es ist ja genug Fülle für alle da und wo viel ist kommt noch viel hinzu, aber dem Armen wird noch das letzte genommen. Es ist so, weil er in der Schwingung ist. Ich sage sogar, dass Armut eine Geisteskrankheit ist; ich müsste meine Gedanken ändern.« (Schamanin, 49 J.)

In konsequenter Weise folgt die interviewte Schamanin dem Anziehungsgesetz, das bis tief in die kognitiven Strukturen hinein wirksam ist und einem Nichteingeweihten wohl als sehr skurril erscheinen wird. Die Wörter sind demnach mit energetischen Zuständen belegt, die sich wiederum negativ anhäufen können. In einer solchen »Schwingung« gefangen, wird der Arme so lange immer ärmer, bis er seine Gedanken erfolgreich geändert hat und sich damit seine Lebensumstände verbessern. Folglich kann die Befragte die Ursachen des Übels auch sinnhaft erklären: Es handelt sich um eine selbst verschuldete »Geisteskrankheit«. Selbst verschuldet ist sie deshalb, weil man jederzeit an seinem Leben etwas ändern kann. Diese Überzeugung, die auch beim oben genannten Energetiker als »Selbstverantwortung« zum Ausdruck kommt, beruht auf einem hohen Grad an Eigenverantwortlichkeit, die dem Menschen für sein Leben zugesprochen wird. Die Akteure verstehen sich demnach auch dort als Handelnde, wo sie sich bislang fremdbestimmt wahrgenommen haben – also mehr als strukturierende denn als strukturierte Wesen. Dieses Verständnis begründet sich somit zum einen aus der Haltung, für alle Situationen des Lebens selbst verantwortlich und daher in den Entscheidungsfindungen autonom zu sein, und zum anderen in der Übernahme des Reinkarnationsgedankens, wo durch die Ausdehnung der biografischen Reichweite eine höhere Selbstverantwortlichkeit für das aktuelle Leben gegeben ist.

Diese Verantwortlichkeit als eine spezielle Form der Handlungsorientierung zeigt sich durch die Ethisierung des Lebensvollzuges. Mit dem Ziel, im nächsten Leben eine höhere und damit weniger leidbehaftete Existenzform zu erreichen, geht die Ausrichtung an bestimmten ethischen Richtlinien einher. Diese kann man mit der goldenen Regel zusammenfassen: »Was du nicht willst, dass man dir tu', das füg' auch keinem andren zu« – jedoch mit dem Nachsatz: »denn es wird auf dich zurückfallen«. Zusammenfassen lässt sich eine solche ethische Lebensweise als »bewusstes Leben« bezeichnen, wonach man den Wert des tierischen Lebens achtet und sich womöglich vegetarisch ernährt, die Natur als ein schätzenswertes Gut an sich erkennt und jegliche instrumentelle Haltung gegenüber Menschen und Dingen ablehnt.

8 Religiosität, soziale Werthaltungen und Lebensführung

Im bisherigen Verlauf dieser Arbeit – sowohl in den Erörterungen sozialwissenschaftlicher Sichtweisen des Phänomens New Age im ersten Teil des Buches als auch in den Analysen unserer eigenen empirischen Erhebungen im zweiten Teil – stießen wir an verschiedenen Stellen auf Behauptungen und Hinweise darauf, dass die holistische Selbsterfahrungs- und Wellness-Kultur mit bestimmten Wertorientierungen und Lebensstilen in Verbindung stehen. Hierbei haben wir gesehen, dass sich die Einschätzungen und Bewertungen je nach Perspektive der Autoren stark unterscheiden. Wenn man diese unterschiedlichen Positionen in vereinfachender Weise zusammenfasst und idealtypisch zuspitzt, ergeben sich zwei diametral entgegengesetzte Muster (siehe Tabelle 14):

Tabelle 14: Haltungen und Wertorientierungen im holistischen Milieu

Sichtweise 1	Sichtweise 2
Streben nach Autonomie, Eigenverantwortung, Selbstverwirklichung	Autoritätshörigkeit, Fremdbestimmtheit, irrationale Regression
Toleranz, Offenheit	Werterelativismus
Empathiefähigkeit, soziales Verantwortungsgefühl	Narzissmus – Egoismus Bindungslosigkeit
Gesellschaftskritik Ökologisches Bewusstsein	Konsumismus Sensationssuche

Aus der Perspektive von Protagonisten des holistischen Milieus wie beispielsweise Fritjof Capra, Peter Russell, Merilyn Ferguson und Ken Wilber beruht die holistische Spiritualität auf dem Postulat der Autonomie und Eigenverantwortung des Einzelnen. Die Aufgabe des Menschen bestehe darin, sich von sozialen Zwängen und Konventionen zu lösen, sein eigenes Potential zu entfalten und eine authentische Persönlichkeit zu entwickeln. Die Forderung, jeder Mensch solle so leben, wie es ihm im Innersten entspricht, geht einher mit einer Haltung der Toleranz und Offenheit gegenüber Werthaltungen und Lebensformen, die vom gesellschaftlichen Mainstream abweichen. Die holistische Spiritualität dient aber nicht nur der Entwicklung der eigenen Persönlichkeit und der Verbesserung des eigenen körperlich-seelischen Wohlbefindens; sie zielt auch darauf ab, die Empathiefähigkeit und das Gefühl der Verantwortung für seine soziale Umgebung zu verbessern. Darüber hinaus, so die Annahme der Protagonisten, stehe die Entwicklung eines ganzheitlichen Bewusstseins auch in Verbindung mit einer kritischen Haltung gegenüber den Fehlentwicklungen der kapitalistisch-technischen Gesellschaft und dem Bestreben nach einer ökologisch verträglichen Lebensweise.

Eine ganz andere Bewertung der »Esoterikwelle« finden wir hingegen bei Sozialwissenschaftlern, die das Vernunftideal der Aufklärung verteidigen, bei kirchlichen Kritikern und »Weltanschauungsbeauftragten« sowie bei soziologischen Gesellschaftsdiagnostikern, für die die Esoterik- und Selbstverwirklichungskultur ein Ausdruck des postmodernen Kultur- und Werteverfalls ist. Diese Autoren betrachten die New-Age-Bewegung als Schritt zurück von den Errungenschaften der modernen, aufgeklärten Rationalität hin zu einem vormodernen Irrationalismus (symptomatisch etwa der Buchtitel »Die Rückkehr der Zauberer« von Hans-Jörg Hemminger, 1987). Hinter dem Glauben an Astrologie oder an andere »geheimnisvolle« Kräfte im Universum steht nach Ansicht dieser Kritiker das Bedürfnis, die Verantwortung für das eigene Leben an höhere Mächte abzugeben (vgl. dazu die Ausführungen über Adornos Astrologie-Studie in Kapitel 4.2). Kirchennahe Kritiker neigen zudem dazu, die sogenannten »Jugendsekten« und das holistische Milieu in einen Topf zu werfen und zu unterstellen, dass in beiden Arten von Gruppierungen die kritiklose Akzeptanz autoritärer Gurus oder spiritueller Führer gefordert werde (ein typisches Beispiel für diese Sichtweise ist das Buch »Psychomarkt – Sekten – Destruktive Kulte« von Werner Gross, 1996).

Auch soziologische Gegenwartsdiagnostiker wie Christopher Lasch oder Zygmunt Bauman schließen sich dem Irrationalismus-Vorwurf an. Im Zentrum ihrer Kritik steht jedoch die Behauptung, dass die im postmodernen Therapie-, Selbsterfahrungs- und Esoterikmilieu propagierten ideologischen Positionen die Ausbreitung narzisstischer Persönlichkeitsstrukturen und einen konsumistischen Lebensstil fördern. Die Ideologie des Ego-Kults und der radikalen Selbstbestimmung gehe zudem mit einem moralischen Relativismus, der Ablehnung verbindlicher, dauerhafter sozialer Beziehungen, sozialer Verantwortungslosigkeit und politischem Desinteresse einher.

Sozialwissenschaftler, die das holistische Milieu als gegenkulturelle Bewegung und als Reaktion auf die einseitige Betonung der funktionalen Rationalität seit der Zeit der Aufklärung betrachten, wie etwa Peter Berger, Robert Bellah, Charles Taylor, Paul Heelas und Wouter Hanegraaff, nehmen meist eine Mittelposition zwischen den beiden zuvor skizzierten Extremen ein. Sie empfinden eine Sympathie für die Ideale und Anliegen des holistischen Milieus und gehen davon aus, dass diese Ideale zu einem gewissen Grad auch verwirklicht werden. Zugleich nehmen sie aber auch die zuvor genannten problematischen Aspekte der postmodernen Selbstverwirklichungskultur wahr.

Ein Ziel unseres Forschungsprojekts war es zu untersuchen, inwieweit sich holistische Akteure eher dem einen oder dem anderen dieser beiden Wertorientierungsmuster annähern. Wir werden daher im Folgenden einige statistische Befunde über den Zusammenhang zwischen Wertorientierungen, Lebensführung und Religiosität präsentieren. Mithilfe unserer Religiositäts-Typologie ist es möglich, nicht nur das holistische Milieu mit dem Rest der Bevölkerung zu vergleichen, sondern genauer auf Unterschiede zwischen den einzelnen religiösen Milieus bzw. Submilieus einzugehen. Dieser Vergleich soll zeigen, inwieweit sich die Angehörigen der drei holistischen Submilieus (holistischer Kern, holistischer Rand und christlich-holistische Mischgruppe) im Hinblick auf ihre Wertorientierungen und Lebenshaltungen unterscheiden oder einander ähnlich sind; eine weitere Frage ist, ob sich das holistische Milieu tatsächlich diametral vom kirchlich-christlichen Milieu unterscheidet, wie es Erich Fromms idealtypische Dichotomie von humanitärer und autoritärer Religion suggeriert, oder ob es nicht auch gewisse Gemeinsamkeiten zwischen den beiden religiösen Lagern im Vergleich zur Gruppe der Nichtreligiösen gibt.

Wir haben bereits in Kap. 5.4 gesehen, dass die holistischen Akteure mehrheitlich im mittleren Lebensalter (ca. 35 bis 55 Jahre) stehen, überproportional weiblich sind über einen höheren Bildungsabschluss verfügen. Wie aus anderen Studien bekannt ist, korrelieren auch die hier relevanten Wertorientierungen (Streben nach Autonomie und Selbstverwirklichung, Autoritätsgläubigkeit, moralische Permissivität, Hedonismus u. dgl.) mit einer oder mehreren dieser drei demografischen Variablen. Wir haben daher für die folgenden Analysen die statistische Methode der multiplen Regression gewählt. Dieses Verfahren berechnet, inwieweit sich die verschiedenen religiösen Milieus in Hinblick auf bestimmte Wertorientierungen oder Verhaltensweisen unterscheiden, wenn man gleichzeitig die drei Variablen Alter, Geschlecht und Bildung berücksichtigt und somit den »Nettoeffekt« der einzelnen Variablen berechnet.

8.1 AKTIVISMUS UND BASISDEMOKRATISCHES ENGAGEMENT

Da in unserer Repräsentativbefragung auch das Thema »Freizeit und Sport« behandelt wurde, konnten wir mit den Daten dieser Studie einige interessante Zusammenhänge zwischen Freizeitgestaltung und Zugehörigkeit zu den verschiedenen religiösen Milieus ermitteln (siehe Tabelle 15): Personen, die zum holistischen Kernmilieu gehören, verbringen weniger Zeit vor dem Fernseher als Nichtreligiöse und Kirchlich-Religiöse; stattdessen lesen sie häufiger ein Buch. Weiters zeigt sich, dass die Angehörigen der drei holistischen Submilieus erheblich mehr Sport oder Fitness betreiben und häufiger auf Urlaub fahren oder ein paar Tage außerhalb der eigenen vier Wände verbringen als Nichtreligiöse und Kirchlich-Religiöse. Holistische Aktivisten besuchen auch häufig kulturelle Veranstaltungen und behaupten häufiger als Nichtreligiöse und Kirchlich-Religiöse, an Kunst interessiert zu sein.

Unsere Ergebnisse bestätigen somit Charles Taylors These, dass das für das holistische Milieu charakteristische Streben nach Authentizität und Expressivität mit einem erhöhten Interesse an Kunst und künstlerischem Selbstausdruck in Verbindung steht. Die Befunde vermitteln zudem den Eindruck, dass Nichtreligiöse, das heißt Menschen, die nicht in die Kirche gehen, nicht beten und auch keine holistischen Praktiken ausüben, insgesamt ein weniger aktives Leben führen als der

Rest der Bevölkerung. Personen, die im holistischen Milieu aktiv sind, insbesondere jene, die zum Kern dieses Milieus gehören, zeichnen sich hingegen durch einen in vielfältiger Hinsicht aktiven Lebensstil aus. Dieses Bild wird durch ein weiteres Ergebnis gestützt: Nichtreligiöse geben im Vergleich zu den anderen Gruppen häufiger an, sich in ihrer Freizeit zu langweilen, Angehörige der holistischen Kerngruppe hingegen leiden kaum unter Langeweile.

Tabelle 15: Freizeitaktivitäten, nach religiösem Milieu (beta und R^2 der multiplen Regressionen)

	Fern-sehen	Bücher lesen	Kultur-veranst. besuchen	Sport / Fitness	Aus-wärts schlafen
Religiöses Milieu					
(Basis: nicht religiös)					
Christlicher Rand	,03	-,06	,08*	,15**	,07
Christlicher Kern	-,01	-,04	,08*	,11*	-,02
Christl. & Holist.	-,05	,00*	.14**	,28**	,18**
Holistischer Rand	-,02	,03*	.12**	,23**	,19**
Holistischer Kern	-,10**	,08**	.06*	,21**	,16**
Geschlecht (m/w)	,07*	,14**	.04	,01	-,09**
Bildung (n/h)	-,18**	,32**	.29**	,12**	,22**
Alter (j/a)	,11**	-,02	.02	-,12**	-,10**
R^2	.073	.160	.107	.138	.163

Anmerkungen:

1) Anwortkategorien »fernsehen« bis »Sport/Fitness« : 1 = nie … 5 = täglich;
2) Wie oft haben Sie in den letzten 12 Monaten auswärts geschlafen? 1 = nie … 6 = mehr als 30 Nächte.
3) Signifikanz: ** = p < = 0.01, * = p < = 0.05.
4) Für Leser ohne statistische Kenntnisse: Die beta-Werte bei den religiösen Milieus zeigen die Differenz gegenüber der (Basis-)Gruppe der Nichtreligiösen an. Ein positiver beta-Wert bedeutet, dass die Befragten eines religiösen Milieus die jeweilige Aktivität häufiger machen als die Nichtreligiösen. In Prozentwerten ausgedrückt bedeutet dies beispielsweise: 27% der Nichtreligiösen gegenüber ca. 60% der Befragten aus den drei holistischen Submilieus gaben an, sich mehrmals in der Woche sportlich bzw. körperlich zu betätigen. Innerhalb gleicher Bildungsniveaus und gleicher Altersgruppen sind diese Unterschiede etwas geringer.

Personen, die dem holistischen Milieu nahestehen, sind nicht nur sportlich und kulturell aktiver und häufiger unterwegs, sie interessieren sich auch etwas mehr für Politik als Kirchlich-Religiöse und Nichtreligiöse (Tabelle 15). Ihr politisches Interesse richtet sich nicht so sehr auf die aktuelle Tages- und Parteipolitik, sondern vor allem auf ökologische und basisdemokratische Anliegen; dementsprechend geben holistisch Aktive viel häufiger an als andere, sich schon an politischen Protestaktionen beteiligt zu haben (Tabelle 16).

Tabelle 16: Politischer Aktivismus und soziales Engagement

	Polit. Interesse (niedrig/hoch)	Polit. Protest-beteiligung (nie/öfters)	Soziales Engagement (nie/oft)
Religiöses Milieu			
(Basis: nicht religiös)			
Christlicher Rand	,02	,03	-.02
Christlicher Kern	,05	-,04	.03
Christlich & Holistisch	,13**	,05	.16**
Holistischer Rand	,08*	,10**	.01
Holistischer Kern	,04	,13**	.05
Holist. Oversample	,12**	,25**	n.e.
Geschl. (männl./weibl.)	-,19**	-,11**	.03
Alter (jung /alt)	,08**	,02	-.06
Bildung (niedrig/hoch)	,21**	,20**	.10**
R^2	.110	.170	.042

n.e. = nicht erhoben

Die in unserer Studie festgestellten Tendenzen werden auch durch andere Untersuchungen bestätigt, so etwa durch die bereits erwähnte international vergleichende Studie über Religion, Esoterik und soziale Orientierungen bei Studierenden (Höllinger/Smith 2002; Höllinger 2004) sowie durch den deutschen ALLBUS 2002. In beiden Studien geben Menschen, die holistische Praktiken ausüben, häufiger an als andere, schon bei Demonstrationen und Streiks mitgemacht oder sich an Bürgerinitiativen beteiligt zu haben. In der internationalen Studentenbefragung hatten holistisch aktive Studenten auch höhere Werte bei der Beteiligung in der Studentenpolitik und bei Solidaritätskampagnen. Der Aktivismus der holistischen Aktivisten erstreckt sich auch auf den Bereich der ehrenamtlichen Mitarbeit in Vereinen und auf soziale Betreuungstätigkeiten. Laut unserer Studie ist soziales Engagement besonders häufig bei jenen Personen zu finden, die sowohl zur Kirche als auch zum holistischen Milieu ein Naheverhältnis haben.

Tabelle 17: Parteipräferenz in den religiösen Milieus

	n=		ÖVP	SPÖ	FPÖ + BZÖ	Grüne + Lib. Forum	keine, ungültig	Gesamt
ISSP gesamt,	758	%	20	35	20	12	13	100
Relig. Milieu								
Nicht religiös	199	%	9	45	18	7	21	100
Christl. Rand	198	%	21	37	25	7	11	100
Christl. Kern	86	%	51	31	9	5	3	100
Christl. & Holist.	111	%	30	23	20	16	12	100
Holist. Rand	111	%	10	33	27	18	12	100
Holist. Kern	53	%	8	23	15	38	17	100
Hol. Oversample	175	%	15	9	11	56	10	100

Anmerkung: 19 Befragte wählten andere (Klein-)Parteien, 211 verweigerten die Antwort; diese Personen sind in der Tabelle nicht enthalten.

Eine weitere Facette, die das bisherige Bild ergänzt, ist die Parteipräferenz in den verschiedenen religiösen Milieus. Personen, die eine Affinität zum holistischen Milieu haben, wählten bei der Nationalratswahl, die kurz vor der Befragung im September 2008 stattfand, überproportional häufig die Grünen oder das ebenfalls links-liberale »Liberale Forum«. Diese Präferenz ist in der holistischen Kerngruppe und bei den Befragten des Oversample deutlich stärker als beim holistischen Rand und bei der christlich-holistischen Mischgruppe. Angehörige der letzteren Gruppe wählen entsprechend der traditionellen kirchlich-politischen Versäulung in Österreich häufig die christlich-konservative ÖVP. Auffällig ist auch die relativ hohe Sympathie für rechtspopulistische Parteien (FPÖ und BZÖ) im holistischen Randmilieu.

Die Ergebnisse deuten somit darauf hin, dass es im holistischen Milieu eine ausgeprägte Tendenz zu Protest-Wahlverhalten, zugleich aber auch eine Polarisierung gibt: Menschen, die sich intensiver auf das holistische Milieu einlassen und regelmäßig Körper-Bewusstseinsübungen machen, haben eine klare Affinität zu ökologischen und linksliberalen politischen Ideologien; jene, die nur bei Bedarf einen alternativen Heiler, einen Astrologen, Wahrsager oder Wünschelrutengänger konsultieren, sympathisieren hingegen relativ häufig mit rechtspopulistisch-autoritären Ideologien. Adornos These des Zusammenhangs zwischen Astrologieglauben und Autoritarismus findet somit auch in unseren Daten eine gewisse Bestätigung. Der hier dargestellte Zusammenhang zwischen der Ausübung ganzheitlicher Praktiken und der Präferenz für links-liberale Parteien, insbesondere für die Grünen, konnte in ähnlicher Weise auch in anderen Studien und anderen Ländern festgestellt werden.[1] Die Sympathie des holistischen Randes für rechtspopulistische Parteien konnte hingegen für andere Länder nicht nachgewiesen werden (ein derartiger Nachweis ist u.a. deshalb schwierig, weil in den meisten Ländern, in denen die Studie durchgeführt wurde, rechtspopulistische Parteien einen geringen Wähleranteil haben und daher die Zahl ihrer Wähler in der Stichprobe nicht ausreicht, um statistisch gesicherte Zusammenhänge zu berechnen).

Die grün-ökologische Orientierung im holistischen Kernmilieu zeigt sich in einem weiteren Detailergebnis unserer Studie: Mehr als 20% der Befragten des holistischen Kerns und 10% der Angehörigen der holistischen Randgruppe gaben an, sich vegetarisch, vegan, makrobiotisch oder nach einer anderen speziellen Ernährungslehren zu ernähren; in der Gesamtstichprobe tun dies nur 5%. Im Unterschied zur Counter-Culture und zur New-Age-Bewegung der 1970er und 1980er Jahre dürften jedoch im heutigen holistischen Milieu antimodernistische, technik- und wissenschaftsfeindliche Haltungen keine nennenswerte Rolle mehr spielen. Das Fragebogen-Statement »Alles in allem schadet uns die moderne Wissenschaft mehr als sie nützt« wurde eher von traditionellen Katholiken als von Angehörigen des holistischen Milieus bejaht. Holistische Akteure haben in der Regel keine generellen Vorurteile gegenüber der modernen Wissenschaft. Sie kritisieren Wissenschaft und Technik nur dort, wo sie den Eindruck haben, dass diese auf eine ökologisch und sozial verantwortungslose oder problematische Art und Weise eingesetzt werden. Zu einer markanten Abgrenzung kommt es auch dann, wenn akademische Wissenschaftler ihrerseits die esoterischen Vorstellungen von der Existenz spiritueller Kräfte oder feinstofflicher Energien kritisieren und als Humbug diffamieren (vgl. dazu Rademacher 2010b: 365).

1 So etwa in einer österreichischen Repräsentativbefragung aus dem Jahr 2003 (vgl. Höllinger 2005), im deutschen ALLBUS-2002 und für einige Länder, in denen die oben erwähnte international vergleichende Studentenbefragung durchgeführt wurde.

8.2 GRUNDLEGENDE WERTORIENTIERUNGEN

Unser Fragebogen enthielt eine Liste von Items, mit denen grundsätzliche Lebenshaltungen und Wertorientierungen wie etwa die Bedeutung von Erfolg und Einkommen, das Streben nach Selbstverwirklichung oder die Tendenz zum Hedonismus gemessen wurden.[2] Um die Befragungsdauer nicht über Gebühr auszudehnen, wurden für die einzelnen Wertedimensionen nur zwei bis drei Items, in manchen Fällen nur ein einziges Item verwendet.

Im oberen Teil von Tabelle 18 werden die religiösen Milieus in Hinblick auf die drei Wertedimensionen »Materialismus«, »Sicherheitsstreben«[3] und »Selbstverwirklichung« verglichen. Der Wunsch nach Erfolg und nach einem hohen Einkommen ist sowohl im holistischen Milieu als auch bei den Kirchlich-Religiösen weniger stark als bei den Nichtreligiösen. Beim Bedürfnis nach Sicherheit unterscheiden sich die beiden religiösen Lager jedoch erheblich: Kirchlich-Religiöse haben ein höheres Sicherheitsbedürfnis, für die holistisch Aktiven spielt Sicherheit nur eine geringe Rolle. Das Bedürfnis nach Selbstverwirklichung ist erwartungsgemäß im holistischen Milieu besonders stark ausgeprägt. Diese Ergebnisse stehen in Einklang mit Hans-Eckehard Bahrs These von der Existenz zweier religiöser Grundorientierungen: im einen Fall erfüllt die Religion das Bedürfnis nach Sicherheit und Ordnung, im anderen Fall das Bedürfnis nach Freiheit und Selbstverwirklichung (Bahr 1975).

Ein weiterer Punkt, der aber nur in der Repräsentativbefragung untersucht wurde, betrifft die Frage, ob man generell eine optimistische Lebenseinstellung hat bzw. glaubt, dass das Leben einen Sinn hat. Nach den Ergebnissen zu urteilen, stärkt sowohl die christlich-kirchliche Religiosität als auch die holistische Spiritualität das Gefühl des Optimismus und den Glauben, dass alles, was in unserem Leben und in der Welt geschieht, einen (tieferen) Sinn hat. Im holistischen Milieu dürfte diese Haltung mit der Ideologie des Positiven Denkens

---

2 Diese Itemliste wurde dem Beitrag von Martina Gille »Wertorientierungen und Geschlechtsrollenorientierungen im Wandel« im Ergebnisband zur Studie »Jugend und Demokratie in Deutschland« (1995: 114) entnommen.

3 Das Item »Sicherheitsstreben« lässt sich nach den Ergebnissen der Faktorenanalyse der Itemliste nicht eindeutig einem Faktor zuordnen; daher wird es hier als eigene »Dimension« analysiert.

in Verbindung stehen. In diese Richtung deutet jedenfalls eine Umfrage unter Käufern von Esoterik- und Lebenshilfe-Literatur in Grazer Buchhandlungen. 62% der Befragten gaben an, sich für »Positives Denken« zu interessieren; nur der Bereich »Alternativmedizin« erhielt (mit 68%) noch etwas mehr Nennungen (Höllinger 2008: 38).

Tabelle 18: Wertorientierungen, nach religiösem Milieu

	Erfolg u. Einkommen[1]	Sicherheit[2]	Selbstverwirklichung[3]
Religiöses Milieu			
(Basis: nicht religiös)			
Christlicher Rand	-,03**	,07*	,13**
Christlicher Kern	-,12	,05	-,01
Christl. & Holist.	-,10*	,03	,19**
Holistischer Rand	-,04	-,02	,13*
Holistischer Kern	-,06*	-,05	,12**
Holist. Oversample	-,30**	-,20**	,27**
Geschlecht (m/w)	-.05	.07*	-.02
Bildung (n/h)	-,02	-,06	,13**
Alter (j/a)	-,25**	,04	-,08*
R^2	,146	,093	,184
	Hedonismus[4]	**Altruismus[5]**	**Optimismus[6]**
Religiöses Milieu			
(Basis: nicht religiös)			
Christlicher Rand	-,08*	,14**	.15**
Christlicher Kern	-,17**	,13**	.18**
Christl. & Holist.	-,12**	,18**	.25**
Holistischer Rand	-,04	,08*	.18**
Holistischer Kern	,00	,07*	.22**
Holist. Oversample	-,12**	,18**	n.e.
Geschlecht (m/w)	-.04	.14**	.04
Bildung (n/h)	,01	,07	.06*
Alter (j/a)	-,25**	-,01	.15
R^2	,133	,072	.128

Anmerkungen 1-5: *Wie wichtig ist Ihnen?* (1= nicht wichtig/5 = sehr wichtig):
1. Skala aus 2 Items: *erfolgreich sein; hohes Einkommen*; 2. *Sicherheit;*
3. Skala aus 2 Items: *kritisch sein; sich selbst verwirklichen*;
4. Skala aus 2 Items: *tun und lassen, was man will; ein spannendes Leben führen*;
5. Skala aus 2 Items: *anderen helfen; auf andere Rücksicht nehmen*;
6. Skala aus 4 Items: u.a.: *Das Leben an sich hat keinen Sinn; Was auch immer passiert, ich werde schon klarkommen* (hoher Wert = starker Optimismus).

In unserer Befragung wurden auch die Wertedimensionen »Hedonismus« und »Altruismus« untersucht. Wenig überraschend ist das Ergebnis, dass man in der kirchlichen Kerngruppe einen hedonistischen Lebensstil ablehnt und sich bemüht, im Sinne des christlichen Prinzips der Nächstenliebe anderen zu helfen und auf andere Rücksicht zu nehmen. Aber auch die christlich-holistischen »Synkretisten« und die Befragten des holistischen Oversample haben unterdurchschnittliche Werte auf der Hedonismus-Skala und überdurchschnittliche Werte auf der Altruismus-Skala. In der (kirchenfernen) holistischen Kern- und Randgruppe kann man eine etwas stärkere Tendenz zum Hedonismus feststellen. Die Behauptung mancher Kritiker, dass das holistische Therapie- und Selbstverwirklichungsmilieu narzisstisch-hedonistische Haltungen in besonderem Maße begünstige, lässt sich aber nicht bestätigen. Nach unseren Ergebnissen liegt die Hedonismus-Neigung in der holistischen Kern- und Randgruppe etwa auf dem gleichen Niveau wie bei den Nichtreligiösen.

Tabelle 19: Autoritarismus versus Toleranz und Egalitarismus

	Autoritarismus[1] (niedrig/hoch)	Einstellung zur Homosexualität (neg./pos.)	Geschlechtsrollenorientierung[2] (trad./egalitär)
Religiöses Milieu			
(Basis: nicht religiös)			
Christicher Rand	,10**	,00	,00
Christlicher Kern	,10**	-,13**	-,08*
Christlich & Holistisch	,02	,03	,04
Holistischer Rand	-,02	,14**	,11**
Holistischer Kern	-,09**	,10**	,14**
Holist. Oversample	-,30**	n.a.	n.a.
Geschl. (männl./weibl.)	,01	,13**	,06
Alter (jung/alt)	,08**	-,19**	-,14**
Bildung (niedrig/hoch)	-,19**	,09*	,16**
R^2	.258	.157	.136

Anmerkungen: 1) Skala aus 3 Items: »Junge Menschen haben oft rebellische Ideen, aber wenn sie älter werden, sollten sie diese verwerfen und sich der Realität anpassen«, »Unsere Kinder sollten zu Gehorsam und Respekt erzogen werden«, »Die Polizei sollte gegen Kriminelle und Unruhestifter härter durchgreifen«. 2) Einzelitem: »Aufgabe des Ehemannes ist es, Geld zu verdienen, die der Ehefrau, sich um Haushalt und Familie zu kümmern«.

Ein letzter Bereich an Wertorientierungen betrifft den Komplex Autoritarismus und Hierarchiedenken versus Toleranz und Anerkennung der grundsätzlichen Gleichheit und Authentizität aller Menschen (im Sinne von Charles Taylor). Die Autoritarismus-Neigung wurde mit einer aus drei Items bestehenden Skala gemessen (siehe Anmerkung 1 zu Tabelle 19), die Aspekte der Toleranz und der Anerkennung der Gleichheit wurden exemplarisch mit je einer Frage bezüglich der Akzeptanz von gleichgeschlechtlichen Sexualbeziehungen und der Einstellung zu den Geschlechtsrollen untersucht.

Die Ergebnisse in Tabelle 19 zeigen für die drei religiösen Hauptmilieus – christlich-kirchliches Milieu, holistisches Milieu und Nichtreligiöse – ein kohärentes Muster: Die (katholische) Kirche erwartet von Ihren Mitgliedern, dass diese die kirchlichen Autoritäten wie auch andere soziale Hierarchien anerkennen und in Einklang mit den Moralvorstellungen der Kirche, den staatlichen Gesetzen und der etablierten sozialen Ordnung leben. Dementsprechend halten Menschen mit einem Naheverhältnis zur Kirche Gehorsam, die Aufrechterhaltung der gesellschaftlichen Ordnung und die Sanktionierung von Normabweichungen für wichtiger als Nichtreligiöse; sie halten auch eher am traditionellen patriarchalen Geschlechterverhältnis fest und betrachten Homosexualität als eine moralische Verfehlung. Menschen mit einer starken Affinität zum holistischen Milieu bilden den Gegenpol: Sie lehnen die (blinde) Unterwerfung unter Autoritäten vehement ab; zugleich sprechen sie sich am häufigsten für ein egalitäres Verhältnis zwischen Mann und Frau und für die Akzeptanz von Homosexualität aus.

Die meisten der in diesem Abschnitt präsentierten Ergebnisse werden der Tendenz nach auch durch andere Studien bestätigt (vgl. Houtman/Mascini 2002; Höllinger 2004 und 2005; Farias 2008; Saroglou/Muñoz-García 2008). Die erwähnte internationale Studentenbefragung (Höllinger 2004) und der deutsche ALLBUS-2002 zeigen, dass sich die tolerante und moralisch permissive Haltung der Angehörigen des holistischen Milieus auch auf andere Personengruppen und Bereiche erstreckt. Holistische Akteure sind weniger ausländerfeindlich, sprechen sich eher für die Legalisierung von leichten Drogen aus und halten den Schwangerschaftsabbruch, den Konsum von Haschisch, aber auch das Schwarzfahren für weniger schlimm als der Rest der Bevölkerung. Die moralische Permissivität im holistischen Milieu hat aber auch Grenzen: Steuerbetrug und Gewalt gegen Kinder verurteilt man sogar etwas stärker als in anderen Milieus.

8.3 INDIVIDUELLE SELBSTVERWIRKLICHUNG UND GESELLSCHAFTLICHE TRANSFORMATION

In den Tabellen, die in diesem Kapitel präsentiert wurden, haben wir gesehen, dass die Wertorientierungen in den verschiedenen Teilgruppen des holistischen Milieus meist in die gleiche Richtung gehen. Der aufmerksame Betrachter der Tabellen wird aber vielleicht auch bemerkt haben, dass die Befragten des holistischen Oversample die gegenkulturellen Ideale aus der Zeit der »klassischen« New-Age-Bewegung in viel stärkerem Maße hochhalten als dies bei den holistischen Akteuren der Repräsentativstichprobe der Fall ist: Die Befragten des Oversample beteiligen sich häufiger als alle anderen Gruppen an politischen Protestaktionen und wählen am häufigsten die Grünen; sie zeichnen sich dadurch aus, dass ihnen ein hohes Einkommen, Erfolg und Sicherheit sehr wenig bedeutet, während sie besonders viel Wert auf Selbstverwirklichung legen; sie distanzieren sich von einem hedonistischen Lebensstil und legen mehr Wert darauf, anderen zu helfen und auf andere Rücksicht zu nehmen als die Angehörigen der holistischen Kerngruppe in der Repräsentativstichprobe; schließlich lehnen die Befragten des holistischen Oversample auch autoritäre Herrschaftsformen und Erziehungsstile besonders vehement ab.

Da durch das Analyseverfahren der multiplen Regression die Effekte von Bildung und Alter aus den religiösen Milieu-Variablen herausgefiltert wurden, kann der Unterschied zwischen der Kerngruppe des holistischen Milieus in der Repräsentativstichprobe und dem holistischen Oversample nicht auf das höhere Bildungsniveau und den jüngeren Altersdurchschnitt im Oversample zurückgeführt werden. Die starke Annäherung an die Ideale des alternativ-spirituellen Milieus in diesem Kreis lassen sich vermutlich damit erklären, dass es sich durchwegs um Personen handelt, die zum Zeitpunkt der Befragung an einer regelmäßig stattfindenden holistischen Gruppenaktivität teilnahmen; zu einem großen Teil handelt es sich um Körper-Bewusstseinsübungen wie Yoga, Tai Chi und Qi Gong, zum Teil auch um Shiatsu. Auch bei der detaillierten Analyse der ausgeübten holistischen Praktiken erkennt man einen Unterschied zwischen der holistischen Kerngruppe und dem Oversample: Die Befragten der Repräsentativstichprobe, die gemäß unserem Zählindex zur holistischen Kerngruppe gerechnet wurden, beschäftigen sich mehr mit alternativen Heilmethoden und esoterischen Praktiken (Astrologie, Tarot, Schamanismus u. dgl.);

die Befragten des Oversample haben hingegen mehr Erfahrungen mit Körper-Bewusstseinstechniken.

Wir haben schon im vorhergehenden Abschnitt bei der Analyse der Parteipräferenz gesehen, dass Personen, die Erfahrungen mit Körper-Bewusstseinsübungen haben, sehr häufig ein Naheverhältnis zu basisdemokratischen und grün-ökologischen politischen Positionen aufweisen, während bei jenen, die sich nur oder vorwiegend mit alternativmedizinischen, esoterischen oder okkulten Praktiken beschäftigen, auch eine gewisse Affinität zu rechtspopulistischen Parteien besteht. Es dürfte daher nicht ganz zufällig sein, dass von unseren Interviewpartnern gerade die Yoga-, Tai Chi- und Qi Gong-Lehrer besonders betonten, dass sie sich bemühen, Spiritualität auch das Streben nach gesellschaftlicher und politischer Mitgestaltung und Veränderung miteinander zu verbinden.

»Für mich ist die Spiritualität nichts, was Parteienverkehr hat, sondern was in alle Bereiche hineinpasst und [...] in alle Bereiche des Lebens auch diffundieren könnte. Also ich interessiere mich für Politik, ich interessiere mich für Ökologie, also für diese gesellschaftspolitischen Themen. Kunst ist für mich etwas ganz Wichtiges auch, was ich sehr schätze. Ich habe auch viele Freunde, die Künstler sind oder künstlerisch tätig sind. Aber es ist jetzt nicht so, dass ich mich in einer politischen Partei jetzt engagiere, das ist etwas, was mich noch ein bisschen unzufrieden macht, wo ich mir denk, eigentlich würd ich mich gerne auch mehr engagieren, um auch mehr Wirkung nach außen zu entfalten.« (Yoga-Lehrer, 46 J.)

Wie schon in den weiter oben präsentierten quantitativen Analysen finden wir hier wiederum die für den Kern des holistisches Milieus charakteristische Verbindung zwischen Spiritualität, Beschäftigung mit Kunst und Kultur und Interesse an gesellschaftspolitischen Fragen, insbesondere an ökologischen Themen. Typisch ist auch, dass diese Haltung mit einer Distanz zur Parteipolitik und zu parteipolitischem Engagement einhergeht.

Dieser Typus von Anbieter sieht es als seine Aufgabe, sein kritisches politisches Bewusstsein im Rahmen seiner spirituellen und therapeutischen Arbeit auch an seine Schüler weiterzugeben, wie das folgende Interviewzitat zeigt:

»B: Ich bin eine praktizierende Christin und Yogini, und ich bin Staatsbürgerin Österreichs und Europäerin, und muss mich gegen Missstände aussprechen.

Genauso wie mein Herr Jesus Christus, der ist ja ans Kreuz gegangen wegen vieler Missstände. Also, bitte, ich kann nicht sagen, das geht mich nichts an, ich bin privat Christin, bin ich sicher nicht.

I: Siehst du darin einen Wert für die Gesellschaft, in der Art, wie du Religiosität lebst, hat das Auswirkungen?

B: Ja, wie der Johannes, der Rufer in der Wüste. Ganz sicher, wie der Gandhi gelebt hat, das ist ein großer gesellschaftlicher Wert [...] im Vergleich zu einem Ronald Reagan oder zu einem Bush. ... oder ein Nelson Mandela, wie der gelebt hat. Also, ganz sicher, die großen Propheten in unserer Zeit, [...] dass sich daran die Gesellschaft orientieren sollte und nicht an Leuten wie dem Abramov, der so viele Millionen hat, oder dem Putin [...] Das sind nicht meine großen Vorbilder. Ja, zumindest die Leute, die mir ausgeliefert sind, die müssen meinen Ruf hören, das sind meine Schüler (lacht).« (Yoga-Lehrerin 53 J.)

Einige der befragten Anbieter erzählten im Interview, sie hätten sich in den 1970er, 1980er Jahren am Aktionismus der damaligen Ökologie- und Friedensbewegung und sonstiger links-alternativer Basisbewegungen beteiligt und würden diese Gesinnung bis heute vertreten, auch wenn sie mittlerweile nicht mehr so aktiv seien. Auch die Hoffnungen und Erwartungen der Protagonisten des New Age, dass sich die Ideen und Ideale der holistisch-spirituellen Bewegung immer mehr ausbreiten und einen grundlegenden Wandel hin zu einer menschlicheren und gerechteren Weltgesellschaft herbeiführen, wird von einem Teil der von uns befragten Lehrer und Therapeuten geteilt:

»Es ist faszinierend, dass es weltweit ein anderes Verständnis für Ökologie gibt, [...] eine andere Sichtweise gegenüber Macht, gegenüber Gier, es ist schön, dass einfach viele ähnlich denken, ich bin nimmer so allein. Also diese ganze Denkhaltung ist eine sehr krisenfeste, weil ich komme mit sehr wenig aus. Ich kann ja, ohne große Probleme kann ich mich äußerst reduzieren und habe dadurch nicht so viel Angst und freue mich über jede – nachdem ich ein politisch sehr interessierter Mensch bin – jede Tagung, wo diese Erkenntnis stärker durchkommt, dass wir wieder mehr auf einfache Sachen wie auf Vertrauen zurückkommen. Auf so einfache Sachen wie Verständnis für andere, für die Dritte, Vierte, Fünfte Welt und so, dass das einfach wieder stärker kommt. Und verstanden wird, dass das ein Ganzes ist, dass es wenig bringt, nur die Afrikaner auszubeuten, wenn sie dann zu uns kommen müssen, weil sie dort nimmer leben können.« (Yoga- und Tai Chi-Lehrer, 64 J.)

Ein derart klares Bekenntnis zur einer ökologischen, antimaterialistischen und egalitären Gesellschaftsvorstellung fanden wir bei vier der fünf Lehrer für Körper-Bewusstseinsübungen, die wir interviewten. Auch ein Teil der Anbieter von alternativmedizinischen und esoterischen Praktiken vertritt die politisch-gegenkulturellen Ideale des New Age. So ist beispielsweise einer unserer Befragten, der nebenberuflich energetische Behandlungen (Reiki, Edelsteintherapie u. dgl.) anbietet, derzeit Betriebsrat in der Firma, in der er hauptberuflich arbeitet. Das wichtigste Ziel seiner Arbeit als Betriebsrat sieht er darin, zu einer Veränderung »Richtung mehr Menschlichkeit« beizutragen, »weg von diesem Überdruck, unter dem heute sehr viele Menschen leiden«. Er bezieht sich hier vor allem auf den Leistungs- und Konkurrenzdruck in der Arbeitswelt, aber auch auf den Druck, der durch die hohen Konsumanspruch in der Familie und im Privatleben entsteht. Auch ein Tarot-Berater berichtet, dass er viele Jahre in politischen Alternativgruppen mitgearbeitet hat und nach wie vor stark an der Politik der Grünen Anteil nimmt, auch wenn er heute nicht mehr politisch aktiv ist.

In den Interviews mit Therapeuten, die komplementärmedizinische Praktiken und esoterische Lebenshilfen anbieten, trafen wir aber auf eine Reihe von Personen, die sich – abgesehen von den Themen Ökologie und Nahrungsmittelerzeugung – kaum für Politik interessieren.

»I: Wie weit beschäftigen Sie sich mit gesellschaftspolitischen Ereignissen, was so passiert in der Welt? Ist das für Sie interessant?
B: Ahmm, jein. […] Ich höre mir nur zweimal in der Woche die Nachrichten an. […] Wenn ich das Radio laufen habe, ist es oft, dass ich hingehe und wenn die Nachrichten sind, abschalte, weil ich brauche nicht jede halbe Stunde diese negative Bombe. […] ich war einmal sehr politisch interessiert, bin ich jetzt nicht mehr, nein, gar nicht mehr, weil das einfach Sachen sind, wo ich sage, ich habe eigentlich keine Möglichkeit, da irgendwo einzugreifen. Wenn ich sie habe, dann nutze ich sie natürlich. Aber sonst denke ich mir, denen bist du eigentlich in dem Sinn, ausgeliefert. So ist es auch. Also deswegen, politisch interessiert mich fast gar nichts mehr.« (Energetikerin, 42 J.)

Die Abwendung von der Politik wird hier mit zwei Argumenten begründet, die auch in anderen Interviews eine Rolle spielen. Erstens empfindet diese Befragte das politische Geschehen, mit dem sie in den Medien konfrontiert wird, als eine Ansammlung von Negativitäten. Die Gründe, warum sie mit diesen »negativen Bomben« nichts zu tun haben möchte, werden nicht ausgesprochen; man kann vermuten, dass die Begründung vielleicht darin liegt, dass sie sich das positive Lebensgefühl, das sie durch ihre ganzheitlich-spirituelle Lebensführung gewinnt, nicht durch die »negativen Energien« des weltpolitischen Geschehens verderben lassen will. Der zweite Grund für ihr politisches Desinteresse ist das Gefühl, dass man als Einzelner die großen ökonomischen und politischen Entwicklungen und Ereignisse ohnehin nicht beeinflussen kann.

In der folgenden Interviewpassage wird ähnlich argumentiert, die Befragte erläutert aber etwas genauer, warum politisches Engagement von ihrer esoterischen und therapeutischen Perspektive aus betrachtet keinen Sinn macht:

»Ich lese keine Zeitung, ich sehe mir auch im Fernsehen die Nachrichten nicht an, hmm, ich habe gewählt, das ist schon irgendwie die Pflicht als Bürger, [...] aber ich könnte nicht sagen, dass ich mich politisch engagiere. Es gibt Dinge die ich unterstütze, vor allem wenn es darum geht, die Umwelt zu schützen [...] aber ich gehe es nicht aktiv suchen. Hmm, sozialpolitisch? Nein, ich bin nicht jemand, der auf die Barrikaden geht und versucht, das System zu ändern, weil ich eigentlich immer eher außerhalb des Systems arbeite oder bin, und ich fühle mich auch ganz wohl und denke mir, ich bin halt anders als die anderen, das ist schon ok. [...] Mich interessiert eher der einzelne Mensch, wie er sein Leben bewältigt und seinen Weg geht, als die Gesellschaft generell. Ich bin der Meinung, es nutzt nichts zu sagen ›es ist eine Wirtschaftskrise und alle werden verhungern‹, weil je mehr ich meine Aufmerksamkeit oder meine Energie in dieses Bild hineinlege, desto mehr helfe ich dem Bild, sich zu bewahrheiten, was ich nicht möchte; also halte ich mich da einfach raus. Wenn ich sehe, dass Leute um mich herum total im Stress sind, weil die Firma [...] und sie den Job verlieren, [...] da empfinde ich es mehr als meine Aufgabe, ihnen zu helfen, zu sich zu finden und zu sagen ›was sind jetzt meine Stärken, was will ich, was habe ich für Pflichten und wie kann ich umgehen damit‹, eher als «oh Gott, was passiert jetzt mit der Wirtschaftskrise« (Numerologin, 37 J.)

Diese Expertin für Numerologie und spirituelle Energiearbeit versucht also negative politische Ereignisse deshalb von ihr fernzuhalten, weil sie glaubt, dass sich ein negativer gesellschaftlicher Zustand sogar noch verschlechtert, wenn man seine Aufmerksamkeit darauf richtet. Ähnlich wie im vorhergehenden Interview könnte wohl auch hier das Bedürfnis im Hintergrund stehen, sich selbst vor negativen Einflüssen von außen zu schützen. Der zweite Grund, warum sie politische Ereignisse lieber »ausblendet«, hängt mit ihrem therapeutischen Selbstverständnis zusammen. Als Therapeutin sieht sie es nicht als ihre Aufgabe, sich für die Lösung gesellschaftlicher Missstände einzusetzen, sondern ihren Klienten zu helfen, besser mit ihrer Lebenssituation zurecht zu kommen. Die Strategie, die sie ihren Klienten dazu vorschlägt, beruht auf dem Konzept des *Positiven Denkens*: Hör auf, pessimistisch zu sein und negativ zu denken, sondern konzentriere Dich auf deine Stärken und Potentiale!

Die sozialen Wertorientierungen und Lebensziele der ganzheitlichen Therapeuten und Vermittler holistischer Praktiken bewegen sich also in ähnlicher Weise wie die ihrer Klienten und Schüler zwischen zwei Polen: Auf der einen Seite finden wir ein Streben nach Entwicklung der eigenen Persönlichkeit und Spiritualität, das mit einem starken Autonomiebedürfnis, zugleich aber auch mit einer kritischen Aufmerksamkeit für soziale und ökologische Fehlentwicklungen und mit der Vision einer besseren Gesellschaft in Verbindung steht. Die gegenkulturellen Ideale manifestieren sich mehr oder weniger stark auch in der alltäglichen Lebensführung: durch eine bewusste, ressourcenschonende Ernährungsweise, durch Konsumverzicht und den Versuch nach einer Entschleunigung des Lebenstempos, zum Teil auch in Form von sozialem und politischem Engagement. Auf der anderen Seite steht der Wunsch nach Verbesserung des körperlichen und seelischen Wohlbefindens – Fitness und Wellness – der häufig mit einer narzisstisch-hedonistischen Erlebnisorientierung (im Sinne von Gerhard Schulzes »Selbstverwirklichungsmilieu«) einhergeht. Eine hohe Konzentration an Personen, die sich dem ersten Pol annähern, fanden wir im holistischen Oversample, das heißt bei jenen Personen, die in regelmäßig stattfindende holistische Gruppenaktivitäten eingebunden sind. Auch unter jenen Befragten aus der Repräsentativstichprobe, die wir auf Grund ihrer vielfältigen Erfahrungen mit ganzheitlichen Lebenshilfen dem holistischen Kernmilieu zuordneten, sind gegenkulturelle Orientierungen relativ häufig zu finden. Hier gibt es aber auch bereits eine größere Zahl an Personen, denen es primär darum geht, ihren Gesundheitszustand zu verbessern, körperlich und geistig fit zu bleiben und immer wieder neue, spannende Erfahrungen zu machen. Im holistischen Randmilieu schließlich herrscht dieser zweite Typus vor.

9 Die Anbieter holistischer Praktiken und ihre Arbeitsweise

In diesem Kapitel wollen wir näher auf die Arbeitsweise der Anbieter holistischer Praktiken, ihr berufliches Selbstverständnis und ihre Kooperation mit bzw. Abgrenzung von etablierten medizinischen und therapeutischen Berufsgruppen eingehen. Diese Darstellung beruht zum einen auf quantitativen Daten, die in 122 telefonischen Kurzinterviews erhoben wurden, zum anderen auf 21 ausführlichen Tiefeninterviews. Bevor wir einen Einblick in die Arbeitspraxis und die damit verknüpften Überzeugungen der Energetiker, Yogalehrer, Schamanen, alternativen Masseure usw. geben, sollen einleitend deren typische Merkmale auf der Basis von sozialdemografischen Daten skizziert werden. Neben dem beruflichen Hintergrund der Praktiker, sind hier vor allem auch Probleme und Schwierigkeiten, mit denen die Anbieter im Zuge der Professionalisierung ihrer Tätigkeiten zu kämpfen haben, relevant.

9.1 Wer sind die Anbieter?

Die Geschlechterproportion des gesamten holistischen Milieus spiegelt sich auch bei den Anbietern holistischer Praktiken wider: Etwa 70% der Praktiker in Klagenfurt und Leoben sind weiblich, lediglich 30% männlich (vgl. Kap. 5.4). Die meisten Praktiker (70%) sind – genauso wie die übrigen Akteure im holistischen Milieu – im mittleren Alterssegment der 36 bis 55 Jährigen zu finden.

Tabelle 20: Ursprüngliche und derzeit ausgeübte Berufe der Praktiker

Berufliche Herkunft	*%*	*Derzeit ausgeübter Beruf*	*%*
holistische Berufe	2	Einkommen ausschließlich aus holistischen Aktivitäten	42
		Einkommen auch aus anderen beruflichen Tätigkeiten/ Quellen:	
Mediziner	16	Mediziner	7
and. Gesundheitsberufe	12	andere Gesundheitsberufe	9
Lehrtätigkeit/Sozialberuf	10	Bildung/soziale Berufe	14
Psychotherapeut/in	2	Psychotherapeut/in	3
kaufmänn., technische und sonstige Berufe	58	kaufmännische, technische und sonstige Berufe	11
		Einkommen aus anderen Quellen (z.B. Pension, finanzielle Unterstützung durch Partner)	12

Telefonbefragung, N=118

Im holistischen Milieu existieren für die Praktiker mehrere Möglichkeiten, ihre holistischen Tätigkeiten anzubieten. Einen ersten Hinweis dazu gibt uns die Tabelle 20, der wir entnehmen können, welchen Beruf die telefonisch befragten Anbieter ursprünglich erlernt haben und wie ihre berufliche Situation zur Zeit der Befragung war. Betrachtet man diese statistischen Angaben gemeinsam mit dem Interviewmaterial, lassen sich vier Typen bilden, die unterschiedliche Wege der Integration der ganzheitlichen Praktiken in den Beruf verfolgen bzw. in einem mehr oder weniger professionalisierten Rahmen arbeiten.

Beim ersten Typus verschmilzt der holistische mit dem beruflichen Kontext. Da die Ausübung des holistischen Berufes das höchste Maß an Selbstverwirklichung ermöglicht und damit als besonders sinnstiftend empfunden wird, werden auch schwierige Umstände – wie mangelnde existenzielle Sicherheiten – hingenommen.

»Ich bin da 2007 hergekommen auf die Energetikermesse, also diese bekannte ›Gesund und Glücklich‹ hier in Dietersdorf und habe dort einfach gesehen, dass hier eine unheimlich starke Nachfrage herrscht nach diesen Dingen, viel stärker als ich die in Deutschland wahrgenommen habe. Dann habe ich mich entschieden eine grundlegende Veränderung in meinem Leben einzuleiten und mich diesen Dingen ganz zu öffnen. So entstand eben der Wunsch, damit meinen Lebensunterhalt zu verdienen. Kurzum, ich wollte das einfach mehr integrieren in mein Leben diese Fähigkeit, um anderen Menschen damit zu helfen, aber auch um im Fluss dieser Energien zu sein, weil es einfach sehr schön ist, diese Arbeit zu machen. Der zweite Grund ist, also – man sagt ja auch Beruf, Beruf kommt von Berufung und früher hat es die Zünfte gegeben, da haben die Leute ihre Berufung gelebt. Ich möchte halt auch in eine Zunft sozusagen eintreten, weil ich mich auch dieser Arbeit zugehörig fühle und auch auf der Suche nach Gleichgesinnten bin und eben auch so eine Art Umgebung schaffen möchte, die das trägt. Wobei es natürlich auch sehr, sehr schwierig ist. Also man muss dem ganzen Zeit geben, bis dann auch die materiellen Dinge einigermaßen ins Laufen kommen. Aber es ist einfach meine Bestimmung oder meine Aufgabe das zu machen und deswegen unternehme ich alles Mögliche, um das hier auch stärker zu manifestieren.« (Channeling-Therapeut, 41 J.)

Der Berufswechsel – hier vom Grafiker zum Energetiker – markiert einen radikalen Bruch in der Biographie. Bei dieser »grundlegenden Veränderung« verlässt man den alten Sinnhorizont, der nun als fremd erscheint und tritt in einen neuen ein. Zu den damit verknüpften Tätigkeiten sieht man sich im lebensgeschichtlichen Rückblick »schon immer« berufen. Deshalb ist es hier auch möglich, sein »wahres« Leben zu leben, das gemäß holistischer Überzeugung darin besteht, ganz »im Fluss der Energien zu sein«. Dies meint das effiziente Anzapfen spiritueller Quellen zum Nutzen der eigenen Entwicklung und um den Klienten zu helfen. Der berufliche Wechsel in das holistische Milieu wird folglich dann als gelungen erlebt, wenn man das wirklich Wichtige tut und seiner eigenen Bestimmung folgt. Die Vermehrung von Geld und Prestige, die in vielen herkömmlichen beruflichen Sphären als Anreize gelten, spielen hier kaum eine Rolle. Um seine Berufung auch verwirklichen zu können, ist es hilfreich, sich mit Gleichgesinnten zu vernetzen. Wie es um das holistische Netzwerk bestellt ist, werden wir noch erörtern – hier ist vorweg jedoch zu erwähnen, dass die Vergemeinschaftung für die Anbieter nicht nur eine pragmatische Seite hat, sondern wesentlich dazu beiträgt, das holistische Überzeugungsnetz zu stützen und wechselseitig zu bestätigen.

Praktiker, für welche die holistische Tätigkeit eine Haupteinnahmequelle darstellt, sind nach unseren Erhebungen in den zwei Bezirken mit erstaunlichen 42% aller Befragten vertreten. Diese Zahl ist jedoch aus zweierlei Gründen mit Vorsicht zu betrachten. Erstens ist davon auszugehen, dass wir mit unseren Recherchemethoden eher besonders aktive Anbieter – das heißt, jene, die im Internet und in den diversen Institutionen bzw. Esoterikläden präsent sind und auch Werbung für ihr Angebot machen – ausfindig machen konnten. Zweitens besteht im holistischen Milieu eine starke Fluktuation der Anbieter. Es existiert zwar das medial geschürte Bild des Esoterikers, der seinen Klienten im Austausch für ein wenig Wohlbefinden und ein gestärktes Ego das Geld aus der Tasche zieht – in der Realität ist es jedoch sehr schwierig, seinen Lebensunterhalt ausschließlich aus holistischen Aktivitäten zu bestreiten. Diesen Befund stützen auch jene Passagen in den Interviews, in denen sich die Praktiker zum Thema der Professionalisierung ihrer Tätigkeiten äußern. Ein interviewter Energetiker schildert die Situation so:

»Viele wollen einfach eine berufliche Veränderung, sie fühlen sich im Job nimmer wohl und wollen etwas anderes tun. Nur ist es da sehr schwierig [...]. Ich sag da immer: ›versucht es, wenn ihr energetisch anfangt, fangt nebenberuflich an, weil es wird sehr, sehr schwer.‹ Man kann da nicht ins kalte Wasser springen und glauben, so jetzt fange ich an, weil dann ist die Steuer zu zahlen, es ist die Versicherung zu zahlen und meistens bleiben dann halt die Einnahmen weg. [...] Die meisten versprechen sich aber da überhaupt ein Hauptstandbein. Weil es gibt ja derzeit – wie ich das letzte Mal von der Wirtschaftskammer erfahren habe - schon mehr Energetiker als Ärzte in Österreich und darum muss ich auch den Leuten immer wieder sagen, also man kann es als zweites Standbein nutzen, oder so wie ich es mache als Hobby nebenbei.« (Energetiker/Huna, 51 J.)

Ein Indiz für ein eher geringes Einkommen im holistischen Milieu sind die relativ geringen Klientenzahlen der meisten Anbieter. So zeigen die Ergebnisse unserer Telefonbefragung, dass die Hälfte der Befragten höchstens 10 Klienten pro Woche haben (Einzelklienten und Gruppenteilnehmer zusammengerechnet). Nur 9% der Befragten gaben an, dass sie fünfzig oder mehr Klienten pro Woche aufsuchen, wobei es sich hier vorwiegend um Gruppenaktivitäten handelt. Aus den erwähnten Schwierigkeiten ergibt sich, dass die Mehrheit neben ihren Praktiken weiterhin einen Brotberuf ausübt.

Hier zeichnet sich der zweite Typus durch eine Integration holistischer Überzeugungen in den bisherigen Beruf aus. Zwar fungiert dieser nach wie vor als Quelle zur Finanzierung des Lebensunterhalts, allerdings werden die holistischen Praktiken als potentiell anschlussfähig an den erlernten Beruf betrachtet. Dies ist vorwiegend bei jenen 33% der Befragten der Fall, die in Sozial- oder Gesundheitsberufen tätig sind, wie die folgende Passage einer Krankenschwester zeigt:

»Es ist auch so, dass ich denke, dass ich in meinem Hauptjob sehr wohl noch arbeiten soll, weil das gerade in der Psychiatrie mit den Patienten sehr viel bringt, wenn die ein wenig Entspannungstechniken lernen, anstatt andauernd Tabletten zu nehmen. Die Energetik dürfte ich nicht einbringen, aber da ich eine kinesiologische Ausbildung habe und keiner so genau weiß, wo was aufhört und anfängt, ist es ganz gut, dass ich einiges machen kann. Draußen [außerhalb der Klinik] ist sicher mein Hauptwert, aber mir ist es auch wichtig, ein sicheres Standbein zu haben, weil ich es mir dann leisten kann, Dinge, die für mich nicht in Ordnung sind, auch abzulehnen. Weil es gibt Leute, die sagen ›ja, mache, richte mich jede Woche gleich, dann brauche ich nichts mehr tun‹, das sehe ich nicht. Jeder hat Lernprogramme und ich kann nicht irgendjemandem sein Lernprogramm wegnehmen, ich kann ihm Schritt für Schritt weiterhelfen, aber nur, dass jemand sagt, ›da hast mich und mache‹, diese Sachen lehne ich ab; und wenn du nur selbstständig bist, lebst du mit den Kundschaften. Ich habe das nicht notwendig, weil das ist gegen meine Überzeugung.« (Energetikerin, 46 J.)

Auch hier wird die holistische Tätigkeit als »Hauptwert« und damit als wichtigste Sinnquelle definiert. Den holistischen Beruf als Haupteinnahmequelle auszuüben, bringt hier die Gefahr einer unerwünschten Dynamik mit sich, wonach sich finanzielle Abhängigkeiten auftun könnten und man in seiner Entscheidungsfreiheit eingeschränkt wäre. Daneben einen Beruf als »sicheres Standbein« weiter zu betreiben, bietet demnach den Vorteil, seinen eigenen Vorstellungen von einer gelungenen Klientenbeziehung treu zu bleiben.

Neben den naheliegenden Anschlussmöglichkeiten holistischer Ideen an den Gesundheitsbereich versteht es der zweite Typus aber auch, eigentlich wesensfremde berufliche Sphären mit holistischen Überzeugungen aufzuladen.

»B: Selbstständig habe ich mich 1998 gemacht, das war noch sehr stark rein klassische Unternehmensberatung und das ist über die Jahre mehr und mehr in den Bereich Coaching gegangen. Coaching von Führungskräften, von Mitarbeitern, in die Richtung. Da kann man dann auch schon kreativ werden und man nutzt mal dies und jenes. Das führt auch dazu, das ganzheitlich zu betrach-

ten, also quasi den Unternehmer, den Mitarbeiter, das ganze Umfeld und die eigentlichen Prozesse, dass man das soweit wie möglich harmonisieren kann – damit möglichst viel auch glatt laufen kann. Und wenn man Mitarbeiter erstmal wieder zueinander bringt, dann gilt es zu erörtern: ›ja, okay, was könnte man besser tun, was bringt uns mehr nach vorne?‹
I: Ihre Praktiken haben sich natürlich dann recht gut in Ihre berufliche Praxis integrieren lassen, oder?
B: Das ist halt ein anderes wording, also die – ich sage jetzt mal – Ansprache bei Firmenkunden. Da sagt man eben Achtsamkeit, Wertschätzung. Im Privatkundenbereich z.B. in der Energetikerausbildung ja, da geht man natürlich auch schon ein bisschen tiefer und da spricht man vom ›Energiekörper‹ und von ›Chakrensystem‹. Es wirkt sicherlich nicht gut in einem Unternehmen, wenn ich dann vom Anfang an vom Energiekörper spreche, aber ich kann ihm das Anziehungsgesetz näher bringen: ›So wie sie mit dem Kunden umgehen, probieren sie es doch mal aus.‹ So, heute mal freundlich, und das bekommen sie dann zurück. Das sind dann so ein bisschen andere, ja eigentlich nur andere Argumentationen und Begrifflichkeiten, aber es gilt dafür eben halt trotzdem das Gleiche inhaltlich zu vermitteln.« (Energetiker, 51 J.)

Hier streicht der Befragte die Anschlussfähigkeit grundlegender holistischen Prinzipien an den nicht-holistischen Unternehmerbereich heraus. Demnach besteht die Herausforderung in einer Anpassung des holistischen Vokabulars an profane Unternehmensprozesse. So gilt es zwar, einschlägige Begriffe wie »Energiekörper« zu vermeiden – die damit verbundene Theorie, dass sich gleiche energetische Schwingungen anziehen und verstärken, ist im Beratungsgespräch jedoch durchaus kommunizierbar, da sie in einen allgemein verständlichen Sinnzusammenhang gekleidet wird. Es ist somit eine beständige Prüfung erforderlich, inwieweit holistischen Definitionen noch verstanden und damit sozial anerkannt werden.

Beim dritten Typus ist die holistische Praxis ebenfalls eine Nebentätigkeit. Der Brotberuf, den man ausübt, dient lediglich der Sicherung des Einkommens und weist keinerlei Bezugspunkte zum holistischen Bereich auf. Die beiden Sphären stehen völlig getrennt nebeneinander, wobei man zum Job eine instrumentelle Beziehung hat und hauptsächlich die holistischen Aktivitäten als sinnstiftend und erfüllend erlebt.

»Ich arbeite als Friseurin, aber meine Kolleginnen wissen überhaupt nicht, was ich alles mache. Das posaune ich jetzt auch nicht so rum, weil da mache ich eben den Job und meine Leidenschaft ist eh woanders. Wenn mich jetzt wer fragen würde, würde ich schon sagen, was ich mache, aber da ist glaub ich jetzt auch nicht so das Verständnis da. Die Sache ist halt die, dass ich das trenne und das ist auch okay so.« (Schamanin, 55 J.)

Dieser Typus kommt eher selten vor, da eine holistische Orientierung – zumindest bei jenen, die sich intensiver mit solchen Themen auseinandersetzen – üblicherweise den ganzen Lebensentwurf umspannt. Die Ergebnisse der Telefoninterviews stützen zudem die Annahme, dass besonders jene Praktiker den Weg zur Professionalisierung (im Sinne einer hauptberuflichen Tätigkeit) einschlagen, deren erlernter Beruf kaum Anschlussmöglichkeiten zum holistischen Kontext bietet. Das ist vornehmlich bei jenen 52% der Befragten der Fall, die einen Beruf im Bereich Handel, Dienstleistung und Industrie erlernt haben. Zum Zeitpunkt der Erhebung arbeiteten nur mehr 13% in diesen Bereichen.

Ebenso in der Minderheit befindet sich der vierte Typus, der holistische Praktiken unentgeltlich oder nur gegen eine freiwillige Spende anbietet. Er ist finanziell abgesichert – etwa durch den Erhalt einer Pension – und wird vom Drang, anderen zu helfen, inspiriert.

»Kraft, ja, das gefällt mir, dass ich sie wieder rauf bring. Ich will ihnen ja helfen und wenn sie dann wieder kommen und wieder bei der Tür herein lachen, das ist für mich das Schönste, das es gibt. Mehr kann ich nicht sagen (lacht)«. (Kartenlegerin, 78 J.)

Bei diesem Typus handelt es sich meist um Menschen, deren Wissen aus traditionellen naturmedizinischen, spiritistischen oder magischen Quellen stammt. Viele haben hier keine konkrete Ausbildung vorzuweisen, sondern offerieren ihre Methoden auf Grund einer »Naturbegabung«. Das ist auch bei dieser Befragten der Fall, die ihre präkognitiven Fähigkeiten – von denen sie meint »das hab' ich, auf einmal war das da« – in den Dienst der Allgemeinheit stellt. Kontrastiert wird die eigene Einstellung mit jener, die auf Geld als Äquivalent für dieselbe angebotene Hilfeleistung beruht.

»Ich muss wirklich sagen, ich kann mich nicht beschweren, ich muss Ihnen ehrlich sagen. Ich bin ein Mensch (kurze Pause). Mir ist es gleich, ob der kommt oder der, da sind hohe dabei und solche dabei. Für mich sind alle gleich. Ich mache das für sie, verlange auch selber nichts, gar nichts. Ich sehe das so. Jetzt haben sie einmal im Fernsehen gebracht, was die Leute Kartenlegen, was die verdienen. Das ist ein Wahnsinn! Da gehen die Leute hin und ihnen wird da ein Palawatsch erzählt [...]. Dass diese Leute dorthin gehen, das versteh ich nämlich nicht.« (Kartenlegerin, 78 J.)

Was nun von diesen vorgestellten vier Typen neben- oder hauptberuflich bzw. ehrenamtlich angeboten wird, umfasst eine schier unüberschaubare Anzahl von Praktiken und disparat erscheinenden Kombinationen. Damit ist eine ebenso verwirrende Vielfalt an Berufsbezeichnungen festzustellen. Die meisten Praktiker sind dem freien Gewerbe der Energetiker[1] zuzuordnen, das all jenen Personen offen steht, die sich mit ihrem Angebot im über 250 Methoden umfassenden Katalog der österreichischen Wirtschaftskammer wiederfinden. Hierbei handelt es sich um energetische Arbeits- bzw. Behandlungsweisen, die von Astrologie, Feng Shui, Chakrenarbeit, Cranio-Sacral-Therapien bis zu exotisch klingenden Methoden wie Lomi Lomi Nui, Moxen, Raindrop-Therapie usw. reichen. Wie der oben zitierte Praktiker andeutet, hat die Anzahl jener, die sich bei der Wirtschaftskammer bereits als Energetiker registrieren ließen, beachtliche Ausmaße erreicht. So hält sich das Verhältnis zwischen Energetikern und niedergelassenen Schulmedizinern bereits die Waage. In Österreich sind insgesamt 15.000 Energetiker registriert (allein auf die Stadt Klagenfurt entfallen rund 200) und geht man davon aus, dass dazu noch eine Vielzahl an Praktikern kommt, deren Methoden auf ähnlichen Konzepten beruhen (wie alternative Masseure, Lebensberater, alternative Physio- bzw. Psychotherapeuten usw.), sind die holistisch Arbeitenden sogar in der Überzahl. Hinsichtlich der gewerberechtlichen Bestimmungen bewegen sich die Energetiker jedoch in einem Graubereich. Zu diesem Problem meint ein Energetiker:

»Wir müssen uns als Energetiker jetzt auch positionieren. Wir positionieren uns halt jetzt und das ist schwierig, weil einerseits ist es schon belegt, die Psy-

1 Die Kategorie Energetiker gliedert sich in die Bereiche der »Humanenergetik«, der »Tierenergetik« und des »Lebensraum-Consultings« (Harmonisierung von Räumen durch Praktiken wie Radiästhesie, Feng-Shui usw.). Auf die »Humanenergetik« entfällt der größte Teil der holistischen Anbieter.

chologie darf nicht angegriffen werden, die sich ja für *die* Seelenkunde hält, das ist ja ein bisschen krank, aber okay. Sie wissen auch wo sie stehen, also von dem her ist es in Ordnung. Dann die Medizin, dann die Lebensberater, dann die Masseure – ja genau, die gehören ja auch noch rein – und alles was dazwischen ist, das ist jetzt der Energetiker.« (Energetiker, 37 J.)

Da für Energetiker keine verbindlichen Ausbildungsrichtlinien existieren, dürfen sie auch keine Tätigkeiten ausüben, die dem reglementierten Gewerbe vorbehalten sind (wie etwa jenem der Masseure oder der Psychotherapeuten). Die Heterogenität der unter dem Begriff Energetiker firmierenden Anbieter hält gewerberechtlich allein der Grundsatz zusammen, dass sie ausschließlich gesunde Menschen betreuen dürfen, um deren Wohlbefinden zu erhöhen. Dementsprechend sind ihnen Diagnose und Behandlung von körperlichen und psychischen Krankheiten untersagt. In der Praxis schaut dies freilich gänzlich anders aus, da ja in der Regel gerade jene Menschen den Energetiker aufsuchen, die meinen, dass die Schulmedizin ihnen nicht mehr helfen kann. Hier tritt der Energetiker natürlich mit dem Anspruch auf, das jeweilige Leiden zu heilen. Dabei besteht jedoch stets die Gefahr, in die Gefilde der Kurpfuscherei oder der Scharlatanerie abzudriften. Ein Energetiker definiert seine Rolle in Abgrenzung zur etablierten »Effektmedizin« so:

»Heilung gibt es dort ja nicht. Die Mediziner behaupten ja nicht, dass sie heilen – sie kurieren. Und heilen greift eigentlich keiner an. In der Energieheilung, geht es schon darum, da muss ich mich mit diesem Heil verbinden, deswegen bin ich ein Energieheiler, das traue ich mich zu sagen, aber selbst das streiche ich jetzt weg, jetzt haben wir uns auf Energetiker geeinigt. Das ist ja so schön, ein unschuldiges neues Wort, das hat keine Belastung. (Energetiker, 37 J.)

Obwohl das Selbstverständnis nach wie vor jenes des Heilers ist, wurde im Zuge der Bestrebungen zur Professionalisierung der negativ konnotierte Begriff verworfen und durch den Ausdruck »Energetiker« ersetzt. Diese diffuse Berufsbezeichnung bringt jedoch nicht nur das Problem des Zuständigkeitsbereichs mit sich, sondern auch die Schwierigkeit eines definierten Rollenbildes für die potentielle Klientel: »Bin ich ein Tischler, dann weiß jeder, aha Holzarbeit, dann ruft er mich an. Jetzt bin ich ein Energetiker, die Leute wissen oft gar nicht, wofür sie mich anrufen können.« (Energetiker, 37 J.)

Diese Umstände verweisen auf ein gesteigertes Bedürfnis der Praktiker, ihr Berufsprofil schärfer zu umreißen. Welche Strategien dabei im Milieu zur Anwendung kommen, auf welchen Grundlagen die angewendeten Methoden typischerweise basieren, welche Arbeitsprinzipien charakteristisch sind und welche informellen ethischen Standards vorherrschen, werden wir im nächsten Abschnitt erörtern.

9.2 DIE AUSBILDUNG ZUM PRAKTIKER

Wer einen Beruf ausüben möchte, braucht eine Ausbildung. Das ist auch im holistischen Milieu nicht anders. Das Thema ist hier jedoch ein besonders heikles, da, wie oben angedeutet, keine allgemein verbindlichen Ausbildungskriterien existieren. Im Folgenden werden wir die typischen Ausbildungswege der Praktiker nachzeichnen, die auf die im Milieu kursierenden Arbeits- und Werteprinzipien hinweisen.

Vorab muss erwähnt werden, dass etliche Anbieter eine Fülle von Methoden ausprobiert haben und sich in vielen auch ausbilden ließen. Ihr Weg zur Professionalisierung führt – analog zu den übrigen holistischen Akteuren – über verschiedene Suchphasen, in denen mit verschiedenen Ideen und Praktiken aus dem holistischen Kontext experimentiert wird:

»Also ich habe Lebensenergieforschung früher gemacht, Wilhelm Reich z.B., habe mir einen Orgonakkumulatur gebaut, wo man sich ganzkörperlich reinsetzt, habe diese Energie kennengelernt dadurch und ich habe mich auch mit Pyramidenthemen beschäftigt, habe mehrere Pyramidenmodelle gebaut, Lebensmittel reingetan, die Hände reingetan und so, weil ich diese Energien fühle. Ich habe mich schon früh mit Elektrosmog beschäftigt, mit diesen ganzen Geschichten da, Pendeln habe ich gemacht, Rutengehen um die Netze – da hat man Netze und Currynetze, die ja im Raum sind – ausfindig zu machen. Ich habe ganz viel gemacht. Heiler war ich, ich habe auch an Heilertrainings teilgenommen und kenne so die Griffe, wo man die Organe anspricht, man verbindet sich dann in einer besonderen Weise mit Heilenergien, die durch die Hände in den Körper fließen. Numerologie, Astrologie ein bisschen – eigentlich habe ich alles gemacht.« (Channeling-Therapeut, 41 J.)

Im Kapitel über holistische Karrieren haben wir das Experimentieren mit holistischen Sinnmustern, dem meist ein Mangel- oder Krisenerlebnis vorausgeht, mit dem Begriff der »Bricolage« erörtert. Demnach leiten den Selektionsprozess üblicherweise pragmatische Kriterien an, wonach all das in den eigenen Wertehorizont integriert wird, was für die eigene spirituelle Entwicklung oder für die Erhaltung der Gesundheit brauchbar ist. Neben der pragmatischen Seite wählen die Praktiker häufig auch nach systemorientierten Aspekten. Es werden somit all jene Ideen übernommen, die in das eigene holistische System passen, und damit ein kohärentes theoretisches Überzeugungsnetz bilden. Für die Praktiker ist dies vor allem aus Gründen des Herausarbeitens eines klar umrissenen Berufsprofils notwendig, um ihren Klienten transparent zu machen, auf welchen Grundlagen sie arbeiten. Festzuhalten bleibt, dass mit der Herstellung von Kohärenz und einer damit verbundene Bastelmentalität eine aktive Grundhaltung der Akteure verbunden ist – handelt es sich hier doch weniger um ein mimetisches Nachleben, sondern um eine kreative Rekombination von Ideen. Einen typischen Weg durch den Dschungel holistischer Praktiken beschreibt das folgende Zitat:

»Natürlich habe ich mich auf dem Weg mit einigem beschäftigt; da waren dann auch so die Bachblüten – sehr interessant, faszinierende Logik, war aber eher das Prinzip, das mich fasziniert hat. Zwei, drei Monate habe ich mich mit der Thematik auseinandergesetzt, habe Selbstversuche gemacht und alles was man halt so tut, und dann war das völlig ausgelaugt. Da war keine Info mehr drinnen, das war alles klar. Jetzt könnte ich noch ein Therapeut werden, aber würde mich nicht befriedigen, das jeden Tag zu machen. Okay, nächstes Gebiet. Dann kam das mit der Aurasoma, die Flaschen, diese schönen bunten Flüssigkeiten, toll. Also allein die Farbmischung, super. Als energetische Theorie hat mir das überhaupt nichts gegeben, das war Schwingung erzeugen. Keine Frage, wenn ich an sie denke oder sie in Bilder setze, dann setze ich mich einer Farbschwingung aus und ich bewege etwas, völlig klar, ist logisch. Aber diese ganze Theorie, die da rundherum gebaut wurde, das war es nicht, das hat nichts angesprochen in mir. Dann war man Lebensberater und dann hat man alles einfach ausprobiert, was es da so gibt und irgendwie war das nicht befriedigend. Und dann war eben das Buch von Frank dahingehend wichtig, oder die Lehre, die dann danach kam, dass es nämlich hier nur noch um Energie ging. Also nicht irgendein Mittel verwenden, um Energie zu haben, sondern nur noch um die pure Energie und um das Energieleiten. Und vor allem, er ist auch der erste gewesen, der die Energien per se erklärt hat. Also das war für mich die Art wo ich gesagt habe ›ja, das ist es.‹« (Energetiker, 37 J.)

Nach mehreren als unbefriedigend wahrgenommenen Stationen findet dieser Befragte eine »Lehre«, die ihm ein universelles Erklärungssystem der verschiedenen disparat erscheinenden holistischen Methoden offeriert. Diese Suchphasen beschränken sich meist auf den Beginn einer holistischen Karriere. Danach verengt sich der Weg. Bei diesem »Findungsprozess« steht dann die Konzentration auf eine Praxis und die damit verknüpften Überzeugungen im Fokus. In diesem Rahmen erweitert man jedoch sein Spektrum mit zusätzlichen Ausbildungen und Kursen.

Was heißt es nun eigentlich, im holistischen Milieu eine Ausbildung zu absolvieren? Eine zentrale Funktion einer adäquaten Ausbildung ist, dass sie maßgeblich zur Seriosität des Angebotes beiträgt. Dabei lassen sich im Milieu zwei Gruppen unterscheiden. Ein Teil der Anbieter übt die Praktiken im Umfeld etablierter therapeutischer Berufe aus (Ärzte, Psycho- bzw. Physiotherapeuten, Masseure usw.). Sie erwerben über Zusatzausbildungen komplementärmedizinische oder anderwärtige »ganzheitliche« Kompetenzen. Besteht auch hier ein gewisser Zwang, sich und den Klienten das Erlernte durch Zertifikate zu versichern, so ist im unreglementierten Gewerbe das Streben nach beglaubigter Befugnis umso höher. Themen wie Qualitätssicherung und Qualitätsstandards sind ein zentrales Anliegen der Praktiker und ziehen sich durch alle Bereiche. Hier werden allerdings verschiedene Strategien verfolgt, um das eigene Angebot authentisch und vertrauenswürdig erscheinen zu lassen.

Im Ringen um Reputation betonen die Praktiker häufig den Aufwand der Ausbildung, der mit einem Verweis auf die zu durchlaufenden Schulungsschritte und die Quantität der Ausbildungsstunden belegt wird:

»Aber es gibt bei uns natürlich jetzt tatsächlich auch ein Yogalehrerzertifikat und es gibt eine Yogalehrerausbildung. Es sind Seminare, es sind internationale Yogalehrerseminare, Ausbildungswochen und du musst selber dann praktizieren; also es gibt so ungefähr 10 Punkte was man machen muss, 800 Stunden Unterricht unter Anleitung usw. Also selber dieses 8-Stufen-Programm gemacht zu haben, das heißt selber Kurse belegt zu haben usw. Und dann halt alles Mögliche was halt dieses Zertifikat braucht, dass du halt ein Hintergrundwissen hast über den Körper, über den Menschen, über die Körpergelenke usw. Methodik, Yogaphilosophie usw. Also es ist schon, wenn man sich damit beschäftigt, sicher drei vier Jahre eine Beschäftigung und eine Ausbildung, vorher kann man das sicher nicht.« (Yoga-Lehrerin, 44 J.)

Zudem wird auf eine profunde institutionalisierte Ausbildung in Schulen, Instituten oder Bünden hingewiesen, welche diverse Modelle zur Qualitätssicherung bereitstellen. Hier werden Yogalehrer, Shiatsu-Therapeuten und andere Energieheiler nach reglementierten Standards unterrichtet, um sich im unreglementierten Gewerbe als glaubwürdig verkaufen zu können. Ein interviewter Praktiker fasst die Lage so zusammen:

»Es gibt Ausbildungen, die sind wirklich sehr aufwendig und dauern auch ziemlich lang, also ich sehe das fast in allen Bereichen, ob das jetzt Yoga ist, man kann natürlich relativ schnell ein Yogadiplom irgendwie erlangen oder man kann es irgendwie aufwändig erlangen oder Tarot-Berater, man kann das relativ schnell irgendwie machen, man kann das aber extrem aufwändig machen, wie ich schon irgendwie erfahren habe. Also es gibt – glaube ich – bei fast allen energetischen Berufsgruppen relativ intensive oder zumindest schon Bestrebungen jetzt für die einzelnen Bereiche, da irgendwie Qualitätsmerkmale einzuführen oder zumindest in der Ausbildung.« (Tarot-Berater, 58 J.)

Die Frontstellung verläuft hier zu jenen Anbietern, die ihre Praktiken auf der Basis weniger (»08/15«) Wochenendseminare anbieten, oder sich allein durch das Selbststudium zum Heiler berufen fühlen. Das Geschäft mit ganzheitlichen Methoden und deren unseriöse Handhabung wird von den interviewten Praktikern durchgängig verurteilt. Einige bemerken diesbezüglich sogar, dass es geradezu gefährlich sei, mit Energien zu arbeiten, ohne ein umfassendes Wissen davon zu haben. Als gefährlich und verantwortungslos wird hier zum einen eine unsachgemäße physische Behandlung genannt, wonach es zu Schäden am Körper kommen kann:

»Also, ja, es ist nicht so ungefährlich. Weil, wenn ich auf einem Akupunkturpunkt stundenlang herumrubble, dann habe ich natürlich das darunterliegende Gewebe zerstört.« (Alternativer Masseur, 44 J.)

Die so entstandenen Störungen im Körper haben gemäß der holistischen Überzeugung von der Körper-Geist Einheit auch psychische Folgen. Demnach können Menschen, die falsche yogische Körperhaltungen (*Asanas*) üben, schwere Psychosen erleiden. Wiederum wird hier eine, auf umfassendem Wissen beruhende Ausbildung, mit einer lediglich im Teilarrangement erworbenen kontrastiert:

»Ich halte nichts davon, dass man nach Thailand fährt und in 14 Tagen eine Yogalehrerausbildung gemacht hat oder in sechs Nachmittagen einen Yogaschein. Ich finde das ein Verbrechen ehrlich gestanden, weil man an den Menschen – so wie ich das kenne – Unfug machen kann und dann auch Schaden anrichtet. Es gibt Leute, die Reiki falsch vermitteln und die Leute werden psychotisch, ich finde das gefährlich. Es kommt immer darauf an, wer vermittelt es, was hat er für einen Hintergrund, wie lange hat er eine Ausbildung und hat er wirklich ein fundiertes System und kann er da dahinterstehen und hat er darüber ein Wissen. Also ich finde es nicht ungefährlich.« (Yoga-Lehrerin, 44 J.)

Als weitere Gefahr wurde das Entfesseln von Energieströmen genannt, deren Auswirkungen dem Praktiker unbekannt sind. Dies passiere über die falsche Aktivierung von Energiezentren (*Chakren*), wodurch schwere psychische Krisen ausgelöst werden könnten.[2] Dieselbe Gefahr bestehe bei »gechannelten« oder mittels Rebirthing-Sitzungen selbst erhaltenen Informationen aus der »Anderswelt«, die als unumstößliche Wahrheiten gewertet werden. Auch hier verweist eine adäquate Ausbildung auf ein vertrauenswürdiges und sicheres Angebot, wie die zwei angeführten Zitate belegen:

»Da war so ein Psychotherapeut aus Graz und der hat dann plötzlich versucht, für zweihundert Leute ein Kundalini-Yoga zu machen. Das ist mir so gefährlich vorgekommen, dass ich echt aufgestanden bin und gesagt hab, ›pass einmal auf, was du da machst, das ist viel zu gefährlich.‹ Ich weise die Leute schon darauf hin, dass das nicht ohne ist, weil Sicherheit ist in meinen Kursen *absolut wichtig*, […] vom Körperlichen, aber auch vom Emotionalen-Mentalen. Ich habe Leute gehabt mit epileptischen Anfällen. Und wenn du das herausforderst und überhaupt keine Sicherheitsvorkehrungen hast – ich habe eine *total tolle* Ausbildung auf Sicherheit hin – und das ist für mich das Wichtigste, dass meine Leute sich sicher fühlen, und ich sage auch immer, ›begebt euch nicht in jedermanns Hände, bitte checkt das genau ab.‹ Also ich mache si-

2 Zu den möglichen Störungen, Krisen oder psychischen Krankheiten, die durch unsachgemäße Anwendung holistischer Praktiken auftreten können, vgl. Christian Scharfetter (1999): Der spirituelle Weg und seine Gefahren.

cher keine geführte Meditation mit Leuten, die ich nicht kenne.« (Yoga-Lehrerin, 53 J.)

»B: Es gibt suggestive Geschichten, die strikt abzulehnen sind, weil da werden den sich selbst erfüllenden Prophezeiungen Tür und Tor geöffnet. Es gibt jetzt schon entsprechende Ausbildungskriterien und Prüfungen, die abzulegen sind, die gar nicht so ohne sind. Ich selbst habe das alles absolviert mit Prüfungen, und so weiter. Der internationale Tarotverband, dem ich auch angehöre, der hat die Tarotberaterausbildung auf ein bestimmtes Niveau gestellt mit einem eigenen Berufsbild und auch mit einem eigenen Ehrenkodex. Also z.B. Schicksalszwänge werden überhaupt nicht behandelt – praktisch was alles passieren wird und so.« (Tarot-Berater, 58 J.)

Das holistische Milieu ist demnach nicht ausschließlich positiv konnotiert. In kontinuierlicher Regelmäßigkeit widmen sich diverse Medien den in »esoterischen Psychokursen« ausgenutzten und in Abhängigkeitsverhältnisse getriebenen Hilfesuchenden. Umso drängender ist daher das Anliegen der Praktiker, das Image ihrer Berufsgruppe zu verbessern. In diesem Kontext ist zum einen der oben erwähnte Verweis auf einen Ehrenkodex zu sehen, wobei schließlich das Wort »Energet(h)ik« selbst – eine Wortschöpfung aus Energie und Ethik – die in der Branche beteuerte Redlichkeit signalisieren soll. Zum anderen geht die gängige Strategie, auf die eigene Professionalität über ausgewiesene Ausbildungskriterien aufmerksam zu machen, mit dem Bemühen einher, ein Bild von einer »entzauberten« Praxis zu transportieren. Das Label »esoterisch« findet hier keine Verwendung mehr, denn die Praxis hat sich im Zuge ihrer Zertifizierung veralltäglicht. Damit nehmen die Praktiker auf ein wesentliches Bedürfnis ihrer potenziellen Klienten Bezug, wonach es gilt, gemäß gegebener kultureller Maßstäbe eine Aura der Seriosität zu erzeugen. Dass dazu auch wesentlich eine Verknüpfung mit wissenschaftlichen Deutungsmustern gehört, werden wir noch genauer erörtern.

Ein anderer gängiger Weg, den Praktiker beschreiten, um sich aus- und weiterzubilden, beinhaltet Aufenthalte an sakralen Orten. Dazu zählen vor allem jene, die von mythologischer bzw. mystisch-spiritueller Bedeutung sind. In Europa ist hier besonders die Südengland gelegene Kleinstadt Glastonbury zu nennen. Hier ist der Legende nach nicht nur das sagenhafte Avalon gelegen, auch Joseph von Arimathia soll zusammen mit Jesus in dessen Kinderjahren das illustre

Städtchen aufgesucht haben. In den siebziger Jahren avancierte der Ort zu einem Zentrum der New-Age Bewegung. Heute wird in diesem heidnischen Mekka nicht nur das ganze Spektrum holistischer Praktiken angeboten, auch Praktiker reisen dorthin um sich in ihren holistischen Methoden zu üben.

Sakrale Orte von ähnlicher Tragweite, die bevorzugt aufgesucht werden, finden sich im fernen Osten (vor allem Indien oder China) oder in anderen Gebieten, wo noch lebendige spirituelle Traditionen existieren. Hier soll das Wissen um eine Praktik aus erster Hand erlernt werden:

»Dann bin ich auch hinunter geflogen nach Hawaii mit dem Volker Karrer, der das Buch geschrieben hat über die Fünf Tibeter, und durch den habe ich das ganze eigentlich aufnehmen können dort von den Ureinwohnern Hawaiis. Das war so eine bodenständige uralte Form des Schamanismus, die ich da gelernt habe. Da brauchst dir nicht irgendwelche Gewänder umhängen oder so was, das fällt dort eigentlich alles weg. Das hat mich dann ... praktisch für mich, meiner Ansicht nach ist das das Richtige gewesen.« (Huna-Therapeut, 51 J.)

Eine Methode in der Umgebung zu erlernen, aus der sie eigentlich stammt, lässt den Eindruck entstehen, man habe es hier mit etwas Wahrem, Echten und natürlich Entstandenen zu tun. Zudem erzeugt der Hinweis, dass die Wurzeln dieser Traditionen weit in die Vergangenheit reichen, sich jedoch bis heute weitgehend unverfälscht erhalten hätten, die Evidenz, dass es sich hier um ein altes, das heißt besonderes (heiliges) Wissen handelt.

»Also es ist wirklich eine echte indische Tradition nach einem Parampara, da gibt es eine Meisterlinie die bis zum Himalaya zum Shivan führt, zu den Heiligen, die im Himalaya leben. Ein Meister davon lebt noch. Es ist eine vierstufige Meisterlinie sozusagen und hat sozusagen diesen waschechten traditionellen yogischen Hintergrund.« (Yogalehrerin, 44 J.)

Aus solchen traditionellen Quellen suchen die Praktiker zu schöpfen, um einen authentischen Zugang zu ihren präferierten Methoden zu gewinnen, denn, wie ein Praktiker metaphorisch meint: »um eine gute Sachertorte zu machen muss man einmal in Wien gewesen sein. Das ist einfach der Punkt. Man muss einen guten Bäcker finden, der mir das möglichst gut beibringt und du wirst woanders auch nicht wirklich lernen wie man die Sachertorte bäckt, das ist so.« (Qi-Gong-Lehrer, 43 J) Der Aufenthalt an solchen Orten ist demnach damit verknüpft, dass man einen Initiierten findet, der bereit ist, das besondere Wissen zu vermitteln. Dabei handelt es sich meist um Gurus oder um andere charismatische Lehrer, die über außeralltägliche (im Sinne von: nicht jedermann zugängliche) Fähigkeiten verfügen und dadurch Zugang zu Pforten der Wahrnehmung haben, die normalen Menschen verschlossen sind. Dies befähigt solche »charismatisch Qualifizierte« (Max Weber) zu Wundertaten, weswegen sie auch häufig als lebende Heilande verehrt und von den Laien wegen ihrer magisch-therapeutischen Fähigkeiten aufgesucht werden. Eine Yogalehrerin berichtet von den Wundertaten ihres Meisters unter anderem folgendes:

»Also ich weiß, der Meister kann wirklich helfen, es hat auch ein Freund von mir im Koma gelegen drei Monate, ich habe dem Swami das Bild gegeben und dann wirft er mir irgendwann das Bild zu so nach ein, zwei Stunden, da hast du ihn wieder. Ich rufe meine Freundin an, das war die Tante von dem und die sagt, ›du, der ist aufgewacht‹. Also ich denke, es gibt schon Menschen, die eine höhere Kraft haben und wenn einer verwirklicht ist, dann hat er da eine Menge davon, was er vielleicht nicht in der Öffentlichkeit kundtut, aber die Schüler, die bei ihm sind, die wissen, dass es das gibt und dass sie selber diese Erfahrungen haben mit ihm.« (Yoga-Lehrerin, 44 J.)

Das hier skizzierte charismatische Handeln des Gurus, dem dadurch eine Aura des Außeralltäglichen anhaftet, zieht in der Regel viele Schüler an, die nicht nur praktisches Wissen von ihm erlernen wollen, sondern auch zum Zweck der persönlichen Entwicklung seine Nähe suchen.

Zusammenfassend lässt sich feststellen, dass sich die meisten der von uns befragten Anbieter die Qualifikation für ihre holistische Tätigkeit auf einem Weg aneignen, der für moderne Berufe charakteristisch ist: durch das Absolvieren von formellen Ausbildungen und das Sammeln von Zertifikaten. Lediglich ein geringer Teil bietet Methoden allein auf der Basis von Naturbegabungen an, oder hat sich diese über das Selbststudium bzw. über inoffizielle Ausbildungskanäle angeeignet. Häufig ist allerdings eine Kombination aus formell beglaubigten Ausbildungen und eine Vertiefung der angebotenen Praktik an den jeweiligen sakralen Orten. Beide Strategien haben die Funktion, das Angebot ins Licht der Seriosität zu rücken. Wird dies bei der ersten über die Entzauberung der Praxis und die Verwandlung von esoterischem Wissen ins Exoterische versucht, kommt es bei der zweiten wieder zur Verzauberung der Methode. Sie und das in ihr enthaltenen Wissen sind demnach auf eine alte mystische Tradition zurückzuführen, die von besonders charismatischen Persönlichkeiten gelehrt wird. Zu guter Letzt ist natürlich auch das Trainieren und Erproben der eigenen Fähigkeiten über die erlernten Praktiken relevant. Zwar bietet ein angelesenes Wissen eine wichtige Stütze für das aufgebaute holistische Überzeugungsnetz, es kann jedoch keinesfalls die authentische Erfahrung ersetzten. Hier erweist sich auch für die Praktiker ein Lehrer, dem man sich anvertrauen kann, als sinnvoll.

»Du musst sehr viel erleben und deine eignen Erfahrungen sammeln. Du musst sehr viel selbst trainieren, das bleibt dir nicht erspart. Du wirst auch nicht ein Marathonläufer indem du nur Bücher liest und du brauchst einen guten Coach.« (Yoga und Qi-Gong-Lehrer, 64 J.)

Im nächsten Abschnitt soll es darum gehen, die zentralen Prinzipien zu rekonstruieren, auf denen die verschiedenen Praktiken im holistischen Milieu basieren. Statt zu fragen, welches Wissen eine Gruppe von Personen besitzt, lautet hier die Frage, welches Wissen in bestimmten sozialen Praktik zum Einsatz kommt.

9.3 DIE GRUNDLAGEN HOLISTISCHER METHODEN

Verschafft man sich einen Überblick über die im holistischen Milieu angebotenen Praktiken, ist man erstaunt, dass viele Anbieter mehrere, auf den ersten Blick als unvereinbar scheinende Methoden in ihrem Repertoire haben. Zudem stellt sich angesichts der enormen Vielfalt die Frage, ob überhaupt eine Verbindung zwischen den Methoden und den diversen Anbietern existiert, die den Milieubegriff rechtfertigt – denn was hat Schamanismus mit Feng-Shui, oder Yoga mit Cranio-Sacral-Therapien zu tun? Ein solch gewichtiger Berührungspunkt, auf dessen Basis man von geteilten Überzeugungen ausgehen kann, liegt in den theoretischen Grundannahmen der Methoden begründet. Diese basieren nämlich ausnahmslos auf einem monistischen Konzept, wonach eine alles verbindende Lebenskraft angenommen wird. Die Suche und Begründung einer solchen Kraft hat eine lange Tradition, an welche die holistischen Praktiker implizit anschließen. So bezeichnete sie der schwedische Wissenschaftler und Mystiker Emanuel Swedenborg (1688-1772) als *influx*, der am Vorabend der französischen Revolution ungemein populäre Magnetiseur Franz Anton Mesmer (1734-1815) baute sein Theoriegebäude auf einem entdeckten *Fluidum* und der für viele moderne holistische Praktiken bekannte Ideengeber Wilhelm Reich (1897-1957) nannte das alles belebende Prinzip *Orgon*. Im holistischen Milieu ist hier von *Ki*, *Prana* oder schlichtweg von *Energie* die Rede:

»Es ist alles nur Energie, also brauche ich nur im Prinzip mit der Energie richtig umgehen. Ich muss einfach nur wissen, wie gehe ich im Heilvorgang mit der Energie um.« (Energetiker, 47 J.)

»Wissen Sie, es ist so, ich sage immer, die richtige Schwingung heilt. Ob Sie das über Töne machen, ob Sie das über Farben machen – ist alles Energie, also auch Schwingung – über Formen und Farben, also über, was weiß ich, Steine oder Farben und Steine oder Zuwendung.« (Radiästhesist, 84 J.)

Das Energiekonzept beruht auf der Annahme, dass es zwischen Körper und Geist, bzw. Mikrokosmos und Makrokosmos eine Verbindung gibt. Diese sollte sich als möglichst harmonisch gestalten, wobei es gilt, sich über die jeweiligen holistischen Praktiken mit den Energieströmen in Verbindung zu setzen. Die Praktiker nehmen hier für sich in Anspruch, eine besondere energetische Sensibilisierung zu besitzen, die es ihnen ermöglicht, bei den Klienten eine umfassende Harmonie zu erzeugen. Gefährdet ist diese Harmonie durch psychische und körperliche Störungen, die im holistischen Jargon als »Blockaden« bezeichnet werden. Damit wird üblicherweise auf Überzeugungen Bezug genommen, die in fernöstlichen spirituellen oder medizinischen Systemen eine lange Tradition haben. Besonders die für die traditionelle indische und chinesische Medizin zentrale Chakren- und Meridianlehre wird von den Praktiken in die Vorstellung vom gesunden Menschen integriert. Sind die Energiebahnen verstopft, kommt es zu einem Stau, bzw. einer ungleichen Verteilung von Energie, die in letzter Konsequenz eine Krankheit oder ein pathologisches Verhalten bzw. eine Deformation der Persönlichkeit zur Folge haben. Wie die folgenden Auszüge aus zwei Interviews zeigen, ist es nun die Aufgabe des Praktikers, diese Blockaden zu lösen und für eine Balance im Energiehaushalt zu sorgen.

»Ein Magnetiseur beschäftigt sich eigentlich nur mit den Strukturen, mit den energetischen Strukturen des Körpers und dem, wie viel von dem, was drinnen sein sollte, auch da ist. Sprich: warum ist es nicht da? Dann ist es ja meistens das Problem, dass der Klient das dann anspricht ›also ich habe welche Probleme auch immer‹, dann geht es eigentlich nur darum, im Gesamtbild die Energie entsprechend den Vorgaben des Klienten einzustellen. Es ist im wahrsten Sinne des Wortes ein Einstellen.« (Magnetiseur, 47 J.)

»I: Und energetisch? Was heißt da jetzt energetisch?
B: Ah, dass man einfach schaut wie fließt Energie. Also wenn man das mit der Akupunktur vergleicht, mit dem Ki, wo ist das, wo steckt das, wo ist ein Mangel, wo ist zuviel.« (Osteopathin, 47 J.)

Das Interviewmaterial lässt zwei Grundmuster erkennen, welche die Methoden und damit auch die Arbeitsweise der Praktiker charakterisieren. Beim ersten Muster sehen sich die Anbieter als Vermittler von *Energien* oder als Vermittler von Informationen, die sie auf Grund ihrer energetischen Sensibilisierung erlangen konnten, während das zweite Muster durch das Vermitteln von *Praktiken* charakterisiert ist, mittels derer die Klienten selbst ihren Energiehaushalt regulieren können.

Dem ersten Typus sind besonders Angebote aus dem okkulten und psychotherapeutischen Kontext, aber auch manche alternative und physiotherapeutische Heilmethoden zuzuordnen. Die folgenden drei Interviewzitate von Praktikern unterschiedlicher Richtungen verdeutlichen diesen Zugang.

»Also oft ist es einfach, wenn wir etwas nicht verstehen, ist einfach eine kleine Blockade in der Aura und die Blockade heilt sich dann, wenn ich etwas erkläre. Es ist verbunden mit dem Wunsch, dass die Person das auch versteht und dann geschieht Heilung, es kommt alles über den Kanal, zu dem ich eine Verbindung aufbaue.« (Channeling-Therapeut, 41 J.)

»Also über den Muskeltest finde ich heraus, wo Blockaden im Körper sind und diese Blockaden werden dann in jeder Sitzung komplett gelöst. Und die Blockaden können im Stoffwechselbereich sein, im körperlichen Bereich, weshalb man Schmerzen hat, oder im seelischen Bereich. Und die Blockadenlösung mache ich auch kinesiologisch und wenn jemand z.B. arge Schmerzen hat, das ist ganz tief drinnen, da komme ich kinesiologisch nicht so tief hinein, da wende ich dann z.B. die Energiearbeit an. Mit der Kinesiologie und der Energiearbeit kommt man in die tieferen Schichten rein. Ins tiefe Unterbewusstsein, wo man mit dem Gespräch nicht hinkommt.« (Kinesiologin, 41 J.)

»Wie funktioniert das, was ich mache? Also es geht davon aus, wenn du Krankheitszustände oder Mangelzustände oder Blockaden in deinem Körper hast, dass die verbunden sind mit etwas, was bei dir in der Psyche, im Denken, im seelischen Bereich nicht klappt. Hauptsächlich geht es darum, dass ich mich verbinde mit der universellen Energie oder mit der Schöpferenergie und mit der Seele der Person. Dadurch, dass ich mit der Hand über den Körper fahre, kann ich erkennen, da ist eine Blockade, wie können wir umgehen mit der Blockade. Mir geht es darum, was ist da genau, dass wir erkennen, aha, da im Knie, da sitzt irgendetwas fest und deswegen waren schon zig Operationen und dass wir da einfach einmal reingehen und schauen, was sind da für Gefühle von der Person drinnen, wie können wir die lösen. Das passiert dann meist auf zwei Ebenen, also durch die Energie, die ich fließen lasse, kommen die Dinge in Bewegung, aber es ist sehr, sehr wesentlich, dass es der Person selbst bewusst wird, was ist in meinem Leben los, wo halte ich fest, was kann ich verändern, damit ich da wieder gesunde.« (Prana-Healing-Therapeutin, 46 J.)

Wiederum geht es darum, Blockaden zu durchbrechen, um den Klienten »ganz« und »heil« zu machen. Im letzten Beispiel gelingt dies etwa, indem die vom Praktiker geleitete vitalistische Kraft die starren Bewusstseinsstrukturen des Klienten – hinter denen sich die Krankheit verbirgt – durchbricht. Die Praxis selbst wird jedoch in erster Linie von den Anbietern genutzt, die sich durch diese mit den universellen Energien verbinden, um sie an den Klienten weiterzuleiten.

»Also im Prinzip ist jeder, der so arbeitet, ist ja nur Kanal. Also, man hat ja die Chakren und das letzte Chakra oben, das macht man dann einfach auf, also das ist so ein eigenes Ding (lacht), da machst du einfach auf und dann geht das eigentlich einfach durch deinen Körper durch und du gibst das nur weiter von einer geistigen Welt.« (Energetikerin, 42 J.)

Durch den derart aufgebauten Kanal zur geistigen Welt können auch Energien in Form von Informationen strömen. Eine Energetikerin beschreibt ihre Vorgehensweise so:

»B: Ich spüre Dinge, ob der jetzt Angst hat oder sonst etwas, ich spüre und ich kriege eben diese Gedanken. Es ist so, am Anfang sind viele oft sehr skeptisch, weil Channeling betreiben sehr viele Leute und das auf dubiosen Ebenen. Ja wenn ich dem den Honig ums Maul schmier, dann ist der eh zufrieden, wenn ich ihm sage, ah, er ist ein aufgestiegener Meister und sonstige Dinge. Ich versuche aber wirklich die Leute davon zu überzeugen, indem ich einmal nichts erzählen lasse. Ich will nur den Namen wissen, weil ich muss ja irgendwie denjenigen ansprechen können, aber alle Fragen oder alles erst später. Ich sage einfach was ich in dem Moment kriege und dann ist meistens nach zehn Minuten die Skepsis vorbei, weil der sagt dann ›wie kann die wissen dass ich zwei Kinder habe, wie kann die das und das von meinem Leben wissen, die hat mich ja noch nie gesehen‹ und dann funktioniert das eigentlich problemlos.
I: Müssen Sie sich da irgendwie einstimmen darauf oder funktioniert es intuitiv oder so?
B: Nein, ich mache die Aura von demjenigen auf, das heißt einmal zwei Finger auf das dritte Auge, damit ich keinen Widerstand habe, lege ich die Hand aufs Herzchakra, schaue einmal die Schwingung an und dann geht es. Mit mir kann man auch während des Channelings ganz normal sprechen – so wie jetzt – also ich drifte weder wohin ab noch sonst etwas.« (Energetikerin, 46 J.)

Die anfänglichen Zweifel ihrer Klienten sucht die Praktikerin zu zerstreuen, indem sie eine Kostprobe von ihren hellsichtigen Fähigkeiten gibt und damit ihr Charisma bestätigt. Auf diese Weise ist eine für die Konsultation sehr wichtige Vertrauensbeziehung geschaffen, bei der es darum geht, sich zu öffnen und seine rationalen Filtersysteme abzuschalten.

In diesem Zusammenhang verweisen die Praktiker häufig auf ihre Kernkompetenz, die darin liegt, die eigentlichen Ursachen einer Blockade aufzuspüren – oder mit anderen Worten: das je individuelle »Thema« eines Klienten ausfindig zu machen, dessen Bereinigung für seine Lebensqualität ausschlaggebend ist. Der Klient spielt in der Beziehung keineswegs eine passive Rolle. Er ist dazu aufgefordert, die durch den energetischen Prozess aufgebrochenen unbewussten Verhaltensmuster langfristig ins Bewusstsein zu heben. Eine Blockade zu »verstehen« meint hier gerade, zu seinen Lebensproblemen reflexiv

Stellung zu beziehen (vgl. Kap. 6.3). Das Verstehen der eigenen Defizite wird aber durchaus nicht durch kognitive Anleitungen ins Rollen gebracht. Wie die oben zitierte Kinesiologin verdeutlicht, kommt man in die tiefen Schichten des Unterbewussten allein »mit dem Gespräch nicht hin«. Zwar kann die Möglichkeit der sprachlichen Artikulation des Leidens zu einer sinnhaften Verortung der Krankheit führen – die dem Leiden zugrundeliegenden Konflikte lösen sich jedoch nicht einfach deshalb, weil der Kranke nun ein besseres Verständnis davon hat. Hier ist die Erfahrungsdimension, die allen holistischen Praktiken innewohnt, ausschlaggebend. So ermöglichen körperlich-emotionale Erfahrungen von durchaus auch als schmerzvoll empfundenen Energiestauungen erst eine umfassende Bereinigung.

»I: Karmaauflösung, wie funktioniert das jetzt noch einmal genau? Ist es so eine Art Rückführung?
B: Nicht in frühere Leben. Das könnte man zwar auch; es kommt darauf an, wieweit die Gruppe ist. Es gibt ja viele, die schon einiges mit sich gearbeitet haben, die einiges über Energien wissen und andere wiederum nicht und wie viel Angst sie haben. Die meisten haben so viel Angst davor. Und es tut ja auch weh, noch mal in den Schmerz reinzugehen. Es ist nicht die Aufgabe, dort immer reinzugehen, sondern nur einmal und dann ist es weg. Auch ist es nicht die Aufgabe – so wie ich es gemacht habe bei meiner Bulimie –, jetzt zwei Jahre in Therapie und Behandlung zu gehen und dann jeden Mittwoch dort hin, plaplapla, alles runter erzählt, wieder nach Hause und das war es. Ich brauch nur die zwei Tage und da lösen wir echt was auf. Man sagt auch, man kann es nicht auflösen, abtragen; abtragen, da trage ich wieder etwas mit mir herum, das Wort passt mir auch wieder nicht. Also ich sage schon, ich löse das auf, es ist weg, weil ich eine andere Erkenntnis bekomme und weil ich anfange es zu verstehen. Also es geht wirklich beim Karmaauflösen nur um die Gefühlswelt, meine Gefühle wahrnehmen zu können, die Erfahrung, mich selber zu spüren und einfach den Müll loszulassen.« (Schamanin, 49 J.)

Insofern ist der Heilprozess als ein Bewusstwerdungsprozess zu sehen, der auf eine erfahrungsorientierte Lösung energetischer Blockaden abzielt und von den Praktikern mit ihren Methoden angeregt und begleitet wird.

Diesem Muster, bei dem die Praktiker über ihr Methodenrepertoire heilsame Energie zur Verfügung stellen, sind auch all jene Praktiken zuzuordnen, die auf speziellen technischen »Artefakten« basieren.

Solche Apparate sind auf zwei verschiedene Arten in Verwendung. Bei einem Teil der Praktiker dienen sie dazu, eine mangelhafte energetische Sensibilisierung zu kompensieren und Evidenz zu erzeugen.

»Es wäre gut, wenn ich noch mehr Zeit hätte, mich mit Techniken zu beschäftigen wie Qi Gong, damit ich meinen Körper noch sensibler mache. Es gelingt mit ab und zu schon, dass ich in einer gewissen Distanz [...]. Wenn man jetzt die Energiekörper hernimmt, von denen die Chinesen reden, der feinstoffliche Körper wird ja von der Materie durchdrungen, sagen wir einmal so. Oder das Feinstoffliche durchdringt die Materie. Da wäre es schon gut, wenn man einen so aggregierten Zustand erreichen könnte, dass man das bei fast jeder Anwendung machen könnte, dass man auch mentale Störungen besser spüren kann. Weil das gelingt mir nicht immer. Und da ist aber die Radionik so ein Gerät, das den Klienten einfach scannt und das dann aus dem Energiefeld des Menschen genau diese Informationen heraussucht, wo Disharmonien herrschen, um da auf dem Weg das aufzuarbeiten.« (Radionik/Masseur, 44 J.)

Die Arbeit mit solchen technischen Artefakten kommt ganz ohne persönliche energetische Empfänglichkeiten aus. Auch wenn dies vom Praktiker bedauert wird und dementsprechende spirituelle Übungen eine Steigerung versprechen würden, so betont man hier in der Regel doch eher die Ungenauigkeit jener Zugangsweisen, die ausschließlich »auf dem Gefühl« basieren.

Ein anderer Teil der Praktiker nutzt Artefakte, um die eigenen Energien zu verstärken.

»Die Gerätschaften geben mir die Energie, ansonsten müsste ich die Energie über mich selber leiten und das ist einfach aufwendig. Ich meine, ich bin ein 12 Volt Kabel und muss dann kurzzeitig 400 Volt herunterleiten und das ist wirklich messbar. Wir haben schon Kristalle mit Spulen umlegt und haben gemessen Millivolts, also es ist nur eine Frage der Menge und letztendlich, wenn man dann weitergeht in seiner Entwicklung merkt man, dass man sich selber zum Kristall machen kann und das wird man auch in dem Moment, wenn man in der Heilung ist. Dann merke ich wirklich, dass Kristalle in mir anfangen meinen Körper vollständig zu erfüllen und ich habe keine andere Wahrnehmung mehr, als dass ich Kristall bin. Ich nehme natürlich schon wahr, dass die Energie fließt, das zeigt nur, dass alles in mir ist, dass ich potentiell auch die Möglichkeit habe, mich mit allem zu verbinden. Er [der Klient] kann die Energie nicht leiten, weil er das Problem hat, ich habe gelernt, die Energie zu leiten –

dein Problem ist nicht mein Problem – deswegen habe ich keinen Widerstand, außerdem nehme ich mich soundso raus in der Heilung. Ich bin gewissermaßen nur der Generator, in den du deine Finger reinstecken kannst und dir das rausholen kannst an Ladung, was du brauchst, um dich selber zu heilen. Nur du musst mir halt vertrauen, dass ich ein guter Generator bin, das muss am Anfang entstehen, das ist klar und wenn das nicht entsteht musst ihn gehen lassen, weil dann kannst ihm nicht helfen, weil dieses Vertrauen muss da sein. Er muss nicht glauben an die Energie, die fließt so oder so.« (Magnetiseur, 47 J.)

Auch hier sind die wesentlichen Merkmale des »energievermittelnden« Musters vorhanden. Der von dem Problem des Klienten nicht affizierte Praktiker kann sich widerstandslos mit den Energien verbinden. Als Mittel zur Steigerung der energetischen Intensität fungiert ein auf Kristallen basierendes Gerät, durch das der Heiler zum »Generator« wird, aus dem man sich einfach die benötigte »Energieladung« holen kann. Bezeichnend ist, dass bei diesem Vorgang nicht notwendigerweise der Glaube an die Energie im Zentrum steht – die einzige Voraussetzung für eine gelungene Heilung ist auch hier, dass der Klient Vertrauen in das Charisma des Praktikers und damit in seine Fähigkeiten hat. Dazu trägt maßgeblich der Verweis auf die Wissenschaftlichkeit der Methode bei. Der Anspruch, mit wissenschaftlich anerkannten Weltdeutungen in Übereinstimmung zu stehen, gehört ja seit den Anfängen der New-Age-Bewegung zu ihren zentralen Merkmalen (vgl. beispielsweise die New-Age-»Bibel« *Wendezeit* des österreichischen Physikers Fritjof Capra) und trifft somit auch auf das holistische Milieu zu. Hier sind es vor allem die Uneindeutigkeiten, mit denen die etablierten Wissenschaften zu kämpfen haben, und die daraus folgenden spekulativen Annahmen, die zu alternativen Deutungen anregen. Da die Wissenschaft heute kein kohärentes Bild der Wirklichkeit mehr herzustellen vermag, sind besonders solche Deutungsmuster erfolgreich, welche »kontingenzschließende« Funktion haben. Diese stoßen nun in jene Lücken, die das rationale (das heißt anerkannte) Wissen (noch) nicht auffüllen kann.

Dass diese Deutungsmuster auch im holistischen Milieu zirkulieren, zeigt der in den letzten Jahren ungemein populäre Film »What the Bleep Do We Know«. Hier kommen Wissenschaftler zu Wort, welche die Ergebnisse aus der Quantenphysik und der Neurobiologie mit Erlebnissen aus der Mystik und Spiritualität harmonisieren. Es wird deutlich, dass es offenbar ein starkes Bedürfnis der Menschen gibt, mystische oder spirituelle Erfahrungen wissenschaftlich zu legitimieren. Hier setzen nun die Praktiker des holistischen Milieus an, welche die Wirkung ihrer Methoden als beweisbar ausweisen – auch wenn die meisten etablierten Wissenschaften diese *noch* mit dem Stigma des pseudowissenschaftlichen Obskurantismus belegen. Holistische Praktiker sind aber davon überzeugt, dass sich das in Zukunft ändern wird.

»Die Energetik, das ist genau dieser Graubereich – für mich ist das eher so ein gelb-oranger-Bereich, aber okay, der unwissenschaftlich ist, völlig unwissenschaftlich. Also mit einem Satz könnte man sagen: Energetik ist alles, was unwissenschaftlich ist, aber das wird sich ja ändern, zwangsläufig und zu gegebener Zeit werden auch die Dinge bewiesen werden.« (Energetiker, 37 J.)

Der Nachweis der Effizienz und Wirksamkeit wird allgemein über den Verweis auf die »Messbarkeit« erbracht und die Legitimation gerätegestützter Heilverfahren gelingt umso besser, je komplizierter bzw. technischer das Artefakt gebaut ist.

»SCIO, ja genau. Das ist ein bioenergetisches Gerät. Also, das Programm ist von Nelson, der ist mit 17 Jahren zur NASA gekommen und hat dort schon Computerprogramme erstellt, also das ist so ein Genie und der hat das alles auf den Computer gebracht. Und das Programm habe ich im Laptop drinnen und der Klient bekommt einfach zwei Elektroden und am Anfang sind zehn Fragen, wo er einfach durchgefragt wird, ganz schnell, ob er raucht, wie viel er trinkt, einfach so Standardfragen und das Programm ist aber so riesengroß, dass du gar nicht alles ausfüllen kannst mit einem Klienten. Da sind die verschiedensten Programme dann drinnen und der kann dann ausrechnen, an Hand der zehn Fragen und der Schwingung, die er bekommt – ich meine, so blöd das klingt, ich habe das am Anfang auch nicht verstanden (lacht) – rechnet er dann genau aus. Und da kannst aber genau dann sagen, ok körperlich z.B., ›es fehlen dir die und die Vitamine‹, oder ›dein Herz schwächelt ein bisschen‹, oder im psychischen Bereich z.B. die und die Schwächen hast du, oder der emotionale Bereich, mit den und den Themen befasst du dich jetzt gerade, das sind deine Emotionen. Nur das Gerät ist so riesengroß.« (Energetikerin, 42 J.)

Wird bei den traditionellen Methoden, wie wir gesehen haben, auf einen Guru Bezug genommen, der sein Charisma regelmäßig durch immer neue Wundertaten bestätigen muss, so sind es hier ausgewiesene Wissenschaftler, denen der Nimbus eines Amtscharismas (Weber) anhaftet. Im oben genannten Fall konstruierte ein Wissenschaftler von der NASA ein so »riesengroßes« Gerät, dessen komplexe Funktionen selbst die Anwender kaum zu durchschauen vermögen, das jedoch dazu im Stande ist, »genaue« Diagnosen zu berechnen.

Das zweite Muster steht im Zeichen der Vermittlung von Techniken, mittels derer der Klient selbst seine Energien steigern kann. Vor allem der ganze Komplex an fernöstlichen Körper-Bewusstseins-Praktiken lässt sich diesem Muster zuordnen. Über die Vermittlung des jeweils spezifischen Wissens, das in den Praktiken enthalten ist (z.B. Anleitungen zur Meditation oder zu bestimmten Körperhaltungen und Atemtechniken), werden die Klienten selbst handlungsfähig. Sie sind damit in der Lage, diese Praktiken in Eigenregie zu üben, wodurch sie sich deutlich vom ersten Muster unterscheiden.

»Yoga ist ein Selbstmanagement, wo man sich eigentlich selber gut helfen kann und ich bin eher dafür, dass Menschen lernen, sich selber etwas Gutes zu tun und das über diese Übungen lernen und nicht so sehr Hand auflegen oder Kartenlegen oder so etwas bin ich nicht so dafür. Das sind Dinge, da gibt's schon auch im Yoga ein Wissen davon. Es ist so, ich lade mich selber mit Energie auf, wenn ich diese Übung mache, ich arbeite mit Prana, ich arbeite sozusagen mit inneren Heilkräften, ich arbeite mental auch. Im Yoga gibt es schon viele, viele Techniken, die man verwenden kann für die Gesundheit, in jedem Bereich körperlich, geistig, mental.« (Yoga-Lehrerin, 46 J.)

»Die Chinesen beschreiben alles als Energie, jede Krankheit ist Energie, die in irgendeiner Form aus dem Lot gekommen ist. Ich vermittle das eben und zeig, wie man das wieder harmonisiert. Die Übungen sind ja hauptsächlich Meditationen, die dir wirklich helfen dich konzentrieren zu lernen. Atemübungen, es gibt Übungen, wo du dich auf den Finger konzentrierst, dabei werden Meridianbahnen geschlossen, das sind sehr praktische Übungen. Und das, was du wirklich lernen sollst dabei, ist im Grund genommen wirklich einmal die Alltagsgedanken abzuschalten und dadurch kann der Kopf dann auch frei werden.« (Qi-Gong-Lehrer, 43 J.)

Ist die Praktik einmal erlernt, so ermöglicht ihre Routinisierung, dass sich unabhängig vom Praktiker die gewünschten Effekte – z.B. die Entspannung, aber auch die außeralltäglichen Erfahrungen – immer wieder einstellen. Die Routinisierung ist dabei ein wichtiges Element zur Stützung des holistischen Überzeugungsnetzes. Auch für dieses

Muster gilt, dass die Praktiken entscheidend die Fähigkeit zur »Reflexion« anregen. Jedoch ist hierfür nun nicht mehr zwangsläufig der Anbieter verantwortlich. Mit dem erwähnten Begriff des »Selbstmanagements« wird auf die Möglichkeit der Selbstermächtigung über die angeeigneten Praktiken verwiesen.

Beiden Mustern ist folglich gemein, dass es die mit den jeweiligen Praktiken verzahnten Wissenselemente erlauben, die gemachten Erfahrungen zu kontextualisieren und damit in den individuellen Wertehorizont zu integrieren. Alle »wahrhaftigen« Praktiken leiten somit dazu an, die Innenwelt der Übenden und eine damit korrespondierende Außenwelt besser zu verstehen. Hier liegt auch eine Bedeutungsdimension von »Spiritualität« verborgen. Nicht-spirituelle Praktiken wären demnach solche, welche keine reflexiven Kategorien bereitstellen und beispielsweise lediglich die körperliche Dimension des Seins akzentuieren. Im Interviewmaterial wird zu solchen unauthentischen Praktiken meist eine kritische Distanz gewahrt.

»Natürlich, ich meine, die Aerobicfrau von so und so, die einen Gymnastikbetrieb hat, die bietet auch Yoga an. Ob das jetzt Yoga ist oder nicht, das weiß man dann nicht. Also das ist eher schwerlich zu vermuten.« (Yoga-Lehrerin, 46 J.)

Wir haben nun einen Einblick in die zentralen Berührungspunkte der diversen holistischen Praktiken gewonnen, auf welchen die Arbeitsweisen der Anbieter basieren. Um das Bild zu vervollständigen, wird der nächste Abschnitt genauer auf das Selbstverständnis der Praktiker in Bezug auf ihre Rolle im holistischen Milieu fokussieren.

9.4 Die Arbeitsweise und die Beziehung zu den Klienten

Der Charakterisierung holistischer Praktiken konnten wir entnehmen, dass viele darauf ausgerichtet sind, den Menschen in seinem »Heilungsprozess« (bzw. Bewusstwerdungsprozess) zu aktivieren. Dieses Merkmal bleibt in der kritischen Diskussion der Gefahren, die von der Esoterikszene ausgehen, meist unerwähnt. Ja das Gegenteil wird hier meist betont, indem das Milieu in den Dunstkreis von Sekten gerückt wird, die versuchen, ihre Mitglieder durch fest vorgegebene Verhaltensrichtlinien zum religiösen Heil zu führen. Das sich im Interviewmaterial abzeichnende dominante Muster sieht jedoch gänzlich anders aus. Auf den Punkt gebracht kann man es als das Streben nach Autonomie bezeichnen. Die Aktivierung der Klienten im Sinne dieses Strebens grundiert das Selbstverständnis der Praktiker. Dies beinhaltet die Ermunterung, seinen eigenen Weg zu finden und zu beschreiten ebenso, wie sich selbst als Regisseur für sein Leben zu definieren. Im holistischen Kontext findet sich dafür der Code »Verantwortung«.

»Also geht es nur darum, die Verantwortung ihm selbst zurückzugeben, indem ich ihm zeige, wo er sich hinwenden kann, wenn er Hilfe braucht. Das ist in ihm, er muss nur mit einem Gedanken etwas öffnen und sich dem aussetzen und dann wird ihn das eh lehren, wo es weitergeht. Das heißt der Meister ist die Seele, also ich muss dich nur zum Meister führen.« (Energetiker, 37 J.)

»Ja, es geht um die Autonomie, um die Übernahme von Verantwortung wieder für sich. Daran musst du arbeiten und daraus was machen und das in den Alltag einbinden und zumindest den Unterschied schon im Alltag merken, in welchem Modus bin ich. Bin ich jetzt wieder in diesem einen oder wie spüre ich den anderen Modus, welcher tut mir besser.« (Yoga und Tai-Chi-Lehrer, 64 J.)

Der Praktiker hat die Aufgabe, dem Klienten Handlungsspielräume aufzuzeigen, die sich jedoch nur entdecken lassen, wenn man sich auf den »Weg zu sich selbst« macht. Er fungiert demnach als Türöffner zu den verschütteten Bereichen der Innenwelt. Hier ist nicht nur das gesamte Potential des Menschen angelegt, das es zu verwirklichen gilt, es ist auch der eigentliche Ort, an dem man wieder »heil« wird. Dieser Überzeugung liegt die im holistischen Milieu weit verbreitete Annahme eines überzeitlichen, unendlichen und allwissenden Überbewusstseins (oder der Seele) zu Grunde, dem man sich im Prozess der Vervollkommnung immer weiter öffnen sollte. Im folgenden Zitat wird eine solche Entwicklung als alchemistische Transmutation beschrieben, an deren Ende der »veredelte«, ungespaltene Mensch steht:

»Es geht immer um das eigene Gold, das man nach außen bringt, um einen Weg der Individuation wie es der Jung ausdrücken würde, als ein Entwicklungsweg durch die verschiedenen Archetypen hindurch bis zum großen Werk, dass der Mensch einfach ganz ist und heil ist.« (Tarot-Berater, 58 J.)

Eine zentrale Bedingung dafür ist, dass man lernt, sich nicht von anderen Meinungen oder Einflüssen abhängig zu machen, sondern seiner eigenen inneren Stimme folgt – oder wie ein Praktiker dies ausdrückt: »allein in die Verantwortung geht.« In den Augen der Akteure ist das ein exklusives Merkmal des holistischen Milieus, das es als eine avantgardistische Keimzelle ausweist. In der gegenwärtigen Gesellschaft herrsche folglich gerade ein Mangel an Selbstverantwortung, was sich als hinderlich für die Verwirklichung des individuellen, wie auch gesellschaftlichen Potentials erweise.

»Ich glaube immer mehr Menschen fühlen sich getrieben, und es gibt sicher ganz viele Leute, die ganz anders leben wollen, und die auch innerlich spüren, dass sie ganz anders leben sollten und möchten, aber nicht anders leben können, weil ihnen die Selbstverantwortung fehlt. Vielleicht, weil sie auch glauben, sie schaffen es nicht, weil sie in diesem Radl schon so drinnen sind, weil die abhängig sind von dem Finanzsystem, in dem wir leben, auch wirtschaftlich abhängig sind. Da ist es schwierig, die Menschen soweit schon zu haben, dass man ihnen sagen kann ›du bist in der vollen Verantwortung diesen Weg zu gehen und du kannst das erreichen, aber du musst das auch tun‹. Ich glaube, soweit sind die Menschen eben nicht.« (Energetiker, 41 J.)

Die Formel, welche die Praktiker ihren Klienten vermitteln wollen, heißt also »Freiheit durch Selbstbestimmung«. Es handelt sich um eine Freiheit, die auf Eigenständigkeit beruht und sich gegen störende Einflüsse von außen auflehnt – wozu Autoritäten, Traditionen, Dogmen usw. gehören. Authentisch ist, wer sein Leben gemäß seiner inneren Stimme einrichtet – unauthentisch bzw. entfremdet sind jene, bei denen der Kontakt zu dieser Quelle gekappt wurde. Das je Authentische zu betonen, bedeutet die Aufforderung zur Selbsterkundung. In den Tiefen des eigenen Ichs wartet folglich keine gähnende Leere, sondern dort ist die »Essenz« (oder der »Seelenfunken«), sprich, der überindividuelle Anteil des Menschen verborgen. Dieser ist im holistischen Kontext deshalb von Bedeutung, weil hier, wie ein Praktiker meint: »alles Wissen aus vergangenen Leben und Existenzen gespeichert ist, und das hat nun jeder zur freien Verfügung«. Voraussetzung für einen Zugang zu diesem Wissen ist auch hier die Erfahrung und eine adäquate Reflexion darüber. Im holistischen Milieu findet sich häufig der Begriff des (spirituellen) Lernens.

»Ich gehe davon aus, dass die Seele öfter auf dem Planeten ist, nicht die Person, aber die Seele, weil wie will ich umfangreich da lernen, ich kann nicht in einem Leben Mann sein, Frau sein, arm sein, reich sein, Macht haben, keine Macht haben, diese ganzen Lerneffekte da herunten kann ich nicht mit einem Leben mitnehmen. Dadurch denke ich mir, um die Gesamtheit des Lernpotentials da zu erfassen, muss eine Seele öfter kommen, weil sonst wären wir da herunten sehr ungerecht unterwegs, wenn einer Paris Hilton heißt und der nächste in den Slums von Kenia auf die Welt kommt. Nachdem aber jeder alles einmal macht, ist die Ungerechtigkeit wieder dahin. Wenn jetzt also ein Klient zu mir kommt und er irgendeinen Schmerz hat, dann ist für mich ist die erste Frage die wichtigste: ›was soll er daraus lernen?‹ *Weil nichts im Leben begegnet dir umsonst.* Natürlich kann ich einmal wirklich spät schlafen gegangen sein, unausgeschlafen und über die Stiege fallen, also das will ich jetzt da nicht als unbedingt gottgegeben sehen. Aber wenn ich jetzt so langjährige chronische Erkrankungen habe, steckt da meistens schon sehr wohl etwas dahinter und da muss man auch schauen, was muss man tun muss, damit sich das verändert. Wenn es etwas zum Lernen gibt, kannst du das nur auflösen, wenn der auch verstanden hat, was das Lernpotential aus dem ist. Da geht man dann Schritt für Schritt, dass man versteht, was sich ändert – natürlich mit Unterstützung. Aber heilen tue ja nicht ich, sondern heilen tut die Person und ihr Körper, ich stelle nur universelle Heilenergien zur Verfügung. Ich gebe dem Körper Energie, damit er heilen darf, das heißt ein jeder kann sich dagegen wehren, weil es gibt auch Kranke, die gerne krank bleiben wollen, weil der Krankheitsgewinn größer ist als das Leid aus der Krankheit.« (Energetikerin, 46 J.)

Die Befragte spricht hier gleich mehrere Punkte an, die für das holistische Überzeugungsnetz wesentlich sind. Zum einen wird das Problem des ungerecht empfundenen Leidens (Theodizee), dem sich alle Religionen stellen müssen, durch die Vorstellung eines umfassenden Lernprozesses gelöst. Wie wir im Kapitel über holistische Werthaltungen gesehen haben, sind dabei die indischen Ideen des Karmas und der Reinkarnation hilfreich. Mit diesen Konzepten gelingt es, dem grundlegenden Bedürfnis von Menschen nach sinnhafter Deutung von Erfahrungen der Irrationalität (wie das gleichzeitige Bestehen von Leid bzw. Übel und eines allmächtigen Schöpfergottes) zu entsprechen. Im holistischen Kontext passiert demnach nichts, was nicht in seinem Sinn für das Individuum erklärbar wäre. Alles hat eine Wirkung und eine Bedeutung – vor allem Leid und Übel – da man nicht zufällig in unangenehme Situationen gerät, sondern diese selbst anzieht oder heraufbeschwört (siehe »Resonanzgesetz«). Sinnvoll erscheint der ewige Prozess von Tod und Wiedergeburt, da sich die »Seelen« vielschichtige Erfahrungen aneignen, die dann als Basis für die Gesamtheit des Lernpotentials dienen.

Zum anderen wird erneut die Funktion des Praktikers als »Hilfsarbeiter« thematisiert, der seine Energien zur Verfügung stellt, das mit einer Krise verbundene eigentliche Lernpotential ins Bewusstsein hebt und den Klienten damit derart aktiviert, dass er sich selbst heilen kann.

Ein weiteres Ziel der Praktiker besteht darin, ihr holistisches Wissen in Form der »Alltagstauglichkeit« an die Klienten zu vermitteln.

»Ja und auch wenn sie oft irgendwo drinnen stecken, wo sie einfach nicht herauskommen, dass man ihnen den Hintergrund dazu sagt, dass ich eigentlich das ganze Feld überblicke. Also ich bin niemand der sagt ›du warst in einer Vorinkarnation die Cleopatra‹ oder ›deine Seele ist der Erzengel Michael‹ oder irgend so einen Schwachsinn, überhaupt nicht. Es geht wirklich um Hilfe, wie ich in meinen Alltag zurechtkomme. Oder auch Leute, die irgendwo sagen ›naja, ich suche etwas, aber wohin geht's?‹, wo man einfach schaut, wo sind Potentiale da.« (Schamanin, 49 J.)

Die Alltagstauglichkeit des holistischen Wissens bemisst sich nach dessen Sinnhaftigkeit für den je individuellen Lebensvollzug. Die erwähnten reflexiven Kategorien, die im holistischen Milieu kursieren, bieten eine Reihe solcher sinnhafter Verknüpfungen von unverstandenen oder unbewussten Elementen in der eignen Biographie an. Von den Praktikern vermittelt, werden sie damit zu einer wichtigen identitätsstiftenden Quelle für die Akteure, da sie »starke Wertungen« bereithalten. Diese sind deshalb als »stark« zu bezeichnen, weil sie wesentlich dazu anleiten, die Dinge nach Maßstäben der Sinnhaftigkeit für den eigenen Lebensentwurf zu betrachten. Starke Wertungen bieten somit die Möglichkeit, etwas als erstrebenswert zu betrachten und anderes als trivial oder sinnlos abzutun.[3] Die Praktiker sehen es hier

3 Zum Konzept der »starken Wertungen« vgl. Taylor (1992): Was ist menschliches Handeln. In: Negative Freiheit? S. 24. Dass starke Wertungen gerade in Krisenzeiten, in denen alte Handlungsmuster und die auf sie basierenden Überzeugungen brüchig werden, in das Blickfeld der Reflexion rücken, wurde in Kap. 6 erörtert.

als ihre Aufgabe, die Klienten zu ermächtigen, selbst solche evaluativen Kontrastierungen vorzunehmen.

»Meine Form des Yoga ist auch ein Yoga, der sich des spirituellen Hintergrundes bewusst ist und wo auch die Spiritualität immer wieder drinnen ist, wo auch die Meditation einen fixen Platz hat, wo es nicht darum geht, möglichst tolle Asanas auf die Matte zu legen, sondern wo es auch um den meditativen Aspekt geht, wo es auch um Spiritualität im weiteren Sinne geht. Also wo man sich auch der spirituellen Dimension, die sich im eigenen Inneren ausdrücken möchte, bewusst wird. Und deswegen nehme ich auch einfach an, dass das ein unbewusstes oder nicht offiziell geäußertes Bedürfnis nach Spiritualität ist, nach einer gewissen Tiefe auch im Leben, nach Unterstützung im Alltag, auch vielleicht auch nach Sinn oder nach Werten. Die bekommt man jetzt nicht von mir serviert, weil ich sag ja nicht, das ist gut und das ist schlecht, aber mit denen man in sich selber in besseren Kontakt kommt, wenn der Geist und die Gefühle und die Gedanken und wenn auch der Körper von der Rastlosigkeit mehr in eine Ruhe kommt und du dann selber in dir erkennst, was wichtig ist, was Bestand hat, was dich trägt, was dir Kraft gibt, wo du hin möchtest. Das denke ich ist ein wichtiger Punkt.« (Yoga-Lehrer, 46 J.)

Erneut wird »Spiritualität« als Bewusstseinsprozess verstanden, der sich den inneren Dimensionen des Menschseins widmet. Durch Introspektion – hier vermittelt über die Praktik der Meditation – vermag der Übende selbst zwischen tiefen und oberflächlichen Bedeutungen zu unterscheiden. Wirklich wertvoll ist dieses Wissen also nur, wenn es auch praktisch relevant ist und als Leitfaden für die Probleme des Alltags dient. Der Praktiker fungiert demnach als zeitweiliger Begleiter seines Klienten auf dem Weg zu einer authentischen, selbstbestimmten Lebensführung.

»Weil es geht immer darum, den Sinn des Lebens zu finden und die Menschen irgendwo zu motivieren, zu erkennen, dass es mehr ist als nur im Moment ein Problem zu beseitigen, sondern insgesamt sich auf den Weg zu machen sich insgesamt wieder in Einklang, in Harmonie zu bringen. Und da kommt dann die Kraft des Geistigen zum Tragen, wo ich sage, in die Lebensfreude Kraft hineingeben und das kann ich steuern.« (Energetiker, 51 J.)

Im holistischen Milieu sehen sich jedoch nicht alle Praktiker dem hehren Ziel der Selbstermächtigung bei der Arbeit mit ihren Klienten verpflichtet. Damit berühren wir jenes Thema, welches das holistische Milieu häufig in Verruf bringt.

9.5 DER SCHARLATAN – ODER »WO VIEL LICHT IST, IST AUCH VIEL SCHATTEN«

Der gewichtige Vorwurf, das holistische Milieu sei ein Tummelplatz für Scharlatane und Quacksalber, die das große Geschäft mit der Leichtgläubigkeit der Menschen machen, wirft ein schiefes Licht auf die Praktiker und ihre Methoden. Die Kritik lässt sich an vier Argumenten nachzeichnen, die nicht nur die Wächter der Aufklärungsidee ins Feld führen, sondern häufig auch die holistischen Akteuren selbst ansprechen.

Zunächst wurde schon oben festgestellt, dass mangelnde Qualitätsstandards und willkürliche Ausbildungswege die Seriosität der Anbieter in Zweifel ziehen. Die daraus resultierende Diffusität im Berufsbild kann zu Konflikten im Zuständigkeitsbereich führen. Praktiker, welche die verschiedensten Krankheiten behandeln, sind etablierten Medizinern ein Dorn im Auge. Wie wir im folgenden Abschnitt sehen werden, ist es jedoch durchaus üblich, dass die Praktiker ihre Klienten an Ärzte verweisen. So ist im Interviewmaterial auch eine durchgängige Distanzierung zu Kurpfuschern zu erkennen, die mit dem Bemühen um Etablierung entsprechender Ausbildungen und ethischer Richtlinien einhergeht. Dazu gehört auch die angesprochene Vermeidung suggestiver Praktiken.

> »Also ich bin ja kein Kurpfuscher. Ich bin auch mit meinen Aussagen, wenn ich auch zehnmal so ein Gefühl hätte, was der jetzt haben könnte, werde ich es ihm nie sagen, sondern, wenn ich den weitervermittle, sage ich dem Arzt: ›du, pass auf, ich habe das Gefühl, der hat das oder das.‹« (Radiästhesist, 84 J.)

Weiters gerät das holistische Milieu unter Beschuss, da die angewendeten Praktiken einen objektiven Nachweis ihres Erfolges vermissen lassen. Tatsächliche Genesung durch eine holistische Behandlung wird im dominanten wissenschaftlichen Diskurs als Placeboeffekt gedeutet und dementsprechende Methoden der Homöopathie bis hin zu schamanischen Ritualen werden pauschal als Humbug abgetan. Dieser Vorwurf ist umso verhängnisvoller, als die Praktiker selbst mit dem

Anspruch der Beweisbarkeit, sprich der Wissenschaftlichkeit ihrer Methoden auftreten. Solche Versuche, »esoterisches« Wissen mithilfe wissenschaftlicher Deutungsmuster zu legitimieren, setzt einem seit je her dem Vorwurf der Scharlatanerie aus.[4] Dabei finden in der Argumentation der Kritiker die positiven Effekte holistischer Praktiken kaum Erwähnung. Kriterien der Anerkennung neuer Heilverfahren sind demnach nicht die körperlichen und psychischen Erleichterungen, welche sie leidenden Individuen zu verschaffen vermögen, sondern allein, ob die Methoden in einem Kausalzusammenhang beweisbar sind und damit den Ansprüchen des positivistischen Paradigmas genügen.

Auch die Entmündigung der Klienten oder Patienten ist ein häufig genanntes Kennzeichen für Scharlatanerie. Dieser Kritikpunkt wird nicht nur von den Weltanschauungs- und Sektenbeauftragten vorgetragen, sondern auch von den Praktikern selbst. Dass von holistischer Seite solche Arbeitsmethoden auf Ablehnung stoßen, zeigt das oben skizzierte Bestreben der Anbieter, ihre Klienten zu einem eigenverantwortlichen Umgang mit ihren Problemen zu ermutigen. In einer für das Interviewmaterial typischen Weise spricht der folgende Befragte die positiven und negativen Aspekte der Ausdehnung des holistischen Milieus an.

»Also generell ist diese Vielfalt aktuell auch etwas sehr Positives und überdeckt vieles an Schwächen. Es sind halt die Möglichkeiten da, es ist ein Klavier mit vielen Tasten gegeben. Das ist außergewöhnlich positiv, das überstrahlt wirklich vieles. Und das, was wirklich negativ ist, das ist, wenn der Teilnehmer eines Kurses entmündigt wird. Und es gibt dann schon noch eine Unterecke, die ich auch sehr störend finde, dass viele das nutzen als mechanistisches Prinzip. Dass sie das nur einwerfen, ohne dass hier ein geistiges Dabeisein gegeben ist, dass sie glauben, damit können sie schon ihre Lebenssituation verändern, verbessern. Praktisch eingelullt ›jaja, ich mache eh autogenes Training‹. Nichts! Sobald der Anteil des Mechanistischen oder dieser Projektion auf den großen Guru – in welcher Form auch immer – sobald diese Anteile hoch sind, ist es schade um die ganze Szene. Aber die Vielfalt ist äußerst zu befürworten.« (Yoga und Tai-Chi-Lehrer 64 J.)

4 Berühmte Beispiele sind Franz Anton Mesmer und Wilhelm Reich, die gerade wegen ihrer Ambitionen, Anerkennung von Seiten der Wissenschaft zu finden, als Scharlatane geächtet wurden.

Neben einer verfehlten ganzheitlichen Auffassung der zu vermittelnden Methode, wo lediglich ein mechanistisches Konzept Verwendung findet, gilt es, sich von einer Unterwanderung Ich-stärkender Prinzipien abzugrenzen. Zu einer Entmündigung, die, wie erwähnt, den Bestrebungen vieler Praktiker widerspricht, gehört hier auch die Fixierung auf einen Guru. Zwar gehen die Meinungen über den Nutzen solcher charismatischer Personen auseinander, symptomatisch ist jedoch, dass keiner der Befragten für sich diesen Status reklamiert. Dies liegt vermutlich daran, dass eine vom Guru eingeforderte vollkommene Hingabe mit dem westlichen Ideal nach Selbstbestimmung und Selbstkontrolle nicht vereinbar ist. In den östlichen Traditionen wird die Beziehung zu einem spirituellen Lehrer aus einer vollkommen anderen Perspektive betrachtet. Um emotionale und körperliche Leiden heilen zu können, muss der Patient zur vollkommenen Hingabe bereit sein, was letztendlich in die erwünschte Selbstaufgabe mündet (Kakar 2008: 106). William James (1997: 141) nennt diese Form der Selbstaufgabe »Erneuerung durch Entspannung und durch Gelassenheit«: »Es geht allein darum, das eigene kleine, private, verkrampfte Selbst zur Ruhe kommen zu lassen und festzustellen, dass ein größeres Selbst da ist.«

Das Loslassen des verkrampften Selbst, welches das erklärte Ziel aller religiösen und spirituellen Praktiken ist, geht Hand in Hand mit der Auflösung der Kontrolle über Gefühle und Triebregungen und einer allmählichen Aufgabe der kritischen Urteilskraft und des rationalen Denkens. In Indien, wo Vernunft und Einbildungskraft stets in einem ausbalancierteren Verhältnis zueinander existierten, erscheint das erlösende Aufgehen im machtvollen, weisen Guru als erstrebtes Ziel, um in Kontakt mit seiner heilenden Aura zu gelangen. Im Westen hingegen erscheinen solch metaphysische Deutungshorizonte als obskur, der Einbildungskraft wird nicht über den Weg getraut und die Hingabe an einen charismatischen Heiler als gefährlicher Rückschritt für ein auf Selbstkontrolle bedachtes Subjekt erachtet. An diese kulturelle Eigenheit knüpfen auch die holistischen Praktiker an, die zwar die Vorteile eines Lehrers beim Beschreiten der spirituellen Pfade erwähnen, für sich selbst jedoch eine solche Rollenzuschreibung strikt ablehnen.

Der im Diskurs um die Scharlatanerie wohl am häufigsten genannte Kritikpunkt ist der Vorwurf der »Abzocke«. Seminare und dubiose Therapieangebote, die das große Heil versprechen, Hotlines zu Astrologen, die einen Blick in die Zukunft gewähren, magische Artefakte – von Tinkturen und Heilsteinen bis zu Engeln und Amuletten – sie alle haben ein Ziel: leichtgläubige Menschen um ihr Geld zu bringen. Diese Einschätzung teilen jedoch nicht nur besonders kritische Verächter des Milieus. Auch unter den Praktikern selbst werden solche Methoden verschmäht.

»I: In den letzten Jahren hat ja dieser Bereich schon relativ geboomt und es gibt immer mehr Leute, die in diesen ganzen alternativen Bereichen viele Dinge anbieten. Wie sehen Sie das, ist das gut, diese Entwicklung?
B: Nein. Das ist aus dem Grund nicht gut, weil viele das große Geld drinnen sehen und ich von mir aus sehe, dass ich Ausbildungen gemacht habe, jahrelang einfach mit einer Kollegin geübt habe. Wo wir geschaut haben, wie wirkt das, was ruft das hervor. Dass ich ein Seminar mache und dann selber glaube, das kann ich alles, auch wenn ich die größte Begabung habe. [...] Ich habe aber eine 25-jährige Erfahrung von der Psychiatrie, mit Belastungsreaktionen und so, ich weiß, wenn mir einer aus der Bahn läuft, wenn ich das tue, schon von meinem Hauptberuf her. Und wenn ich da jetzt ein ganz unbedarfter Energetiker bin, einen Kurs gemacht habe und dann bei den Leuten alles aufreißen anfange, dann frage ich mich, wie mache ich das wieder zu. Es kommen auch vermehrt Leute in die Psychiatrie, weil sie bei Familienaufstellungen waren, die das nicht mehr im Griff gehabt haben, die bei Heilern waren, die ihnen tausende von Euro aus der Taschen gezogen haben, es geht dann in irre Summen, Abhängigkeiten produziert haben, Angst verbreiten und solche Dinge. Ich finde es gut, dass die Energetik nicht mehr so eine Geheimwissenschaft ist. Ich finde es aber nicht gut, dass viele das einfach machen, um möglichst schnell möglichst viel abzucashen. Dadurch verlieren wir sehr viel an Ruf und es kommen auch viele zu mir, die sagen ›was ist denn jetzt bei Ihnen los, jetzt kriege ich keine fünf Nachfolgetermine?‹, sage ich ›ja, wir haben jetzt gearbeitet, wir werden schauen, wie der Körper darauf reagiert, wenn sie glauben, dass diese Prozesse zu Ende sind, dann können wir uns wieder zusammenreden‹. Also ich versuche das niemals dingfest zu machen, weil wenn du eh schon zehn Termine gibst wie beim Zahnarzt, dann muss der ja kommen. Ich weiß nicht, wie lange das bei dem brauchen wird, bis sich das gesetzt hat und er das integriert hat. Es gibt solche Stilblüten wie – da hat es jetzt ein Seminar in Deutschland gegeben, 5000 Euro für zwei Tage, 30 Teilnehmer. Der das veranstaltet ist materiell sicher mit 150.000 recht gut bedient für zwei Tage Arbeit, würde ich einmal sagen.« (Prana-Healing-Therapeutin, 41 J.)

Bei dem heiklen Thema, für außeralltägliche Fähigkeiten überhaupt Geld zu verlangen, verweisen alle professionell agierenden Praktiker auf den spezifischen Wert ihres Angebotes. Teil ihrer Argumentation ist auch hier das Prinzip der Aktivierung. Jene, die erst einmal bereit seien, für diese Dienstleistung zu bezahlen, würden auch ein besonderes Interesse an der Auflösung ihrer Problemlagen haben. Die Preise für holistische Angebote orientieren sich dabei grundsätzlich am Niveau verwandter Berufsfelder – wie der Psychotherapie, der Massage, der Physiotherapie usw. Der Berufsgruppensprecher der Energetiker für Kärnten meint, dass der Tagessatz für Seminare ungefähr bei 120 Euro liegen sollte, während 50 bis 120 Euro für eine holistische Beratung, bzw. Behandlung legitim sind. Die Obergrenze kann von jenen verlangt werden, die als besonders Befähigte ausgewiesen sind.

Allgemein muss angemerkt werden, dass im holistischen Milieu die Scharlatanerie stark relativiert wird. Dies geschieht zum einen mit dem Verweis darauf, dass sich schwarze Schafe auch in anderen Berufsgruppen tummeln:

»Ja, ich finde den Unterschied zu anderen Berufen nicht so groß. Da gibt es spezielle Bereiche in der Medizin, in der Juristerei, bei den Banken usw. Darüber denke ich natürlich sehr oft nach, aber es muss überall so sein, weil die Gier überall gleich verteilt ist.« (Yoga und Tai-Chi-Lehrer, 64 J.)

Zum anderen existiert auch eine »holistische« Deutung, die uns oben als »Resonanzgesetz« begegnet ist:

»Man kriegt alles nach dem universellen Gesetz einfach zurück, wir haben kein Recht zu richten. Wir haben so ein System, wo jeder ums Überleben kämpft, auch die sogenannten Scharlatane. Da die anderen auch in der Schwingung drinnen sind, brauchen sie es eben, so sehe ich das, Punkt. Jeder kriegt das, wo er drinnen ist, was er braucht, was er ausstrahlt. Wenn ich mich da in der Ecke stoße habe ich das ausgestrahlt, brauche ich das, weil ich war gerade in der Schwingung drinnen. Meistens ist es so, ich merke, wenn ich in der negativen Schwingung bin dann passiert irgendetwas. Wenn ich jetzt mit dem Auto fahre und ich denke an irgendetwas Negatives, dann läuft gerade ein Hase über den Weg in der Nacht oder wie auch immer. Wie willst du das ändern, können wir nicht ändern. Ich kann die anderen nicht ändern und sagen ›ja hallo, das ist alles Humbug‹. Weil ich war selber auch mal da drinnen und habe es genauso gemacht und habe auch allein rausfinden müssen.« (Schamanin, 49 J.)

Diese hier etwas radikale formulierte Überzeugung, wonach sich gleiche Energien anziehen, ist paradigmatisch für das holistische Milieu, in dessen Kontext nichts geschehen kann, was sich nicht auch in einen plausiblen Sinnzusammenhang stellen lässt. So gesehen macht es durchaus »Sinn«, wenn jemand in die Fänge eines Scharlatans gerät, da er gemäß der »Energielehre« damit genau dort hin kommt, wo er auch hinkommen sollte: in eine »Lernsituation«, die letztlich auch etwas Positives bewirkt.

»Es geschieht ohnehin einmal das, was geschehen muss, sagen wir einmal so, ohne dass ich jetzt sage, das ist jetzt das unabwendbare Schicksal usw. Nur alles geschieht also in bestimmten Proportionen, dass man sagen kann ›wo viel Licht ist, ist auch viel Schatten.‹« (Tarot-Berater, 58 J.)

Wir konnten nun bei den Praktikern und ihren Methoden eine Reihe von Gemeinsamkeiten feststellen. Zentrale Ähnlichkeiten in den Wertorientierungen und den Einstellungen zur Anwendung der Praktiken rechtfertigen demnach den Milieubegriff. Auch wenn innerhalb des holistischen Milieus viele Wege und Strategien existieren, die zu partikulären Unterschieden führen, so werden diese doch von gemeinsam geteilten Überzeugungen getragen. Die Frage, die sich daran knüpft, ist, welche Form der Vergemeinschaftung von Seiten der Anbieter vorherrscht bzw. in welcher Weise und in welchem Ausmaß die Anbieter untereinander, als auch mit anderen Berufsgruppen kooperieren.

9.6 HOLISTISCHE NETZWERKE

Der Fluidität des Phänomens entsprechend ist das holistische Milieu von einer Reihe von Netzwerken durchzogen. Ob diese enger oder loser geknüpft sind, hängt maßgeblich davon ab, ob sie in der Stadt oder am Land bestehen. Das New-Age Phänomen galt seit je her als ein urbanes Phänomen, da Städte kulturell offener, vielfältiger und liberaler sind als ländliche Regionen (Greverus/Welz/Bischof 1990). Die Stadt als Labor experimenteller Lebensstile erzeugt somit einen Bedarf an Praktiken, die dem Authentizitätsideal gerecht werden. Oben haben wir erörtert, dass es eine maßgebliche Intention der Anbieter ist, Selbstbestimmung durch holistische Praktiken zu fördern, bzw. Klienten Praktiken zur Verfügung zu stellen, mittels derer sie selbstbestimmt üben können. Da die Praktiken und Überzeugungen somit gut zu der Bedürfnislage des modernen Menschen passen, liegt hier wohl auch ein Grund für das stete Anwachsen des holistischen Milieus. Hat ein Teil der sich stetig vermehrenden holistischen Praktiker das Einzelkämpfertum gewählt, so liegt das Bestreben der anderen darin, sich und ihre Berufsgruppe stärker zu vernetzen. Im Interviewmaterial lassen sich besonders drei Formen der Vergemeinschaftung erkennen, die jedoch in einem engen Zusammenhang zueinander stehen: *offene Häuser, fachspezifische Zirkel, Institute und Zentren.*

»Offene Häuser« sind Zusammenkünfte von Praktikern, die meist in Privatwohnungen stattfinden. Die Treffen haben informellen Charakter und stehen prinzipiell allen offen.

»Wir haben – also ich habe ein Gruppe gebildet, aber jetzt nicht nur mit Energetikern, sondern das steht jedem Menschen offen und da treffen wir uns einmal im Monat und dann wird da einfach z.B. was eben in der Gruppe jetzt gefragt wird, irgendein Thema wird hergenommen und dann erzähle z.B. ich was ich weiß, über diese Thema, oder wer anderer, wenn der was weiß, dann macht der das. Z.B. das letzte Mal war eine Schamanin dabei, die das dann aus ihrer Sicht gesagt hat, also wo ich sehr wohl auch noch etwas lernen kann daraus, aber alle anderen auch.« (Energetikerin, 42 J.)

»Wir machen Meditationsabende, also ein Freundeskreis. Zwei Freundinnen und ich, wir meditieren, wir machen auch Friedensarbeit. Zu dritt machen wir das, aber eben nur privat. So ein Kreis, der entsteht jetzt, weil ich habe jetzt angefangen, eine Friedensaufstellung zu machen, also für den Weltfrieden auch wirklich im Großen zu arbeiten. Und das hat den Leuten sehr, sehr gut gefallen, da werde ich jetzt weitermachen.« (Kinesiologin, 41 J.)

Das offene Haus dient den Anbietern entweder als Ort des ungezwungenen, vertrauensvollen Erfahrungsaustausches und der Vermittlung von spezifischen holistischen Inhalten, oder um gemeinsam eine Praktik (hier die Meditation) auszuüben.

»Fachspezifische Zirkel« haben exklusiveren Charakter. Sind im offenen Haus Nutzer und Anbieter gleichermaßen anzutreffen, so wird der Zirkel ausschließlich von Praktikern frequentiert. Hier zirkulieren Informationen über aktuelle Trends in der Szene und es werden neue Entwicklungen vorgestellt.

»Ich mache jetzt mit meiner Freundin, wir haben jetzt ein neues Heilgerät, so einen Zapper bestellt in Deutschland und wollen das in unserem Freundeskreis kostenlos vorstellen, da kann jeder seine Zappersitzung machen und dann schauen wir einmal wie sich das rumspricht und verbreitet und dann gibt es ja abends Vorträge zum Thema und man kommt dann so irgendwie zusammen, das ist so die Idee. Weil die Räume sind ja da. Siehst ja hier.« (Channeling-Therapeut, 41 J.)

»Es hat sich jetzt eine neue Plattform gebildet, wo sich Leute, die energetisch arbeiten in Kärnten, einfach treffen und kleine Workshops machen für Leute, die sich das mal anhören, ausprobieren möchten und wo man dann untereinander das eben auch erfahren kann und schauen kann, wie arbeitet der oder die, was ist da los und das finde ich schon sehr sinnvoll.« (Numerologin, 37 J.)

Wichtig bei diesen Formen der Wissensvermittlung ist stets, dass hier die Möglichkeit der Erfahrung besteht. Um zu sehen, wie die Kollegen arbeiten, muss man deren Methoden auch ausprobiert haben. Diese Treffen dienen damit nicht nur dem Informationsaustausch und der Weiterbildung der Praktiker, sondern auch, um die Möglichkeit zukünftiger Kooperationen auszuloten.

Die formalisierteste Form der Vergemeinschaftung findet in »Instituten und Zentren« statt. Wie wir im Kapitel über die »Gesamterhebung holistischer Anbieter« gezeigt haben, finden sich diese in größerer Zahl in einem urbanen Umfeld, wo sie Teil eines holistischen Marktes sind. Institute und Zentren spielen hier aus zweierlei Gründen eine wichtige Rolle als Knotenpunkte im holistischen Netzwerk. Zum einen sind sie durch ihre öffentlichkeitswirksame Präsenz (Werbung, besonderes Gebäude) eine Anlaufstelle für die Nutzer holistischer Praktiken, die von den Anbietern häufig in Arbeitsgemeinschaften offeriert werden. Zum anderen fungieren sie als Verteiler holistischer Ideen. Über Kurse, Seminare, Workshops usw., die meist kostenpflichtig sind, tragen sie maßgeblich zur Verbreitung solcher Überzeugungen bei. Für die Praktiker sind Institute und Zentren ein weiterer Schritt zu einer professionellen Arbeitsweise, die adäquate Ausbildungen und den Anschluss an ein dichter geknüpftes Netzwerk ermöglicht.

»Was ich aber sehe z.B. jetzt bei dem Stefan, was der jetzt begründet; also du kriegst eine Heilerausbildung, sagen wir einmal 20, 30 Leute melden sich da an, die machen diese Heilerausbildung, da gibt es eine Seminarreihe, 8 oder 10, also es dauert länger und das sind dann diese Heiler. Die sind vernetzt, das heißt, wenn Klienten kommen, wird untereinander auch vermittelt in dieser Gruppe und das ist an sich ein geschlossenes System. Jemand, der dort hingeht, und einen Handleser braucht, der hat dann die Möglichkeit, dass er von denen gesagt bekommt, wo er hingehen kann, um den Handleser zu finden. Das gibt's zwar schon – ist aber alles noch eher im Aufbau. Da muss sich noch viel mehr tun.« (Channeling-Therapie, 41 J.)

Die angesprochene Vernetzung verweist auf den im holistischen Milieu besonders wichtigen Aspekt der Kooperation. Diese wird aus pragmatischen Gründen gepflegt, um die Klientenzahlen zu erhöhen, entspricht aber auch dem Berufsethos der Praktiker. Demnach wird weiterverwiesen, wenn man mit der eigenen Arbeitsweise den Klienten nicht mehr ausreichend auf seinem Weg begleiten kann. Um den Bedürfnissen nach Heilung oder »Sinn« gerecht zu werden, gehört es auch zur Aufgabe des Praktikers, das je richtige Angebot zu eruieren.

»Wenn ich jetzt mit jemandem arbeite und meines ist wirklich dieses Handauflegen, Energien fließen lassen und die momentane Situation zu lösen, und wenn ich merke, der braucht mehr Detail oder Klarheit oder braucht ein Channeling, dann schicke ich ihn zur Christina, weil ich weiß genau, die ist ein unglaublich detailliertes präzises Channel, die kann ihm sagen ›ja wie du 3 Jahre alt warst ist das und das passiert und dadada‹, wo ich dann einfach merke, der braucht das oder braucht auch diese Zusammenhänge. Ich könnte mir auch vorstellen, dass wenn jemand kommt und der andere Bedürfnisse hat, dass ich sage, ›da kenne ich jemanden, der mit Aromatherapie sehr erfolgreich arbeitet, gehe da mal hin und schaue.‹ Ich finde es wichtig, dass man untereinander sich austauscht und wenn jemand kommt und man merkt da gäbe es noch andere Möglichkeiten, dass man einfach sagt ›ok. schau da mal‹. (Numerologin, 37 J.)

Aus den Interviews geht jedoch eindeutig hervor, dass nicht wahllos an andere Praktiker im Milieu verwiesen wird. So neigt man generell eher dazu, einen Praktiker zu empfehlen, dessen Methoden auf ähnlichen Überzeugungen beruhen. Hier erweisen sich beispielsweise Praktiken aus dem okkulten Kontext nur wenig anschlussfähig zu jenen der ganzheitlichen Masssage- oder fernöstlichen Körpertechniken. Dementsprechend meint hierzu auch ein Praktiker:

»Also so ein Geistheiler, der dann durch irgendwelche Rituale und Gebetssprüche irgendetwas auslöst. Oder der sitzt jetzt da, und ich sage ihm: ›Erzengel Michael oder deine Seele oder ... dein Seelenanteil fehlt dir.‹ So wilde Geschichten. Solche Leute bezeichnen sich so irgendwie schamanisch. Das ist mir zu heavy (lacht).« (Alternativer Masseur, 44 J.)

Einigkeit herrscht hingegen in Bezug auf Probleme oder Krankheiten der Klienten, die den eigenen Zuständigkeitsbereich überschreiten. Hier wird von allen Praktikern die notwendige Funktion der Schulmedizin betont.

»Es ist einfach Schritt für Schritt entstanden und ich bin ein sehr erdiger Mensch und ich bin nicht diejenige, die 10 cm über einen Boden schwebt und ich habe auch klare Sichtweisen, dass ich sehr wohl die Schulmedizin – die ich ja auch sehr gut kenne – mit ein beziehe. Ich kenne Kollegen, die arbeiten da anders und bei gewissen Sachen sage ich aber ›bitte halt, stopp. Sie haben einen Krebs, Sie werden den jetzt so nicht bearbeiten, Sie gehen jetzt einmal zur Schulmedizin, Sie lassen sich den Tumor jetzt entfernen, wir arbeiten anschließend.‹ Also ich fühle mich nicht berufen, über alle Dinge einfach hinwegzugehen; genauso wenn einer einen Fuß gebrochen hat, werde ich nicht versuchen, den Bruch energetisch zu heilen, der muss einrichten, Gips drauf, aber wir haben es schon geschafft, dass der halt nach einer Woche so verheilt war, auch der Knochen durchs Arbeiten. Wo ich dann sage ›ich glaube, das passt jetzt, gehen Sie ins Krankenhaus, lassen Sie sich ein Röntgen machen‹ und siehe da, die haben gesagt ›oh, wie kann das sein, das ist jetzt zu, man kann den Gips entfernen‹; also schon Kombinationen.« (Prana-Healing-Therapeutin, 46 J.)

Dabei ist das Verhältnis zwischen Schulmedizin und holistischen Arbeitsweisen ein zwiespältiges. Einerseits wird stets beteuert, dass man Klienten bei wirklich »gefährlichen« körperlichen oder psychischen Problemen auch zu den etablierten Spezialisten verweist. Andererseits lässt sich im Interviewmaterial die dominierende Meinung feststellen, dass die Schulmedizin mit ihren auf mechanistischen Grundlagen basierenden Methoden lediglich die Symptome bekämpft. Diese verkürzte Funktion liege in einem Mangel an einer ganzheitlichen Betrachtungsweise des Menschen begründet – also, »dass der Körper in der Erkrankung, im Außen immer die Botschaft ist, eine symptomatische Botschaft für etwas, was sich im Inneren abspielt« (Tarot-Berater, 58 J.). Demnach sehen sich die holistischen Praktiker dazu befähigt, die

»wahre« Ursache von Krankheiten zu ermitteln und damit ein Problem auch nachhaltig zu lösen. Auf der Grundlage derart unterschiedlicher Überzeugungen tatsächlich zu kooperieren, erweist sich als schwierig:

»Die Schulmedizin ist derartig einen Schritt woanders und die ganze Ganzheitlichkeit ist verloren gegangen und dadurch ist es schwierig, das dort wieder zu ändern. Mit welchem Arzt will ich denn reden? Mit einem Zahnarzt, der sagt ›naja, was interessiert mich das Problem vom Fuß‹. Dadurch, dass sich das so aufgespalten hat, ist das wieder zusammenzufassen und einen generellen Zugang zu bilden einfach schwierig.« (Prana-Healing-Therapeutin, 46 J.)

Zudem widerspricht die Schulmedizin dem Gedanken der Selbstermächtigung, da der Patient sich lediglich dem Arzt überantwortet, ohne die für den Heilungsprozess wichtige Selbstaktivierung zu erfahren. Häufig wird diesbezüglich das unreflektierte Konsumieren von Medikamenten genannt – die »Aspirinregel«, welche die Schulmedizin anleitet:

»Da kriegst ja kein Werkzeug in die Hand, sondern die Menschen werde da ermutigt zu sagen: ›Doktor, Du gib mir eine Pille, und wenn ich das Pulver nehme, ist alles erledigt, und wenn ich wieder aua habe, komme ich wieder‹« (Magnetiseur, 47 J.)

Hier wird also eine kritische Distanz zur »überzeugungsfremden« Sphäre gewahrt – die ganz auf Gegenseitigkeit beruht. Auch wenn sich in den letzten Jahren die Fronten zwischen Schulmedizin und holistischem Milieu zusehends aufgeweicht haben (Beispiele sind Bestrebungen zur »integrativen Medizin« bzw. die Ausweitung komplementärmedizinischer Angebote), so ist man – nach Einschätzung der Praktiker – von einer gelungenen Verbindung doch noch weit entfernt.

10 Résumé: Der Diskurs über neue Spiritualität und Esoterik

Wie wir im ersten Teil dieses Buchs gesehen haben, werden die New-Age-Bewegung, die Esoterikwelle, die alternative Spiritualität, das Selbstverwirklichungsmilieu oder, wie wir es bezeichnen, das holistische Milieu, in den Sozialwissenschaften sehr unterschiedlich portraitiert und bewertet. Ziel unseres Forschungsprojekts, dessen Ergebnisse hier dargestellt wurden, war es, mithilfe der Triangulierung mehrerer empirischer Teilerhebungen einen Beitrag zur Klärung einiger zentraler Kontroversen dieses wissenschaftlichen Diskurses zu leisten. Im Schlusskapitel möchten wir nochmals die wichtigsten Themenbereiche aufgreifen, die im Mittelpunkt unserer Analysen standen.

10.1 Die Grösse des holistischen Milieus

Die Frage nach der Größe des holistischen Milieus ist deshalb von Interesse, weil die Verbreitung eines sozialen Phänomens zweifelsohne ein wichtiger Faktor für die Beurteilung seiner gesellschaftlichen Bedeutung ist. Aus diesem Grund tendieren Protagonisten des New Age und der alternativen Spiritualität dazu, den Grad der Verbreitung holistischer Praktiken als sehr hoch einzuschätzen. Auch Vertreter eines breiten Transzendenzbegriffs im Sinne von Thomas Luckmanns »Unsichtbarer Religion« betonen die starke Ausbreitung neuer Formen religiöser Sinngebung und Spiritualität in der Gegenwartsgesellschaft. Ein typisches Beispiel für diese Sichtweise ist Hubert Knoblauchs kürzlich veröffentlichtes Buch »Populäre Religion. Auf dem Weg in eine spirituelle Gesellschaft«. Wissenschaftler, die von der Richtigkeit der Säkularisierungsthese überzeugt sind, wie etwa Steve Bruce und Detlef Pollack, behaupten hingegen, die Verbreitung der New-Age-Spiritualität wäre weitaus geringer als deren Anhänger annehmen. Hinter dieser Position steht freilich die implizite, mitunter auch ausgesprochene Annahme, dass es außerhalb und nach der theistisch-kirchlichen Religion keine vollwertige Form von Religiosität mehr gibt. Wenn von dieser Seite immer wieder darauf hingewiesen wird, dass das New-Age-Milieu relativ klein ist, soll damit auch zum Ausdruck gebracht werden, dass die kirchliche Religiosität trotz des Säkularisierungsprozesses gesamtgesellschaftlich immer noch viel bedeutender ist als die alternativen Formen der Spiritualität.

Die Schwierigkeit bei der Berechnung bzw. Schätzung der Größe des holistischen Milieus oder der alternativen Spiritualität liegt darin, dass wir es angesichts der Aufhebung der Grenzen zwischen Spiritualität, Medizin und Psychotherapie hier mit einem ausgesprochen fluiden Phänomen zu tun haben, das sich weder theoretisch noch praktisch klar abgrenzen lässt. Jede Art der empirischen Operationalisierung des Gegenstandsbereichs ist zwangsläufig mit einem gewissen Grad an Willkür und Beliebigkeit behaftet. Wir haben uns dafür entschieden, die Zugehörigkeit zum holistischen Milieu über das Kriterium der Ausübung von Praktiken bzw. der Inanspruchnahme von Therapien und Lebenshilfen, die auf einem ganzheitlichen Welt- und Menschenbild beruhen, festzumachen. Unsere empirischen Erhebungen zeigen, dass komplementärmedizinische Praktiken und Methoden zur Verbesserung der körperlich-seelischen Befindlichkeit den mit Abstand größten Bereich des holistischen Feldes ausmachen. Für jene Menschen, die das Ziel einer ganzheitlich-spirituellen Persönlichkeitsentwicklung verfolgen, sind auch Körperbewusstseinsübungen, konventionelle und alternative Psychotherapien (z.B. Rebirthing oder Familienaustellung), esoterische Methoden der Persönlichkeitsdiagnose und Lebenshilfe (z.B. Astrologie, Tarot) sowie schamanische Trance- und Energietechniken von großer Bedeutung.

Nach den Ergebnissen unserer Repräsentativbefragung hat etwa die Hälfte der erwachsenen Österreicher persönliche Erfahrungen mit mindestens einer holistischen Praktik. Wenn man die Zugehörigkeit zum holistischen Milieu über das Kriteriums des Experimentierens mit verschiedenen (mindestens zwei bis drei) Praktiken bestimmt, dann umfasst dieses Milieu etwa ein Viertel bis ein Drittel der Erwachsenenpopulation. Die Kerngruppe – die »spirituellen Wanderer«, die sich über einen längeren Zeitraum hinweg intensiv mit verschiedenen holistischen Praktiken beschäftigen – ist deutlich kleiner und beträgt, je nachdem, wie man die Grenze zieht, ca. fünf bis acht Prozent. Zwei Drittel derer, die sich mit holistischen Praktiken beschäftigen, haben sich von der kirchlichen Religiosität weitgehend oder völlig distanziert (manche haben diese Art von Religiosität niemals praktiziert). Ein Drittel der holistischen Akteure hat aber ein mehr oder weniger starkes Naheverhältnis zur kirchlichen bzw. christlichen Religiosität. Für sie stellen die holistische Spiritualität und die christliche Religion keineswegs unüberbrückbare Gegensätze dar. Auch bei jenen holistischen Akteuren, die den Kontakt zur Kirche abgebrochen haben, liegt die Ursache dafür nur zum Teil in einer Ablehnung der christlichen Religion, sondern vor allem in einer Aversion gegenüber der Art und Weise, wie diese in der Kirche praktiziert wird.

Wenn man die Zahl derer, die holistische Praktiken regelmäßig (mindestens einmal wöchentlich) ausüben, mit der Zahl jener vergleicht, die wöchentlich einen Gottesdienst besuchen und/oder regelmäßig beten, ergibt sich auch in Österreich – so wie in der englischen »Kendal-Studie« – für die Gesamtbevölkerung ein deutliches Übergewicht zugunsten der kirchlichen Religiosität. Beschränkt man den Vergleich jedoch auf das jüngere und mittlere Erwachsenenalter (20 bis 55-Jährige), wo die kirchliche Teilnahme stark rückläufig ist, dann kann man bereits eine deutliche Annäherung der Größenverhältnisse des kirchlichen und des holistischen Milieus feststellen.

10.2 Die Frage nach dem spirituellen Charakter des holistischen Milieus

Die Frage, inwieweit holistische Aktivitäten ein religiöses bzw. spirituelles Phänomen darstellen, wird ähnlich kontroversiell diskutiert wie die Frage nach der Größe dieses Milieus. Protagonisten des New Age betonen, dass es sich bei den meisten der heute gebräuchlichen holistischen Methoden um eine Weiterentwicklung von Praktiken handelt, die ursprünglich mit religiösen oder esoterischen Glaubensvorstellungen und Handlungssystemen unseres eigenen Kulturkreises oder anderer Kulturen in Verbindung standen und zum Teil immer noch in Verbindung stehen. Eine Gemeinsamkeit zwischen dem heutigen holistischen Milieu und den religiösen Kulturen, aus denen die holistischen

Praktiken ursprünglich stammen – Hinduismus, Buddhismus, Schamanismus u. dgl. – besteht auch darin, dass Religion, Medizin und die Behandlung psychischer Krankheiten keine klar voneinander getrennten Bereiche darstellen, sondern miteinander verbunden sind. Die meisten New-Age-Protagonisten gehen daher davon aus, dass holistische Praktiken eine spirituelle Dimension haben.

Auch Thomas Luckmann und andere Vertreter eines phänomenologisch-wissenssoziologischen Zugangs zur Religion weisen auf die Verflüssigung der Grenzen zwischen der sakralen und der profanen Sphäre in der Gegenwartsgesellschaft hin. Für sie ist diese Entgrenzung eine Folge der Privatisierung und Subjektivierung des Religiösen. Auf der Basis ihres breiten Transzendenzbegriffs gehören holistische Praktiken klarerweise zum Bereich des Religiösen. So rechnet beispielsweise Hubert Knoblauch zur *populären Religion* »die erneuerten Formen der ›popularen Religion‹, also all dessen, was einst Aberglaube hieß [und] nun als Ufo-Glaube, als Praxis des Wünschelrutengehens, als Lehre von Erdstrahlen oder als esoterischer Glaube an die magische Kraft von Steinen oder Pyramiden ein breites Interesse genießt« (2009: 266).

Manche Trend- und Sozialforscher dehnen den Begriff des Religiösen noch weiter aus. So betrachten etwa die Mitarbeiter und Autoren der interdisziplinären Studie »Megatrend Religion« selbst die Verwendung von religiösen Symbolen oder Metaphern in der Werbung (»Genieß ein Stück vom Paradies!«) oder den Bruch mit der Alltagsroutine und das »Thrill-Erlebnis« bei Abenteuer- und Extremsportarten als religiöse oder religoide Phänomene (Polak 2003). Auf diese Art und Weise lassen sich natürlich in nahezu allen Bereichen der Gesellschaft, nicht nur im Freizeitbereich, sondern auch in Wirtschaft und Politik, Wissenschaft, Bildung, Kunst, Medien und Werbung vielfältige Spuren an Religiosität bzw. an funktionalen Äquivalenten zur Religiosität auffinden. Luckmann gebührt zweifelsohne das Verdienst, die kirchensoziologische Verengung des Religionsbegriffs aufgebrochen und dadurch den Blick auf das Entstehen neuer religiöser Phänomene gelenkt zu haben. Das Problem seines breiten, funktionalen Religionsbegriffs liegt allerdings darin, dass er dazu verleitet, den Bereich des Religiösen nahezu beliebig auszudehnen und die Tendenzen zur Respiritualisierung der Gesellschaft zu überschätzen.

Am anderen Pol des Spektrums finden wir eine Reihe von Autoren, die auf der Grundlage eines wesentlich engeren Religionsbegriffs den religiösen Charakter des holistischen Milieus in Frage stellen. Die polemischste Sichtweise vertritt Zygmunt Bauman. Seiner Ansicht nach hat New Age nichts mit Religion zu tun; der »spirituelle Supermarkt« diene vielmehr nur dazu, das Erlebnis- und Sensationsbedürfnis postmoderner Konsumenten zu befriedigen. Nicht ganz so radikal, in der Sache aber ähnlich beurteilt Steve Bruce das holistische Milieu. Bruce gesteht zwar zu, dass die New-Age-Bewegung durch religiöse Offenbarungen in Gang gesetzt wurde und dass die Protagonisten spirituelle Anliegen vertreten; die Menschen, die diese Angebote aufgreifen, seien aber von einem ganz anderen Geist beseelt: »Rather than seeing the New Age as compensating for a decline in Christianity, we should see it as an extension of the surgery, the clinic, the gym, or the beauty salon. It is primarily concerned with physical and psychological wellbeing« (Bruce 2006: 42). Indem Bruce vom Vergleichsmaßstab der christlichen Religion ausgeht, erscheinen ihm holistische Aktivitäten ohne religiösen Gehalt. Auch Hans Joas äußert sich skeptisch bezüglich der Frage, ob die religiöse »Bastelei« in der postmodernen Erlebnisgesellschaft »die Fesseln narzisstischer Selbstzentriertheit« sprengen und den Charakter einer ernsthaften religiösen Lebensführung annehmen kann (Joas 2004: 27). Soziologen, die sich ausführlicher mit dem holistischen Milieu beschäftigt haben, wie etwa Paul Heelas, Michael York und Adam Possamai, oszillieren zwischen diesen beiden Extrempositionen. Sie sind sich bewusst, dass das holistische Milieu durch seine Vermarktlichung der Logik des spätkapitalistischen Konsumismus unterworfen ist; sie nehmen aber auch wahr, dass ein Teil der holistischen Akteure ernsthaft bemüht ist, sich im Sinne der *Human Potential Ethic* spirituell zu entwickeln.

Nach unserem Verständnis von Religion sollte die Frage, ob jemand religiös oder spirituell ist, zwar nicht ausschließlich, aber doch maßgeblich danach beurteilt werden, ob er sich selbst als religiösen Menschen wahrnimmt und bestimmte Erfahrungen, die er macht, als religiös oder spirituell bezeichnet. Gerade im holistischen Milieu wird ja der authentischen spirituellen Erfahrung eine besondere Bedeutung beigemessen. Wir haben daher sowohl in den Interviews als auch in der repräsentativen Fragebogenerhebung nach der subjektiven religiösen Selbsteinstufung und nach spirituellen Erfahrungen gefragt.

Unsere Interviews zeigen, dass sich fast alle befragten Anbieter und Angehörigen der holistischen Kerngruppe selbst als spirituelle Menschen wahrnehmen. Manche haben schon in ihrer Kindheit sogenannte okkulte Fähigkeiten an sich entdeckt; die tiefgehenden und oft erschütternden okkulten Erfahrungen werden in der Regel auch als spirituelle Erfahrungen gedeutet. Andere erzählen, sie hätten sich schon von klein auf sehr für religiöse Fragen interessiert; durch dieses Interesse seien sie dann (meist schon im jungen Erwachsenenalter) auf holistische Praktiken und die mit diesen Praktiken verbundenen spirituellen Lehren und Vorstellungen gestoßen. Ein Teil der Befragten übte holistische Praktiken anfänglich nur wegen ihrer positiven Auswirkungen auf die körperliche und psychische Befindlichkeit aus. Durch den spirituellen Diskurs und das Vorbild ihrer holistischen Therapeuten und Lehrer wurde ihnen im Lauf der Zeit aber auch die spirituelle Dimension dieser Praktiken zugänglich.

Auffällig ist, dass ein erheblicher Teil unserer Interviewpartner von sich aus die Worte Religiosität oder Spiritualität nur selten in den Mund nimmt. Wenn es im Gespräch um ihre holistische Praxis geht, sprechen sie meist von Energiearbeit, Bewusstseinserweiterung oder persönlicher Entwicklung. Wenn sie aber direkt darauf angesprochen werden, antworten sie ohne Zögern und sehr klar, dass sie sich als spirituelle Menschen betrachten. Dem entspricht auch, dass die meisten von ihnen regelmäßig Aktivitäten wie Meditation, Yoga oder Trance-Tanz machen, die auch nach dem Alltagsverständnis als religiös oder spirituell gelten. Eine ähnliche Diskrepanz konnten wir auch in der Repräsentativbefragung feststellen. Wenn Personen, die holistische Praktiken ausüben, gebeten werden, aus einer Liste von Motiven jene drei auszuwählen, die für sie am wichtigsten sind, nennen sie am häufigsten »gesundheitliche Gründe«, »Entspannung und Harmonisierung«, »Lösung einer Krise« und »Persönlichkeitsentwicklung« Spiritualität wird eher selten als Motiv genannt. Bei der Frage nach der religiösen Selbsteinstufung gibt aber ein deutlich höherer Anteil an, ein spiritueller Mensch zu sein.

Der Vergleich zwischen den religiösen Submilieus, die wir anhand des Kriteriums der Ausübung religiöser bzw. holistischer Rituale und Praktiken bildeten, bestätigt sehr deutlich, dass die beiden Begriffe Religiosität und Spiritualität nicht nur in der Religionssoziologie, sondern auch in der Alltagssprache unterschiedlich konnotiert sind. Religiosität wird vorwiegend mit der Ausübung christlich-kirchlicher Praktiken assoziiert. Fast alle Befragten, die regelmäßig in die Kirche gehen und/ oder regelmäßig beten, stufen sich selbst als religiös ein. Jene, die intensiver in das holistische Milieu involviert sind, distanzieren sich hingegen häufig von der »kirchlichen« Religiosität (nur etwa ein Drittel bezeichnet sich als religiös); sie sehen sich aber großteils selbst als spirituelle Menschen. Die Gruppe derer, die sowohl kirchliche als auch holistische Aktivitäten ausüben, bevorzugt den traditionellen Begriff der Religiosität, mehr als die Hälfte stuft sich aber zugleich auch als spirituell ein. Jene Befragten, die wir der Kategorie des »Holistischen Randes« zuordneten, bezeichnen sich nur selten als religiös; sie stufen sich auch nur zu etwa 40% als spirituell ein. Dieser an sich nicht allzu hohe Wert wird zudem dadurch relativiert, dass auch 15% der »Nichtreligiösen«, das heißt der Personen ohne jegliche kirchliche oder holistische Praxis, behaupten, spirituelle Menschen zu sein.

Die Selbsteinstufung als religiös oder spirituell korrespondiert nicht nur mit der (christlichen bzw. holistischen) Praxis, sondern auch mit den jeweiligen Glaubensvorstellungen. Unsere Daten zeigen daher insgesamt recht deutlich, dass es sich bei einem Großteil der Angehörigen des holistischen Kernmilieus im Sinne unserer Definition von Spiritualität tatsächlich um spirituelle Menschen handelt, während dies nur für einen kleinen Teil des holistischen Randes zutrifft.

10.3 Die Qualität und Wirkung von ganzheitlichen Lebenshilfen

Die Beurteilung der Fähigkeiten von holistischen Therapeuten und der Wirkung holistischer Praktiken gehört nicht zum Aufgaben- und Kompetenzbereich der Sozialwissenschaften. Sozialwissenschaftler können aber dennoch einen Beitrag zur Klärung dieser Frage leisten, zum einen, indem sie die subjektiven Erfahrungen von holistischen Akteuren untersuchen, zum anderen, indem sie die verschiedenen Stränge des Diskurses über die Wirkungen solcher Praktiken analysieren. Die Erörterung dieses Diskurses war kein zentrales Anliegen unserer Arbeit; dennoch möchten wir hier kurz dazu Stellung beziehen.

Seit der Zeit der Aufklärung herrscht unter den Wissenschaftlern in Europa ein Misstrauen gegen Religion im Allgemeinen und gegen Esoterik und Magie im Besonderen. Ein großer Teil der universitären Wissenschaftler hat sich daher schwer getan und viele tun sich bis heute schwer, im Esoterikboom, der sich seit den 1970er Jahren hier ausbreitete, etwas anderes zu sehen als ein Wiederaufleben von Irrationalismus und Aberglauben. Für viele Esoterikgegner dürfte es schwer sein zu verstehen, warum dieser »esoterische Hokuspokus« häufiger in den höher gebildeten Bevölkerungsschichten, zum Teil sogar bei ihren eigenen akademisch ausgebildeten Kollegen, Anklang findet als bei weniger gebildeten Personen, denen sie eher zutrauen würden, anfällig für solche Dummheiten zu sein. Dadurch, dass mittlerweile eine erhebliche Zahl an Akademikern im holistischen Milieu verkehrt und dort persönliche Erfahrungen sammelt oder im Freundes- und Bekanntenkreis von solchen Erfahrungen hört, findet man heute auch in wissenschaftlichen Arbeiten zum Teil sehr differenzierte und positive Darstellungen und Bewertungen dieses Milieus. Die meisten Soziologen, Psychologen und Religionswissenschaftler, die das Phänomen New Age oder das heutige holistische Milieu ausführlicher – durch empirische Studien, Analyse von Primärliteratur u. dgl. – beforscht haben und meist recht positiv darüber schreiben, haben auch persönliche Erfahrungen mit holistischen Praktiken. Bei Wissenschaftlern, die den »Esoterikboom« scharf kritisieren und zynisch ins Lächerliche ziehen, hat man hingegen vielfach den Eindruck, dass sie selbst kaum Erfahrungen mit holistischen Praktiken haben und auch nicht daran interessiert sind, sich durch empirische Forschungen intensiver mit den subjektiven Erfahrungen der Akteure im Feld auseinanderzusetzen.

Was hier über das Berufsfeld der Wissenschaft gesagt wurde, gilt in ähnlicher Weise für die Medienbranche. Sowohl in der Boulevardpresse als auch im Sektor des gehobenen Zeitungs- und Zeitschriftenmarktes finden die Themenbereiche Alternativmedizin, Spiritualität, Esoterik und Okkultismus heute relativ viel Aufmerksamkeit. Entsprechend der Konkurrenzdynamik des Medienmarktes, die die Journalisten dazu zwingt, ihren Lesern immer wieder neue spannende Highlights zu servieren, konzentrieren sich die Medien auf spektakuläre Vorfälle und Themen. In den Berichten und Reportagen geht es meist um Fragen wie: Was bewirken spirituelle und esoterische Praktiken wirklich? Gibt es tatsächlich Fälle von Wunderheilung oder sind die meisten »Heiler« Scharlatane, die sich auf Kosten ihrer gutgläubigen Opfer bereichern wollen?

Es gibt unseres Wissens keine soziologischen Untersuchungen der Medienberichterstattung über neue Spiritualität und Esoterik. Wenn man – beispielsweise im Wartezimmer eines Arztes – verschiedene Zeitschriften durchblättert, hat man den Eindruck, dass sich positive und negative Berichte im Großen und Ganzen die Waage halten. Dies bestätigte sich auch bei einer kleinen Internetrecherche in den Archivausgaben der beiden deutschen Qualitätszeitschriften »Psychologie heute« und »Der Spiegel«. Am 26. 12. 1994 brachte »Der Spiegel« einen großen Esoterikreport mit dem Titel »Sehnsucht nach Sinn. Soviel PSI war nie«. Wie schon der Titel anklingen lässt, wird das Phänomen der neuen esoterischen Sinnsuche in diesem Report zum Teil verrissen und belächelt. Der Autor bemüht sich jedoch, nicht nur die Argumente und Vorbehalte der Esoterikgegner, sondern auch die Insiderperspektive und Erklärungsansätze der Sozial- und Religionswissenschaften darzustellen und gegeneinander abzuwägen. Etwas mehr als zehn Jahre später, am 6. 11. 2007, findet man in derselben Zeitschrift einen Bericht mit dem Titel »Heilung. Die Homöopathie Gottes«, in dem in ausgesprochen positiven Tönen über die Kraft des Glaubens, Angst zu vermindern, das Selbstwertgefühl zu stärken und in bestimmten Fällen auch Krankheiten zu heilen, berichtet wird. Der Autor schreibt über den zentralen Stellenwert der Heilungen Jesu im Neuen Testament, über die Heilerfolge christlicher Heiliger und über die große Zahl offiziell beglaubigter Wunderheilungen in den berühmten christlichen Wallfahrtsorten, er schließt aber auch moderne alternative Heilpraktiker mit ein. Ähnlich positiv ist ein Spiegel-Bericht vom 13. 4. 2011, in dem über Ergebnisse der neueren Hirnforschung berichtet wird, denen zufolge Meditation Schmerzen genauso gut lindert wie Arznei.

Im Unterschied zum »Spiegel« und zu »Psychologie heute« dominieren in der Hamburger Wochenzeitung »Die Zeit« kritische und negativ-abwertende Artikel, wie bereits die Titel einiger Reportagen aus den letzten Jahren andeuten: »Gequantelte Engel« (8. 7. 2009; eine äußerst negative Besprechung eines Buches des amerikanischen New-Age-Autors Rupert Sheldrake), »Nebenwirkungen inklusive. Wie kann sich der Psychotherapiepatient vor Scharlatanen schützen?« (1. 10. 2009), »Esoterik. Hinters Licht geführt« (11. 7. 2010), »Nerv getroffen. Zweifelhafte Heilmethoden haben hierzulande Hochkonjunktur« (3. 12. 2010). In der neuen Heftreihe »Zeit Wissen« erschien kürzlich (in Heft Nr. 4, Juni 2011) ein Dossier über »Esoterik«. Dieses konzentriert sich erneut darauf, vor den Gefahren der Esoterik zu warnen, wie schon der Einleitungstext unmissverständlich zum Ausdruck bringt:

»UNIVERSITÄTEN bilden Studenten in pseudowissenschaftlichen Heilmethoden aus, WELLNESSHOTELS werben für Edelsteintherapien, VOLKSHOCHSCHULEN bieten *Seminare im Handauflegen* an. Drei Auswüchse einer beunruhigenden Entwicklung: Esoterik hat die Mitte der Gesellschaft erreicht. *Ein Drittel der Bevölkerung* ist Umfragen zufolge aufgeschlossen gegenüber esoterischen Lehren und Praktiken – obwohl diese gefährliche Nebenwirkungen wie *Abhängigkeit, Depression und Selbstmordgedanken* haben. Sektenbeauftragte schlagen ALARM. Es ist höchste Zeit, *die aufgeklärte Gesellschaft* zu verteidigen.« (S. 83, Hervorhebungen im Original)

Das gesamte Dossier besteht aus einer Aneinanderreihung negativer Stereotype über spezifische Methoden und über die Esoterik im allgemeinen. Bei der Darstellung der »Nebenwirkungen« einzelner esoterischer Ansätze und Methoden wird u.a. angeführt, dass die Theosophie Okkultismus und Rassismus verbinde, die anthroposophische Medizin auf Fantasievorstellungen beruhe, Geister- und Engelgläubige in psychotische Wahnvorstellungen abgleiten könnten, psychisch labile Menschen vom Urteil von Kartenlegern und Zukunftsdeutern abhängig würden und die Esoterik Menschen zur Flucht in eine Traumwelt verleite. Selbstverständlich finden sich in einem derartigen Report auch drastische Bespiele für Abzocke durch Alternativtherapeuten und Esoterikprogramme bzw. Beratungshotlines wie *Astro-TV*, sowie ausführliche Hinweise auf die zunehmende Zahl an Esoterikgeschädigten, denen es nach der Therapie oder Behandlung schlechter gegangen sei als vorher, bis hin zu jenen tragischen Fällen, in denen Kranke auf Anraten eines Wunderheilers eine schulmedizinische Therapie abgelehnt oder abgebrochen hätten und daraufhin gestorben seien. Mit Berufung auf Adornos Ausspruch vom Okkultismus als der »Metaphysik der dummen Kerle« fragt sich der Autor des Dossiers »Hat Deutschland noch alle Tassen im Schrank?«

Wir möchten keineswegs in Abrede stellen, dass es alle diese Gefahren gibt und dass die genannten abschreckenden Beispiele tatsächlich vorkommen. Und es ist sicherlich richtig und wichtig, daß kritische Wissenschaftler und Journalisten immer wieder aufzeigen, wie gefährlich es sein kann, wenn naiv-wundergläubige Klienten in die Hände von Alternativtherapeuten geraten, die ihre eigenen Fähigkeiten überschätzen oder ihren Kunden bedenkenlos Geld abknöpfen. Von solchen Gefahren und negativen Fällen hörten wir ja auch mehrmals in den Interviews mit holistischen Akteuren und Anbietern. Einer unserer Interviewpartner gab sogar zu, früher selbst als Telefonberater für Astro-TV gearbeitet zu haben, bis ihm klar geworden sei, dass »das eine reine Katastrophe ist«.

Dem Autor des Zeit-Dossiers geht jedoch nicht nur darum, gefährliche Fälle von Esoterik-Missbrauch aufzuzeigen; sein Anliegen ist es, die Komplementärmedizin und die sogenannten esoterischen Praktiken generell als Pseudowissenschaft, Humbug und Scharlatanerie zu diskreditieren. Im letzten Teil seines Berichts beklagt er, dass die Komplementärmedizin und die Esoterik sogar schon die deutschen Hochschulen unterwandern, dass »irrationale Lehren [...] mittlerweile selbst an unverdächtigen Institutionen, [...] in Behörden, Bildungsstätten und Unternehmen Einzug (halten)« und dass der »Hokuspokus« sogar »mit Steuergeldern gefördert« werde (S. 91). In derselben engstirnigen und überheblichen Art und Weise, wie die mittelalterliche Kirche ihr Wahrheitsmonopol mit allen Mitteln zu behaupten versuchte (und aus diesem Grund von der Aufklärung kritisiert wurde), wird hier im Namen der Aufklärung gefordert, den Kanon dessen, womit man sich an Hochschulen beschäftigen darf, auf einen ganz bestimmten Typus von Wissenschaft zu beschränken.

Als Soziologen können wir, wie schon gesagt, weder die Plausibilität der »theoretischen Annahmen«, die holistischen Praktiken zugrunde liegen, noch die Effekte, die solche Praktiken hervorrufen, beurteilen. Anhand unserer empirischen Daten lässt sich aber immerhin sehr klar feststellen, dass in der subjektiven Beurteilung der holistischen Akteure die positiven gegenüber den negativen Erfahrungen bei weitem überwiegen. Was die Interviews mit den holistischen Anbietern betrifft, muss man natürlich in Rechnung stellen, dass Verkäufer eines Produkts fast immer dazu neigen, dieses vorteilhaft darzustellen. Aber auch die »Käufer«, das heißt die Befragten des Oversample und die Personen aus der Repräsentativstichprobe, die Erfahrungen mit holistischen Praktiken haben, geben zum überwiegenden Teil (80 bis 90%) an, »viel« oder »etwas« von solchen Praktiken zu halten. Die unterschiedliche Bewertung verschiedener Methoden zeigt, dass wir es hier nicht mit einem undifferenzierten Pauschallob zu tun haben: Alternative Heilmethoden und Körper-Bewusstseinspraktiken werden von fast allen, die Erfahrungen damit haben, positiv beurteilt; ein erheblicher Teil derer, die persönliche Erfahrung mit astrologischer Persönlichkeitsdiagnose und Lebensberatung haben, hält hingegen nicht viel von dieser Methode.

Eine ähnliche Differenzierung findet man mitunter auch in den Medien. Komplementärmedizinische Verfahren und Körper-Bewusstseinsübungen östlicher Provenienz werden meist als seriös eingestuft;

»esoterische« Praktiken wie Astrologie, Schamanismus, Channeling oder Rebirthing gelten hingegen als fragwürdig und gefährlich. »Meditation ist keine Esoterik«, stellt der Autor des oben erwähnten Spiegel-Beitrags über die schmerzmildernde Wirkung der Meditation fest. Nach den Ergebnissen unserer Studie wird eine derart polarisierende Gegenüberstellung aber weder den Methoden, noch den Akteuren im holistischen Milieu gerecht. Sowohl unsere Umfragedaten als auch unsere Interviews zeigen, dass sich die meisten von denen, die sich intensiver auf die alternative Spiritualität einlassen, im Lauf ihres Entwicklungsweges mit allen Arten von holistischen Praktiken beschäftigen. Fast jeder spirituelle Wanderer macht persönliche Erfahrungen mit einigen komplementärmedizinischen Praktiken, mit verschiedenen Körperbewusstseinsübungen und auch mit sogenannten esoterischen Praktiken wie Schamanismus, Astrologie oder Familienaufstellung; und jede dieser Praktiken kann in bestimmten Lebenssituationen als wichtig und hilfreich für die Lösung spezifischer Probleme und für die Persönlichkeitsentwicklung insgesamt erachtet werden.

Für die Beurteilung der Wirkung von holistischen Praktiken ist noch ein weiterer Umstand von Bedeutung: Bei den Klienten von Alternativheilern, Energetikern u. dgl. handelt es sich oftmals um Personen mit Krankheiten oder psychischen Problemen, die schon von verschiedenen Schulmedizinern und konventionellen Therapeuten ohne Erfolg behandelt wurden. In solchen Fällen kommt es aus verständlichen Gründen immer wieder vor, dass sich Patienten vom Heiler ein »Wunder« erwarten. Die von uns interviewten Therapeuten betonen aber durchgängig, dass sie – im Gegensatz zu den Negativbeispielen des Zeit-Dossiers – versuchen, diese Erwartungen nicht zu unterstützen. Sie seien vielmehr bestrebt, ihren Klienten klar zu machen, dass diese für die Verbesserung ihres Gesundheitszustands mitverantwortlich sind. Das entscheidende Erfolgskriterium ist für die Anbieter nicht das Verschwinden des Krankheitssymptoms, entscheidend sei vielmehr, dass der Klient die Ursachen und den Sinn seiner Krankheit erkennt und lernt, anders mit sich selbst umzugehen, um dadurch seine Lebensqualität zu verbessern. Holistische Therapeuten empfehlen ihren Klienten daher oft eine Änderung ihrer Ernährungsgewohnheiten und ihres Lebensstils; als Methode, um körperliche und seelische Spannungen aufzulösen und die Persönlichkeit zu »harmonisieren«, wird häufig zudem die regelmäßige Ausübung von Körper-Bewusstseinspraktiken empfohlen.

Die Mehrheit der Personen, die wir zum Kern des holistischen Milieus rechnen, scheint sich diese Sichtweise der Funktion holistischer Praktiken und diese Art des Umgangs mit ganzheitlichen Lebenshilfen angeeignet zu haben. Sie sind zwar in der Regel davon überzeugt, dass es manche Therapeuten gibt, die über außergewöhnliche Heilkräfte oder über die Fähigkeit zu extrasensorischer Wahrnehmung verfügen. Wenn sie einen Alternativtherapeuten konsultieren, erwarten sie aber nicht, dass dieser ihre Krankheit wie durch ein Wunder heilt, sondern sie suchen nach Wegen, wie sie ihre Befindlichkeit auf natürliche Art und Weise, durch Naturheilmittel, durch eine Änderung ihrer Lebensgewohnheiten, durch Massage, Körperübungen oder spirituelle Rituale verbessern können. Dementsprechend erwarten sie auch von einem Astrologen oder Wahrsager keine sensationellen Enthüllungen über ihre Zukunft, sondern ein besseres Verständnis ihrer eigenen Persönlichkeit und ihrer aktuellen Lebenssituation.

Es gibt aber sicherlich eine erhebliche Zahl an Menschen, die sich von der Alternativmedizin oder von esoterisch-okkulten Praktiken eine wundersame Spontanheilung, einen Blick in eine schönere Zukunft oder eine plötzliche grundlegende Verbesserung ihrer Lebenssituation erwarten. Und natürlich gibt es auch jene »Heiler« und »Therapeuten«, die mit den Ängsten, Nöten und dem Wunderglauben solcher Menschen ihr Spiel treiben und Geschäfte machen, wie man es am Beispiel von Astro-TV sogar in aller Öffentlichkeit mitverfolgen kann.

Erlauben die Ergebnisse unserer empirischen Erhebungen Aussagen darüber, ob die Mehrheit der holistischen Akteure eher dem seriösen Pol oder dem zu Recht kritisierten fragwürdigen Pol es holistischen Milieus zuzuordnen ist? In Hinblick auf die Menschen, dic holistische Praktiken ausüben und die Dienste von Alternativtherapeuten, Schamanen, Yogalehrern u. dgl. in Anspruch nehmen, trauen wir uns diesbezüglich kein Urteil zu. Aus den Tiefeninterviews, die wir mit Anbietern holistischer Praktiken und deren Klienten führten, geht aber eindeutig hervor, dass die Mehrheit der Anbieter seriös arbeitet und bemüht ist, den selbst gesetzten ethischen Ansprüchen zu genügen.

10.4 SOZIALE WERTHALTUNGEN UND LEBENSSTIL VON HOLISTISCHEN AKTEUREN

Die zentrale Funktion von holistischen Praktiken liegt sicherlich darin, die körperliche und psychische Befindlichkeit von Menschen zu verbessern. Jene, die sich intensiver mit solchen Praktiken beschäftigen, nutzen diese auch als Mittel für die Entwicklung ihrer Persönlichkeit, ihres Bewusstseins und ihrer Spiritualität. Auch wenn im holistischen Milieu viel Wert darauf gelegt wird, dass jeder seinen ganz individuellen, authentischen Weg suchen und gehen kann, besteht doch unter den Gründern neuer esoterisch-spiritueller Lehren und unter den Protagonisten des New Age ein gewisser Konsens, in welche Richtung die Persönlichkeit und das Bewusstsein entwickelt und welche sozialen Werthaltungen und Tugenden angestrebt werden sollten:

Das Ideal der »Ganzheitlichkeit« – als Gegenprogramm und Korrektiv zur funktionalen Spezialisierung und zur Dominanz der technisch-ökonomischen Rationalität in der modernen westlichen Gesellschaft – erfordert vom Einzelnen das Bemühen um eine ökologisch verträgliche Lebensweise (gesunde, umweltschonende Ernährung, energiesparendes Mobilitätsverhalten usw.). Zur Zeit der Counter-Culture, der Hippie- und der Kommunenbewegung der 1960er/70er Jahre propagierte ein Teil der Protagonisten des New Age den Ausstieg aus der kapitalistischen Leistungsgesellschaft. Mit dem Abklingen der Gegenkultur wurden diese Stimmen leiser. Da viele New-Age-Therapeuten und -Lehrer eine Affinität zu mystischen Formen der Religiosität haben, besteht bei ihnen aber nach wie vor eine Tendenz, sich den Zwängen der Leistungsgesellschaft zu entziehen oder sich zumindest nicht allzu sehr von diesen Zwängen vereinnahmen zu lassen; diese Lebenseinstellung versuchen sie auch ihre Klienten und Schüler weiterzugeben. Demgegenüber gibt es aber auch zahlreiche New-Age-Gurus und Therapeuten, die holistische Praktiken – insbesondere die Psychotechniken des Positiven Denkens – in den Dienst des Strebens nach Erfolg, Produktivitätssteigerung und Reichtum stellen.

Das Ideal des autonomen, authentischen Menschen, der sich nicht an vorgegebenen gesellschaftlichen Traditionen und Konventionen und auch nicht an äußeren Autoritäten, sondern an seiner inneren Stimme orientiert, impliziert, dass man anderen das gleiche Recht zugesteht. Es gilt daher als erstrebenswert, sozialen Gruppen, deren Lebensweise gleichfalls nicht dem gesellschaftlichen Leitbild entspricht, wie etwa ethnischen Minderheiten, Menschen mit abweichenden religiösen Anschauungen oder sexuellen Orientierungen und Personen, die sich nicht an die Normen der Leistungsgesellschaft anpassen, mit Offenheit und Toleranz zu begegnen.

Ein Mehrheit der Sozialwissenschaftler, die sich mit dieser Frage beschäftigt haben, vertritt die Ansicht, dass im heutigen holistischen Milieu von den ehemaligen gegenkulturellen Zielen und Idealen nur mehr sehr wenig oder gar nichts übriggeblieben ist. Im Therapie- und Selbstverwirklichungsmilieu gehe es ausschließlich um die Verbesserung des individuellen Wohlbefindens. Kritiker wie Christopher Lasch, Zygmunt Bauman und Kimberly Lau unterstellen, dass dieses Milieu durch seine Einbindung in die postmoderne Konsumgesellschaft vollständig von der Logik und Spätkapitalismus durchdrungen sei. Der holistische Akteur sei letztlich nur ein sensationshungriger, hedonistischer Konsument, der sich auf einem narzisstischen Ego-Trip befindet (den er als Streben nach Autonomie und Authentizität bezeichnet) und weder bereit ist, tiefere Bindungen einzugehen, noch Verantwortung für andere zu übernehmen.

Die Ergebnisse unserer empirischen Erhebungen und Analysen legen nahe, dass im Kernbereich des holistischen Milieus gegenkulturelle Orientierungen und Lebensstile auch heute noch stärker verbreitet sind als dies selbst manche wohlwollende Kritiker und Kommentatoren des holistischen Milieus annehmen. Etwa die Hälfte der von uns telefonisch befragten holistischen Anbieter hat den früheren Brotberuf aufgegeben. Aus mehreren Tiefeninterviews geht hervor, dass es sich bei diesen Berufsaussteigern um Personen handelt, die vorher qualifizierte und gutbezahlte Tätigkeiten hatten. Das Motiv für den Ausstieg war also keinesfalls die Hoffnung, als selbstständiger Therapeut mehr zu verdienen, sondern der Wunsch, sich vom Leistungsdruck und den sozialen Zwängen einer konventionellen Berufstätigkeit zu befreien, um sich ganz den eigenen Interessen, der Entwicklung seiner therapeutischen Fähigkeiten und einer beschaulicheren, spirituellen Lebensweise widmen zu können. Gegen eine dominant materialistische Orientierung spricht auch, dass die Mehrzahl der telefonisch befragten Anbieter nur eine relativ kleine Zahl an Klienten hat. Auch in den Interviews wurde mehrfach betont, dass es nicht leicht sei, als selbstständiger Alternativtherapeut ausreichend zu verdienen, dass man aber viel lieber ein bescheidenes Leben führe, als (wieder) den Anforderungen und

Zwängen unterworfen zu sein, die mit einem hohen Einkommen verbunden sind. Die interviewten Mitglieder des holistischen Kernmilieus arbeiten in konventionellen Berufen als Pädagogen, Wissenschaftler, Techniker u. dgl. Sie fühlen sich aber vom Lebensstil ihrer Therapeuten, Lehrer und spirituellen Vorbilder durchwegs angesprochen; manche überlegen auch, ebenfalls ganz oder teilweise aus ihrem jetzigen Beruf auszusteigen und als Alternativtherapeut zu arbeiten.

Das aus den Interviews gewonnene Bild wird durch die Ergebnisse der Fragebogenerhebung bestätigt: Jene Befragten, die wir zum holistischen Kernmilieu rechnen, legen nicht nur viel mehr Wert auf Selbstverwirklichung und Selbstbestimmung als der Rest der Bevölkerung; ihren Angaben zufolge ist ihnen auch beruflicher Erfolg und ein hohes Einkommen weniger wichtig als anderen. In dieser Gruppe ist auch der Anteil der Grünwähler und die Beteiligung an basisdemokratischen Protestaktionen bei weitem höher als in den anderen religiösen Milieus. Nach ihrer subjektiven Selbsteinstufung ist den Angehörigen dieser Gruppe ebenso wichtig wie praktizierenden Christen, anderen Menschen zu helfen. Jene, die sowohl christliche als auch holistische Praktiken ausüben, geben auch überdurchschnittlich häufig an, sich an sozial-karitativen Aktivitäten zu beteiligen. Man muss sicherlich in Rechnung stellen, dass die Selbstdarstellungen sowohl in den Interviews als auch in der Fragebogenerhebung zum Teil auf einem idealisierten Selbstbild beruhen. Jedenfalls aber zeigen unsere Ergebnisse, dass ein erheblicher Teil der von uns befragten holistischen Anbieter und Mitglieder der Kerngruppe das Ideal eines gemäßigt antimaterialistischen, gegenkulturellen Lebensstils anstrebt.

Wesentlich anders sieht die Situation am Rand des holistischen Milieus aus. Leute, die nur fallweise alternative Praktiken ausüben oder in Anspruch nehmen, identifizieren sich, wenn überhaupt, nur in sehr geringem Maße mit den zuvor dargestellten Idealen. Sie haben zwar ähnlich wie die Mitglieder der holistischen Kerngruppe ein überdurchschnittlich aktives Freizeitleben, besuchen häufig Kulturveranstaltungen und sind viel unterwegs; auch sie betonen die Authentizität des Individuums und geben sich tolerant und offen bezüglich abweichender Lebensformen. Erfolg, Leistung und materielle Sicherheit sind ihnen aber viel wichtiger. Sie zeichnen sich zwar ebenfalls durch eine leicht erhöhte Tendenz zu politischem Nonkonformismus aus, haben aber mindestens ebenso häufig ein Naheverhältnis zu rechtspopulistische Parteien wie zur grünen Ökologiebewegung und engagieren sich nur selten für soziale und sozial-karitative Anliegen.

Dennoch sehen wir in diesen Resultaten keine Bestätigung für die Behauptung mancher Kritiker, das Selbstverwirklichungsmilieu sei ein besonders guter Nährboden für hedonistisch-narzisstische Lebensstile und Wertorientierungen. Die holistische Randgruppe unterscheidet sich in vielen Aspekten kaum von der Gruppe der Nichtreligiösen. Beide Gruppen sind gleichermaßen erfolgs- und sicherheitsorientiert, wenig sozial engagiert und haben ähnliche Werte auf der Hedonismusskala des Fragebogens.

Die starke Abwertung, die der »Esoterikboom« und das »Selbstverwirklichungsmilieu« bei vielen soziologischen Kritikern erfahren, ist unseres Erachtens auch aus anderen Gründen nicht gerechtfertigt. Ein häufiger Vorwurf lautet, das holistische Milieu hätte durch die Vermarktlichung seiner Aktivitäten seinen ursprünglich spirituellen und gesellschaftskritischen Charakter verloren. Zu diesem Vorwurf ist erstens zu sagen, dass ein nicht unerheblicher Teil der holistischen Aktivisten sowohl den spirituellen als auch den gegenkulturellen Anspruch nach wie vor aufrecht erhält, wie unsere Studie zeigt. Zweitens zeigt ein Blick in die Geschichte, dass der anfänglich oft sehr idealistische oder sogar revolutionäre Anspruch neuer religiöser oder politisch-weltanschaulicher Bewegungen im Zuge der Ausbreitung der Bewegung auf größere Bevölkerungsgruppen gleichsam naturgesetzlich abgeschwächt wird oder fast ganz verloren geht. Dies hängt beileibe nicht nur mit der Logik der kapitalistischen Vermarktlichung zusammen, sondern primär mit der Tatsache, dass in jeder Gesellschaft und zu jedem Zeitpunkt der Geschichte nur ein kleiner Teil der Menschen bereit und in der Lage ist, anspruchsvolle spirituelle oder ethische Ideale in ihrer persönlichen Lebensführung zu verwirklichen. Max Weber hat dieses Faktum für den Bereich der Religion treffend mit dem Konzept der Virtuosen- und der Laienreligiösität beschrieben. Und doch zeigt der Vergleich der kulturellen Entwicklung im Bereich der einzelnen Weltreligionen oder die Analyse der sozialistischen Bewegungen, dass die Ideale und das Beispiel der jeweiligen Propheten und Virtuosen ein Stück weit auf ihre Gefolgschaft abfärben und den Gang der Gesellschaft ein Stück weit in die von ihnen intendierte Richtung verändern.

Wir schließen uns daher dem Plädoyer von Paul Heelas an, dass man die Kommodifizierung der holistischen Aktivitäten und die damit verbundene Reduktion der alternativen Spiritualität auf das Ziel der Verbesserung des individuellen Wohlbefindens nicht nur negativ beurteilen sollte. Die Heilwerdung des Menschen im Sinne der Heilung von Krankheiten und der Verbesserung ihres Wohlbefindens war und ist in vielen Kulturen ein zentrales Anliegen der Religion. Wenn uns das holistische Milieu in Zusammenarbeit mit dem Bereich der Medizin und den modernen Psychotherapien und Psychotechniken diesem Ziel ein Stück näher bringt, dann erfüllt es durchaus seinen Zweck.

LITERATUR

Adorno, Theodor W. et al. (1953): Der autoritäre Charakter. Studien über Autorität und Vorurteil, Amsterdam: de Munter.

Adorno, Theodor W. (1979): »The Stars down on Earth«, in: Gesammelte Schriften, Band 9.2, Frankfurt/M.: Suhrkamp, S. 7–120.

Aupers, Stef/Houtman, Dick (2006): »Beyond the Spiritual Supermarket. The Social and Public Significance of the New Age Spirituality«, in: Journal of Contemporary Religion 21/2, S. 201–222.

Awadalla, El (1997): Heimliches Wissen, unheimliche Macht. Sekten, Kulte, Esoterik und der rechte Rand, Wien u.a.: Folio-Verl.

Bahr, Hans-Eckehard (1975): »Ohne Gewalt, ohne Tränen? Religion 1, Religion 2.«, in: Dorothee Sölle (Hg.), Religionsgespräche. Zur gesellschaftlichen Rolle der Religion, Darmstadt: Luchterhand, S. 31–63.

Barker, Eileen (1982): New Religious Movements. A Perspective for Understanding Society, New York u.a.: Mellen.

Barkhoff, Jürgen (1995): Magnetische Fiktionen. Literarisierung des Mesmerismus in der Romantik, Stuttgart/Weimar: Metzler.

Bauman, Zygmunt (1998): »Postmodern Religion?«, in: Paul Heelas (Hg.), Religion, Modernity, and Postmodernity, Oxford/UK: Blackwell Publishers, S. 55–78.

Bauman, Zygmunt (2003): Flüchtige Moderne, Frankfurt/M: Suhrkamp.

Beck, Ulrich (1988): Gegengifte. Die organisierte Unverantwortlichkeit, Frankfurt/M.: Suhrkamp.

Beck, Ulrich (1991): Risikogesellschaft. Auf dem Weg in eine andere Moderne, Frankfurt/M.: Suhrkamp.

Beck, Ulrich/Beck-Gernsheim, Elisabeth (1994): »Individualisierung in modernen Gesellschaften. Perspektiven und Kontroversen einer subjektorientierten Soziologie«, in: Ulrich Beck/Elisabeth Beck-Gernsheim (Hg.), Riskante Freiheiten, Frankfurt/M.: Suhrkamp, S. 10–42.

Beck, Ulrich/Beck-Gernsheim, Elisabeth (1996): Das ganz normale Chaos der Liebe, Frankfurt/M.: Suhrkamp.

Bell, Catherine M. (2009): Ritual. Perspectives and Dimensions, Oxford u.a.: Oxford Univ. Press.

Bell, Daniel (1991): Die kulturellen Widersprüche des Kapitalismus, Frankfurt/M. u.a.: Campus.

Bellah, Robert N. (1964): »Religious Evolution«, in: American Sociological Review 29/3, S. 258–274.

Bellah, Robert N. (1976): »The New Religious Consciousness and the Crisis of Modernity« in: Charles Y. Glock et al. (Hg.), The New Religious Consciousness, Berkeley: University of California Press, S. 133–152.

Bellah, Robert N. et al. (1996): Habits of the Heart. Individualism and Commitment in American Life, Berkeley u.a.: University of California Press.

Belschan, Alex (2000): Glück und individuelle Zufriedenheit trotz Krankheit - Ergebnisse einer schriftlichen Klientenbefragung, in: Andreas Obrecht (Hg.): Die Klienten der Geistheiler. Vom anderen Umgang mit Krankheit, Krise, Schmerz und Tod, Wien u.a.: Böhlau, S. 209–232.

Berger, Peter L. (1988): Zur Dialektik von Religion und Gesellschaft. Elemente einer soziologischen Theorie, Frankfurt/M.: Fischer.

Berger, Peter L. (1999): The Desecularization of the World. Resurgent Religion and World Politics, Washington/Grand Rapids: W.B. Eerdmans Pub. Co.

Berger, Peter L./Berger, Brigitte/Kellner, Hansfried (1987): Das Unbehagen in der Modernität, Frankfurt/M.: Campus.

Berlin, Isaiah (2004): Die Wurzeln der Romantik, Berlin: Berlin Verl.

Berman, Morris (1984): Wiederverzauberung der Welt. Am Ende des Newton'schen Zeitalters, München: Dianus-Trikont Buchverlag.

Bochinger, Christoph (1994): »New Age« und moderne Religion. Religionswissenschaftliche Analysen, Gütersloh: Chr. Kaiser/Gütersloher Verlagshaus.

Bochinger, Christoph/Engelbrecht, Martin/Gebhardt, Winfried (2009): Die unsichtbare Religion in der sichtbaren Religion. Formen spiritueller Orientierung in der religiösen Gegenwartskultur, Stuttgart: Kohlhammer.

Boltanski, Luc/Chiapello, Ève (2003): Der neue Geist des Kapitalismus, Konstanz: UVK.

Bourdieu, Pierre (1976): Entwurf einer Theorie der Praxis auf der ethnologischen Grundlage der kabylischen Gesellschaft, Frankfurt/M.: Suhrkamp.

Bowman Marion (1999): »Healing in the Spiritual Marketplace: Consumers, Courses and Credentialism«, in: Social Compass 34/2, S. 181–189.

Bronfen, Elisabeth (1998): Das verknotete Subjekt. Hysterie in der Moderne, Berlin: Volk & Welt.

Brooks, David (2002): Die Bobos. Der Lebensstil der neuen Elite, München: Ullstein.

Brown, Susan Love (1992): »Baby Boomers, American Character and the New Age: A Synthesis«, in: James R. Lewis und J. Gordon Melton (Hg.), Perspectives on the New Age, Albany: State University of New York Press, S. 87–96.

Bruce, Steve (2002): God is Dead. Secularization in the West, Oxford: Blackwell Publ.

Bruce, Steve (2005): »The New Age and Secularisation«, in: Steven Sutcliffe (Hg.), Beyond New Age. Exploring Alternative Spirituality, Edinburgh: Edinburgh Univ. Press, S. 220–236.

Bruce, Steve (2006): »Secularization and the Impotence of Individualized Religion«, in: The Hedgehog Review 8/1-2, S. 35–45.

Bucher, Anton A. (2007): Psychologie der Spiritualität. Handbuch, Weinheim u.a.: Beltz PVU.

Campbell, Colin (1972): »The Cult, the Cultic Milieu and Secularization«, in: A Sociological Yearbook of Religion in Britain 5, London, S. 119–136

Campbell, Colin (1999): »The Easternization of the West«, in: Bryan Wilson (Hg.), New Religious Movements. Challenge and Response, London u.a.: Routledge, S. 35–48.

Campbell, Colin (2005): The Romantic Ethic and the Spirit of Modern Consumerism, York: Alcuin Academics.

Campbell, Colin (2007): The Easternization of the West. A Thematic Account of Cultural Change in the Modern Era, Boulder: Paradigm Publishers.

Capra, Fritjof (1977): Das Tao der Physik. Die Konvergenz von westlicher Wissenschaft und östlicher Philosophie, Bern u.a.: Scherz.

Capra, Fritjof (1983): Wendezeit. Bausteine für ein neues Weltbild, Bern: Scherz.

Carrette, Jeremy/King, Richard (2005): Selling Spirituality. The Silent Takeover of Religion, London u.a.: Routledge.

Castells, Manuel (2001): Das Informationszeitalter Wirtschaft. Gesellschaft. Kultur. Der Aufstieg der Netzwerkgesellschaft, Opladen: Leske + Budrich.

Clark, Stephen M. (1992): »Myth, Metaphor, and Manifestation: The Negotiation of Belief in a New Age Community«, in: James R. Lewis/J. Gordon Melton (Hg.), Perspectives on the New Age, Albany: State University of New York Press, S. 97–104.

Clément, Catherine/Kakar, Sudhir (1993): Der Heilige und die Verrückte. Religiöse Ekstase und psychische Grenzerfahrung, München: Beck.

Corrywright, Dominic (2003): Theoretical and Empirical Investigations into New Age Spiritualities, Oxford/New York: P. Lang.

Darnton, Robert (1986): Der Mesmerismus und das Ende der Aufklärung in Frankreich, Frankfurt/M: Ullstein.

Dawson, Lorne L. (2003): »Who Joins New Religious Movements and Why: Twenty Years of Research and What have We Learned«, in: Lorne L. Dawson (Hg.), Cults and New Religious Movements. A Reader, Malden MA: Blackwell, S. 116–130.

Dethlefsen, Thorwald/Dahlke, Rüdiger (1983): Krankheit als Weg. Deutung und Bedeutung der Krankheitsbilder, München: Bertelsmann.

Diem, Andrea G./Lewis, James R. (1992): »Imagining India: The Influence of Hinduism on the New Age Movement«, in: James R. Lewis und J. Gordon Melton (Hg.), Perspectives on the New Age, Albany: State University of New York Press, S. 48–58.

Driver, Tom F. (1998): Liberating rites. Understanding the Transformative Power of Ritual, Boulder: Westview Press.

Durkheim, Émile (1981): Die elementaren Formen des religiösen Lebens, Frankfurt/M.: Suhrkamp.

Eickelpasch, Rolf/Rademacher, Claudia (2004): Identität, Bielefeld: Transcript.

Ezzy, Douglas (2006): »White Witches and Black Magic: Ethics and Consumerism in Contemporary Witchcraft«, in: Journal of Contemporary Religion 21/1, S. 15–31.

Farias (2008): »Holistic Individualism in the Age of Aquarius: Measuring Individualism/Collectivism in New Age, Catholic, and Atheist/Agnostic Groups«, in: Journal for the Scientific Study of Religion 47/2, S. 277–289.

Farias, Miguel/Lalljee, Mansur (2006): »Empowerment in the New Age: A Motivational Study of Auto-biographical Life Stories«, in: Journal of Contemporary Religion 21/2, S. 241–256.

Farias, Miguel/Granqvist, Pehr (2007): »The Psychology of the New Age«, in: Daren Kemp/James R. Lewis (Hg.), Handbook of New Age, Leiden: Brill, S. 123–150.

Featherstone, Mike (2007): Consumer Culture and Postmodernism, Los Angeles u.a.: SAGE.

Ferguson, Marilyn (1984): Die sanfte Verschwörung. Persönliche und gesellschaftliche Transformation im Zeitalter des Wassermanns, München: Droemer.

Feuerbach, Ludwig (1930): Das Wesen des Christentums, Stuttgart: Reclam.

Flory, Richard W./Miller, Donald E. (2007): »The Embodied Spirituality of the Post-Boomer Generations«, in: Kieran Flanagan/Peter C. Jupp (Hg.), A Sociology of Spirituality, Aldershot/Burlington: Ashgate, S. 201–218.

Fox, Matthew (1993): Schöpfungsspiritualität. Heilung und Befreiung für die Erste Welt. Stuttgart: Kreuz-Verlag.

Frankl, Viktor E. (1992 [1948]): Der unbewußte Gott, München: Deutscher Taschenbuch-Verlag.

Franz, Marie-Luise von (1993): »Der Individuationsprozess«, in: Carl G. Jung et al. (Hg.), Der Mensch und seine Symbole, Solothurn: Walter, S. 160–230.

Freud, Sigmund (2009): Das Unbehagen in der Kultur und andere kulturtheoretische Schriften, Frankfurt/M.: Fischer.

Fromm, Erich (1966): Psychoanalyse und Religion, Zürich: Diana-Verlag.

Fuller, Robert C. (1986): Americans and the unconscious, Oxford u.a.: Oxford University Press.

Fuller, Robert C. (2001): Spiritual, But Not Religious: Understanding Unchurched America, Oxford u.a.: Oxford University Press.

Fuller, Robert C. (2008): Spirituality in the Flesh. Bodily Sources of Religious Experience, New York: Oxford University Press.

Furthmann, Katja (2006): Die Sterne lügen nicht. Eine linguistische Analyse der Textsorte Pressehoroskop, Göttingen: V&R Unipress.

Garrett, Catherine (2001): »Transcendental Meditation, Reiki and Yoga: Suffering, Ritual and Self-Transformation«, in: Journal of Contemporary Religion 16/3, S. 329–342

Giddens, Anthony (1993): Modernity and Self-Identity. Self and Society in the Late Modern Age, Cambridge: Polity Pr.

Gille, Martina (1995): »Wertorientierungen und Geschlechtsrollenorientierungen im Wandel«, in: Ursula Hoffmann-Lange (Hg.), Jugend und Demokratie in Deutschland, Opladen: Leske & Budrich, S. 119–135.

Glendinning, Tony/Bruce Steve (2006): »New Ways of Believing or Belonging: Is Religion Giving Way to Spirituality«, in: British Journal of Sociology 57/3, S. 399–414.

Glock, Charles Y./Bellah, Robert N./Alfred, Randall H. (Hg.) (1976): The New Religious Consciousness, Berkeley: University of California Press.

Goffman, Erving (1973): Asyle. Über die soziale Situation psychiatrischer Patienten und anderer Insassen, Frankfurt/M.: Suhrkamp.

Goffman, Erving (1979): Stigma. Über Techniken der Bewältigung beschädigter Identität, Frankfurt/M.: Suhrkamp.

Goody, Jack (1996): The East in the West, Cambridge u.a.: Cambridge Univ. Press.

Graf, Friedrich W. (2004): Die Wiederkehr der Götter, Religion in der modernen Kultur. München: Beck.

Greverus, Ina-Maria/Welz, Gisela/Bischoff, Klaus (1990): Spirituelle Wege und Orte. Untersuchungen zum New Age im urbanen Raum, Frankfurt/M.: Institut für Kulturanthropologie und Europäische Ethnologie der Universität Frankfurt.

Grof, Stanislav (1987): Das Abenteuer der Selbstentdeckung. Heilung durch veränderte Bewusstseinszustände, München: Kösel.

Gross, Peter (1995): Die Multioptionsgesellschaft, Frankfurt/M.: Suhrkamp.

Gross, Peter (1999): Ich-Jagd. Im Unabhängigkeitsjahrhundert, Frankfurt/M.: Suhrkamp.

Gross, Werner (1996): Psychomarkt – Sekten – destruktive Kulte, Bonn: Deutscher Psychologen-Verlag.

Gruber, Elmar R. (1987): Was ist New Age? Bewußtseinstransformation und neue Spiritualität, Wien u.a.: Herder

Gugenberger, Eduard/Schweidlenka, Roman (Hg.) (1992): Mißbrauchte Sehnsüchte? Esoterische Wege zum Heil. Kritik und Alternativen, Wien: Verlag für Gesellschaftskritik.

Gugenberger, Eduard/Schweidlenka, Roman (1987): Mutter Erde, Magie und Politik. Zwischen Faschismus und neuer Gesellschaft, Wien: Verlag für Gesellschaftskritik.

Haack, Friedrich-Wilhelm (1991): Europas neue Religionen. Sekten, Gurus, Satanskult, München: Claudius Verlag.

Hamilton, Malcolm B. (2001): The Sociology of Religion. Theoretical and Comparative Perspectives, London u.a.: Routledge.

Hamilton, Malcolm B. (2002): »The Easternization Thesis: Critical Reflections«, in: Religion 32, S. 243–258.

Hamilton, Malcolm B. (2000): »An Analysis of the Festival for Mind-Body-Spirit, London«, in: Steven Sutcliffe (Hg.), Beyond New Age. Exploring Alternative Spirituality, Edinburgh: Edinburgh University Press, S. 188–200.

Hanegraaff, Wouter J. (1996): New Age Religion and Western Culture. Esotericism in the Mirror of Secular Thought, Leiden u.a.: Brill.

Hanegraaff, Wouter J. (2003): »How Magic Survived the Disenchantment of the World«, in: Religion 33, S. 357–380.

Hedges, Ellie/Beckford, James (2000): »Holism, Healing and the New Age«, in: Steven Sutcliffe (Hg.), Beyond New Age. Exploring Alternative Spirituality, Edinburgh: Edinburgh University Press, S. 169–187.

Helfferich, Cornelia (2009): Die Qualität qualitativer Daten. Manual für die Durchführung qualitativer Interviews, Wiesbaden: VS-Verlag.

Heelas, Paul (1996): The New Age Movement. The Celebration of the Self and the Sacralization of Modernity, Oxford u.a.: Blackwell.

Heelas, Paul (2005): »Expressive Spirituality and Humanistic Expressivism. Sources of Significance Beyond Church and Chape«, in: Steven Sutcliffe (Hg.), Beyond New Age. Exploring Alternative Spirituality, Edinburgh: Edinburgh Univ. Press, S. 237–254.

Heelas, Paul (2006): »The Infirmity Debate: On the Viability of New Age Spiritualities of Life«, in: Journal of Contemporary Religion 21/2, S. 223–240.

Heelas, Paul (2007): »The Holistic Milieu and Spirituality: Reflections on Voas and Bruce«, in: Kieran Flanagan/Peter Jupp (Hg.), A Sociology of Spirituality, Aldershot/Burlington: Ashgate, S. 63–80.

Heelas, Paul (2008): Spiritualities of life. New Age Romanticism and Consumptive Capitalism, Malden/MA: Blackwell.

Heelas, Paul/Woodhead, Linda (2005): The Spiritual Revolution. Why Religion is Giving Way to Spirituality, Oxford u.a.: Blackwell.

Hemminger, Hansjörg (1990): Die Rückkehr der Zauberer. New Age – eine Kritik, Reinbek bei Hamburg: Rowohlt.

Hitzler, Ronald (1994): »Reflexive Individualisierung. Zur Stilisierung und Politisierung des Lebens«, in: Rudolf Richter (Hg.), Sinnbasteln. Beiträge zur Soziologie der Lebensstile, Wien u.a.: Böhlau, S. 36–47.

Hitzler, Ronald/Honer, Anne (1994): »Bastelexistenz. Über subjektive Konsequenzen der Individualisierung« in: Ulrich Beck (Hg.), Riskante Freiheiten. Individualisierung in modernen Gesellschaften, Frankfurt/M.: Suhrkamp, S. 307–314.

Höllinger, Franz (1996): Volksreligion und Herrschaftskirche. Die Wurzeln religiösen Verhaltens in westlichen Gesellschaften, Opladen: Leske + Budrich.

Höllinger, Franz (1999): »Astrologie, Yoga und Politik. New Age und politische Orientierungen bei StudentInnen«, in: Soziale Welt 50/1, S. 51–66.

Höllinger, Franz/Smith Tim (2002): »Religion and Esotericism among Students: A Cross-Cultural Comparative Study«, in: Journal of Contemporary Religion 17/3, S. 229–249.

Höllinger, Franz (2004): »Does the Counter-Cultural Character of New Age Persist? Investigating Social and Political Attitudes of New Age Followers«, in: Journal of Contemporary Religion 19/3, S. 289–309.

Höllinger, Franz (2005): »Christliche Religiosität und New Age. Zwei Pole des religiösen Feldes der Gegenwartsgesellschaft«, in: Wolfgang Schulz et al. (Hg.): Österreich zur Jahrhundertwende. Gesellschaftliche Werthaltungen und Lebensqualität 1986 – 2004, Opladen: Verlag für Sozialwissenschaften, S. 487–518.

Höllinger, Franz (2007): Religiöse Kultur in Brasilien. Zwischen traditionellem Volksglauben und modernen Erweckungsbewegungen, Frankfurt/M. u.a.: Campus.

Höllinger, Franz (2008): »The New Age Market in Graz, Austria«, in: Journal of Alternative Spiritualities and New Age Studies 4, S. 30–41.

Höllinger, Franz (2009): »Die Erfahrung der Präsenz des Göttlichen: Religiöse Kultur in Brasilien, den USA und Westeuropa«, in: Woran glaubt die Welt? Analysen und Kommentare zum Religionsmonitor 2008, Gütersloh: Verl. Bertelsmann Stiftung, S. 453–481.

Holmes, Peter R.: »Spirituality: Some Disciplinary Perspectives«, in: Kieran Flanagan/Peter C. Jupp (Hg.), A Sociology of Spirituality, Aldershot/Burlington: Ashgate, S. 23–42.

Houtman, Dick/Mascini Peter (2002): »Why do Churches Become Empty, while New Age Grows? Secularization and Religious Change in the Netherlands«, in: Journal for the Scientific Study of Religion 41/3, S. 455–473.

Houtman, Dick/Aupers, Stef (2008): »The Spiritual Revolution and the New Age Gender Puzzle. The Sacralisation of the Self in Late Modernity (1980-2000)«, in: Kristin Aune et al. (Hg.), Women and Religion in the West. Challenging Secularization, Aldershot: Ashgate, S. 99–118.

Hunt, Stephen (2003): Alternative Religions. A Sociological Introduction, Aldershot: Ashgate.

Illouz, Eva (2009): Die Errettung der modernen Seele. Therapien, Gefühle und die Kultur der Selbsthilfe, Frankfurt/M.: Suhrkamp.

Inglehart, Ronald (1989): Kultureller Umbruch. Wertwandel in der westlichen Welt, Frankfurt/M.: Campus.

James, William (2002): »Der Wille zum Glauben«, in: Ekkehard Martens (Hg.), Philosophie des Pragmatismus. Ausgewählte Texte, Stuttgart: Reclam, S. 128–160.

James, William (1997): Die Vielfalt religiöser Erfahrung. Eine Studie über die menschliche Natur, Frankfurt/M. u.a.: Insel-Verlag.

Joas, Hans (1992): Die Kreativität des Handelns, Frankfurt/M.: Suhrkamp.

Joas, Hans (1999): Die Entstehung der Werte, Frankfurt/M.: Suhrkamp.

Joas, Hans (2004): Braucht der Mensch Religion? Über Erfahrungen der Selbsttranszendenz, Freiburg im Breisgau; Wien u.a.: Herder.

Johach, Helmut (2009): Von Freud zur humanistischen Psychologie. Therapeutisch-biografische Profile, Bielefeld: Transcript.

Jung, Carl G. (1990): Die Beziehungen zwischen dem Ich und dem Unbewussten, München: Deutscher Taschenbuch Verlag.

Jung, Carl G. et al. (Hg.) (1993): Der Mensch und seine Symbole, Solothurn: Walter.

Jung, Carl G. (1993): »Zugang zum Unbewußten«, in: Carl G. Jung et al. (Hg.), Der Mensch und seine Symbole, Solothurn: Walter, S. 20–104.

Kakar, Sudhir (2008): Freud lesen in Goa. Spiritualität in einer aufgeklärten Welt. München: C.H. Beck.

Klosinski, Gunther (1996): Psychokulte. Was Sekten für Jugendliche so attraktiv macht, München: C.H. Beck.

Knoblauch, Hubert (1989): »Das unsichtbare neue Zeitalter: ›New Age‹, privatisierte Religion und kultisches Milieu«, in: Kölner Zeitschrift für Soziologie und Sozialpsychologie 41/3, S. 504–525.

Knoblauch, Hubert (1993): »›Neues Paradigma‹ oder ›Neues Zeitalter‹? Fritjof Capras moralisches Unternehmen und die ›New-Age-Bewegung‹, in: Jörg Bergmann et al. (Hg.), Religion und Kultur, Sonderheft 33 der Kölner Zeitschrift für Soziologie und Sozialpsychologie, Opladen: Westdeutscher Verlag, S. 249–270.

Knoblauch, Hubert (1999): Religionssoziologie, Berlin u.a.: de Gruyter.

Knoblauch, Hubert (2005): »Einleitung: Soziologie der Spiritualität«, in: Zeitschrift für Religionswissenschaft 13/2, S. 123–131.

Knoblauch, Hubert (2009): Populäre Religion. Auf dem Weg in eine spirituelle Gesellschaft, Frankfurt/M. u.a.: Campus.

Knoblauch, Hubert (2010): »Vom New Age zur populären Spiritualität«, in: Dorothea Lüddeckens/Rafael Walthert (Hg.), Fluide Religion. Neue religiöse Bewegungen im Wandel; theoretische und empirische Systematisierungen, Bielefeld: Transcript, S. 149–174.

Knoblauch, Hubert/Graff, Andreas (2009): »Populäre Spiritualität oder: Wo ist Hape Kerkeling?«, in: Bertelsmann-Stiftung (Hg.), Woran glaubt die Welt? Analysen und Kommentare zum Religionsmonitor 2008, Gütersloh: Verlag Bertelsmann Stiftung, S. 725–746.

Küenzlen, Gottfried (1994): Der neue Mensch. Eine Untersuchung zur säkularen Religionsgeschichte der Moderne, München: Fink.

Lasch, Christopher (1980): Das Zeitalter des Narzissmus, München: Steinhausen.

Lasch, Christopher (1984): The Minimal Self. Psychic Survival in Troubled Times, New York: Norton.

Lash, Scott (1992): Sociology of Postmodernism, London u.a.: Routledge.

Lau, Kimberly J. (2000): New Age Capitalism. Making Money East of Eden, Philadelphia, PA: University of Pennsylvania Press.

Lévi-Strauss, Claude (1973): Das wilde Denken, Frankfurt/M.: Suhrkamp.

Lévi-Strauss, Claude (1977): Strukturale Anthropologie I, Frankfurt/M.: Suhrkamp.

Lewis, James R. (1992): »Approaches to the Study of the New Age«, in: James R. Lewis/J. Gordon Melton (Hg.), Perspectives on the New Age, Albany: State University of New York Press, S. 1–12.

List, Elisabeth (1988): »Flucht ins Paradies? Der soziale und historische Kontext von Therapiebewegung und neuer Religiosität«, in: Wege zum Menschen 4, S. 237–248.

Lorenzer, Alfred (1992): Das Konzil der Buchhalter. Die Zerstörung der Sinnlichkeit; eine Religionskritik, Frankfurt/M.: Fischer.

Lucas, Phillip C. (1992): »The New Age Movement and the Pentecostal Charismatic Revival. Distinct Yet Parallel Phases of a Fourth Great Awakening«, in: James R. Lewis/J. Gordon Melton (Hg.), Perspectives on the New Age, Albany: State University of New York Press, S. 189–212.

Luckmann, Thomas (1991): Die unsichtbare Religion. Frankfurt/M.: Suhrkamp.

Lüdtke, Hartmut (1989): »Jugend—Gesellschaft in der Gesellschaft: die These von der Subkultur«, in: Rosemarie Nave-Herz/Manfred Markefka (Hg.), Handbuch der Familien- und Jugendforschung, Neuwied: Luchterhand, S. 113–125.

Luhrmann, Tanja M. (1994): Persuasions of the Witch's Craft. Ritual Magic in Contemporary England, Cambridge MA: Harvard University Press.

Lyon, David (2000): Jesus in Disneyland. Religion in Postmodern Times, Cambridge: Polity Press.

Lyotard, Jean-François (1982): Das postmoderne Wissen. Ein Bericht, Bremen: Verlag Impuls & Association.

Martin, David (1978): A General Theory of Secularization, Oxford: Blackwell.

Martin, David (2005): On Secularization. Towards a Revised General Theory, Aldershot u.a.: Ashgate.

Maslow, Abraham H. (1964): Religions, Values, and Peak-Experiences, Columbus: Ohio State University Press.

Maslow, Abraham H. (2008 [1977]): Motivation und Persönlichkeit, Reinbek bei Hamburg: Rowohlt.

Melton, J. Gordon (2007): Beyond Millenialism: »The New Age Transformed«, in: Daren Kemp/James R. Lewis (Hg.), Handbook of New Age, Leiden: Brill, S. 77–97.

Merilyn, Ferguson (1984): Die sanfte Verschwörung. Persönliche und gesellschaftliche Transformation im Zeitalter des Wassermanns, München: Droemersche Verlagsanstalt Knaur.

Mörth, Ingo (1989): »New Age – neue Religion? Theoretische Überlegungen und empirische Hinweise zur sozialen Bedeutung des Wendezeit-Syndroms«, in: Max Haller et al. (Hg.), Kultur und Gesellschaft. Frankfurt/M. u.a.: Campus, S. 297–320.

Moskowitz, Eva S. (2001): In the Therapy we Trust. America's Obsession with Self-Fulfillment, Baltimore u.a.: John Hopkins Univ.

Müller, Lutz (1989): Magie. Tiefenpsychologischer Zugang zu den Geheimwissenschaften, Stuttgart: Kreuz.

Needleman, Jacob (1970): The New Religions, Garden City NY: Doubleday.

Nisbett, Richard E. (2005): The Geography of Thought. How Asians and Westerners Think Differently … and Why, London: Brealey.

Obrecht, Andreas J. (1999): Die Welt der Geistheiler. Die Renaissance magischer Weltbilder, Wien u.a.: Böhlau.

Oehler, Klaus (2001): Pragmatisus. Ein neuer Name für alte Denkmethoden, Hamburg: Meiner.

Partridge, Christopher H. (1999): »Truth, Authority and Epistemological Individualism in New Age Thought«, in: Journal of Contemporary Religion 14/1, S. 77–95.

Peirce, Charles S.; Walther, Elisabeth (1991): Vorlesungen über Pragmatismus, Hamburg: Meiner.

Peirce, Charles S. (2002): »Die Festlegung einer Überzeugung«, in: Ekkehard Martens (Hg.). Philosophie des Pragmatismus, Stuttgart: Reclam, S. 61–98

Pettenkofer, Andreas (2010): Radikaler Protest. Zur soziologischen Theorie politischer Bewegungen, Frankfurt/M. u.a.: Campus.

Pike, Sarah M. (2004): New Age and Neopagan Religions in America, New York: Columbia University Press.

Polak, Regina (2002): Megatrend Religion? Neue Religiositäten in Europa, Ostfildern: Schwabenverlag.

Pollack, Detlef (2003): Säkularisierung – ein moderner Mythos?, Tübingen: Mohr Siebeck.

Pollack, Detlef (2009): Rückkehr des Religiösen? Studien zum religiösen Wandel in Deutschland und Europa II, Tübingen: Mohr Siebeck.

Pollack, Detlef/Pickel, Gerd (2007): »Religious Individualization or Secularization? Testing Hypotheses of Religious Change – the Case of Eastern and Western Germany«, in: The British Journal of Sociology 58/4, S. 603–632.

Possamai, Adam (2005): In Search of New Age Spiritualities, Aldershot: Ashgate.

Possamai, Adam (2009): Sociology of Religion for Generations X and Y, London, Oakville: Equinox.

Prisching, Manfred (2009): Das Selbst, die Maske, der Bluff. Über die Inszenierung der eigenen Person, Wien u.a.: Molden.

Puttick, Elisabeth (2000): »Personal Development: the Spiritualisation and Secularisation of the Human Potential Movement«, in: Steven Sutcliffe (Hg.), Beyond New Age. Exploring Alternative Spirituality, Edinburgh: Edinburgh Univ. Press, S. 201–219.

Rademacher, Stefan (2010a): Das Wissenschaftsbild in der Esoterik-Kultur. Unveröffentlichte Dissertation. Bern.

Rademacher, Stefan (2010b): »›Makler‹: Akteure der Esoterik-Kultur als Einflussfaktoren auf Neue religiöse Gemeinschaften«, in: Dorothea Lüddeckens/Rafael Walthert (Hg.), Fluide Religion. Neue religiöse Bewegungen im Wandel; theoretische und empirische Systematisierungen, Bielefeld: Transcript, S. 119–148.

Rappaport, Roy A. (1999): Ritual and Religion in the Making of Humanity, Cambridge: Cambridge University Press.

Reckwitz, Andreas (2003): »Grundelemente einer Theorie sozialer Praktiken. Eine sozialtheoretische Perspektive«, in: Zeitschrift für Soziologie 21/4, S. 282–301.

Remele, Kurt (2001): Tanz um das goldene Selbst? Therapiegesellschaft, Selbstverwirklichung und Gemeinwohl, Graz u.a.: Styria.

Richard W. Flory/Miller, Donald E. (2007): »The Embodied Spirituality of the Post-Boomer Generations«, in: Kieran Flanagan/Peter C. Jupp (Hg.), A Sociology of Spirituality, Aldershot England, Burlington VT: Ashgate, S. 201–218.

Richardson, James T. (2003): »A Critique of ›Brainwashing‹. Claims about New Religious Movements«, in: Lorne L. Dawson (Hg.),

Cults and New Religious Movements. A Reader, Malden: Backwell, S. 160–166.

Riesebrodt, Martin (2007): Cultus und Heilsversprechen. Eine Theorie der Religionen, München: Beck.

Riordan, Suzanne (1992): »Channeling: A New Revelation?«, in: James R. Lewis/J. Gordon Melton (Hg.), Perspectives of the New Age, Albany: State University of New York Press, S. 105–126.

Ritzer, George (1993): The McDonaldization of Society. An Investigation into the Changing Character of Contemporary Social Life, Thousand Oaks u.a.: Pine Forge Press.

Roof, Wade Clark (1999): Spiritual Marketplace. Baby Boomers and the Remaking of American Religion, Princeton/Chichester: Princeton University Press.

Rosa, Hartmut (1998): Identität und kulturelle Praxis. Politische Philosophie nach Charles Taylor, Frankfurt/M. u.a.: Campus.

Rose, Stuart (2005): Transforming the World. Bringing the New Age into Focus, Oxford; New York: Peter Lang.

Roszak, Theodore (1995 [1968]): The Making of a Counter Culture. Berkeley: University of California Press.

Runggaldier, Edmund (1996): Philosophie der Esoterik. Stuttgart: Kohlhammer.

Russell, Peter (1984): Die erwachende Erde. Unser nächster Evolutionssprung, München: Heyne.

Safranski, Rüdiger (2009): Romantik. Eine deutsche Affäre, Frankfurt/M.: Fischer.

Saroglou, Vassilis et al. (2005): »Prosocial Behavior and Religion: New Evidence Based on Projective Measures and Peer Ratings«, in: Journal for the Scientific Study of Religion 44/3, S. 323–348.

Saroglou, Vassilis/Muñoz-García, Antonio (2008): »Individual Differences in Religion and Spirituality: An Issue of Personality Traits and/or Values«, in: Journal for the Scientific Study of Religion 47/1, S. 83–101.

Scharfetter, Christian (1999): Der spirituelle Weg und seine Gefahren, Stuttgart: Enke.

Scheff, Thomas J. (2001 [1979]): Catharsis in Healing, Ritual, and Drama, Berkeley u.a.: University of California Press.

Scherer, Jochen (2010): »Truth is What's True for Me«? Reassessing the Knowledge Claims of New Age Spirituality. Unveröffentlichte Dissertation, Bangor.

Schleiermacher, Friedrich (2001 [1799]): Über die Religion. Reden an die Gebildeten unter ihren Verächtern, Berlin u.a.: de Gruyter.

Schmid, Wilhelm (1998): Philosophie der Lebenskunst, Frankfurt/M.: Suhrkamp.

Schorsch, Christof (1988): Die New-Age-Bewegung. Utopie und Mythos der neuen Zeit; eine kritische Auseinandersetzung, Gütersloh: Gütersloher Verlagshaus Mohn.

Schubert, Hans-Joachim (2009): »Pragmatismus und symbolischer Interaktionismus«, in: Georg Kneer, Markus Schroer (Hg.): Handbuch soziologischer Theorien, Wiesbaden: VS-Verlag, S. 345–368.

Schulze, Gerhard (1992): Die Erlebnisgesellschaft. Kultursoziologie der Gegenwart, Frankfurt/M. u.a.: Campus.

Schütz, Alfred/Luckmann, Thomas (2003): Strukturen der Lebenswelt, Konstanz: UVK.

Schwab, Andreas (2003): Monte Verità – Sanatorium der Sehnsucht, Zürich: Orell Füssli.

Sharot, Stephen (2001): A Comparative Sociology of World Religions. Virtuosos, Priests, and Popular Religion, New York: New York University Press.

Simmel, Georg (1918): Der Konflikt in der Kultur – ein Vortrag, München/Leipzig: Duncker & Humblodt.

Simmel, Georg (1957): »Philosophie der Landschaft«, in: Michael Landmann (Hg.), Brücke und Tür. Essays des Philosophen zur Geschichte, Religion, Kunst und Gesellschaft, Stuttgart: Koehler, S. 141–152.

Singleton, Mark (2010): Yoga Body. The Origins of Modern Posture Practice, Oxford/New York: Oxford University Press.

Sloterdijk, Peter (1997): »Chancen im Ungeheuren. Notiz zum Gestaltwandel des Religiösen in der modernen Welt«, in: William James: Die Vielfalt religiöser Erfahrung. Eine Studie über die menschliche Natur, Frankfurt/M. u.a.: Insel-Verlag, S. 11–34.

Stark, Rodney; Bainbridge, William S. (1985): The Future of Religion. Secularization, Revival and Cult Formation, Berkeley u.a.: University of California Press.

Stenger, Horst (1993): Die soziale Konstruktion okkulter Wirklichkeit. Eine Soziologie des »New Age«, Opladen: Leske + Budrich.

Sutcliffe, Steven (2002): Children of the New Age. A History of Spiritual Practices, London u.a.: Routledge.

Sutterlüty, Ferdinand (2004): »Was ist eine ›Gewaltkarriere‹?«, in: Zeitschrift für Soziologie 33/4, S. 266–284.

Tambiah, Stanley J. (1990): Magic, Science, Religion, and the Scope of Rationality, Cambridge u.a.: Cambridge Univ. Press.

Taylor, Charles (1992): Negative Freiheit? Zur Kritik des neuzeitlichen Individualismus, Frankfurt/M.: Suhrkamp

Taylor, Charles (1995): Das Unbehagen an der Moderne, Frankfurt/M.: Suhrkamp.

Taylor, Charles (1996): Quellen des Selbst. Die Entstehung der neuzeitlichen Identität, Frankfurt/M.: Suhrkamp.

Taylor, Charles (2002): Die Formen des Religiösen in der Gegenwart. Frankfurt/M.: Suhrkamp.

Taylor, Charles (2007): A Secular Age, Cambridge MA: Belknap Press of Harvard University Press.

Tingay, Kevin (2005): »Madame Blavatsky's Children: Theosophy and Its Heirs«, in: Steven Sutcliffe (Hg.), Beyond New Age. Exploring Alternative Spirituality, Edinburgh: Edinburgh Univ. Press, S. 37–50.

Tripold, Thomas (2005): Religiöse Formen im Wandel. Die neue Lust an Mystik und Askese. Unveröffentlichte Dissertation, Graz.

Tripold, Thomas (2012): Die Kontinuität romantischer Ideen. Zu den Überzeugungen gegenkultureller Bewegungen. Eine Ideengeschichte, Bielefeld: Transcript (in Ersch.).

Troeltsch, Ernst (1965 [1912]): Die Soziallehren der christlichen Kirchen und Gruppen, Tübingen: Mohr.

Troeltsch, Ernst (1922): Zur religiösen Lage, Religionsphilosophie und Ethik, Tübingen, Tübingen: Mohr.

Turner, Victor W. (2005): Das Ritual. Struktur und Anti-Struktur, Frankfurt/M. u.a.: Campus.

Voas, David/Bruce , Steve (2007): »The Spiritual Revolution: Another False Dawn for the Sacred«, in: Kieran Flanagan/Peter C. Jupp (Hg.), A Sociology of Spirituality, Aldershot England, Burlington VT: Ashgate, S. 43–62.

Voswinckel, Ulrike (2009): Freie Liebe und Anarchie. Schwabing – Monte Verità; Entwürfe gegen das etablierte Leben, München: Allitera-Verlag.

Wallis, Roy (2003): »Three Types of New Religious Movement«, in: Lorne L. Dawson (Hg.), Cults and New Religious Movements. A reader, Malden MA: Blackwell, S. 36–58.

Waßner, Rainer (1984): Magie und Psychotherapie. Ein gesellschaftswissenschaftlicher Vergleich von Institutionen der Krisenbewältigung, Berlin: Reimer.

Watts, Alan (1980): Psychotherapie und östliche »Befreiungswege«, München: Kösel.

Weber, Max (1985): Wirtschaft und Gesellschaft. Grundriß der verstehenden Soziologie, Tübingen: Mohr.

Weber, Max (1988): Gesammelte Aufsätze zur Religionssoziologie, Band I (Weber 1988a) u. Band 2 (Weber 1988b), Tübingen: Mohr.

Weber, Max (1988c): Gesammelte Aufsätze zur Wissenschaftslehre, Tübingen: Mohr.

Wilber, Ken (2001): Sex, Ecology, Spirituality: The Spirit of Evolution, Cambridge, MA: Shambala

Wilber, Ken. (2007): Integral Spirituality: A Startling New Role for Religion in the Modern and Postmodern World, Boston/London: Integral Books..

Woodhead, Linda (2007): »Why so Many Women in Holistic Spirituality? A Puzzle Revisited«, in: Kieran Flanagan/Peter C. Jupp (Hg.), A Sociology of Spirituality. Farnham/Burlington: Ashgate, S. 115–126.

York, Michael (1995): The Emerging Network. A Sociology of the New Age and Neo-Pagan Movements, Lanham: Rowman & Littlefield.

York, Michael (2001): »New Age Commodification and Appropriation of Spirituality«, in: Journal of Contemporary Religion 16/3, S. 361–372.

Kulturen der Gesellschaft

Stefan Bauernschmidt
Fahrzeuge auf Zelluloid
Fernsehwerbung für Automobile in der Bundesrepublik des Wirtschaftswunders. Ein kultursoziologischer Versuch

Mai 2011, 270 Seiten, kart., zahlr. Abb., 28,80 €,
ISBN 978-3-8376-1706-1

Thomas Lenz
Konsum und Modernisierung
Die Debatte um das Warenhaus als Diskurs um die Moderne

August 2011, 224 Seiten, kart., 23,80 €,
ISBN 978-3-8376-1382-7

Max Jakob Orlich
Situationistische Internationale
Eintritt, Austritt, Ausschluss. Zur Dialektik interpersoneller Beziehungen und Theorieproduktion einer ästhetisch-politischen Avantgarde (1957-1972)

März 2011, 630 Seiten, kart., 42,80 €,
ISBN 978-3-8376-1748-1

Leseproben, weitere Informationen und Bestellmöglichkeiten finden Sie unter www.transcript-verlag.de